GOLDMANN

Hans Christian Andersen wurde am 2. April 1805 in Odense auf der dänischen Insel Fünen geboren. Seine Kindheit war bestimmt von Armut und Einsamkeit, und er besuchte die Schule nur unregelmäßig. 1819 ging er nach Kopenhagen, um sich am dortigen Königlichen Theater zum Sänger ausbilden zu lassen. König Friedrich IV. ermöglichte ihm ein Studium an der Universität. Schon während dieser Zeit verfaßte Andersen Gedichte und versuchte sich an Dramen. Nach mehreren Reisen durch Deutschland, Frankreich und Italien errang er 1835 den ersten Erfolg mit seinem Roman »Improvisatoren«. Gleichzeitig erschienen seine ersten Märchen. Deren verschiedene Sammlungen machten ihn weltberühmt; sie wurden in achtzig Sprachen übersetzt. Andersen starb am 4. August 1875 in Kopenhagen.

Das große
HANS-CHRISTIAN-ANDERSEN-MÄRCHEN-BUCH

GOLDMANN VERLAG

Der Goldmann Verlag
ist ein Unternehmen der Verlagsgruppe Bertelsmann

Made in Germany · 1. Auflage · 10/88
Genehmigte Taschenbuchausgabe
Umschlagentwurf: Design Team München,
unter Verwendung eines Holzschnittes von R. de Baux (1851)
zu dem Märchen »Der fliegende Koffer«
Umschlagbild: Archiv für Kunst und Geschichte, Berlin
Druck: Presse-Druck Augsburg
Verlagsnummer: 9161
MV · Herstellung: Ludwig Weidenbeck
ISBN 3-442-09161-6

Die Nachtigall

In China, das wird dir wohl bekannt sein, ist der Kaiser ein Chinese, und alle, die ihn umgeben, sind auch Chinesen. Es sind nun schon viele Jahre her, aber gerade deshalb ist es der Mühe wert, die Geschichte zu hören, denn man vergißt sie sonst. Das Schloß des Kaisers war das prächtigste in der Welt, durch und durch von feinem Porzellan, so kostbar, aber auch so zerbrechlich, so gefährlich daran zu rühren, daß man sich ordentlich in acht nehmen mußte. Im Garten sah man die merkwürdigsten Blumen, und an den allerprächtigsten waren silberne Glocken befestigt, die fortwährend tönten, damit man nicht vorüberginge, ohne die Blumen zu bemerken. Alles war im Garten des Kaisers auf das scharfsinnigste ausgegrübelt, und er erstreckte sich so weit, daß selbst der Gärtner das Ende desselben nicht kannte. Schritt man rüstig weiter, so gelangte man in den herrlichsten Wald mit hohen Bäumen und tiefen Seen. Der Wald stieß an das Meer, das blau und tief war. Große Schiffe konnten unter den überhängenden Zweigen hinsegeln, und in diesen wohnte eine Nachtigall, die so schmelzend sang, daß selbst der arme Fischer, der vollauf von seinem Geschäfte in Anspruch genommen war, still lag und lauschte, wenn er nachts ausgefahren war, sein Netz aufzuziehen, und dann die Nachtigall hörte. »Mein Gott, wie ist das schön!« sagte er, dann aber mußte er seinem Gewerbe nachgehen und vergaß den Vogel. Doch wenn derselbe in der nächsten Nacht wieder sang, und der Fischer dorthin kam, wiederholte er: »Mein Gott, wie ist das doch schön!«

Von allen Ländern der Welt kamen Reisende nach der Stadt des Kaisers und bewunderten dieselbe, das Schloß und den Garten; vernahmen sie aber die Nachtigall, dann sagten sie alle: »Das ist doch das Allerbeste!«

Die Reisenden erzählten davon nach ihrer Heimkehr, und die Gelehrten schrieben Bücher über die Stadt, das Schloß und den Garten; aber die Nachtigall vergaßen sie nicht; der wurde das Hauptkapitel gewidmet; und die, welche dichten konnten, schrieben die herrlichsten Gedichte über die Nachtigall im Walde bei dem tiefen See.

Die Bücher wurden in alle Sprachen übersetzt, und einige gerieten dann auch einmal dem Kaiser in die Hände. Er saß in seinem goldenen Stuhl, las und las und nickte jeden Augenblick mit dem Kopfe, denn es freute ihn, diese prächtigen Beschreibungen von der Stadt, dem Schlosse und dem Garten zu vernehmen.

»Aber die Nachtigall ist doch das Allerbeste!« stand da geschrieben!

»Was soll das heißen?« sagte der Kaiser. »Die Nachtigall? Die kenne ich ja gar nicht. Gibt es einen solchen Vogel in meinem Kaiserreiche und sogar in meinem eigenen Garten? Davon habe ich nie gehört! So etwas muß man erst aus den Büchern erfahren!«

Darauf rief er seinen Kavalier, der so vornehm war, daß er, wenn ihn ein Geringerer anzureden begann oder um etwas zu fragen wagte, nichts als »P!« antwortete, und »P!« hat doch nichts zu bedeuten.

»Hier soll sich ja ein höchst merkwürdiger Vogel aufhalten, der Nachtigall genannt wird!« redete ihn der Kaiser an. »Man sagt, daß er das Allerbeste in meinem großen Reiche ist! Weshalb hat man mir nie etwas von demselben gesagt?«

»Ich habe ihn nie vorher nennen hören!« sagte der Kavalier. »Er ist nie bei Hofe vorgestellt worden!«

»Ich will, daß er heute abend herkommt und vor mir singt!« fuhr der Kaiser fort. »Die ganze Welt weiß, was ich habe, und ich weiß es nicht!«

»Ich habe ihn nie vorher nennen hören«, entgegnete der Kavalier, »aber ich werde ihn suchen, ich werde ihn finden!«

Aber wo war er zu finden? Der Kavalier lief treppauf und treppab, durch Säle und Gänge, keiner von allen, die er traf, hatte von der Nachtigall je reden hören, und der Kavalier lief wieder zum Kaiser und behauptete, es müßte gewiß eine Fabel der Buchschreiber sein.

»Eure Kaiserliche Majestät können sich gar nicht vorstellen, was alles geschrieben wird. Das sind Erdichtungen, die zur sogenannten Schwarzen Kunst gehören!«

»Allein das Buch, in dem ich es gelesen habe«, versetzte der Kaiser, »ist mir von dem großmächtigen Kaiser von Japan geschickt worden, und folglich kann es keine Unwahrheit sein. Ich will die

Nachtigall hören! Sie soll heute abend hier sein! Sie steht in meiner allerhöchsten Gnade! Und kommt sie nicht, so lasse ich dem ganzen Hof, wenn er Abendbrot gegessen hat, auf den Bauch treten!«

»Tsing-Pe!« sagte der Kavalier und lief wieder treppauf und treppab, durch alle Säle und Gänge. Der halbe Hof lief mit, denn sie wollten sich nicht gern auf den Bauch treten lassen. Da war ein Fragen nach der merkwürdigen Nachtigall, die alle Welt kannte, nur niemand bei Hofe.

Endlich trafen sie ein kleine, armes Küchenmädchen. Sie sagte: »O Gott, die Nachtigall! Die kenne ich gut! Ja, wie kann die singen! Jeden Abend darf ich meiner armen kranken Mutter einige Speisereste bringen. Sie wohnt unten am Meeresufer, und wenn ich zurückkehre, müde bin und im Walde ruhe, dann höre ich die Nachtigall singen. Die Tränen treten mir dabei in die Augen, es kommt mir geradeso vor, als ob mich meine Mutter küßte!«

»Kleines Küchenmädchen!« sagte der Kavalier. »Ich will Ihr eine feste Anstellung in der Küche und die Erlaubnis, den Kaiser speisen zu sehen, verschaffen, falls Sie uns zur Nachtigall führen kann, denn sie ist heute abend zum Gesang befohlen!«

Darauf zogen sie alle nach dem Walde hinaus, wo die Nachtigall zu singen pflegte; der halbe Hof war mit. Als sie im besten Marsche waren, fing eine Kuh zu brüllen an.

»Oh«, sagte ein Hofjunker, »nun haben wir sie! Es steckt doch wirklich eine ganz außerordentliche Kraft in einem so kleinen Tierchen. Ich habe sie sicher schon früher einmal gehört!«

»Nein, das sind Kühe, welche brüllen!« sagte das kleine Küchenmädchen. »Wir sind noch weit von der Stelle entfernt!«

Jetzt quakten Frösche im Sumpfe.

»Herrlich!« sagte der chinesische Schloßprediger. »Nun höre ich sie; es klingt gerade wie kleine Kirchenglocken!«

»Nein, das sind die Frösche!« versetzte das kleine Küchenmädchen. »Aber nun werden wir sie, denke ich, bald hören!«

Da begann die Nachtigall zu schlagen.

»Da ist sie!« rief das kleine Mädchen. »Hört, hört, und dort sitzt sie!« und dabei zeigte sie auf einen kleinen grauen Vogel oben in den Zweigen.

»Ist es möglich!« sagte der Kavalier. »So hätte ich sie mir nimmer vorgestellt! Wie einfach sie aussieht! Sie ist sicher erbleicht, weil sie so viel vornehme Leute um sich sieht!«

»Kleine Nachtigall!« rief das kleine Küchenmädchen ganz laut. »Unser allergnädigster Kaiser wünscht, daß du vor ihm singst!«

»Mit größtem Vergnügen!« erwiderte die Nachtigall und sang dann, daß es eine wahre Lust war.

»Es klingt gerade wie Glasglocken!« sagte der Kavalier. »Und seht nur die kleine Kehle, wie die sich anstrengt! Es ist merkwürdig, daß wir sie früher nie gehört haben! Sie wird einen großen Erfolg bei Hofe haben!«

»Soll ich noch einmal vor dem Kaiser singen?« fragte die Nachtigall, welche glaubte, daß der Kaiser zugegen wäre.

»Meine vortreffliche, liebe Nachtigall!« sagte der Kavalier. »Ich habe die große Freude, Sie zu einem Hoffeste heute abend zu befehlen, wo Sie Seine Kaiserliche Gnaden mit Ihrem reizenden Gesange bezaubern sollen!«

»Es nimmt sich im Grünen am besten aus!« entgegnete die Nachtigall, aber sie ging doch mit, als sie hörte, daß es der Kaiser wünschte.

Im Schlosse war alles im festlichen Staate. Wände und Fußboden, die von Porzellan waren, erglänzten im Scheine vieler tausend goldener Lampen. Die schönsten Blumen, die recht laut klingeln konnten, waren in den Gängen aufgestellt. Da war ein Laufen und machte sich ein gewaltiger Zugwind fühlbar, und alle Glocken klingelten so unaufhörlich, daß man sein eigenes Wort nicht verstehen konnte.

Mitten in dem Saale, in dem der Kaiser saß, war eine kleine goldene Säule aufgestellt, auf welcher die Nachtigall sitzen sollte. Der ganze Hof war dort versammelt, und das kleine Küchenmädchen hatte die Erlaubnis erhalten, hinter der Tür zu stehen, da ihr nun der Titel einer wirklichen Hofköchin beigelegt war. Alle hatten ihre Festgewänder angelegt, und alle sahen den kleinen grauen Vogel an, dem der Kaiser zunickte.

Die Nachtigall sang so lieblich, daß dem Kaiser Tränen in die Augen traten; die Tränen liefen ihm über die Wangen hinab, und nun sang die Nachtigall noch schöner, daß es recht zu Herzen ging. Der Kaiser war so froh und zufrieden, daß er zu bestimmen geruhte, die Nachtigall sollte einen goldenen Pantoffel um den

Hals tragen. Die Nachtigall aber dankte, sie hätte schon eine hinreichende Belohnung erhalten.

»Ich habe Tränen in den Augen des Kaisers gesehen, das ist mir der reichste Schatz! Eines Kaisers Tränen haben eine wunderbare Macht! Gott weiß, ich bin belohnt genug!« Dann sang sie wieder mit ihrer süßen, bezaubernden Stimme.

»Das ist die liebenswürdigste Art, sich Gunst zu erwerben!« sagten die Damen ringsherum, und dann nahmen sie Wasser in den Mund, um zu schluchzen, wenn jemand mit ihnen spräche. Sie hielten sich dann ebenfalls für Nachtigallen. Ja selbst die Diener und Kammermädchen ließen ihre höchste Zufriedenheit melden, und das will viel sagen, denn gerade sie erheben die größten Ansprüche. Ja, die Nachtigall machte wirklich Glück.

Sie sollte nun bei Hofe bleiben, ihren eigenen Käfig haben und die Freiheit genießen, zweimal des Tages und einmal des Nachts sich im Freien zu ergehen. Zwölf Diener mußten sie begleiten, die sie alle an einem um das eine Bein geschlungenen Bande festhielten. Es war gerade kein Vergnügen bei dergleichen Ausgängen.

Die ganze Stadt sprach nur von dem merkwürdigen Vogel, und begegneten sich zwei, so seufzten sie und stellten sich so verzückt, als ob es mit ihnen nicht ganz richtig wäre. Ja, elf Hökerkinder wurden nach ihr benannt, obwohl ihre Stimmittel keine große Anlage zur Gesangskunst verrieten.

Eines Tages wurde dem Kaiser eine große Kiste überreicht, auf der geschrieben stand: »Nachtigall!«

»Da haben wir nun ein neues Buch über unseren berühmten Vogel!« sagte der Kaiser; aber es war kein Buch, es war ein kleines Kunstwerk, das in einer Schachtel lag, eine künstliche Nachtigall, die der lebendigen ähneln sollte, aber überall mit Diamanten, Rubinen und Saphiren besetzt war. Sobald man den künstlichen Vogel aufzog, konnte er eins der Stücke singen, welche die wirkliche Nachtigall sang, und dabei bewegte er den Schwanz auf und nieder und glänzte von Silber und Gold. Um den Hals hing ihm ein Bändchen, auf dem geschrieben stand: »Die Nachtigall des Kaisers von Japan ist arm gegen die des Kaisers von China!«

»Das ist herrlich!« sagten sie sämtlich, und derjenige, der den künstlichen Vogel überbracht hatte, erhielt sofort den Titel eines kaiserlichen Oberhofnachtigallenüberbringers.

»Nun müssen sie zusammen singen! Was wird das für ein Duett werden!«

So mußten sie denn zusammen singen, aber es wollte nicht recht gehen, denn die wirkliche Nachtigall ging auf ihre Art, und der Kunstvogel ging auf Walzen. »Der trägt nicht die Schuld!« sagte der Spielmeister. »Der ist besonders taktfest und ganz aus meiner Schule!« Nun sollte der Kunstvogel allein singen. – Er machte ein ebenso großes Glück wie der wirkliche, und dann bot er auch einen viel niedlicheren Anblick dar; er funkelte wie Armbänder und Brustnadeln.

Dreiunddreißigmal sang er ein und dasselbe Stück und wurde doch nicht müde. Die Leute hätten ihn gern wieder von vorn gehört, doch meinte der Kaiser, daß nun auch die lebendige Nachtigall etwas vortragen sollte – aber wo war diese? Niemand hatte bemerkt, daß sie zum offenen Fenster hinausgeflogen war, fort zu ihren grünen Wäldern.

»Aber was ist denn das?« rief der Kaiser, und alle Hofleute schalten und meinten, die Nachtigall wäre ein höchst undankbares Tier. »Den besten Vogel haben wir doch!« trösteten sie sich, und so mußte der Kunstvogel wieder singen, und das war das vierunddreißigstemal, daß ihnen dasselbe Stück vorgespielt wurde; aber sie kannten es immer noch nicht vollkommen, denn es war gar schwer. Der Spielmeister lobte den Vogel über alle Maßen, ja, er versicherte, er wäre besser als die wirkliche Nachtigall, nicht nur was die Kleider und die vielen strahlenden Diamanten anlangte, sondern auch in Hinsicht des Inwendigen.

»Denn sehen Sie, meine Herrschaften, und vor allem Eure Kaiserliche Gnaden, bei der wirklichen Nachtigall kann man nie berechnen, was da kommen wird, aber bei dem Kunstvogel ist alles bestimmt. So wird es und nicht anders. Man kann Rechenschaft darüber ablegen; man kann ihn öffnen, kann die menschliche Berechnung nachweisen, zeigen, wie die Walzen liegen, wie sie gehen und wie sich eins aus dem anderen ergibt . . . !«

»Das sind ganz meine Gedanken!« behaupteten alle, und der Spielmeister erhielt Erlaubnis, den Vogel am nächsten Sonntage dem Volke vorzuweisen. »Sie sollen ihn auch singen hören!« sagte der Kaiser, und sie hörten ihn und wurden so aufgeräumt, als hätten sie sich am Tee berauscht, denn das ist echt chinesisch. Und alle riefen: »Oh!« und hielten nach ihrer Sitte einen Finger in die Höhe und nickten dabei. Aber die armen Fischer, welche die wirkliche Nachtigall gehört hatten, meinten: »Das klingt wohl ganz hübsch, es läßt sich auch eine Ähnlichkeit der Melodie nicht ableugnen, aber es fehlt etwas – etwas . . . Ich weiß es nur nicht recht auszudrücken!«

Die wirkliche Nachtigall ward aus Land und Reich verwiesen.

Der Kunstvogel hatte seinen Platz auf einem seidenen Kissen, unmittelbar neben dem Bette des Kaisers. Alle Geschenke, die er erhalten hatte, Gold und Edelsteine, lagen rings um ihn her, und im Titel war er bereits bis zum »Hochkaiserlichen Nachttischsänger« mit dem Range eines Rates erster Klasse zur linken Seite aufgestiegen. Der Kaiser hielt nämlich die Seite für die vornehmste, auf welcher das Herz säße, und das Herz sitzt auch bei einem Kaiser auf der linken. Der Spielmeister aber schrieb fünfundzwanzig dicke Bände über den Kunstvogel. Es war dies Werk so gelehrt und so lang, wimmelte so sehr von den allerschwersten chinesischen Wörtern, daß alle Leute behaupteten, sie hätten es gelesen und verstanden, denn sonst wären sie ja dumm gewesen und auf den Bauch getreten worden.

So ging es ein ganzes Jahr: Der Kaiser, der Hof und alle anderen Chinesen kannten jeden Laut in dem Gesange des Kunstvogels auswendig, aber gerade deshalb hielten sie die größten Stücke auf ihn. Sie konnten selbst mitsingen und taten es. Die Gassenbuben sangen: »Zizizi! Kluckkluckkluck!« und der Kaiser sang es. Oh, es war himmlisch!

Aber eines Abends, als der Kunstvogel gerade am besten sang, und der Kaiser im Bette lag und zuhörte, ging es inwendig im Vogel: »Schwupp!« Da sprang etwas: »Schnurrrrr!« Alle Räder liefen herum, und dann schwieg die Musik.

Der Kaiser sprang sogleich aus dem Bett und ließ seinen Leibarzt holen, aber was konnte der helfen? Dann schickte man nach dem Uhrmacher, und nach vielem Fragen und vielem Untersuchen setzte er den Vogel wenigstens einigermaßen wieder instand, erklärte aber, er müßte sehr geschont werden, denn die Zapfen wären abgenutzt und es wäre unmöglich, neue dergestalt einzusetzen, daß die Musik sicher ginge. Da war nun große Trauer! Jährlich durfte man den Kunstvogel nur einmal singen lassen, und schon das war ein großes Wagnis. Dann aber hielt der Spielmeister eine kleine Rede und versicherte, daß es noch ebensogut wäre wie früher, und dann war es ebensogut wie früher.

Nun waren fünf Jahre verstrichen, als das ganze Land plötzlich eine wirkliche Ursache zu großer Trauer bekam. Im Grunde hielten alle viel von ihrem Kaiser, und nun war er krank und konnte, wie man sagte, nicht länger leben. Ein neuer Kaiser war schon im voraus gewählt, und das Volk stand draußen auf der Straße und fragte den Kavalier, wie es mit ihrem Herrn stände.

»P!« sagte er und schüttelte den Kopf.

Kalt und bleich lag der Kaiser in seinem großen prächtigen Bette; der ganze Hof hielt ihn für tot und jeder lief, dem neuen Kaiser seine Aufwartung zu machen; die Kammerdiener liefen hinaus, um darüber zu plaudern, und die Schloßmägde hielten große Kaffeegesellschaft. Ringsumher in allen Sälen und Gängen waren Tuchdecken gelegt, damit man keinen Tritt vernähme, und deshalb war es überall so still, so still. Aber der Kaiser war noch nicht tot. Steif und bleich lag er in dem prächtigen Bette mit den langen Samtvorhängen und den schweren Goldquasten. Hoch oben stand ein Fenster offen, und der Mond schien herein auf den Kaiser und den Kunstvogel.

Der arme Kaiser konnte kaum noch atmen; es war ihm, als ob etwas auf seiner Brust läge. Er schlug die Augen auf, und da sah er, daß es der Tod war, der auf seiner Brust saß. Er hatte sich seine goldene Krone aufgesetzt und hielt in der einen Hand den goldenen Säbel des Kaisers und in der anderen dessen prächtige Fahne. Aus den Falten der großen Samtvorhänge schauten ringsumher seltsame Köpfe hervor, einige sehr häßlich, andere Frieden verheißend und mild. Es waren alle bösen und guten Taten des Kaisers, die ihn jetzt, wo der Tod auf seinem Herzen saß, anblickten.

»Erinnerst du dich dessen?« flüsterte eine nach der anderen. »Erinnerst du dich dessen?« und dann erzählten sie ihm so viel, daß ihm der Schweiß von der Stirn lief.

»Das habe ich nie gewußt!« seufzte der Kaiser. »Musik, Musik, die große chinesische Trommel«, rief er, »damit ich nicht das alles höre, was sie sagen!«

Aber sie verstummten nicht, und der Tod nickte wie ein Chinese zu allem, was gesagt wurde.

»Musik, Musik!« schrie der Kaiser. »Du kleiner lieblicher Goldvogel, singe doch, singe! Ich habe dir Gold und Kostbarkeiten gegeben; ich habe dir selbst meinen goldenen Pantoffel um den Hals gehängt, singe doch, singe!«

Aber der Vogel schwieg, es war niemand da, ihn aufzuziehen, und so sang er nicht. Aber der Tod fuhr fort, ihn mit seinen großen leeren Augenhöhlen anzuschauen, und es war so still, so schrecklich still.

Da ertönte plötzlich, dicht neben dem Fenster, herrlicher Gesang. Er rührte von der kleinen, lebenden Nachtigall her, die draußen auf einem Zweige saß. Sie hatte von ihres Kaisers Not gehört und war deshalb gekommen, ihm Trost und Hoffnung zuzusingen. Und wie sie sang, erbleichten die Spukgestalten mehr und mehr, immer rascher pulsierte das Blut in des Kaisers schwachem Körper, und selbst der Tod lauschte und sagte: »Fahre fort, kleine Nachtigall, fahre fort!«

»Ja, wenn du mir den prächtigen goldenen Säbel geben willst; wenn du mir die reiche Fahne und des Kaisers Krone geben willst!«

Und der Tod gab jedes Kleinod für einen Gesang hin, und die Nachtigall war unermüdlich in ihrem Gesange. Sie sang von dem stillen Friedhofe, wo die weißen Rosen wachsen, wo der Flieder duftet, und wo das frische Gras von den Tränen der Überlebenden benetzt wird. Da bekam der Tod Sehnsucht nach seinem Garten und schwebte wie ein kalter, weißer Nebel zum Fenster hinaus.

»Dank, Dank«, sagte der Kaiser, »du himmlischer kleiner Vogel, ich kenne dich wohl! Dich habe ich aus meinem Lande und Reiche verwiesen, und doch hast du die bösen Geister von meinem Bette hinweggesungen, den Tod von meinem Herzen vertrieben! Wie soll ich dir lohnen?«

»Du hast mir gelohnt!« sagte die Nachtigall. »Tränen haben deine Augen vergossen, als ich das erstemal sang; das vergesse ich dir nie, das sind die Juwelen, die eines Sängers Herzen wohltun. Aber schlafe nun, werde frisch und gesund! Ich will dich einsingen.«

Sie sang – und der Kaiser fiel in einen süßen Schlaf; sanft und wohltuend war der Schlaf!

Die Sonnenstrahlen fielen durch das Fenster auf ihn, als er gestärkt und gesund erwachte. Noch war keiner von seinen Dienern zurückgekommen, denn sie hielten ihn für tot, aber die Nachtigall saß noch da und sang.

»Immer mußt du bei mir bleiben!« sagte der Kaiser. »Du sollst nur singen, wenn du willst, und den Kunstvogel schlage ich in tausend Stücke!«

»Tue es nicht!« sagte die Nachtigall. »Das Gute, was er vermochte, hat er ja getan; behalte ihn nach wie vor! Ich kann in einem Schlosse nicht wohnen, aber laß mich kommen, wenn mich selbst die Lust dazu treibt! Dann will ich des Abends dort auf dem Zweige bei dem Fenster sitzen und dir vorsingen, damit du froh, aber auch zugleich nachdenklich wirst. Ich will singen von den Glücklichen und von denen, die leiden; ich will singen vom Bösen und Guten, was dir verhehlt wird. Der kleine Singvogel fliegt weit umher zu dem armen Fischer, zu des Landmannes Dach, zu jedem, der fern von dir und deinem Hofe ist. Dein Herz liebe ich mehr als deine Krone, und doch hat die Krone etwas von dem Dufte des Heiligen an sich. – Ich komme, ich singe dir vor! Aber eins mußt du mir versprechen!«

»Alles!« sagte der Kaiser und stand da in seiner kaiserlichen Tracht, die er sich selbst angelegt hatte, und legte den Säbel, der von Gold schwer war, gegen sein Herz.

»Um eins bitte ich dich! Erzähle niemand, daß du einen kleinen Vogel hast, der dir alles sagt, dann wird es noch besser gehen!«

Darauf flog die Nachtigall fort.

Die Diener kamen herein, um nach ihrem toten Kaiser zu sehen; ja, da standen sie – und der Kaiser sagte: »Guten Morgen!«

Der Däne Holger

Da ragt in Dänemark ein altes Schloß, Kronburg mit Namen, das unmittelbar am Sunde liegt, wo die großen Schiffe Tag für Tag hundertweise vorübersegeln, englische sowohl als russische und preußische. Sie begrüßen das alte Schloß mit Kanonen: »Bum!« und das alte Schloß antwortet wieder mit Kanonen: »Bum!« Denn das ist die Sprache der Kanonen, mit denen sie »Guten Tag« und »Schönen Dank« sagen. – Im Winter segeln da keine Schiffe; alsdann ist der ganze Sund bis zur schwedischen Küste hinüber mit Eis bedeckt. Eine richtige Landstraße führt hinüber, auf der die dänische und die schwedische Flagge weht und die Brüdervölker Dänemarks und Schwedens einander begrüßen, nicht mit Kanonen, nein, mit freundschaftlichem Handschlag, und gegenseitig holen sie Weißbrot und Brezeln voneinander, denn fremde Kost schmeckt am besten. Aber das Prächtigste und das Anziehendste ist doch das alte Kronburg, unter dem im tiefen, finstern Keller, zu dem niemand Eintritt erhält, der Däne Holger sitzt. Er ist in Eisen und Stahl gekleidet und stützt sein Haupt auf die starken Arme; sein langer Bart hängt über den Marmortisch hinaus, durch den er gewachsen ist. Er schläft und träumt, aber im Traume sieht er alles, was sich oben in Dänemark ereignet. Jeden Weihnachtsabend kommt ein Engel Gottes und sagt ihm, daß seine Träume auf Wirklichkeit beruhen und daß er ruhig weiterschlafen könne, weil sich Dänemark noch in keiner bedeutenden Gefahr befinde. Aber gerät es in eine solche, ja, dann wird sich der alte Däne Holger erheben, daß der Tisch birst, sobald er seinen Bart loslöst. Alsdann tritt er wieder an das Licht hervor und schlägt auf die Feinde los, daß das Waffengetös sich in aller Welt Landen vernehmen läßt.

Alles dies über den Dänen Holger erzählte einst ein alter Großvater seinem kleinen Enkel, und der Kleine wußte – was der Großvater erzählte, war die reine Wahrheit. Während er so dasaß und erzählte, schnitzte er an einem großen Holzbilde. Es sollte den Dänen Holger vorstellen und war bestimmt, den Schnabel eines Schiffes zu zieren, denn der alte Großvater war seines Zeichens ein Bildschnitzer, und das ist ein solcher Mann, der die Gallionfiguren ausschneidet, nach denen jedes Schiff benannt wird. Hier hatte er nun den Dänen Holger ausgeschnitten, der gerade und stolz dastand und in der einen Hand das breite Schlachtschwert hielt, während sich die andere auf das dänische Wappen stützte.

Der alte Großvater erzählte so viel von berühmten dänischen Männern und Frauen, daß der kleine Enkel sich schließlich einbildete, er wüßte nun ebensoviel, wie der Däne Holger wissen könnte, der ja doch nur davon träumte. Als der Kleine zu Bette gebracht war, dachte er so viel daran, daß er ordentlich sein Kinn in die Bettdecke vergrub und es ihm vorkam, als hätte er einen langen Bart, der daran festgewachsen wäre.

Der alte Großvater blieb indes noch bei seiner Arbeit sitzen und schnitzte an dem letzten Teile derselben, dem dänischen Wappen. Als sie beendet war, überschaute er das ganze Werk und dachte an alles, was er gelesen und gehört und was er heute abend dem kleinen Knaben erzählt hatte. Er nickte, wischte seine Brille ab, setzte sie wieder auf und sagte: »In meiner Zeit kommt der Däne Holger wohl nicht wieder; aber der Knabe dort im Bette kann ihn vielleicht zu sehen bekommen und mit dabeisein, wenn es in Wahrheit gilt.« Der alte Großvater nickte abermals, und je länger er seinen Dänen Holger anschaute, desto klarer wurde es ihm, daß er ein gutes Bild vollendet hatte. Es war ihm fast, als ob ein Lebenshauch dasselbe durchströmte, als ob es Farbe bekäme und der Harnisch wie Stahl und Eisen erglänzte. Die Herzen im dänischen Wappen wurden sichtlich röter und röter, und die Löwen mit den goldnen Kronen machten sich zum Sprung bereit.

»Das ist doch das schönste aller Wappen in der Welt!« sagte der Alte. »Die Löwen bedeuten die Stärke, und die Herzen Milde und Liebe!« Er betrachtete den obersten Löwen und gedachte dabei des Königs Knut, der das große England an Dänemarks Thron kettete; und er blickte den zweiten Löwen an und gedachte Waldemars, der Dänemark einte und die wendischen Lande bezwang. Er sah den dritten Löwen an und weilte mit seiner Erinnerung bei Margarete, welche die skandinavischen Reiche unter einem Zepter vereinigte. Während er jedoch die roten Herzen betrachtete, leuchteten sie noch glänzender als zuvor; sie verwandelten sich in Flammen, die sich bewegten, und im Geiste folgte er jeder derselben.

Die erste Flamme versetzte ihn in ein enges, finstres Gefängnis. Darin saß eine Gefangene, ein herrliches Weib, Christian des Vierten Tochter: Eleonore Ulfeldt; und die Flamme setzte sich ihr wie eine Rose auf den Busen und vermählte sie mit ihrem Herzen zu einer einzigen Liebesglut, mit dem Herzen des edelsten und besten aller dänischen Weiber.

»Oh, welch ein Herz in Dänemarks Wappen!« sagte der alte Großvater.

Und sein Geist folgte der zweiten Flamme, die ihn hinaus auf das Meer führte, wo die Kanonen donnerten, wo die Schiffe in Pulverdampf eingehüllt lagen; und die Flamme heftete sich als Ordensband auf Hvitfeldts Brust, als er sich und sein Schiff zur Rettung der Flotte in die Luft sprengte.

Die dritte Flamme versetzte ihn nach Grönlands traurigen Hütten, wo der Missionär Hans Egede mit Liebe in Worten und Werken wirkte; die Flamme war ein Stern auf seiner Brust, ein Herz zum dänischen Wappen.

Und des alten Großvaters Erinnerung eilte der schwebenden Flamme voran, denn er wußte, nach welchem Ziele die Flamme strebte. In der ärmlichen Stube der Bäuerin stand Friedrich der Sechste und schrieb seinen Namen mit Kreide an den Balken. Die Flamme bebte auf seiner Brust, bebte in seinem Herzen; in dieser Bauernstube wurde sein Herz ein Herz in Dänemarks Wappen. Der alte Großvater trocknete seine Augen, denn er hatte König Friedrich mit dem silberweißen Haar und den ehrlichen blauen Augen gekannt und für ihn gelebt, und er faltete seine Hände und sah still vor sich hin. Da trat des alten Großvaters Schwiegertochter an ihn heran und erinnerte ihn, daß es schon spät wäre; er möchte Feierabend machen und an dem gedeckten Abendtische Platz nehmen.

»Aber schön ist doch das Werk, das du vollendet hast, Großvater!« sagte sie. »Der dänische Holger und unser ganzes altes Wappen! – Mir ist, als hätte ich dies Gesicht schon einmal gesehen!«

»Nein, das hast du wohl nicht gesehen!« erwiderte der alte Großvater. »Aber ich habe es gesehen und mich bestrebt, es so in Holz zu schnitzen, wie es mir in der Erinnerung noch vor der Seele schwebt. Damals war es, als die Engländer auf der Reede lagen, an dem in den dänischen Annalen berühmten zweiten April, wo wir zeigten, daß wir noch die alten Dänen waren. Auf der Fregatte ›Dänemark‹, auf der ich in Steen Billes Flottenabteilung diente, kämpfte ein Mann mir zur Seite. Es war, als wichen ihm die Kugeln ängstlich aus! Lustig sang er alte Melodien und schoß und kämpfte, als wäre er mehr als ein Mensch. Ich erinnere mich noch deutlich seines Gesichtes, aber woher er kam, wohin er ging, weiß ich nicht, weiß niemand. Ich habe oft gedacht, das müßte am Ende der alte dänische Holger selbst gewesen sein, der von Kronburg heruntergeschwommen war, um uns in der Stunde der Gefahr zu helfen. Das war so mein Gedanke, und dort steht sein Bild.«

Dasselbe warf einen langen Schatten die Wand hinauf, der sich teilweise sogar noch über die Decke erstreckte. Es sah aus, als ob er von dem leibhaftigen dänischen Holger herrührte, denn der Schatten bewegte sich, eine Erscheinung, die aber auch von dem unregelmäßigen Hin- und Herflackern der Lichtflamme hervorgerufen sein konnte, und die Schwiegertochter küßte den alten Großvater und führte ihn nach dem großen Lehnstuhl vor dem Tische, und sie und ihr Mann, der ja des alten Großvaters Sohn und der Vater des kleinen Knaben war, der im Bette lag, saßen und speisten ihr Abendbrot. Der alte Großvater erzählte von den dänischen Löwen und den dänischen Herzen, von der Stärke und der Milde und erklärte auf die anschaulichste Weise, daß es noch eine andere Stärke außer der, die im Schwerte läge, gäbe. Darauf deutete er auf das Bücherbrett hin, auf dem alte Bücher lagen, auf dem Holbergs sämtliche Lustspiele lagen, die er ihrer Ergötzlichkeit halber so oft gelesen hatte, daß er vermeinte, darin alle Personen seiner alten Tage wiederzuerkennen.

»Seht, der hat auch dreinzuschlagen verstanden!« sagte der alte Großvater. »Er hat auf alle Torheiten und Roheiten des Volkes, solange es ihm vergönnt war, losgeschlagen.« Und der alte Großvater nickte nach dem Spiegel hin, auf dessen Untersatz der Kalender mit dem »runden Turme«, der Sternwarte, als Titelvignette stand und sagte: »Tycho Brahe, er war auch einer, welcher das Schwert zu brauchen verstand, nicht um in Fleisch und Bein zu hauen, sondern um einen deutlicheren Weg zwischen die Sterne des Firmaments hineinzuhauen! Und dann er vor allen, dessen Vater mein Standesgenosse war, des alten Bildschnitzers Sohn, er, den wir selbst mit dem weißen Haar und den breiten Schultern gesehen haben, er, dessen Namen in aller Welt Landen widertönt! Ja, er kann hauen, ich kann nur schnitzen! O wohl, der dänische Holger kann in vielen Gestalten erscheinen, so daß das Lob der dänischen Kraft und Stärke auf dem ganzen Erdenrund vernommen wird! Laßt uns ein Glas zur Erinnerung Bartel Thorwaldsens trinken!«

Aber der kleine Knabe im Bett sah deutlich das alte Kronburg am Sund, den leibhaftigen dänischen Holger, wie er tief unten mit im Marmortische eingewachsenem Barte dasaß und von allem, was hier oben geschieht, träumte. Holger aber träumte auch von der kleinen ärmlichen Stube, in welcher der Bildschnitzer saß. Er hörte alles, was dort erzählt wurde, er nickte im Traume und sagte: »Ja, ihr Dänen, erinnert euch meiner nur, behaltet mich im Andenken! Ich komme in der Stunde der Not!«

Draußen vor Kronburg schien der helle, lichte Tag, und der Wind trug die Töne des Waldhorns vom Nachbarlande herüber, die Schiffe segelten vorüber und grüßten: »Bum! Bum!« und von Kronburg antwortete es: »Bum! Bum!« Aber so stark sie auch schossen, der dänische Holger erwachte doch nicht, denn es war ja nur: »Guten Tag!« – »Besten Dank!« Um ihn zu erwecken, muß anders geschossen werden; aber er erwacht sicher einmal, denn in dem dänischen Holger ist Mark.

Feder und Tintenfaß

In dem Zimmer eines Dichters wurde einst, während man sein Tintenfaß besah, die Äußerung getan: »Es ist merkwürdig, was doch alles aus diesem Tintenfaß hervorgehen kann! Was mag jetzt wohl das Nächste sein? Ja, es ist merkwürdig!« – »Das ist es«, sagte das Tintenfaß. »Es ist unbegreiflich! Das ist es, was ich immer behaupte!« sagte es stolz zu der Schreibfeder und zu den anderen Gegenständen auf dem Tische, die es hören konnten. »Es ist wirklich merkwürdig, was doch alles aus mir hervorgehen kann, ja, es ist fast unglaublich! Ich weiß in der Tat selbst nicht, was das Nächste werden wird, wenn der Mensch erst wieder anfängt, aus mir zu schöpfen. Ein Tropfen von mir ist hinreichend zu einer halben Seite Papier, und was kann nicht auf derselben stehen! Ich bin etwas ganz Merkwürdiges! Von mir allein gehen alle Werke des Dichters aus! Diese Charakterisierungen des einzelnen Menschen, wie er leibt und lebt, so daß die Leute ihn zu erkennen glauben, diese innigen Gefühle, diese gute Laune, diese reizenden Schilderungen der Natur. Ich begreife es selbst nicht, denn ich kenne die Natur gar nicht; aber es lebt nun einmal in mir. Aus mir ging hervor und geht immer noch hervor diese Heerschar schwebender, anmutiger Mädchen, kecker Ritter auf schnaubenden Rossen, fröhlicher und gesunder Naturburschen! Ja, ich weiß es selbst nicht und denke dabei gar nicht.«

»Darin haben Sie vollständig recht!« sagte die Schreibfeder. »Sie denken durchaus nicht, denn dächten Sie, so würden Sie begreifen, daß Sie nur Flüssigkeit hergeben! Sie geben Feuchtigkeit, damit ich aussprechen und auf dem Papier sichtbar machen kann, was ich in mir habe; das schreibe ich nieder. Die Feder ist es, welche schreibt; daran zweifelt kein Mensch, und die meisten Menschen haben, was die Dichtkunst anlangt, doch ebensoviel Einsicht wie ein altes Tintenfaß.«

»Sie haben nur wenig Erfahrung!« versetzte das Tintenfaß. »Sie stehen ja kaum eine Woche im Dienst und sind schon halb abgenutzt. Bilden Sie sich etwa ein, daß Sie die Dichterin sind? Sie sind nur die Magd, und viele Ihrer Gattung habe ich schon gehabt, ehe Sie kamen, und zwar ebensowohl von der Gänsefamilie als aus der englischen Fabrik. Ich verstehe mich auf Gänsekiele wie auf Stahlfedern. Ich habe schon viele in Diensten gehabt und werde noch viele bekommen, wenn er, der Mensch, der für mich die Bewegungen macht, kommt und niederschreibt, was er aus meinem Innern schöpft. Ich möchte jetzt nur wissen, was er zuerst aus mir hervorholen wird.«

»Dummer Tintenkübel!« sagte die Feder.

Spät am Abend kam der Dichter nach Hause, er war im Konzert gewesen, hatte einen ausgezeichneten Violinspieler gehört und war von dessen unvergleichlichem Spiele völlig erfüllt und ergriffen. Eine in Erstaunen setzende Welt von Tönen hatte er aus seinem Instrumente hervorgezaubert – bald tönte es wie klingende Wassertropfen, Perle an Perle, bald wie ein voller Chor zwitschernder Vögel, bald brauste der Sturm durch einen Tannenwald. Er glaubte sein eigenes Herz weinen zu hören, aber in Melodien, wie sie aus der herrlichen Stimme eines Weibes hervortönen. Es war gewesen, als ob nicht nur die Saiten der Violine klängen, sondern auch der Steg, ja selbst die Schrauben und der Resonanzboden; es war außerordentlich! Es war schwer gewesen und hatte doch wie Kinderspiel ausgesehen, als ob der Bogen nur hin und her über die Saiten liefe. Man hätte glauben sollen, daß es jeder müßte nachmachen können. Die Violine klang von selbst, der Bogen spielte von selbst, die beiden waren es, welche das Ganze machten, man vergaß den Meister darüber, der sie führte, der ihnen Leben und Seele einhauchte. Den Meister vergaß man, aber an ihn dachte der Dichter, seiner erwähnte er und schrieb dabei seine Gedanken nieder: »Wie töricht, wenn der Bogen und die Violine auf ihre Leistungen hochmütig sein wollen! Und das tun wir Menschen doch so oft, der Dichter, der Künstler, der Erfinder und Bahnbrecher in der Wissenschaft, der Feldherr. Wir überheben uns, wir sind stolz auf unsere Werke – und alle sind wir gleichwohl nur die Instrumente, auf denen Gott spielt; ihm allein die Ehre! Wir haben nichts, weswegen wir stolz zu sein brauchten.«

Ja, das schrieb der Dichter nieder, schrieb es in der Form einer Parabel und nannte sie »Der Meister und die Instrumente«.

»Da bekamen Sie Ihren Teil, Madame!« sagte die Feder zum Tintenfasse, als sie beide wieder allein waren. »Sie hörten ihn wohl sich laut vorlesen, was ich niedergeschrieben hatte?«

»Ja, was ich Ihnen zu schreiben gab«, sagte das Tintenfaß. »Es war ja ein Hieb auf Sie für Ihren Hochmut! Daß Sie nicht einmal verstehen können, daß man sich über Sie lustig macht! Ich gab Ihnen einen Hieb gerade aus meinem Innersten heraus! Ich muß doch wohl meinen eigenen Spott kennen!«

»Einfältige Tintenhalterin!« versetzte die Feder.

»Schreibpflock!« erwiderte das Tintenfaß.

Und eine jede von ihnen hatte das Bewußtsein, der anderen gründlichen Bescheid gegeben zu haben, und es ist immer ein angenehmes Bewußtsein, davon überzeugt zu sein, daß man jemandem ordentlich gedient hat, dann wird man im Schlafe nicht beunruhigt, und sie wurden beide nicht beunruhigt. Aber der Dichter schlief nicht; die Gedanken quollen hervor wie die Töne aus der Violine, rollend wie Perlen, brausend durch den Wald wie der Sturm, den er in seinem eigenen Herzen empfand. Er empfand den Strahl von dem ewigen Meister. – Ihm allein die Ehre!

Der fliegende Koffer

Es war einmal ein Kaufmann, der so reich war, daß er die ganze Straße und beinahe noch ein Seitengäßchen mit lauter harten Talern pflastern konnte. Allein das tat er nicht, er wußte sein Geld anders anzuwenden. Gab er einen Dreier aus, bekam er einen Taler wieder. Ja, ein tüchtiger Kaufmann war er, aber er mußte doch sterben.

Der Sohn bekam nun all dies Geld, und er lebte lustig, ging jede Nacht auf Maskenbälle, machte Papierdrachen aus Talerscheinen und warf auf dem See Butterstollen mit Goldstücken anstatt mit Steinen. So konnte das Geld schon abnehmen und tat es auch. Zuletzt besaß er nicht mehr als wenige Groschen und hatte keine anderen Kleider als ein Paar Pantoffeln und einen alten Schlafrock. Nun bekümmerten sich seine Freunde nicht länger um ihn, da sie sich ja mit ihm zusammen nicht auf der Straße sehen lassen konnten; allein einer von ihnen, ein gutmütiger Mensch, sandte ihm einen alten Koffer und ließ ihm sagen: »Pack ein!« Ja, das war nun wohl recht gut, aber er hatte nichts einzupacken, und deshalb setzte er sich selbst in den Koffer.

Das war ein absonderlicher Koffer. Sobald man an das Schloß drückte, konnte er fliegen. Er tat es und husch flog er mit ihm durch den Schornstein hoch hinauf über die Wolken, weiter und immer weiter fort. Mitunter knackte der Boden bedenklich, und er hatte dann große Furcht, daß der Koffer in Stücke gehen würde, denn das hätte einen ganz artigen Luftsprung abgegeben! Gott bewahre uns! Endlich kam er nach dem Lande der Türken! Den Koffer verbarg er im Walde unter dürren Blättern und ging dann in die Stadt hinein. Das konnte er recht wohl tun, denn bei den Türken ging ja alles wie er in Schlafrock und Pantoffeln. Da begegnete er einer Amme mit einem kleinen Kinde. »Höre, du Türkenamme!« sagte er. »Was ist das für ein großes Schloß hier unmittelbar bei der Stadt, dessen Fenster so hoch sitzen?«

»Dort wohnt die Tochter des Königs!« sagte sie. »Es ist ihr geweisagt worden, daß sie über einen Geliebten sehr unglücklich werden würde, und deshalb darf niemand zu ihr kommen, wenn nicht der König und die Königin zugegen sind!«

»Ich danke!« sagte der Kaufmannssohn, und dann ging er in den Wald hinaus, setzte sich in seinen Koffer, flog auf das Dach des Schlosses und kroch durch das Fenster zur Prinzessin hinein.

Sie lag auf dem Sofa und schlief; sie war so lieblich, daß er sie küssen mußte. Sie erwachte und erschrak heftig, er aber sagte, er wäre der Türkengott, der durch die Luft zu ihr gekommen wäre, und das schmeichelte ihr.

Da saßen sie nun Seite an Seite, und er erzählte ihr Geschichten von ihren Augen; das wären die herrlichsten, dunklen Seen und die

Gedanken schwämmen darin gleich Meerweibchen. Er erzählte von ihrer Stirn, die wäre ein Schneeberg mit den prächtigsten Sälen und Bildern. Auch erzählte er vom Storche, der die niedlichen Kinderchen bringt.

Ja, das waren herrliche Geschichten! Dann freite er um die Prinzessin, und sie sagte sogleich ja.

»Aber Sie müssen den Sonnabend herkommen, da ist der König und die Königin bei mir zum Tee. Sie werden sehr stolz darauf sein, daß ich den Türkengott bekomme. Aber sorgen Sie dafür, daß Sie ein recht schönes Märchen erzählen können, denn das gewährt meinen Eltern die angenehmste Unterhaltung. Meine Mutter hört gern moralische und vornehme, und mein Vater lustige, über die man lachen kann.«

»Ja, ich bringe keine andere Brautgabe als ein Märchen!« und dann trennten sie sich; aber die Prinzessin gab ihm einen mit Goldstücken besetzten Säbel, und die konnte er besonders gebrauchen.

Nun flog er fort, kaufte sich einen neuen Schlafrock und saß dann draußen im Walde und dichtete ein Märchen. Das sollte bis zum Sonnabend fertig sein und das war nicht so leicht.

Als er nun fertig war, siehe, da war es gerade Sonnabend. Der König, die Königin und der ganze Hof warteten bei der Prinzessin mit dem Tee. Er wurde sehr freundlich empfangen.

»Wollen Sie nun ein Märchen erzählen!« sagte die Königin. »Eins, das tiefsinnig und belehrend ist!«

»Aber worüber man auch lachen kann!« sagte der König.

»Jawohl!« sagte er und erzählte. Da muß man nun gut aufmerken.

»Es war einmal ein Bund Schwefelhölzer, die auf ihre hohe Abkunft sehr stolz waren. Ihr Stammbaum, das heißt die große Fichte, von der jedes ein kleines, kleines Stückchen war, war ein großer, alter Baum im Walde gewesen. Die Schwefelhölzer lagen nun auf dem Gesims zwischen einem Feuerzeug und einem alten eisernen Topf, und diesen erzählten sie von ihrer Jugend. ›Ja, als wir auf dem grünen Zweige waren‹, sagten sie, ›da waren wir wahrlich auf einem grünen Zweige. Jeden Abend und Morgen gab es Diamanttee, das war der Tau; den ganzen Tag hatten wir Sonnenschein, wenn nämlich die Sonne schien, und alle die kleinen Vögel mußten uns Geschichten erzählen. Wir konnten recht gut merken, daß wir auch reich waren, denn die Laubbäume waren nur im Sommer bekleidet; aber unsere Familie hatte die Mittel, für Sommer und Winter grüne Kleider anzuschaffen. Nun aber kamen Holzhauer, und es entstand eine große Umwälzung; unsere ganze Familie zersplitterte sich. Der Stammherr erhielt als Hauptmast Platz auf einem prächtigen Schiffe, das die Welt umsegeln konnte, wenn es wollte. Den anderen Zweigen wurden andere Stellen eingeräumt, und wir haben nun die Aufgabe, der niederen Menge das Licht anzuzünden.‹

›Ich weiß ein anderes Lied zu singen!‹ sagte der Eisentopf, an dessen Seite die Schwefelhölzer lagen. ›Seit ich das Licht der Welt erblickte, bin ich vielmal gescheuert und gekocht worden. Ich sorge für das Dauerhafte und bin, eigentlich gesprochen, der erste hier im Hause. Meine einzige Freude ist, nach Tische rein und fein auf dem Gesims zu liegen und mit den Kameraden vernünftig zu plaudern. Nehme ich aber den Wassereimer aus, der doch bisweilen auf den Hof hinunter kommt, so leben wir hier immer hinter zugemachten Türen. Unser einziger Neuigkeitsbote ist der Marktkorb, aber der redet zu aufrührerisch über die Regierung und das Volk. Fiel doch neulich ein alter Topf aus Schreck darüber auf den Boden und zerschlug sich in Stücke. Der ist gut gesinnt, kann ich euch versichern!‹

›Nun sprichst du zu viel!‹ sagte das Feuerzeug, und der Stahl schlug gegen den Feuerstein, daß Funken sprühten. ›Wollen wir uns nicht einen lustigen Abend machen?‹

›Ja, lasset uns davon sprechen, wer der Vornehmste ist!‹ sagten die Schwefelhölzer.

›Nein, ich spreche nicht gern von mir selber!‹ versetzte der Tontopf. ›Ich schlage eine Abendunterhaltung vor. Ich will den Anfang machen und etwas erzählen; jeder teilt mit, was er erlebt hat. Da kann man sich so trefflich hineinfinden, und es ist sehr lustig! Also hört: An der Ostsee bei den dänischen Buchten . . . !‹

›Ein herrlicher Anfang!‹ riefen alle Teller. ›Das wird gewiß eine Geschichte, die allen gefällt!‹

›Ja, dort brachte ich meine Jugend bei einer stillen Familie zu; die Möbel wurden poliert, der Fußboden aufgewischt, und alle vierzehn Tage wurden neue Vorhänge aufgesteckt!‹

›Wie anschaulich Sie doch erzählen!‹ sagte der Haarbesen. ›Man kann gleich hören, daß ein Frauenzimmer erzählt; es zieht sich etwas Reinliches hindurch!‹

›Ja, das fühlt man!‹ sagte der Wassereimer und machte vor Freude einen Satz, daß es auf dem Boden nur so klatschte!

Der Topf fuhr fort zu erzählen, und das Ende entsprach dem Anfange.

Alle Teller klirrten vor Freude, und der Haarbesen zog grüne Petersilie aus dem Sandloche und bekränzte den Topf, weil er wußte, er würde die anderen dadurch ärgern, und bekränze ich ihn heute, dachte er, so bekränzt er mich morgen!

›Nun will ich tanzen!‹ sagte die Feuerzange und tanzte. Ja, Gott bewahre uns, wie konnte sie das eine Bein in die Höhe schwenken! Der Bezug des alten Stuhles dort in der Ecke platzte bei dem Anblick. ›Werde ich nun auch bekränzt?‹ fragte die Feuerzange, und sie wurde es.

Das ist doch nur Pöbel! dachten die Schwefelhölzer.

Nun sollte die Teemaschine singen, aber sie entschuldigte sich mit Erkältung; auch könnte sie nur in kochendem Zustande singen, aber es geschah eigentlich aus lauter Vornehmtuerei; sie wollte nur auf dem Tisch drinnen bei der Herrschaft singen.

Im Fenster saß eine alte Feder, mit der die Magd zu schreiben pflegte. Es war nichts Bemerkenswertes an ihr, ausgenommen, daß sie zu tief in das Tintenfaß getaucht war, aber gerade darauf tat sie sich etwas zugute. ›Will die Teemaschine nicht singen‹, sagte sie, ›so mag sie es bleiben lassen. Draußen sitzt im Bauer eine Nachtigall, die singen kann; sie hat zwar nichts gelernt, aber gleichwohl wollen wir ihr das heute abend nicht übel auslegen!‹

›Ich finde es im höchsten Grade unpassend‹, äußerte der Teekessel, der das Amt eines Küchensängers bekleidete und ein Halbbruder der Teemaschine war, ›daß ein fremder Vogel angehört werden soll. Ist das patriotisch? Ich fordere den Marktkorb auf, darüber sein Urteil abzugeben!‹

›Ich ärgere mich nur!‹ sagte der Marktkorb. ›Ich ärgere mich so sehr, wie es sich niemand vorstellen kann! Ist das eine Art und Weise, den Abend zu verleben? Würde es nicht weit vernünftiger sein, das ganze Haus einmal auf den rechten Fleck zu setzen? Jeder sollte dann schon den ihm gebührenden Platz erhalten, und ich würde die ganzen Anordnungen treffen!‹

›Ja, laßt uns Lärm machen!‹ riefen sie sämtlich. Plötzlich ging die Tür auf. Es war das Dienstmädchen, und nun standen sie still und wagten nicht Muck zu sagen. Aber da war kein Topf, der nicht ein Gefühl seiner Macht und Würde gehabt hätte. Ja, wenn ich nur gewollt hätte, dachte ein jeder, dann würde es sicher einen lustigen Abend gegeben haben!

Das Dienstmädchen nahm die Schwefelhölzer und machte Feuer mit ihnen an – Gott bewahre uns, wie sie sprühten und aufflammten!

Nun kann ein jeder sehen, daß wir die ersten sind! dachten sie. Welchen Glanz, welches Licht wir haben ... ! Und nun waren sie ausgebrannt!«

»Das war ein herrliches Märchen!« sagte die Königin. »Ich fühlte mich im Geiste ganz zu den Schwefelhölzern in die Küche versetzt. Ja, nun sollst du unsere Tochter haben!«

»Jawohl!« sagte der König. »Du sollst unsere Tochter am Montag bekommen!« denn nun sagte er zu ihm, als zu einem künftigen Familienmitgliede, du.

Die Hochzeit war also festgesetzt, und den Abend vorher wurde die ganze Stadt erleuchtet. Wecken und Brezeln wurden verteilt, die Straßenjungen drängten sich auf den Gassen, riefen hurra und pfiffen auf den Fingern; es war außerordentlich prachtvoll.

Ich muß wohl auch daran denken, mein Scherflein zu den Feierlichkeiten beizutragen! dachte der Kaufmannssohn, und nun kaufte er Raketen, Knallerbsen und alles erdenkliche Feuerwerk, legte es in seinen Koffer und flog damit in die Luft empor.

Rutsch! ging es in die Höhe und verpuffte unter vielem Lärm.

Alle Türken hüpften dabei in die Höhe, daß ihnen die Pantoffeln um die Ohren fuhren. Dergleichen Lufterscheinungen hatten sie niemals gesehen. Nun sahen sie ein, daß es der Türkengott selber war, welcher die Prinzessin bekommen sollte.

Sobald sich der Kaufmannssohn wieder mit seinem Koffer in den Wald hinabgelassen hatte, dachte er: Ich will doch in die Stadt gehen, um mir berichten zu lassen, wie es sich ausgenommen hat. Man kann sich wohl zusammenreimen, daß er Lust dazu hatte.

Nein, was ihm die Leute doch alles erzählten! Ein jeder, bei dem er sich erkundigte, hatte es in seiner Weise gesehen, aber einen prächtigen Eindruck hatte es auf alle gemacht.

»Ich sah den Türkengott selbst!« erzählte der eine. »Er hatte Augen wie blitzende Sterne und einen Bart wie schäumendes Wasser!«

»Er flog in einem feurigen Mantel«, berichtete ein anderer. »Die lieblichsten Engelsköpfchen schauten unter den Falten hervor!«

Ja, das waren vortreffliche Sachen, die er zu hören bekam, und den Tag darauf sollte er Hochzeit haben.

Nun ging er nach dem Walde zurück, um sich in seinen Koffer zu setzen – aber wo war der? Der Koffer war verbrannt. Ein Funke war von dem Feuerwerk zurückgeblieben, der Feuer gefangen und den Koffer in Asche gelegt hatte. Er konnte nicht mehr fliegen, nicht mehr zu seiner Braut gelangen.

Sie aber stand den ganzen Tag auf dem Dache und harrte seiner. Sie wartet noch; er aber durchzieht die Welt und erzählt Märchen, die jedoch nicht mehr so lustig sind wie das von den Schwefelhölzchen.

Der Reisekamerad

Der arme Johannes war sehr traurig, denn sein Vater war sehr krank und dem Tode nahe. Niemand außer den beiden war in der kleinen Stube. Die Lampe auf dem Tische war dem Verlöschen nahe, und es war spät am Abend.

»Du warst ein guter Sohn, Johannes!« sagte der kranke Vater. »Unser Herr wird dir in der Welt schon forthelfen!« Er sah ihn mit ernsten, milden Augen an, atmete tief auf und war tot. Es war, als ob er schliefe. Aber Johannes weinte, nun hatte er niemanden in der ganzen Welt, weder Vater noch Mutter, weder Schwester noch Bruder. Der arme Johannes! Er lag vor dem Bette auf den Knien, küßte des toten Vaters Hand und weinte viel heiße Tränen, bis sich endlich seine Augen schlossen und er mit dem Kopfe auf dem harten Bettpfosten einschlief.

Da hatte er einen wunderlichen Traum; er sah, wie Sonne und Mond sich vor ihm neigten, und er sah seinen Vater wieder frisch und gesund und hörte ihn lachen, wie er immer lachte, wenn er so recht vergnügt war. Ein allerliebstes Mädchen mit einer goldenen Krone auf seinem langen, schönen Haar reichte Johannes die Hand, und sein Vater sagte: »Siehst du, was du für eine Braut bekommen hast? Sie ist die schönste in der ganzen Welt!« Da erwachte er, und all das Liebliche seines Traumes war verschwunden; sein Vater lag tot und kalt im Bette, kein einziger war bei ihm; der arme Johannes!

Eine Woche später wurde der Tote begraben; Johannes ging dicht hinter dem Sarge und konnte den guten Vater, der ihn so liebgehabt hatte, nicht mehr von Angesicht zu Angesicht sehen. Er hörte, wie man die Erdschollen auf den Sarg hinunterwarf, sah jetzt den äußersten Rand desselben, der auch bei der nächsten Schaufel Erde, die hinuntergeworfen wurde, verschwand, und es war ihm, als sollte ihm vor Trauer das Herz zerspringen. Ein Choral wurde darauf gesungen, und der klang so schön, daß Johannes die Tränen in die Augen traten; er weinte, und das tat ihm in seiner Trauer wohl. Die Sonne schien auf die grünen Bäume so herrlich hernieder, als ob sie sagen wollte: »Du darfst nicht traurig sein, Johannes! Sieh nur, wie schön blau der Himmel ist. Dort oben ist jetzt dein Vater und bittet den lieben Gott, daß es dir allezeit wohlgehen möge!«

»Ich will immer gut sein«, sagte Johannes, »dann komme ich auch zu meinem Vater in den Himmel, und was wird das für eine Freude werden, wenn wir einander wiedersehen! Wieviel ich ihm da werde zu erzählen haben, und er wird mir wieder so mancherlei zeigen, wird mich über die Herrlichkeit des Himmels belehren, gerade wie er mich hier auf Erden belehrte. Oh, was wird das für eine Freude werden!«

Johannes stellte sich das so deutlich vor, daß er dabei unwillkürlich lächelte, während ihm die Tränen noch über die Wangen herniederströmten. Die kleinen Vögel saßen oben in den Kastanienbäumen und zwitscherten: »Quivit, quivit!« Sie waren lustig, obwohl sie doch auch mit bei dem Begräbnisse waren, aber sie wußten wohl, daß der tote Mann jetzt oben im Himmel war, Flügel hatte, weit schönere und größere als ihre eigenen, daß er nun glücklich war, weil er hienieden gut gewesen, und darüber waren sie so fröhlich. Johannes sah, wie sie von den grünen Bäumen weit hinaus in die Welt flogen, und bekam auch Lust, mit ihnen zu fliegen. Aber erst schnitt er ein großes hölzernes Kreuz zurecht, um es auf das Grab seines Vaters zu setzen. Als er es am Abend dahin brachte, siehe! da war das Grab mit Sand und Blumen geschmückt. Das hatten fremde Leute getan, denn sie hatten alle den lieben Vater, der nun tot war, so gern gehabt.

Früh am nächsten Morgen packte er sein kleines Bündel zusammen, verwahrte in seinem Gürtel sein ganzes Erbteil, das aus fünfzig Talern und einigen Groschen bestand, und damit wollte er hinaus in die Welt wandern. Aber zuerst ging er nach dem Friedhofe zu dem Grabe seines Vaters, betete sein »Vaterunser« und sagte: »Lebe wohl, du lieber Vater, ich will immer ein guter Mensch sein; bitte deshalb den lieben Gott, daß er mir's wohlergehen lasse!«

Draußen auf dem Felde, wo Johannes ging, standen alle Blumen frisch und herrlich in dem warmen Sonnenschein, und sie nickten im Winde, gerade als ob sie sagen wollten: »Willkommen im Grünen! Ist es hier nicht hübsch?« Aber Johannes drehte sich noch einmal zurück, um den letzten Blick auf die alte Kirche zu werfen, wo er als kleines Kind getauft, wo er jeden Sonntag mit seinem alten Vater im Gottesdienst gewesen war und sein Lied gesungen hatte. Da gewahrte er plötzlich hoch oben in einem der Schallöcher des Turmes den Kirchengeist mit seinem roten, spitzen Mützchen; er beschattete sein Gesicht mit dem gekrümmten Arme, da ihm sonst die Sonne in die Augen schien. Johannes nickte ihm Lebewohl zu, und der Geist schwang sein rotes Mützchen, legte die Hand auf das Herz und warf ihm viele Kußfinger zu, um ihm zu zeigen, wie viel Gutes er ihm wünschte und vor allen Dingen eine recht glückliche Reise.

Johannes dachte daran, wie viel Schönes er nun in der großen prächtigen Welt würde zu sehen bekommen, und ging weiter und weiter fort, so weit, wie er nie zuvor gewesen war; er kannte weder die Städte, durch die er kam, noch die Menschen, denen er begegnete; er war weit draußen in der Fremde.

Die erste Nacht mußte er sich auf einen Heuschober mitten auf freiem Felde schlafen legen; ein anderes Bett hatte er nicht. Aber das kam ihm gerade hübsch vor; kein König, meinte er, könnte es feiner haben. Das ganze Feld mit dem Bache, der Heuschober und dann der blaue Himmel darüber, das war gerade ein hübsches Schlafzimmer. Das grüne Gras mit den kleinen roten und weißen Blumen war der Fußteppich, die Fliederbüsche und die wilden Rosenhecken waren Blumensträuße, und statt eines Waschbeckens hatte er den ganzen Bach mit dem klaren, frischen Wasser vor sich, wo sich die Binsen hin und her neigten und ihm guten Abend und guten Morgen wünschten. Der Mond war eine ungeheuer große Nachtlampe, hoch oben unter der blauen Luft, bei der die Vorhänge nicht Gefahr liefen, in Brand zu geraten. Johannes konnte ganz unbesorgt schlafen, und er tat es auch. Er erwachte erst, als die Sonne aufging und alle die kleinen Vögel um ihn sangen: »Guten Morgen, guten Morgen! Bist du noch nicht auf?«

Die Glocken läuteten zur Kirche, es war Sonntag. Die Leute gingen zur Predigt, und Johannes folgte ihnen, sang den Choral mit und hörte Gottes Wort. Es kam ihm gerade so vor, als wenn er sich in seiner eigenen Kirche befände, in der er getauft war und sooft mit seinem Vater die Kirchenlieder mitgesungen hatte.

Draußen auf dem Friedhofe war eine große Menge Gräber und auf mehreren wuchs hohes Gras. Da dachte Johannes an seines Vaters Grab, das einst auch so aussehen könnte wie diese, da er es nicht säubern und schmücken konnte. Deshalb setzte er sich nieder und riß das Gras ab, richtete die umgesunkenen Holzkreuze wieder auf und legte die Kränze, die der Wind von Gräbern geweht hatte, wieder auf ihre Stelle, indem er dachte: Vielleicht tut jemand dasselbe an meines Vaters Grab, da ich es nicht tun kann!

Vor der Kirchhofstür stand ein alter Bettler und stützte sich auf seine Krücke. Johannes gab ihm die paar Groschen, die er hatte, nd ging dann glücklich und fröhlich immer weiter, hinaus in die weite Welt.

Gegen Abend zog ein erschrecklich schlimmes Wetter auf. Johannes beeilte sich, unter Dach und Fach zu kommen, allein es wurde bald stockfinstere Nacht. Da erreichte er endlich eine kleine Kirche, die ganz einsam auf einem Hügel lag. Die Pforte war zum Glück nur angelehnt, und er schlüpfte hinein. Hier wollte er das böse Wetter abwarten.

»Ich will mich in einen Winkel setzen!« sagte er. »Ich bin ganz ermüdet und habe die Ruhe wohl verdient!« Dann setzte er sich, faltete seine Hände, sprach sein Abendgebet, und ehe er sich dessen bewußt wurde, schlief er ein und träumte, während es draußen donnerte und blitzte.

Als er erwachte, war es mitten in der Nacht, jedoch hatte sich das Gewitter verzogen, und der Mond schien durch die Fenster zu ihm herein. Mitten im Schiff der Kirche stand ein offener Sarg mit einem toten Manne, denn er war noch nicht begraben. Johannes, der ein gutes Gewissen hatte, fürchtete sich nicht; auch wußte er wohl, daß die Toten niemandem etwas zuleide tun. Lebende böse Leute sind es, die uns Böses zufügen. Von dieser Art lebenden bösen Leuten standen zwei dicht neben dem toten Manne, den man vor seiner Beerdigung in der Kirche niedergesetzt hatte. Dem wollten sie ein rechtes Leid zufügen, ihn nicht in seinem Sarge liegen lassen, sondern ihn vor die Kirchentür hinauswerfen, den armen toten Mann.

»Weshalb wollt ihr das tun?« fragte Johannes. »Das ist böse und schlecht, laßt ihn in Jesu Namen ruhn!«

»Oh, schnickschnack«, sagten die beiden häßlichen Menschen, »er hat uns hinter das Licht geführt; er schuldet uns Geld und konnte es nicht zurückbezahlen. Da er nun seine Rechnung durch den Tod quittiert hat, bekommen wir keinen Heller. Deshalb wollen wir uns rächen; wie ein Hund soll er draußen vor der Kirchentür liegen!«

»Ich habe nicht mehr als fünfzig Taler!« sagte Johannes. »Das ist mein ganzes Erbteil, das will ich euch gern geben, wenn ihr mir ehrlich versprechen wollt, den armen toten Mann in Frieden zu lassen. Ich werde auch wohl ohne das Geld durchkommen, denn ich habe gesunde, starke Glieder, und der liebe Gott wird mir stets helfen!«

»Ja«, sagten die häßlichen Menschen, »wenn du in der Tat seine Schuld bezahlen willst, so wollen wir ihm gewiß nichts tun, dessen kannst du sicher sein!« Darauf nahmen sie das Geld, welches ihnen Johannes gab, lachten ihn wegen seiner Gutmütigkeit aus und gingen ihrer Wege. Johannes aber legte den Toten in seinem Sarge wieder zurecht, faltete ihm die Hände, sagte ihm Lebewohl und ging dann guten Mutes und zufriedenen Sinnes weiter durch den großen Wald.

Ringsumher, wo nur immer der Mond durch die Bäume hineinscheinen konnte, sah er die lieblichsten kleinen Elfen lustig miteinander spielen. Sie ließen sich nicht stören, wußten sie doch, daß er ein guter, unschuldiger Mensch war. Nur die bösen Leute bekommen die Elfen nicht zu sehen. Einige von ihnen waren nicht größer als ein Finger und hatten ihr langes blondes Haar mit goldenen

Kämmen aufgeheftet. Zu zweien schaukelten sie sich auf den großen Tautropfen, die auf den Blättern und dem hohen Grase lagen. Bisweilen rollte ein Tropfen hinab und blieb zwischen den langen Grashalmen hängen, und dann erhob sich stets lautes Gelächter und Lärmen unter dem kleinen Völkchen. Das war gar zu drollig! Sie sangen, und Johannes erkannte ganz deutlich alle die hübschen Melodien, die er als kleiner Knabe gelernt hatte. Große bunte Spinnen mit silbernen Kronen auf dem Haupte mußten von der einen Hecke zur anderen lange Hängebrücken und Paläste spinnen, die, sobald der feine Tau darauf fiel, wie schimmerndes Glas im klaren Mondscheine aussahen. So ging es bis Sonnenaufgang ununterbrochen fort. Dann verkrochen sich die kleinen Elfen in die Blumenknospen, und der Wind riß ihre Brücken und Schlösser mit fort, daß sie wie große Spinnweben durch die Luft flogen.

Johannes war eben aus dem Walde herausgekommen, als eine starke Männerstimme hinter ihm herrief: »Holla, Kamerad! Wo geht die Reise hin?«

»Hinaus in die weite Welt!« sagte Johannes. »Ich habe weder Vater noch Mutter, bin ein armer Bursche, aber der liebe Gott hilft mir wohl!«

»Ich will auch in die weite Welt hinaus!« sagte der fremde Mann. »Wollen wir beide in Gesellschaft reisen?«

»Ei freilich!« sagte Johannes, und so gingen sie denn zusammen. Sie faßten bald Zuneigung zueinander, denn sie waren alle beide gute Menschen. Allein Johannes merkte wohl, daß der Fremde weit klüger war als er. Er hatte fast die ganze Welt durchreist und wußte von allem möglichen zu erzählen.

Die Sonne stand bereits hoch, als sie sich unter einen großen Baum setzten, um ihr Frühstück zu verzehren. Plötzlich schritt eine alte Frau daher. Sie war steinalt und ging ganz gebückt. Sie stützte sich auf einen Krückstock und hatte auf ihrem Rücken ein Bündel Brennholz, das sie im Walde gesammelt hatte. Ihre Schürze war aufgesteckt, und Johannes bemerkte, daß drei große Ruten von Farnkraut und Weidenreisern daraus hervorragten. Dicht vor ihnen glitt ihr Fuß aus; sie fiel und stieß einen lauten Schrei aus, denn sie hatte ein Bein gebrochen, die arme, alte Frau.

Johannes sprach sogleich den Wunsch aus, sie möchten beide Hand anlegen und sie nach ihrer Wohnung tragen, aber der Fremde öffnete sein Ränzel, holte eine Büchse hervor und sagte, er hätte da eine Salbe, die ihr Bein sofort ganz und heil zu machen vermöchte, so daß sie selbst nach Hause gehen könnte, als ob sie nie das Bein gebrochen hätte. Dafür verlangte er aber auch, sie sollte ihm die drei Ruten schenken, die sie in ihrer Schürze hätte.

»Das wäre gut bezahlt!« sagte die Alte und nickte dabei ganz sonderbar mit dem Kopfe. Sie wollte sich von ihren Ruten nicht gern trennen, aber es war auch nicht gerade etwas Angenehmes, mit gebrochenem Beine dazuliegen. So gab sie ihm endlich die Ruten, und sobald er ihr das Bein mit der Salbe eingerieben hatte, richtete sich auch die alte Mutter empor und ging viel rüstiger als zuvor. Das vermochte die Salbe zu verrichten. Die war aber auch nicht in der Apotheke zu bekommen.

»Was willst du mit den Besen?« fragte Johannes seinen Reisekameraden.

»Das sind drei hübsche Kräuterbesen!« sagte er. »Die kann ich gut leiden, denn ich bin ein komischer Kauz!«

Nun gingen sie noch eine tüchtige Strecke.

»Sieh, welch ein Wetter heraufzieht!« sagte Johannes und zeigte gerade vor sich hin. »Das ist ein furchtbar dickes Gewölk!«

»Nein!« sagte der Reisekamerad. »Das ist kein Gewölk, das ist ein Gebirge, ein herrliches großes Gebirge, wo man hoch über die Wolken hinaufsteigt in die freie Bergesluft hinein! Wie herrlich ist es dort! Morgen sind wir sicherlich schon hoch in den Bergen!«

Es war nicht so nahe, als es aussah. Sie mußten einen ganzen Tag tüchtig ausschreiten, ehe sie das Gebirge erreichten, wo die schwarzen Wälder ihre Gipfel gen Himmel erhoben, und wo es Felsen gab so groß wie eine ganze Stadt. Das ging gewiß nicht ohne Schweißtropfen ab, da hinüberzukommen, deshalb gingen aber auch Johannes und sein Reisekamerad in ein Wirtshaus, um erst gehörig auszuruhen und Kräfte zum morgigen Marsche zu sammeln.

Unten in der großen Schenkstube des Wirtshauses waren gar viele Leute versammelt, denn ein Puppenspieler war da. Er hatte gerade sein kleines Theater aufgestellt, und die Leute saßen ringsumher, um sich die Komödie anzusehen. Den obersten und allerbesten Platz hatte ein alter, dicker Fleischer eingenommen; sein großer Bullenbeißer – o wie bissig und grimmig schaute der drein – saß ihm zur Seite und riß die Augen auf wie alle die anderen.

Nun begann das Schauspiel, und das war ein gar hübsches Schauspiel mit einem Könige und einer Königin, die saßen auf einem Samtthrone, hatten goldene Kronen auf dem Haupte und lange Schleppen an den Kleidern, denn das erlaubten ihnen ihre Mittel. Die niedlichen Holzpuppen mit Glasaugen und großen Knebelbärten standen an allen Türen und machten sie auf und zu, um der frischen Luft Zutritt in die Stube zu geben. Es war gerade ein wunerschönes Stück und gar nicht traurig, aber gerade, als die Königin sich erhob und den Fußboden entlang schritt, da – ja, Gott mag wissen, was sich eigentlich der große Bullenbeißer dabei dachte – da machte er, als der dicke Fleischer ihn nicht hielt, einen Satz in das Theater hinein und packte die Königin um ihren schlanken Leib, so daß man ein deutliches »Knickknack« hörte. Es war ganz entsetzlich.

Der arme Mann, dem das Puppenspiel gehörte, erschrak sehr und war über seine Königin höchst betrübt, weil es die allerniedlichste Puppe war, die er besaß, und nun hatte ihr der häßliche Bullenbeißer den Kopf abgebissen. Als aber die Leute endlich fortgingen, sagte der Fremde, derselbe, der mit Johannes gekommen war, er wollte sie wieder instand setzen. Darauf holte er seine Büchse hervor und bestrich die Puppe mit der Salbe, mit der er der armen alten Frau, als sie den Fuß gebrochen, geholfen hatte. Sobald die Puppe bestrichen war, wurde sie sofort wieder ganz, ja sie konnte sogar selbst alle ihre Glieder bewegen, man brauchte gar nicht mehr an der Schnur zu ziehen. Die Puppe war wie ein lebendiger Mensch. Der Mann, dem das kleine Puppentheater gehörte, wurde sehr froh. Nun brauchte er die Puppe nicht mehr zu halten, sie konnte selbst tanzen. Das konnte keine der anderen.

Als es endlich Nacht geworden war und alle Leute im Wirtshause ihr Bett aufgesucht hatten, siehe, da war jemand, der so erschrecklich tief seufzte und so unermüdlich darin war, daß sich alle wieder erhoben, um nachzusehen, wer das sein könnte. Der Mann, der die Komödie aufgeführt hatte, ging zu seinem Theater, denn aus dem tönten die Seufzer heraus. Alle Holzpuppen lagen untereinander, der König und alle Trabanten, und sie waren es, die so erbärmlich seufzten und mit ihren großen Glasaugen stierten, denn sie wollten gar zu gern wie die Königin auch ein wenig mit Salbe bestrichen werden, damit sie ebenfalls die Gabe erhielten, sich von selbst zu bewegen. Die Königin sank gerade auf die Knie und hielt ihre herrliche Goldkrone in die Höhe, während sie bat: »Nimm sie von mir an, aber salbe meinen Gemahl und meine Hofleute ein!« Da konnte sich der arme Mann, dem die Komödie und alle Puppen gehörten, nicht enthalten, in Tränen auszubrechen, denn er bedauerte sie aufrichtig. Er versprach dem Reisekameraden sogleich, er wollte ihm alles Geld geben, das er für die Vorstellung am nächsten Abende erhalten würde, wenn er nur vier bis fünf seiner prächtigsten Puppen einsalbte. Aber der Reisegefährte erwiderte, er verlangte nichts anderes als den großen Säbel, den er an seiner Seite trüge, und als er ihn erhielt, bestrich er sechs Puppen, die sogleich zu tanzen begannen, und zwar so niedlich, daß alle Mädchen, die lebendigen Menschenmädchen, die es mit ansahen, der Tanzlust nicht widerstehen konnten. Der Kutscher und die Köchin tanzten, der Kellner und das Stubenmädchen, alle Fremden und die Feuerschaufel und die Feuerzange. Aber diese beiden fielen um, gleich als sie die ersten Sprünge machten. Ja, das war eine lustige Nacht.

Am nächsten Morgen schied Johannes mit seinem Reisekameraden von ihnen allen, stieg empor zu den hohen Bergen und ging durch die mächtigen Tannenwälder. Sie kamen so hoch hinauf, daß die Kirchtürme tief unter ihnen zuletzt nur noch wie kleine rote Beeren unten in all dem Grünen aussahen. Sie konnten weit hinausschauen, viele, viele Meilen weit, wo sie nie gewesen waren! So viel Herrlichkeit in der schönen Welt hatte Johannes nie auf einmal gesehen, und die Sonne schien so warm aus der frischen blauen Luft, er hörte auch die Jäger zwischen den Bergen das Waldhorn blasen, so schön und lieblich, daß ihm Freudentränen in die Augen traten und er unwillkürlich in die Worte ausbrach: »Du guter, lieber Gott! Ich möchte dich küssen, weil du so gut gegen uns alle bist und uns allen die vielen Herrlichkeiten in der Welt geschenkt hast!«

Auch der Reisekamerad stand mit gefalteten Händen da und schaute hinaus über die Wälder und Städte in den warmen Sonnenschein. Plötzlich ertönte es wunderbar lieblich über ihren Häuptern. Sie blickten auf – ein großer weißer Schwan schwebte in der Luft. Er war so schön und sang, wie sie nie einen anderen Vogel hatten singen hören. Aber der Gesang wurde schwächer und schwächer; der Schwan neigte sein Haupt und sank ganz langsam zu ihren Füßen nieder, wo er tot liegenblieb, der schöne Vogel.

»Zwei so schöne Flügel«, sagte der Reisekamerad, »so weiß und groß, wie dieser Vogel hat, sind Geldes wert; die will ich doch mitnehmen. Nun wirst du einsehen, wie gut es war, daß ich den Säbel bekam!« Darauf hieb er die beiden Flügel des toten Vogels, die er behalten wollte, mit einem Schlage ab.

Sie reisten nun viele, viele Meilen über das Gebirge weiter, bis sie endlich eine große Stadt mit mehr als hundert Türmen, die wie Silber im Sonnenscheine schimmerten, vor sich sahen. Mitten in der Stadt war ein prächtiges Marmorschloß, mit glänzendem Golde gedeckt, und hier wohnte der König.

Johannes und der Reisekamerad wollten nicht sogleich in die Stadt hineingehen, blieben aber in einem außerhalb gelegenen Wirtshause, damit sie sich erst putzen konnten, denn sie wollten doch stattlich aussehen, wenn sie sich auf den Straßen zeigten. Der Wirt erzählte ihnen, der König wäre ein lieber, guter Mann, der keinem Menschen etwas zuleide täte, aber seine Tochter, ja Gott bewahre uns! das wäre eine schlimme Prinzessin. An Schönheit fehlte es ihr nicht, im Gegenteil, niemand könnte so schön und liebreizend sein wie sie, aber was hülfe das, sie wäre eine schlimme, böse Hexe und schuld daran, daß gar viele herrliche Prinzen ihr Leben verloren hätten. Allen Leuten stände es frei, sich um sie zu bewerben. Jeder könnte kommen, gleichviel ob er Prinz oder Bettler wäre. Nur müßte er drei Dinge raten, nach denen sie fragte. Könnte er es, so wollte sie sich mit ihm verheiraten, und er sollte nach dem Tode ihres Vaters König über das ganze Land werden. Könnte er aber die drei Dinge nicht erraten, so ließe sie ihn hängen oder köpfen, so schlimm und böse wäre die Prinzessin. Ihr Vater, der alte König, wäre sehr traurig darüber, könnte es ihr aber nicht verbieten, so böse zu sein, weil er einmal gesagt hätte, er wollte mit ihren Freiern nicht das geringste zu tun haben; sie könnte selbst tun, wie ihr gutdünkte. Jedesmal, wenn ein Prinz käme und raten sollte, um die Prinzessin zu erhalten, vermöchte er es nicht, und dann würde er gehenkt oder geköpft. Man hätte ihn ja beizeiten gewarnt, er hätte vom Freien abstehen können. Der alte König wäre so betrübt über all die Trauer und das Elend, daß er jährlich einen ganzen Tag auf den Knien läge mit allen seinen Soldaten, und betete, daß die Prinzessin doch gut werden möchte, aber das wollte sie durchaus nicht. Die alten Frauen, die Branntwein tränken, färbten ihn aus Trauer, ehe sie ihn tränken, ganz schwarz, und mehr könnten sie nicht tun.

»Die garstige Prinzessin!« sagte Johannes. »Sie sollte wirklich die Rute bekommen, das würde ihr guttun. Wäre ich der alte König, sollte es ihr an harten Züchtigungen nicht fehlen!«

In diesem Augenblicke hörten sie das Volk draußen hurra rufen. Die Prinzessin kam vorbei, und sie war wirklich so schön, daß alle Leute vergaßen, wie böse sie war, deswegen riefen sie hurra! Zwölf schöne Jungfrauen, alle in weißen Seidenkleidern, in der Hand eine goldene Tulpe, ritten auf kohlschwarzen Rossen ihr zur Seite; die Prinzessin ritt ein schneeweißes Pferd, mit Diamanten und Rubinen geschmückt, ihr Reitkleid war von lautrem Golde, und die Peitsche, die sie in der Hand hatte, sah aus, als wäre sie ein Sonnenstrahl. Die goldene Krone auf ihrem Haupte war wie kleine Sterne vom Himmelsgewölbe, und ihr Mantel war aus mehr als tausend prächtigen Schmetterlingsflügeln zusammengesetzt, gleichwohl war sie schöner als alle ihre Kleider.

Als Johannes sie erblickte, errötete er bis an die Stirn und vermochte nicht ein einziges Wort zu sprechen. Die Prinzessin ähnelte ja sprechend dem schönen Mädchen mit der goldenen Krone, von dem er in der Nacht, da sein Vater gestorben war, geträumt hatte. Er fand sie so schön, daß er sich augenblicklich in sie verliebte. Das wäre gewiß nicht wahr, sagte er, daß sie eine böse Hexe wäre, welche die Leute hängen und köpfen ließe, wenn sie nicht erraten könnten, was sie von ihnen verlangte. »Jedermann hat ja Erlaubnis, um sie zu freien, sogar der ärmste Bettler; ich will wirklich auch nach dem Schlosse gehen, denn ich kann nicht anders!«

Alle sagten, er sollte es nicht tun, es würde ihm gewiß wie allen anderen ergehen. Der Reisekamerad riet ihm auch davon ab, aber Johannes meinte, es würde schon gutgehen, bürstete sich Schuhe und Rock, kämmte sich das schöne blonde Haar und ging dann ganz allein in die Stadt hinein und auf das Schloß.

»Herein!« sagte der alte König, als Johannes an die Tür klopfte. Johannes öffnete, und der alte König, in Schlafrock und gestickten Pantoffeln, kam ihm entgegen; die goldene Krone hatte er auf dem Haupte, das Zepter in der einen Hand und den Reichsapfel in der anderen. »Wart einen Augenblick!« sagte er und nahm den Reichsapfel unter den Arm, um Johannes die Hand reichen zu können. Als er aber vernahm, er wäre ein Freier, fing er so zu weinen an, daß sowohl Zepter wie Reichsapfel auf die Erde fielen und er sich die Augen mit seinem Schlafrocke abtrocknen mußte. Der arme alte König!

»Laß es sein!« sagte er. »Es geht dir bitterböse wie allen anderen. Du wirst es leider sehen!« Darauf führte er Johannes in den Lustgarten der Prinzessin hinaus. Da sah es entsetzlich aus! Im Gipfel eines jeden Baumes hingen drei, vier Königssöhne, die um die Prinzessin gefreit, jedoch die Sachen nicht hatten raten können, die denselben von ihr aufgegeben waren. Sowie sich der Wind erhob, klapperten alle Totengebeine, daß die Vögelchen erschraken und sich nimmer in den Garten hineintrauten; alle Blumen waren an Menschenknochen aufgebunden und in den Blumentöpfen standen Totenköpfe und grinsten. Das war ein absonderlicher Garten für eine Prinzessin.

»Hier kannst du es sehen!« sagte der alte König. »Es wird dir gerade wie all den anderen ergehen, die du hier siehst; laß es deshalb lieber sein. Du machst mich wirklich unglücklich, denn es geht mir so unendlich nahe!«

Johannes küßte dem guten alten Könige die Hand und sagte, es würde gewiß gutgehen, denn er liebte die Prinzessin so heiß.

In diesem Augenblicke kam die Prinzessin mit allen ihren Damen in den Schloßhof hineingeritten. Sie gingen deshalb zu ihr hinaus und boten ihr guten Tag. Sie war in der Tat wunderbar schön, reichte Johannes die Hand, und er verliebte sich noch mehr in sie. Sie konnte doch gewiß keine böse, schlimme Hexe sein, wie alle Leute von ihr sagten. Sie gingen darauf in den Saal hinauf, und die Edelknaben reichten ihm Eingemachtes und Pfeffernüsse; aber der alte König konnte vor Trauer gar nichts essen, und die Pfeffernüsse waren ihm auch zu hart.

Es wurde nun abgemacht, daß Johannes am nächsten Morgen wieder auf das Schloß kommen sollte, wo die Richter und der ganze Rat versammelt sein würden, um zu hören, wie er die Probe bestände. Riete er richtig, so sollte er noch zweimal kommen; bis jetzt war aber noch niemand dagewesen, der die Probe das erstemal bestanden hatte, und darum waren alle um das Leben gekommen.

Johannes war durchaus nicht darüber beunruhigt, wie es ihm ergehen würde, er war im Gegenteile vergnügt, dachte nur an die wunderschöne Prinzessin, und vertraute ganz sicher darauf, daß ihm der liebe Gott helfen würde, aber wie, das wußte er freilich nicht und wollte lieber gar nicht daran denken. Er tanzte die Landstraße förmlich entlang, als er nach dem Wirtshause, wo ihn der Reisekamerad erwartete, zurückkehrte.

Johannes konnte kein Ende finden zu erzählen, wie freundlich die Prinzessin gegen ihn gewesen und wie wunderschön sie wäre. Er sehnte sich schon unendlich nach dem nächsten Tage, wo er auf dem Schlosse sein Glück mit Raten versuchen sollte.

Aber der Reisekamerad schüttelte den Kopf und war sehr betrübt. »Ich habe dich lieb!« sagte er. »Wir hätten noch lange zusammenbleiben können, und nun soll ich dich schon verlieren! Du armer, lieber Johannes, die Tränen sind mir nahe; aber ich will, vielleicht am letzten Abend, den wir zusammen sind, deine Freude nicht stören. Wir wollen lustig sein, recht lustig; morgen, wenn du fort bist, kann ich mich ausweinen!«

Alle Leute in der Stadt hatten sofort erfahren, daß ein neuer Freier um die Prinzessin angekommen wäre, und es herrschte deshalb große Trauer darin. Das Theater blieb geschlossen, alle Kuchenfrauen banden schwarzen Flor um ihre Zuckerpuppen, der König und die Priester lagen in den Kirchen auf den Knien; wohin man blickte, sah man Zeichen aufrichtiger Trauer, denn es konnte ja Johannes unmöglich besser ergehen, als es all den anderen Freiern ergangen war.

Gegen Abend bereitete der Reisekamerad eine große Bowle Punsch und sagte zu Johannes, sie wollten nun recht lustig sein und auf das Wohl der Prinzessin trinken. Als aber Johannes zwei Glas getrunken hatte, wurde er so schläfrig, daß es ihm nicht länger möglich war, die Augen offenzuhalten, und er schlief ein. Der Reisekamerad hob ihn ganz leise vom Stuhl auf und legte ihn in sein Bett, und als es dann stockfinstere Nacht wurde, nahm er die beiden großen Flügel, die er dem Schwane abgehauen hatte, und knüpfte sie sich fest an die Schultern. Die größte der Ruten, die er von der alten Frau bekommen hatte, steckte er in die Tasche und flog dann über die Stadt gerade nach dem Schlosse hin, wo er sich in einen Winkel unter das Fenster setzte, das in das Schlafzimmer der Prinzessin hineinging.

Es war in der ganzen Stadt völlig still. Nun schlug die Uhr dreiviertel auf zwölf; das Fenster öffnete sich, und die Prinzessin flog in einem großen weißen Mantel und mit langen schwarzen Flügeln über die Stadt weg, zu einem großen Berge hinaus. Aber der Reisekamerad machte sich unsichtbar, so daß sie ihn nicht sehen konnte, flog hinter ihr her und peitschte die Prinzessin mit seiner Rute dermaßen, daß das Blut hervorquoll, wohin er schlug. Was war das für eine Fahrt durch die Luft! Der Wind setzte sich in ihren Mantel, der sich nach allen Seiten ausbreitete, gleich einem großen Schiffssegel, und der Mond schien durch ihn hindurch.

»Wie es hagelt! Wie es hagelt!« sagte die Prinzessin bei jedem Schlage, den sie von der Rute erhielt, und das hatte sie wohl verdient. Endlich erreichte sie den Berg und klopfte an. Mit donnergleichem Gepolter öffnete sich der Berg, und die Prinzessin ging hinein. Der Reisekamerad folgte hart hinterher, denn niemand konnte ihn sehen, er war ja unsichtbar. Sie gingen durch einen großen, langen Gang, wo die Wände ganz absonderlich schimmerten; es waren über tausend glühende Spinnen, welche die Mauer auf und ab liefen und gerade wie Feuer leuchteten. Nun kamen sie in einen großen, von Silber und Gold erbauten Saal. Blumen, so groß wie Sonnenblumen, rote und blaue, funkelten an den Wänden, aber niemand konnte die Blumen pflücken, denn die Stengel waren häßliche, giftige Schlangen, und die Blumen waren Feuer, das ihnen aus dem Rachen flammte. An der Decke flimmerten Leuchtkäfer und himmelblaue Fledermäuse, die mit den dünnen Flügeln schlugen. Das sah ganz sonderbar aus! Mitten auf der Erde stand ein Thron, der von vier Pferdegerippen getragen wurde, die Zaumzeug von den roten Feuerspinnen hatten. Der Thron selbst war von milchweißem Glase, und das Polster desselben bestand aus kleinen, schwarzen Mäusen, die einander in den Schwanz bissen. Über demselben war ein Thronhimmel von rosenroten Spinngeweben, mit den niedlichsten kleinen grünen Fliegen besetzt, die wie Edelsteine funkelten. Mitten auf dem Throne saß ein alter Zauberer, mit einer Krone auf dem garstigen Kopfe und einem Zepter in der Hand. Er küßte die Prinzessin auf die Stirn, ließ sie an seiner Seite auf dem kostbaren Throne Platz nehmen, und nun begann die Musik. Große, schwarze Heuschrecken bliesen die Mundharmonika, und die Eule schlug sich auf den Bauch, denn sie hatte keine Trommel. Es war ein drolliges Konzert. Kleine, winzige Kobolde, mit einem Irrlichte auf der Mütze, tanzten im Saale umher. Den Reisekameraden konnte niemand sehen, er hatte sich gerade hinter dem Thron aufgestellt und sah und hörte alles. Die Hofleute, die nun auch erschienen, waren gar zierlich und vornehm, aber wer richtig sehen konnte, merkte wohl, wie es mit ihnen stand. Besenstiele waren es, mit Kohlköpfen oben darauf, nichts anderes. Der Zauberer hatte nur Leben in sie hineingehext und ihnen gestickte Kleider gegeben. Aber das war ja auch gleichgültig, sie wurden doch nur zum Staate gebraucht.

Nachdem nun eine Zeitlang getanzt war, erzählte die Prinzessin dem Zauberer, daß sie einen neuen Freier bekommen hätte, und fragte deshalb, woran sie wohl denken sollte, um ihn am nächsten Morgen danach zu fragen, wenn er nach dem Schlosse käme.

»Höre!« sagte der Zauberer. »Ich will dir etwas sagen! Du sollst etwas ganz Leichtes wählen, dann verfällt er gewiß nicht darauf. Denke an deinen einen Schuh. Das errät er nicht. Laß ihm dann den Kopf abhauen, vergiß aber nicht, mir, wenn du morgen nacht wieder zu mir herauskommst, seine Augen mitzubringen, denn die will ich essen.«

Die Prinzessin verneigte sich sehr tief und sagte, sie würde die Augen nicht vergessen. Der Zauberer öffnete darauf den Berg, und sie flog wieder nach Hause; aber der Reisekamerad folgte ihr und prügelte sie mit der Rute so nachdrücklich, daß sie über das heftige Hagelwetter ganz tief aufseufzte und sich nach Kräften beeilte, durch das Fenster in ihre Schlafkammer zu gelangen. Der Reisekamerad flog jedoch nach dem Wirtshause zurück, wo Johannes immer noch schlief, band seine Flügel ab und legte sich darauf auch auf das Bett, denn er konnte wohl ermüdet sein.

Es war noch früh am Morgen, als Johannes erwachte; der Reisekamerad erhob sich ebenfalls und erzählte, er hätte in der Nacht einen sehr sonderbaren Traum von der Prinzessin und ihrem einen Schuh gehabt, und bat ihn deshalb, doch ja zu fragen, ob die Prinzessin nicht an ihren einen Schuh gedacht hätte. Denn das hatte er ja von dem Zauberer im Berge gehört, doch davon wollte er Johannes nichts erzählen.

»Ich kann dies ebensogut wie etwas anderes fragen«, sagte Johannes, »vielleicht ist das ganz richtig, was du geträumt hast, denn ich vertraue fest darauf, daß mir der liebe Gott helfen wird. Ich will dir aber doch Lebewohl sagen; denn rate ich falsch, so bekomme ich dich nie mehr zu sehen!«

Dann küßten sie einander, und Johannes ging in die Stadt hinein aufs Schloß. Der ganze Saal wimmelte von Menschen; die Richter saßen in ihren Lehnstühlen und hatten Kissen von Eiderdaunen hinter dem Kopfe, denn sie hatten soviel zu denken. Der alte König erhob sich und trocknete sich die Augen an einem weißen Taschentuche. Nun trat die Prinzessin herein; sie war noch viel schöner als gestern und grüßte alle Anwesenden auf das freundlichste; Johannes aber gab sie die Hand und sagte: »Guten Morgen, mein Lieber!«

Nun sollte Johannes erraten, woran sie gedacht hätte. O Gott, wie freundlich sah sie ihn an; aber kaum hatte sie ihn das eine Wort »Schuh« sagen hören, so wurde sie kreideweiß im Gesicht, und ein Schauder überflog ihren ganzen Körper; aber es konnte ihr nichts helfen, denn er hatte richtig geraten.

Potztausend, wie froh wurde der alte König! Er schlug einen Purzelbaum vor Wonne und alle Leute klatschten ihm und dem Johannes, der nun zum erstenmal richtig geraten hatte, lauten Beifall zu.

Der Reisekamerad strahlte vor Freude, als er hörte, wie gut es abgelaufen war; Johannes aber faltete die Hände und dankte dem lieben Gott, der ihm gewiß auch die beiden andern Male helfen würde. Am nächsten Tage sollte schon wieder geraten werden.

Der Abend verging wie der gestrige. Als Johannes schlief, flog der Reisekamerad hinter der Prinzessin her nach dem Berge und prügelte sie noch stärker als das erstemal, denn nun hatte er zwei Ruten genommen. Niemand bekam ihn zu sehen, und er hörte alles. Die Prinzessin wollte an ihren Handschuh denken, und das erzählte er Johannes, als ob es ein Traum wäre. Johannes hatte da gut richtig raten, und es entstand die lebhafteste Freude auf dem Schlosse. Der ganze Hof schlug nun Purzelbäume, wie sie es vom Könige das erstemal gesehen hatten; aber die Prinzessin lag auf einem Sofa und vermochte nicht ein einziges Wort zu sagen. Nun kam es darauf an, ob Johannes noch das drittemal richtig raten konnte. Ging es gut, sollte er ja die schöne Prinzessin bekommen und das ganze Königreich erben, sobald der alte König starb; riet er aber falsch, so sollte er sein Leben verlieren, und der Zauberer wollte seine schönen blauen Augen essen.

Den Abend vorher ging Johannes früh zu Bett, sprach sein Abendgebet und schlief dann ruhig ein; aber der Reisekamerad band seine Flügel an den Rücken, gürtete den Säbel an seine Seite und nahm alle drei Ruten mit sich, und dann flog er zum Schlosse.

Es war stockfinstere Nacht; es stürmte, daß die Ziegel von den Dächern flogen und sich im Garten die Bäume, an denen die Gerippe hingen, bei jedem Windstoße wie ein Rohr bogen; es blitzte unaufhörlich, und der Donner rollte die ganze Nacht hindurch, als ob es nur ein einziger Schlag wäre. Nun öffnete sich das Fenster, und die Prinzessin flog heraus. Sie war bleich wie der Tod, aber sie lachte über das böse Wetter; es kam ihr noch nicht wild und stürmisch genug vor, und ihr weißer Mantel wirbelte wie ein großes Schiffssegel in der Luft umher. Aber der Reisekamerad peitschte sie mit seinen drei Ruten dergestalt, daß das Blut auf die Erde tröpfelte und sie zuletzt kaum weiterfliegen konnte. Endlich erreichte sie aber doch den Berg.

»Es hagelt und stürmt«, sagte sie, »nie bin ich in einem solchen Wetter im Freien gewesen!«

»Man kann auch des Guten zuviel haben«, sagte der Zauberer. Nun erzählte sie ihm, daß Johannes auch das zweitemal richtig geraten hätte; täte er es auch morgen, dann hätte er gewonnen, und sie könnte nie mehr zu ihm nach dem Berge hinauskommen, könnte nie mehr solche Zauberkünste wie früher ausführen; deshalb wäre sie ganz betrübt.

»Er soll es nicht erraten können!« sagte der Zauberer. »Es wird mir schon etwas einfallen, woran er nie gedacht hat! Oder er müßte ein noch größerer Zauberer sein als ich. Aber nun wollen wir lustig sein!« Damit nahm er die Prinzessin bei beiden Händen, und sie tanzten mit all den kleinen Kobolden und Irrwischen, die im Zimmer waren, im Kreise umher; die roten Spinnen sprangen an den Wänden ebenso lustig auf und nieder, daß es wie funkelnde Feuerblumen aussah. Die Eulen trommelten, die Grillen zirpten, und die schwarzen Heuschrecken bliesen die Mundharmonika. Es war ein lustiger Ball.

Als sie nun lange genug getanzt hatten, mußte die Prinzessin an die Heimkehr denken, denn sonst konnte sie im Schlosse vermißt werden; der Zauberer sagte, er würde sie begleiten, damit sie so lange wie möglich beisammen wären.

Dann brachen sie in dem bösen Wetter auf, und der Reisekamerad zerschlug seine drei Ruten auf beider Rücken. Nie war der Zauberer in einem solchen Hagelwetter aus gewesen. Vor dem Schlosse verabschiedete er sich von der Prinzessin und flüsterte ihr dabei zu: »Denk an meinen Kopf!« Aber der Reisekamerad hörte es wohl, und in demselben Augenblicke, wo die Prinzessin durch das Fenster in ihr Schlafzimmer schlüpfte und der Zauberer seinen Rückweg antreten wollte, ergriff er denselben bei seinem langen, schwarzen Barte und hieb ihm mit dem Säbel seinen garstigen Zauberkopf dicht an den Schultern ab, so daß ihn der Zauberer selbst nicht einmal zu sehen bekam. Den Körper warf er hinaus in den See zu den Fischen; aber den Kopf tauchte er nur in das Wasser und band ihn darauf in sein seidenes Taschentuch, nahm ihn mit nach seinem Wirtshause und legte sich schlafen.

Am nächsten Morgen gab er Johannes das Taschentuch, sagte aber, er dürfte es nicht eher aufknüpfen, als bis die Prinzessin nach dem Gegenstande fragte, an den sie gedacht hätte.

Es waren so viele Menschen in dem kleinen Schloßsaale, daß sie so dicht wie Radieschen in einem Bündel nebeneinander standen. Der Rat saß in seinen Stühlen mit den weichen Kopfkissen, und der alte König hatte neue Kleider an; die goldene Krone und das Zepter waren geputzt, was sich sehr prächtig ausnahm. Aber die Prinzessin war auffallend blaß und hatte ein kohlschwarzes Kleid an, als sollte sie zu einem Begräbnisse.

»Woran habe ich gedacht?« sagte sie zu Johannes, und sogleich knüpfte er das Taschentuch auf und erschrak selbst heftig, als er das häßliche Zauberhaupt gewahrte. Schauder überfuhr bei diesem entsetzlichen Anblicke alle Menschen, aber die Prinzessin saß gerade wie ein Steinbild da und konnte nicht ein einziges Wort hervorbringen. Endlich erhob sie sich und reichte Johannes die Hand, denn er hatte ja richtig geraten. Sie sah weder ihn noch einen anderen an, sondern seufzte ganz laut: »Nun bist du mein Herr! Heute abend wollen wir Hochzeit halten!«

»So gefällt es mir!« sagte der alte König. »So wollen wir es haben!« Alle Leute riefen hurra, die Wachtparade machte auf den Straßen Musik, die Glocken läuteten, und die Kuchenweiber nahmen den schwarzen Flor von ihren Zuckerpuppen, denn nun herrschte überall Freude. Drei ganze gebratene Ochsen, mit Enten und Hühnern gefüllt, wurden mitten auf dem Markte aufgetragen, wovon sich ein jeder ein Stück abschneiden konnte. In den Wasserkünsten sprang der herrlichste Wein, und kaufte man sich beim Bäcker eine Dreierbrezel, so bekam man als Zugabe sechs große Wecken, und die Wecken noch dazu mit Rosinen.

Am Abend war die ganze Stadt erleuchtet, und die Soldaten schossen mit Kanonen und die Knaben mit Knallerbsen, und oben auf dem Schlosse wurde gegessen und getrunken, angestoßen und gesprungen; alle die vornehmen Herren und schönen Fräulein tanzten miteinander; weithin erschallte ihr Gesang:

»Hier ist zum lust'gen Hochzeitsreigen
Der schönsten Mädchen reicher Kranz,
Nun flink, ihr Herren, hört auf die Geigen,
Dreht hurtig, Mädchen, euch im Tanz.
Tanzet und stampfet im lustigen Tollen,
Solange die Schuhe nur halten wollen.«

Aber die Prinzessin war ja noch eine Hexe und hatte Johannes gar nicht lieb; das kam dem Reisekameraden in den Sinn, und deshalb gab er Johannes drei Federn aus den Schwanenflügeln und ein Fläschchen, das nur wenige Tropfen enthielt. Darauf gab er ihm den Rat, er sollte ein mit Wasser gefülltes Faß vor das Bett der Prinzessin setzen lassen und derselben beim Einsteigen in das Bett einen kleinen Stoß versetzen, so daß sie in das Wasser fiele. Dreimal sollte er sie dann untertauchen, nachdem er vorher die Federn und Tropfen hineingetan hätte; dann würde der Zaubergeist von ihr weichen und sie ihm recht gut werden.

Johannes tat alles, was der Reisekamerad angeraten hatte. Die Prinzessin schrie laut auf, als er sie unter das Wasser tauchte, und zappelte ihm als ein großer, kohlschwarzer Schwan mit sprühenden Augen unter den Händen. Als er zum zweitenmal aus dem Wasser auftauchte, war der Schwan weiß, mit Ausnahme eines einzigen schwarzen Ringes um den Hals. Johannes betete fromm zu Gott und ließ den Vogel zum drittenmal vom Wasser überfluten, und in demselben Augenblicke verwandelte er sich in die schönste Prinzessin. Sie war noch hübscher als vorher und dankte ihm mit Tränen in ihren schönen Augen, daß er ihre Bezauberung gehoben hätte.

Am nächsten Morgen kam der alte König mit seinem ganzen Hofstaate, und da war des Glückwünschens kein Ende; zuallerletzt kam noch der Reisekamerad, er hatte seinen Stock in der Hand und den Ranzen auf dem Rücken. Johannes küßte ihn vielmals und sagte, er dürfte nicht fortreisen, er müßte bei ihm bleiben, denn er wäre ja die Ursache seines ganzen Glückes. Aber der Reisekamerad schüttelte mit dem Kopfe und sagte gar mild und freundlich: »Nein, nun ist meine Zeit um. Ich habe nur meine Schuld bezahlt. Kannst du dich des toten Mannes erinnern, dem die bösen Leute Leid zufügen wollten? Du gabst alles, was du besaßest, damit er im Grabe Ruhe finden könnte. Der Tote bin ich!«

Im selben Augenblicke war er verschwunden.

Die Hochzeitsfeier dauerte einen ganzen Monat; Johannes und die Prinzessin hatten einander herzlich lieb, und der alte König verlebte viel frohe Tage und ließ ihre allerliebsten kleinen Kinder auf seinen Knien reiten und mit seinem Zepter spielen; Johannes aber wurde König über das ganze Reich.

Der kleine Klaus und der große Klaus

In einem Dorfe lebten zwei Männer, die beide denselben Namen hatten. Beide hießen Klaus, aber der eine besaß vier Pferde, der andere nur ein einziges Pferd. Um sie nun voneinander unterscheiden zu können, nannte man den mit den vier Pferden den großen Klaus und denjenigen, der nur ein einziges Pferd hatte, den kleinen Klaus. Nun wollen wir hören, was sich mit den beiden ereignete, denn es ist eine wahre Geschichte. Die ganze Woche mußte der kleine Klaus für den großen Klaus pflügen und ihm sein einziges Pferd leihen; darauf half ihm der große Klaus wieder mit allen seinen vieren, jedoch nur einmal in der Woche, und das war des Sonntags. Hussa! Wie knallte der kleine Klaus mit seiner Peitsche über alle fünf Pferde hin; sie waren ja nun den einen Tag so gut wie sein. Die Sonne schien so herrlich, und alle Glocken auf dem Kirchturme läuteten zur Kirche; die Leute waren so geputzt und gingen mit dem Gesangbuche unter dem Arme hin, um die Predigt anzuhören, und sie sahen nach dem kleinen Klaus, der pflügte mit fünf Pferden, und er war so vergnügt, daß er wieder mit der Peitsche knallte und rief: »Hopp, alle meine Pferde!«

»Das darfst du nicht sagen«, meinte der große Klaus, »es gehört dir ja nur das eine Pferd!«

Aber als wieder jemand nach der Kirche vorbeiging, vergaß der kleine Klaus, daß er es nicht sagen durfte, und da rief er: »Hopp, alle meine fünf Pferde!«

»Nun muß ich aber bitten, es bleibenzulassen«, sagte der große Klaus, »denn sagst du es noch einmal, so schlage ich dein Pferd vor den Kopf, daß es tot liegenbleibt; dann ist es vorbei mit ihm!«

»Ich will es gewiß nicht mehr sagen«, antwortete der kleine Klaus; als aber Leute vorbeikamen und ihm einen guten Tag zunickten, wurde er so vergnügt, und es dünkte ihm so schön, daß er fünf Pferde hätte, sein Feld zu pflügen, daß er mit der Peitsche knallte und rief: »Hottehü alle meine Pferde!«

»Ich werde deine Pferde behottehüen«, sagte der große Klaus und nahm einen Spannpflock und schlug des kleinen Klaus einziges Pferd vor den Kopf, so daß es umfiel und mausetot war.

»Ach, nun habe ich gar kein Pferd mehr!« sagte der kleine Klaus und begann zu weinen. Darauf häutete er das Pferd ab und ließ das Fell gut am Winde trocknen, steckte es dann in einen Sack, den er auf den Rücken nahm, und ging nach der Stadt, um seine Pferdehaut zu verkaufen.

Er hatte einen langen Weg zu gehen, mußte durch einen großen, dunklen Wald, und nun wurde es entsetzlich schlechtes Wetter; er verirrte sich völlig, und ehe er wieder auf den rechten Weg kam, war es Abend und allzu weit, um vor Einbruch der Nacht die Stadt zu erreichen oder wieder nach Hause zu kommen.

Dicht am Wege lag ein großer Bauernhof; die Läden waren draußen vor den Fenstern geschlossen, aber das Licht konnte doch darüber hinausscheinen. Dort erlaubt man mir vielleicht zu übernachten, dachte der kleine Klaus, ging hin und klopfte an.

Die Bauersfrau öffnete; als sie aber hörte, was er wollte, sagte sie, er sollte seiner Wege gehen, ihr Mann wäre nicht daheim und sie nähme keinen Fremden auf.

»Nun, so muß ich draußen liegenbleiben«, sagte der kleine Klaus, und die Bauersfrau riegelte ihm die Tür vor der Nase zu.

Dicht dabei stand ein großer Heuschober, und zwischen ihm und dem Hause war ein kleiner Schuppen mit flachem Strohdache gebaut.

»Da oben kann ich liegen«, sagte der kleine Klaus, als er das Dach wahrnahm, »das ist ein vortreffliches Bett; der Storch wird wohl nicht herunterfliegen und mich in die Beine beißen.« Denn ein lebendiger Storch stand oben auf dem Dache, wo er sein Nest hatte.

Nun kletterte der kleine Klaus auf den Schuppen hinauf, wo er sich niederlegte und hin und her drehte, um in die rechte Lage zu kommen. Die hölzernen Fensterladen schlossen oben nicht, und so konnte er gerade in die Stube hineinsehen.

Darin war ein großer Tisch gedeckt, und mitten darauf Wein und Braten und ein delikater Fisch. Die Bauersfrau und der Küster saßen bei Tische und sonst kein anderer, und sie schenkte ihm ein, und er machte sich über den Fisch her, denn das war etwas für seinen Schnabel.

»Wer doch auch etwas davon abbekommen könnte!« sagte der kleine Klaus und reckte den Kopf gerade gegen das Fenster. Potztausend, welch herrlichen Kuchen er da konnte stehen sehen! Ja, das war ein Schmaus!

Plötzlich hörte er, wie jemand von der Landstraße auf das Haus zu geritten kam; es war der Mann der Bauersfrau, der nach Hause kam.

Es war soweit ein ganz guter Mann, aber er hatte die wunderliche Schwachheit, daß er den Anblick eines Küsters nicht vertragen konnte. Kam ihm ein Küster vor Augen, wurde er ganz rasend. Das war auch die Ursache, warum der Küster hingegangen war, der Frau guten Tag zu sagen, denn er wußte, daß ihr Mann nicht zu Hause war, und die gute Frau setzte ihm deshalb die herrlichsten Speisen vor, die sie hatte. Als sie nun den Mann kommen hörten, erschraken sie sehr, und die Frau bat den Küster, in eine große, leere Lade, die in einer Ecke stand, hineinzukriechen. Das tat er auch, denn er wußte ja, daß der arme Mann den Anblick eines

Küsters nicht vertragen konnte. Die Frau versteckte hurtig all das herrliche Essen und den Wein in ihren Backofen; denn hätte es der Mann zu sehen bekommen, so hätte er doch gewiß gefragt, was das zu bedeuten hätte.

»Ach ja!« seufzte der kleine Klaus oben auf dem Schuppen, als er all das Essen verschwinden sah.

»Ist jemand da oben?« fragte der Bauer und sah zu dem kleinen Klaus hinauf. »Weshalb liegst du da? Komm lieber mit in die Stube hinein.«

Da erzählte der kleine Klaus, wie er sich verirrt hätte, und bat, bei ihm übernachten zu dürfen.

»Ja freilich«, sagte der Bauer, »aber nun müssen wir erst etwas zu leben haben.«

Die Frau empfing sie beide außerordentlich freundlich, deckte einen langen Tisch und gab ihnen eine große Schüssel Grütze. Der Bauer war hungrig und aß mit großem Appetit; aber der kleine Klaus konnte nicht aufhören, an den delikaten Braten, Fisch und Kuchen zu denken, die, wie er wußte, im Backofen standen.

Unter den Tisch zu seinen Füßen hatte er den Sack mit der Pferdehaut hingelegt, denn wir wissen ja, daß er sich ihretwegen auf den Weg gemacht hatte, um sie in der Stadt zu verkaufen. Die Grütze wollte ihm gar nicht schmecken. So trat er denn auf seinen Sack, und die trockne Haut im Sacke knarrte laut.

»Pst!« sagte der kleine Klaus zu seinem Sacke, trat jedoch zugleich wieder auf den Sack, daß er noch lauter als zuvor knarrte.

»Sieh! Was hast du denn in deinem Sacke?« fragte der Bauer.

»Oh, es ist ein Zauberer«, sagte der kleine Klaus; »er sagt, wir sollten keine Grütze essen; er hätte den ganzen Ofen voll Braten, Fisch und Kuchen gehext!«

»Nicht möglich!« sagte der Bauer und öffnete schnell den Ofen, wo er all die herrlichen Speisen erblickte, die seine Frau darin versteckt hatte, die aber, wie er nun glaubte, der Zauberer im Sacke für sie hineingehext hatte. Die Frau durfte nichts sagen, sondern setzte sogleich die Speisen auf den Tisch, und so aßen sie sowohl vom Fische, als auch vom Braten und Kuchen. Gleich trat der kleine Klaus wieder auf den Sack, daß die Haut knarrte.

»Was sagt er nun?« fragte der Bauer.

»Er sagt«, antwortete der kleine Klaus, »er hätte für uns auch drei Flaschen Wein hergehext; sie ständen ebenfalls im Ofen!« Nun mußte die Frau den Wein, den sie versteckt hatte, hervorholen, und der Bauer trank und wurde gar lustig; einen solchen Zauberer, wie der kleine Klaus im Sacke hatte, den hätte er gar zu gern gehabt.

»Kann er auch wohl den Teufel herhexen?« fragte der Bauer. »Den möchte ich gern sehen, denn nun bin ich lustig!«

»Ja«, sagte der kleine Klaus, »mein Zauberer kann alles, was ich verlange. Nicht wahr, du?« fragte er und trat auf den Sack, daß es knarrte »Hörst du? Er sagt ja! Aber der Teufel sieht häßlich aus; es ist nicht der Mühe wert, ihn zu sehen.«

»Oh, mir ist gar nicht bange! Wie mag er wohl aussehen?«

»Ja, er will sich wie ein leibhaftiger Küster zeigen!«

»Hu!« sagte der Bauer. »Das wäre freilich häßlich! Ihr müßt wissen, daß ich den Anblick eines Küsters nicht vertragen kann. Aber das tut nichts, ich weiß ja, daß es der Teufel ist, so werde ich mich wohl besser darein finden. Nun habe ich Mut, aber er darf mir nicht zu nahe kommen!«

»Paß auf! Jetzt werde ich meinen Zauberer fragen«, sagte der kleine Klaus, trat auf den Sack und hielt sein Ohr hin.

»Was sagt er?«

»Er sagt, Ihr könntet hingehen und die Lade, die in der Ecke steht, aufschlagen, so würdet Ihr den Teufel darin hocken sehen: Aber Ihr müßtet den Deckel in der Hand behalten, damit der Böse nicht entkommt.«

»Wollt Ihr ihn mir halten helfen?« sagte der Bauer und ging zu der Lade hin, in der die Frau den wirklichen Küster versteckt hatte, der nun darin saß und vor Angst mit den Zähnen klapperte.

Der Bauer hob den Deckel ein wenig empor und guckte hinein. »Hu!« schrie er und sprang zurück. »Ja, nun habe ich ihn gesehen; er sah vollkommen aus, als ob es unser Küster wäre! Nein, das war schrecklich!«

Darauf mußte man trinken, und so tranken sie noch bis tief in die Nacht hinein.

»Den Zauberer mußt du mir verkaufen«, sagte der Bauer; »verlange für ihn alles, was du willst! Ja, ich gebe dir gleich einen ganzen Scheffel Geld!«

»Nein, das kann ich nicht!« sagte der kleine Klaus. »Bedenke doch, wieviel Nutzen ich von diesem Zauberer haben kann!«

»Ach, ich möchte ihn gar zu gern haben!« sagte der Bauer und hörte nicht auf, ihn zu bitten.

»Nun«, sagte der kleine Klaus endlich, »da du so gut gewesen bist, mir heute nacht Obdach zu gewähren, so mag es meinetwegen sein. Du sollst den Zauberer für einen Scheffel Geld bekommen, aber ich will ihn gehäuft voll haben.«

»Das sollst du bekommen«, sagte der Bauer, »aber die Lade dort mußt du mit dir nehmen, ich will sie nicht eine Stunde länger im Hause behalten, denn man kann nicht wissen, ob er nicht noch darin sitzt!«

Der kleine Klaus gab dem Bauer seinen Sack mit der trocknen Haut und bekam einen ganzen Scheffel Geld bis oben heran voll für denselben. Der Bauer verehrte ihm sogar noch einen großen Schubkarren, um das Geld und die Lade darauf fortzufahren.

»Lebe wohl!« sagte der kleine Klaus, und darauf fuhr er mit seinem Gelde und der großen Lade, worin der Küster noch immer saß, seiner Wege.

Auf der anderen Seite des Waldes war ein großer, tiefer Bach; das Wasser schoß so rauschend dahin, daß man kaum gegen den Strom schwimmen konnte. Man hatte eine neue Brücke darüber gebaut; mitten auf derselben hielt der kleine Klaus still und sagte ganz laut, damit es der Küster in der Lade hören konnte: »Was soll ich nur mit der dummen Lade anfangen? Sie ist so schwer, als ob Steine darin wären! Ich werde ganz matt, wenn ich sie noch weiterfahre. Ich will sie lieber in den Bach werfen; schwimmt sie dann zu mir nach Hause, so ist es gut, und tut sie es nicht, so verschlägt es auch nicht viel.«

Nun packte er die Lade mit der einen Hand an und hob sie ein wenig auf, just, als ob er sie in das Wasser stürzen wollte.

»Nein, laß sein!« rief der Küster in der Kiste. »Laß mich nur erst hinaus!«

»Hu!« sagte der kleine Klaus und tat, als finge er sich zu fürchten an. »Er sitzt noch darin! Schnell mit ihm in den Bach hinein, damit er ertrinkt!«

»O nein, o nein!« rief der Küster. »Tue es nicht, und ich will dir einen ganzen Scheffel Geld geben!«

»Ja, das ist eine andere Sache!« sagte der kleine Klaus und öffnete die Lade. Der Küster kroch sogleich heraus, stieß die leere Lade in das Wasser und ging nach Hause, wo der kleine Klaus einen ganzen Scheffel Geld erhielt. Einen hatte er ja schon vorher von dem Bauern erhalten; nun hatte er den ganzen Schubkarren voll Geld!

Sieh, das Pferd bekam ich recht gut bezahlt! sagte er zu sich selbst, als er zu Hause angekommen war und in seiner Stube alles Geld mitten auf dem Fußboden zu einem großen Haufen aufschüttete. Das wird den großen Klaus ärgern, wenn er erfährt, wie reich ich durch mein einziges Pferd geworden bin, aber ich will es ihm doch nicht geradeheraus sagen.

Nun schickte er einen Jungen zum großen Klaus und ließ um ein Scheffelmaß bitten.

Was er nur damit will! dachte der große Klaus und bestrich den Boden desselben mit Teer, damit von dem, was gemessen wurde, etwas daran hängenbleiben könnte. Und so geschah es auch, denn als er den Scheffel zurückerhielt, klebten drei große neue Silbermünzen daran.

»Was ist das?« sagte der große Klaus und lief sofort zu dem kleinen. »Wo hast du alles das Geld herbekommen?«

»Oh, das ist für meine Pferdehaut, die ich gestern abend verkaufte.«

»Potztausend, das war gut bezahlt!« sagte der große Klaus, lief nach Hause, ergriff eine Axt und schlug alle seine vier Pferde vor den Kopf. Darauf zog er ihnen die Haut ab und fuhr mit ihnen nach der Stadt.

»Häute, Häute! Wer kauft Häute!« rief er durch die Straßen.

Alle Schuhmacher und Gerber kamen angelaufen und fragten, was er für sie verlangte.

»Einen Scheffel Geld für jede«, sagte der große Klaus.

»Bist du närrisch?« sagten alle. »Glaubst du, wir hätten das Geld scheffelweis?«

»Häute, Häute! Wer kauft Häute!« rief er wieder; aber allen, die nach dem Preise fragten, antwortete er: »Einen Scheffel Geld.«

»Er will uns zum besten haben!« riefen alle, und nun ergriffen die Schuhmacher ihre Spannriemen und die Gerber ihre Schurzfelle und fingen an, auf den großen Klaus loszuprügeln.

»Häute, Häute!« spotteten sie ihm nach. »Wart, du sollst von uns eine Haut bekommen, die grün und gelb gezeichnet ist. Hinaus mit ihm aus der Stadt!« riefen sie, und der große Klaus mußte aus Leibeskräften laufen. So gründlich war er noch nie durchgeprügelt worden.

»Wart!« sagte er, als er nach Hause kam. »Dafür soll der kleine Klaus mir büßen; ich schlage ihn tot!«

Aber zu Hause beim kleinen Klaus war die alte Großmutter gestorben. Sie war zwar stets sehr heftig und böse gegen ihn gewesen, aber er war doch recht betrübt, nahm die tote Frau und legte sie in sein warmes Bett, in der Hoffnung, er könne sie dadurch wieder zum Leben zurückbringen. Dort sollte sie die ganze Nacht liegen; er selbst wollte sich in einen Winkel setzen und auf einem Stuhle schlafen, wie er schon vorher getan hatte.

Als er nun nachts so dasaß, ging die Türe auf, und der große Klaus trat mit seiner Axt herein. Er wußte schon, wo des kleinen Klaus Bett stand, ging gerade auf dasselbe los und schlug nun die tote Großmutter vor den Kopf, weil er glaubte, daß es der kleine Klaus wäre.

»Da hast du es!« sagte er, »nun wird es dir vergehen, dich über mich lustig zu machen!« Und darauf ging er wieder nach Hause.

»Das ist doch ein schlimmer, böser Mann«, sagte der kleine Klaus; »da dachte er mich totzuschlagen. Es war doch für die alte Mutter gut, daß sie schon tot war, sonst hätte er ihr das Leben genommen!«

Nun zog er der alten Großmutter ihre Sonntagskleider an, lieh sich von dem Nachbar ein Pferd, spannte es vor den Wagen und setzte die alte Großmutter auf den hintersten Sitz, so daß sie beim Fahren nicht herausfallen konnte, und so rollten sie vorwärts durch den Wald. Als die Sonne aufging, befanden sie sich schon vor einem großen Kruge, wo der kleine Klaus stillhielt, um zu frühstücken.

Der Wirt hatte viel, viel Geld; er war auch ein sehr guter Mann, aber hitzig, als wenn Pfeffer und Tabak in ihm wären.

»Guten Morgen!« sagte er zum kleinen Klaus. »Du hast dich heute früh in die Sonntagskleider geworfen?«

»Ja!« sagte der kleine Klaus. »Ich will mit meiner alten Großmutter nach der Stadt, sie sitzt draußen auf dem Wagen; ich kann sie nicht in die Stube hineinbekommen. Wollt Ihr derselben nicht ein Glas Met bringen? Ihr müßt aber recht laut schreien, denn sie kann nicht gut hören.«

»Ja, das soll geschehen!« sagte der Wirt und schenkte ein großes Glas Met ein, mit dem er zur toten Großmutter, die aufrecht im Wagen saß, hinausging.

»Hier ist ein Glas Wein von Ihrem Sohne!« sagte der Wirt; aber die tote Frau erwiderte nicht ein einziges Wort, sondern saß ganz still.

»Hört Ihr nicht?« schrie der Wirt so laut er nur konnte. »Hier ist ein Glas Met von Ihrem Sohne!«

Noch einmal rief er dasselbe und dann noch einmal; da sie sich aber durchaus nicht von der Stelle rührte, wurde er zornig und warf ihr das Glas gerade ins Gesicht, so daß ihr der Met über die Nase hinunterströmte und sie im Wagen hintenüber fiel, denn sie war nur aufrecht hingesetzt, aber nicht festgebunden.

»Hallo!« rief der kleine Klaus, sprang zur Tür hinaus und faßte den Wirt an der Brust. »Du hast meine Großmutter getötet! Schau hin, da hat sie ein großes Loch in der Stirn!«

»Oh, was für ein Unglück!« rief der Wirt und schlug die Hände über dem Kopfe zusammen. »Das kommt alles von meiner Hitze! Süßer kleiner Klaus, ich will dir einen ganzen Scheffel Geld geben und deine Großmutter begraben lassen, als wenn sie meine eigene wäre, aber schweige nur still, sonst schlagen sie mir den Kopf ab, und das ist so häßlich!«

So erhielt der kleine Klaus einen ganzen Scheffel Geld, und der Wirt begrub die alte Großmutter, als wäre es seine eigene gewesen.

Als der kleine Klaus mit dem vielen Gelde wieder nach Hause kam, sandte er gleich seinen Jungen zum großen Klaus hinüber, um denselben zu bitten, ob er ihm nicht ein Scheffelmaß leihen wollte.

»Was ist das?« sagte der große Klaus. »Habe ich ihn denn nicht totgeschlagen? Da muß ich selbst einmal nachsehen!« Und so ging er selbst mit dem Scheffel zum kleinen Klaus hinüber.

»Nein! Wo hast du all das Geld herbekommen?« fragte er und riß die Augen beim Anblick des neuen Geldhaufens gewaltig auf.

»Nicht mich, sondern meine Großmutter hast du erschlagen!« sagte der kleine Klaus. »Ich habe sie nun verkauft und einen Scheffeld Geld für sie erhalten.«

»Das ist wahrhaftig gut bezahlt!« sagte der große Klaus und

eilte heim, nahm eine Axt und schlug sogleich seine alte Großmutter tot, legte sie auf den Wagen, fuhr nach der Stadt, wo der Apotheker wohnte und fragte, ob er einen toten Menschen kaufen wollte!

»Wer ist es, und wo habt Ihr ihn herbekommen?« fragte der Apotheker.

»Es ist meine Großmutter!« sagte der große Klaus. »Ich habe sie totgeschlagen, um sie gegen einen Scheffel Geld zu verkaufen.«

»Gott bewahre uns!« sagte der Apotheker. »Ihr müßt in Fieberhitze sprechen! Redet nicht dergleichen Zeug, sonst könntet Ihr den Kopf verlieren!« Und nun las er ihm gründlich den Text, setzte ihm auseinander, was für eine entsetzliche Schandtat er begangen hätte und welch ein schlechter Mensch er wäre und daß er Strafe verdiente. Der große Klaus erschrak darüber so sehr, daß er direkt aus der Apotheke auf den Wagen sprang, auf die Pferde einhieb und heimfuhr. Aber der Apotheker und alle Leute glaubten, er wäre verrückt, und ließen ihn deshalb fahren, wohin er wollte.

»Das will ich dir vergelten!« sagte der große Klaus, als er draußen auf der Landstraße war. »Ja, das sollst du mir bezahlen, kleiner Klaus!« Und nun nahm er, sobald er nach Hause gekommen war, den größten Sack, den er finden konnte, ging zum kleinen Klaus hinüber und sagte: »Nun hast du mich wieder zum besten gehabt. Erst schlug ich meine Pferde tot, dann meine alte Großmutter! Das ist bloß deine Schuld, aber nie sollst du mich wieder zum besten haben!« Und dann packte er den kleinen Klaus um den Leib und steckte ihn in seinen Sack, nahm ihn auf den Rücken und rief ihm zu: »Jetzt gehe ich und ertränke dich!«

Man mußte eine lange Strecke gehen, bis man zum Bache kam, und der kleine Klaus war nicht so leicht zu tragen. Der Weg führte dicht an der Kirche vorüber, die Orgel spielte, und die Leute sangen so schön darin; da setzte der große Klaus seinen Sack mit dem kleinen Klaus dicht neben der Kirchtür nieder und dachte, es würde ganz gut sein, wenn er erst hineinträte und ein Lied mitsänge, ehe er weiterginge – der kleine Klaus könne ja nicht entwischen und alle Leute wären in der Kirche. So ging er denn hinein.

»O weh, o weh!« seufzte der kleine Klaus inwendig im Sacke; er drehte sich und drehte sich, aber es war ihm nicht möglich, die Bande zu lösen. In dem Augenblick kam der alte Kuhhirt, mit schneeweißem Haar und einem großen Stock in der Hand, vorüber; er trieb eine ganze Herde Kühe und Stiere vor sich her; sie liefen gegen den Sack, in dem der kleine Klaus saß, so daß er umfiel.

»O weh!« seufzte der kleine Klaus. »Ich bin noch so jung und soll schon ins Himmelreich!«

»Und ich Armer«, sagte der Kuhhirt, »bin schon so alt und kann noch immer nicht dahinkommen!«

»Binde den Sack auf!« rief der kleine Klaus. »Krieche statt meiner hinein, so kommst du sogleich ins Himmelreich!«

»Ja, das will ich mit Freuden tun!« sagte der Kuhhirt und band dem kleinen Klaus den Sack auf, der nun sofort hinaussprang.

»Willst du nun auf das Vieh aufpassen?« sagte der alte Mann und kroch in den Sack hinein, den der kleine Klaus zuband und dann mit allen Kühen und Stieren seines Weges ging.

Unmittelbar danach kam der große Klaus aus der Kirche und nahm seinen Sack wieder auf den Rücken. Freilich kam es ihm vor, als ob derselbe gar leicht geworden wäre, denn der alte Kuhhirt war kaum halb so schwer wie der kleine Klaus. »Wie leicht er jetzt zu tragen ist! Das ist der Lohn dafür, daß ich ein Kirchenlied mit angehört habe!« So ging er zu dem Bache, der tief und groß war, warf den Sack mit dem alten Kuhhirten in das Wasser und rief ihm nach, denn er glaubte ja, daß es der kleine Klaus wäre: »Sieh! Nun sollst du dich nicht mehr über mich lustig machen!«

Darauf ging er heimwärts; als er aber an den Kreuzweg kam, begegnete er dem kleinen Klaus, der all sein Vieh vor sich hertrieb.

»Was ist das?« rief der große Klaus. »Habe ich dich nicht ertränkt?«

»Ja!« sagte der kleine Klaus. »Du warfst mich ja vor kaum einer halben Stunde in den Bach!«

»Aber wo hast du all das schöne Vieh herbekommen?« fragte der große Klaus.

»Das ist Seevieh!« sagte der kleine Klaus. »Ich will dir die ganze Geschichte erzählen und will mich auch bestens bedankt haben, daß du mich ertränktest, denn nun bin ich obenauf, bin ordentlich reich, das kannst du mir glauben! Mir war so bange, als ich im Sacke steckte und mir der Wind um die Nase pfiff, so bange, als du mich von der Brücke hinunter in das kalte Wasser warfst! Ich sank sogleich auf den Grund, stieß mich aber nicht, denn da unten wächst das feinste weiche Gras. Darauf fiel ich und sogleich wurde der Sack geöffnet, und die schönste Jungfrau in schneeweißen Kleidern und mit einem grünen Kranze um das Haar nahm mich bei der Hand und sagte: ›Bist du da, kleiner Klaus? Da hast du für das erste einiges Vieh. Eine Meile weiter auf dem Wege steht noch eine ganze Trift, die ich dir ebenfalls verehren will.‹ Nun bemerkte ich, daß der Bach eine große Landstraße für das Meervolk war. Unten auf dem Grunde gingen und fuhren Leute gerade von der See her mitten in das Land hinein bis zur Quelle des Baches. Wie reizend war es da, wie viele Blumen und frisches Gras gab es überall. Die Fische, die im Wasser schwammen, schossen mir blitzschnell an den Ohren vorüber, wie hier die Vögel in der Luft. Was waren da für schmucke Leute, und nun erst das Vieh, das an Gräben und Hecken weidete.«

»Aber warum bist du denn gleich wieder zu uns heraufgekommen?« fragte der große Klaus. »Das hätte ich nicht getan, wenn es da unten wirklich so schön ist.«

»Je nun!« sagte der kleine Klaus. »Das ist sehr pfiffig von mir. Du hörst ja doch, wie ich dir erzähle: Die Seejungfrau sagte, eine Meile weiter auf dem Wege – unter dem Wege versteht sie ja den Bach, da sie nirgends anders hinkommen kann – stände noch eine ganze Trift Vieh für mich. Wie ich nun weiß, macht der Bach bald hier, bald da Krümmungen. Das ist ja ein schrecklicher Umweg. Nein, da kürzt man doch viel ab, wenn man hier auf das Land emporsteigt und querüber wieder nach dem Bache treibt. Dabei spare ich ja fast eine halbe Meile und komme eher zu meinem Seevieh!«

»Oh, du bist ein glücklicher Mann!« sagte der große Klaus. »Denkst du, ich würde ebenfalls Seevieh bekommen, wenn ich auf den Grund des Baches hinunterkäme?«

»Ja, das sollte ich meinen!« sagte der kleine Klaus. »Aber ich kann dich nicht im Sacke bis an den Bach hintragen; dazu bist du mir zu schwer. Willst du aber selbst dahin gehen und dann in den Sack kriechen, so will ich dich mit dem größten Vergnügen hineinwerfen.«

»Besten Dank!« sagte der große Klaus. »Bekomme ich aber kein Seevieh, wenn ich hinunterkomme, dann prügle ich dich tüchtig durch. Darauf kannst du dich verlassen.«

»O nein. Sei nicht so schlimm!« Nun gingen sie zum Bache hin. Als das Vieh, welches durstig war, das Wasser sah, lief es so schnell es konnte zur Tränke hinunter.

»Sieh, wie eilig es das Vieh hat!« sagte der kleine Klaus. »Es sehnt sich danach, wieder auf den Grund hinunterzukommen!«

»Ja, hilf mir nur erst«, sagte der große Klaus, »denn sonst bekommst du Prügel.« Und dann kroch er in einen großen Sack, der quer über dem Rücken eines der Stiere gelegen hatte. »Lege einen Stein hinein, denn sonst befürchte ich, daß ich nicht untersinke!« sagte der große Klaus.

»Es geht schon!« sagte der kleine Klaus, legte aber doch einen großen Stein in den Sack, zog das Band fest zu und stemmte sich dann dagegen. Plumps! Da lag der große Klaus im Bache und sank sogleich auf den Grund.

»Ich fürchte, ich fürchte, er findet am Ende das Vieh doch nicht!« sagte der kleine Klaus und zog dann mit dem, was er hatte, heimwärts.

Der standhafte Zinnsoldat

Da waren einmal fünfundzwanzig Zinnsoldaten, die alle Brüder waren, da man sie aus einem und demselben alten Zinnlöffel gegossen hatte. Das Gewehr hielten sie im Arm, das Gesicht vorwärts gegen den Feind gerichtet; rot und blau, kurzum, herrlich war die Uniform. Das allererste, was sie in dieser Welt hörten, nachdem der Deckel von der Schachtel, in der sie lagen, abgenommen wurde, war das Wort: »Zinnsoldaten!« Das rief ein kleiner Knabe und klatschte vor Wonne in die Hände. Er hatte sie zu seinem Geburtstage bekommen und stellte sie nun auf dem Tisch in Schlachtordnung auf. Der eine Soldat glich dem anderen auf das genaueste, nur ein einziger war etwas verschieden: Er hatte nur ein Bein, denn da er zuletzt gegossen worden, hatte das Zinn nicht mehr ausgereicht; doch stand er auf seinem einen Beine ebenso fest wie die anderen auf ihren beiden, und gerade er sollte sich durch sein denkwürdiges Schicksal besonders auszeichnen.

Auf dem Tische, wo sie aufgestellt wurden, stand noch viel anderes Spielzeug; aber dasjenige, was am meisten die Aufmerksamkeit auf sich zog, war ein hübsches Schloß von Papier. Durch die kleinen Fenster konnte man inwendig in die Säle hineinschauen. Vor demselben standen kleine Bäume, ringsum ein Stück Spiegelglas, das einen See vorstellen sollte. Schwäne von Wachs schwammen auf demselben und spiegelten sich darin. Das war wohl alles niedlich, aber das niedlichste blieb doch ein kleines Mädchen, das mitten in dem offenen Schloßportale stand. Es war ebenfalls aus Papier ausgeschnitten, hatte aber ein seidenes Kleid an und ein kleines, schmales, blaues Band über den Schultern; mitten auf diesem saß ein funkelner Stern, so groß wie ihr ganzes Gesicht. Das kleine Mädchen streckte seine beiden Arme anmutig in die Höhe, denn es war eine Tänzerin, und dann erhob es das eine Bein so hoch, daß es der Zinnsoldat gar nicht entdecken konnte und dachte, daß es, wie er, nur ein Bein hätte.

Die paßte für mich als Frau! dachte er. Aber sie ist zu vornehm für mich, sie wohnt in einem Schlosse, und ich habe nur eine Schachtel, die ich mit vierundzwanzig teilen muß, das ist keine Wohnung für sie. Doch will ich zusehen, ob ich ihre Bekanntschaft machen kann! Dann legte er sich der Länge nach hinter eine Schnupftabaksdose, die auf dem Tische stand. Von hier konnte er die kleine, feine Dame, die nicht müde wurde, auf einem Beine zu stehen, ohne das Gleichgewicht zu verlieren, genau beobachten.

Als es Abend wurde, legte man die übrigen Zinnsoldaten in ihre Schachtel, und die Leute im Hause gingen zu Bette. Nun begann das Spielzeug zu spielen, bald »Heut kommt Besuch«, bald »Räuber und Stadtsoldaten« oder »Versteck«. Die Zinnsoldaten rasselten in ihrer Schachtel, weil sie gerne mit dabeigewesen wären, sie vermochten aber den Deckel nicht aufzuheben. Der Nußknacker schlug Purzelbäume, und der Griffel fuhr lustig über die Tafel hin. Es entstand ein Lärm, daß der Kanarienvogel aufwachte und seinen Gesang mit hineinschmetterte, aber nur in Versen. Die beiden einzigen, die sich nicht von der Stelle bewegten, waren der Zinnsoldat und die kleine Tänzerin. Sie stand kerzengerade auf der Zehenspitze und hatte beide Arme erhoben; er war auf seinem einen Beine ebenso standhaft, nicht einen Augenblick wandte er seine Augen von ihr ab.

Jetzt schlug es Mitternacht und klatsch! sprang der Deckel von der Schnupftabaksdose; aber nicht etwa Schnupftabak war darin, nein, sondern ein kleiner schwarzer Kobold; das war ein Kunststück.

»Zinnsoldat!« sagte der Kobold. »Du wirst dir noch die Augen aussehen!«

Aber der Zinnsoldat tat, als ob er es nicht hörte.

»Ja, warte nur bis morgen!« sagte der Kobold.

Als es nun Morgen ward und die Kinder aufstanden, wurde der Zinnsoldat in das offene Fenster gestellt, und war es nun der Kobold oder ein Zugwind, gleichviel, plötzlich flog das Fenster auf, und der Soldat fiel aus dem dritten Stockwerk häuptlings hinunter. Das war ein schrecklicher Sturz; er streckte sein eines Bein gerade in die Luft und blieb auf dem Helme, das Bajonett nach unten, zwischen den Pflastersteinen stecken.

Die Dienstmagd und der kleine Knabe liefen sogleich hinunter, um ihn zu suchen; aber obgleich sie beinahe auf ihn getreten hätten, konnten sie ihn doch nicht erblicken. Hätte der Zinnsoldat gerufen: »Hier bin ich!« so würden sie ihn gewiß gefunden haben; da er aber in Uniform war, hielt er es nicht für passend, so laut zu schreien.

Nun begann es zu regnen; Tropfen folgte auf Tropfen, bis es ein tüchtiger Platzregen wurde; als er vorüber war, kamen zwei Straßenjungen dorthin.

»Sieh, sieh!« sagte der eine. »Da liegt ein Zinnsoldat, der muß hinaus und segeln!«

Nun machten sie ein Boot aus Zeitungspapier, setzten den Zinnsoldaten mitten hinein und ließen ihn den Rinnstein hinuntersegeln. Beide Knaben liefen nebenher und klatschten in die Hände. Hilf Himmel, was für Wellen erhoben sich in dem Rinnstein und welch reißender Strom war da! Ja, es mußte der Regen stromweise herniedergerauscht sein. Das Papierboot schwankte auf und nieder, und bisweilen drehte es sich im Kreise, daß den Zinnsoldaten ein Schauer überlief. Trotzdem blieb er standhaft, verfärbte sich nicht, sah nur vorwärts und behielt das Gewehr im Arm.

Plötzlich trieb das Boot unter eine lange Rinnsteinbrücke; hier herrschte eine gleiche Finsternis wie in seiner Schachtel.

Wo mag ich jetzt nur hinkommen? dachte er. Ja, ja, das ist des Kobolds Schuld! Ach, säße doch das kleine Mädchen hier im Boote, dann könnte es getrost noch einmal so finster sein!

In diesem Augenblicke erschien eine große Wasserratte, die unter der Rinnsteinbrücke ihre Wohnung hatte.

»Hast du einen Paß?« fragte die Ratte. »Her mit dem Passe!«

Aber der Zinnsoldat schwieg still und hielt sein Gewehr nur noch fester. Das Boot fuhr weiter und die Ratte hinterher. Hu! wie sie mit den Zähnen knirschte und den Spänen und dem Stroh zurief: »Haltet ihn auf, haltet ihn auf! Er hat keinen Zoll bezahlt, er hat seinen Paß nicht vorgezeigt!«

Aber die Strömung wurde stärker und stärker; der Zinnsoldat konnte, schon ehe er das Ende des Brettes erreichte, den hellen Tag erblicken, aber er hörte zugleich einen brausenden Ton, der auch eines tapferen Mannes Herz erschrecken konnte. Denkt euch, der Rinnstein stürzte am Ende der Brücke gerade in einen großen Kanal hinab, was ihm gleiche Gefahr bringen mußte als uns, einen großen Wasserfall hinunterzusegeln.

Er war jetzt schon so nahe dabei, daß er nicht mehr anzuhalten vermochte. Das Boot fuhr hinab, der arme Zinnsoldat hielt sich, so gut es gehen wollte, aufrecht. Niemand sollte ihm nachsagen können, daß er auch nur mit den Augen geblinkt hätte. Das Boot drehte sich drei-, viermal um sich selbst und füllte sich dabei bis zum Rande mit Wasser, es mußte sinken. Der Zinnsoldat stand bis zum Halse im Wasser, und tiefer und tiefer sank das Boot. Mehr und mehr löste sich das Papier auf; jetzt ging das Wasser schon über des Soldaten Haupt – da dachte er an die kleine, niedliche Tänzerin, die er nie mehr erblicken sollte, und es klang vor des Zinnsoldaten Ohren:

»Morgenrot, Morgenrot,
Leuchtest mir zum frühen Tod!«

Nun zerriß das Papier, und der Zinnsoldat fiel hindurch, wurde aber in demselben Augenblick von einem großen Fisch verschlungen.

Nein, wie finster war es da drinnen; da war es noch schlimmer als unter der Rinnsteinbrücke, und vor allen Dingen sogar eng. Gleichwohl war der Zinnsoldat standhaft und lag, so lang er war, mit dem Gewehr im Arm.

Der Fisch fuhr umher und machte die entsetzlichsten Bewegungen; endlich wurde es ganz still, und wie ein Blitzstrahl fuhr es durch ihn hin. Dann drang ein heller Lichtglanz hinein, und jemand rief laut: »Der Zinnsoldat!« Der Fisch war gefangen worden, auf den Markt gebracht, verkauft und in die Küche hinaufgekommen, wo ihn die Magd mit einem großen Messer aufschnitt. Sie faßte den Soldaten mitten um den Leib und trug ihn in die Stube hinein, wo sämtliche einen so merkwürdigen Mann sehen wollten, der im Magen eines Fisches umhergereist war; der Zinnsoldat war jedoch darauf gar nicht stolz. Man stellte ihn auf den Tisch, und da – nein, wie wunderlich kann es doch in der Welt zugehen, befand sich der Zinnsoldat in der nämlichen Stube, in der er vorher gewesen war; er sah die nämlichen Kinder, und das nämliche Spielzeug stand auf dem Tische: das herrliche Schloß mit der niedlichen kleinen Tänzerin. Sie hielt sich immer noch auf dem einen Beine und hatte das andere hoch in der Luft, sie war ebenfalls standhaft. Das rührte den Zinnsoldaten so, daß er beinahe Zinn geweint hätte, aber das schickte sich nicht. Er sah sie und sie sah ihn an, aber sie sagten einander nichts.

Plötzlich ergriff der eine der kleinen Knaben den Zinnsoldaten und warf ihn geradezu in den Ofen, obwohl er gar keinen Grund dazu hatte. Sicherlich trug der Kobold in der Dose die Schuld daran.

Der Zinnsoldat stand ganz beleuchtet da und fühlte eine erschreckliche Hitze, ob sie aber die Folge des wirklichen Feuers oder seiner übergroßen Liebesglut war, das konnte er nicht unterscheiden. Alle Farbe war von ihm gewichen; ob dies auf der Reise geschehen, oder ob es von seinem tiefen Grame herrührte, wußte niemand zu sagen. Er sah das kleine Mädchen an und dies sah ihn an. Er fühlte, daß er schmölze, aber noch stand er standhaft mit dem Gewehr im Arm. Da ging eine Tür auf, der Wind ergriff die Tänzerin, und sie flog wie eine Sylphide ebenfalls gerade in den Kachelofen zum Zinnsoldaten hin, loderte in hellen Flammen auf und war verschwunden. Da schmolz der Zinnsoldat zu einem Klumpen zusammen, und als die Magd am nächsten Tage die Asche herausnahm, fand sie ihn als ein kleines Zinnherz. Von der Tänzerin war dagegen nur der Stern übrig, und der war kohlschwarz gebrannt.

Der Schlafgott

In der ganzen Welt gibt es niemand, der so viele Geschichten weiß, wie der Schlafgott. Er versteht das Erzählen aus dem Grunde!

Gegen Abend, wenn die Kinder noch hübsch artig am Tische oder auf ihrer Hutsche sitzen, kommt der Schlafgott. Er kommt leise die Treppe herauf, denn er geht auf Socken; ganz leise öffnet er die Tür und husch! spritzt er den Kindern süße Milch in die Augen, so fein, so fein, aber doch immer genug, daß sie nicht länger die Augen aufzuhalten vermögen. Deshalb sind sie auch nicht imstande, ihn zu sehen. Er schlüpft gerade hinter sie, bläst ihnen sanft in den Nacken, und dann wird ihnen das Köpfchen gar schwer.. O ja, aber es tut ihnen nicht weh, denn der Schlafgott meint es mit den Kindern gerade gut. Er verlangt nur, daß sie ruhig sein sollen, und das sind sie am besten, wenn man sie zu Bette bringt. Sie sollen still sein, damit er ihnen Geschichten erzählen kann.

Sobald die Kinder nun schlafen, setzt sich der Schlafgott zu ihnen auf das Bett. Er geht stattlich einher, sein Frack ist von Seidenzeug, aber es ist unmöglich, die Farbe desselben zu bestimmen, denn er schillert grün, rot und blau, je nach welcher Richtung er sich dreht. Unter jedem Arm hält er einen Regenschirm, einen mit Bildern darauf, den er über die Kinder ausspannt, und dann träumen sie die ganze Nacht die herrlichsten Geschichten, und einen ohne eine Zeichnung. Diesen stellt er über die unartigen Kinder, damit sie ganz bewußtlos schlafen. Wenn sie am Morgen aufwachen, haben sie dann nicht das allermindeste geträumt.

Nun wollen wir hören, wie der Schlafgott eine ganze Woche lang jeden Abend zu einem kleinen Knaben, der Hjalmar hieß, kam und was er ihm erzählte! Es sind im ganzen sieben Geschichten, weil es sieben Wochentage gibt.

Montag

»Höre einmal«, sagte der Schlafgott am Abend, als er Hjalmar zu Bett gebracht hatte, »nun will ich dir meinen ganzen Staat zeigen!« Da verwandelten sich alle Blumen in den Blumentöpfen zu großen Bäumen, die ihre langen Zweige unter der Decke hin und die Wände entlang streckten, so daß die ganze Stube wie das herrlichste Lusthaus aussah. Alle Zweige waren voll Blumen, und jede Blume war schöner als eine Rose, duftete balsamisch, und wollte man sie essen, war sie süßer als Eingemachtes. Die Früchte glänzten gerade wie Gold, und Wecken waren da, die vor lauter Rosinen platzten – es war unvergleichlich schön. Plötzlich aber ließ sich in dem Tischkasten, wo Hjalmars Schulbücher lagen, ein entsetzliches Jammern vernehmen.

»Was ist das nur?« fragte der Schlafgott, ging nach dem Tische und zog den Kasten auf. Es war die Tafel, in der es zerrte und zupfte, denn es hatte sich eine falsche Zahl in das Rechenexempel eingeschlichen, so daß die Zahlen auseinanderlaufen wollten. Der Griffel hüpfte und sprang an seiner Schnur, als stellte er einen kleinen Hund vor, der dem Rechenexempel helfen möchte, aber er war es nicht imstande. Und dann jammerte es auch in Hjalmars Schreibbuch, daß es ordentlich häßlich mit anzuhören war. Auf jeder Seite standen der Länge nach von oben nach unten sämtliche große Buchstaben, ein jeder mit einem kleinen zur Seite, einer hinter dem anderen. Das bildete die Vorschrift, und neben dieser standen wieder einige Buchstaben, die sich einbildeten, ebenso auszusehen, weil sie aus Hjalmars eigener Feder herrührten. Aber o weh! Sie sahen fast aus, als ob sie über die Linien, auf denen sie doch stehen sollten, gestolpert wären.

»Seht, so solltet ihr euch halten!« sagte die Vorschrift. »Seht, etwas schräg, aber mit kräftigem Schwung!«

»Oh, wir wollen gern«, sagten Hjalmars Buchstaben, »aber wir können nicht, wir sind so schlimm und unwissend!«

»Dann sollt ihr Kinderpulver bekommen!« sagte der Schlafgott.

»O nein!« riefen sie, und dann standen sie mit einem Male kerzengerade, daß es eine Lust war.

»Heute werden keine Geschichten erzählt!« sagte der Schlafgott. »Jetzt muß ich sie einexerzieren! Eins, zwei! eins, zwei!« Nun exerzierte er die Buchstaben ein, und sie standen so gerade und gesund da, wie nur eine Vorschrift immer stehen kann. Als aber der Schlafgott ging und Hjalmar am Morgen nachsah, da waren sie ebenso jämmerlich wie zuvor.

Dienstag

Sobald Hjalmar im Bette war, benetzte der Schlafgott mit seiner kleinen Zauberspritze alle Möbel in der Stube, und sofort begannen sie zu plaudern und plauderten sämtlich von sich selbst, mit Ausnahme des Spucknapfes, der schweigend dastand und sich darüber ärgerte, daß sie so eitel sein konnten, nur von sich zu reden, nur an sich zu denken und sich auch nicht mit einem einzigen Gedanken dessen zu erinnern, der doch so bescheiden in der Ecke stand und sich bespeien ließ.

Über der Kommode hing ein großes Gemälde in einem reichvergoldeten Rahmen, das eine Landschaft darstellte. Man sah hohe alte Bäume, Blumen im Grase und ein großes Wasser, durch das ein Fluß hindurchströmte, der sich um den Wald an vielen Schlössern vorüberschlängelte und sich fernab in das wilde Meer ergoß.

Der Schlafgott benetzte mit seiner Zauberspritze das Gemälde, und dann begannen die Vögel darauf zu singen, die Baumzweige bewegten sich, und die Wolken flogen so natürlich, daß man ihren Schatten über die Landschaft konnte dahinschweben sehen.

Nun hob der Schlafgott den kleinen Hjalmar so hoch, daß derselbe seine Füße in den Rahmen hineinstellen konnte, und zwar gerade in das hohe Gras. Da stand er nun. Die Sonne schien durch die Zweige auf ihn hernieder. Er lief hin an das Wasser und setzte sich in ein kleines Boot, das dalag. Es war rot und weiß angestrichen, die Segel leuchteten wie Silber, und sechs Schwäne, alle mit goldenen Kronen, die vom Halse herniederhingen, und einem strahlenden blauen Stern auf dem Kopf, zogen das Boot an dem grünen Wald vorüber, wo die Bäume von Räubern und Hexen und die Blumen von den niedlichen kleinen Elfen und von dem erzählten, was ihnen die Schmetterlinge zugeflüstert hatten.

Die prächtigsten Fische mit silbernen und goldenen Schuppen schwammen hinter dem Boote her; bisweilen schnellten sie sich über das Wasser empor, daß es plätscherte, und Vögel, rote und blaue, kleine und große, flogen in zwei langen Reihen hintennach, die Mücken tanzten, und die Maikäfer brummten: bum, bum. Alle wollten Hjalmar folgen, und jeder hatte eine Geschichte zu erzählen.

Das war allerdings eine Segelfahrt, wie sie sein mußte! Bald waren die Wälder dicht und dunkel, bald waren sie wie der herrlichste Park mit Sonnenschein und Blumen, und große Schlösser von Glas und Marmor lagen darin. Auf den Altanen standen Prinzessinnen, und alle waren kleine Mädchen, die Hjalmar recht wohl kannte, denn er hatte schon früher mit ihnen gespielt. Sie streckten die Hand aus, und jede hielt ihm das reizendste Zuckerwerk hin, daß nur je eine Kuchenfrau verkaufen konnte, und Hjalmar ergriff beim Vorübersegeln das eine Ende des Stücks Zuckerwerk, und die Prinzessin hielt recht fest, so daß jedes seinen Teil erhielt, sie den kleinsten, Hjalmar den allergrößten. Bei jedem Schlosse standen kleine Prinzen Schildwache. Sie schulterten mit goldenen Säbeln und ließen Rosinen und Zinnsoldaten regnen. Das waren wirkliche Prinzen!

Bald segelte Hjalmar durch Wälder, bald gerade durch große Säle oder mitten durch eine Stadt. Er kam auch durch diejenige, in der sein Kindermädchen wohnte, das gute Mädchen, das ihn getragen hatte, als er ein ganz kleiner Knabe war, und das ihn so liebgehabt. Dasselbe nickte und winkte und sang den niedlichen Vers, den es selbst gedichtet und Hjalmar gesandt hatte:

Ich denke dein in mancher Stund',
Du süßes Kind, du Liebling mein!
Ich hab' geküßt dir deinen Mund,
Die Stirne, Wangen rot und fein!
Dein erstes Wort vernahm mein Ohr!
Doch mußt' ich fort, vergiß mein nicht!
Gott segne dich, den ich verlor,
Du Engel aus des Herren Licht!

Und alle Vögel sangen mit, die Blumen tanzten auf ihren Stengeln, und die alten Bäume nickten, als ob der Schlafgott auch ihnen Geschichten erzähle.

Mittwoch

Nein, wie der Regen herniederströmte! Hjalmar konnte es im Schlafe hören, und als der Schlafgott ein Fenster öffnete, stand das Wasser gerade bis an das Fenster hinauf. Ein ganzer See wälzte sich schon da draußen, und das prächtigste Schiff lag hart vor dem Hause.

»Willst du mitsegeln, kleiner Hjalmar?« fragte der Schlafgott, »dann kannst du heute nacht nach fremden Ländern reisen und morgen doch wieder hier sein!«

Im Nu stand da Hjalmar in seinen Sonntagskleidern mitten auf dem prächtigsten Schiffe, und sofort heiterte sich das Wetter auf, und sie segelten durch die Straßen, kreuzten um die Kirche, und nun war alles eine große, wilde See. Sie segelten so lange, bis kein Land mehr zu erblicken war. Sie bemerkten auch eine Schar Störche, die gleichfalls die Heimat verlassen hatten und nach den warmen Ländern wollten. Ein Storch flog dicht hinter dem anderen, und sie waren schon weit, weit geflogen. Einer derselben war so müde, daß ihn seine Flügel kaum noch länger zu tragen vermochten. Er war der allerletzte in der Reihe, und bald blieb er eine große Strecke zurück; endlich sank er mit ausgebreiteten Schwingen niedriger und niedriger, machte noch ein paar Flügelschläge, aber es half nichts. Jetzt berührte er mit seinen Füßen das Tauwerk des Schiffes, glitt das Segel hinunter, und bums! da stand er auf dem Verdeck.

Da nahm ihn der Schiffsjunge und sperrte ihn in das Hühnerhaus zu den Hühnern, Enten und Truthähnen. Der arme Storch stand ganz eingeschüchtert mitten unter ihnen.

»Seht ihr den nicht?« gackerten alle Hühner.

Der kalekuttische Hahn blies sich aus Leibeskräften auf und fragte ihn, wer er wäre. Die Enten gingen rückwärts und stießen einander an: »Spute dich, spute dich!«

Der Storch erzählte von dem warmen Afrika, von den Pyramiden und vom Strauße, der wie ein wildes Pferd durch die Wüste dahinstürme, aber die Enten verstanden nicht, was er sagte, und darum stießen sie einander an: »Wir sind wohl einig darüber, daß er dumm ist?«

»Ja, er ist sicherlich dumm!« sagte der kalekuttische Hahn und kollerte dann. Da schwieg der Storch ganz still und dachte an sein Afrika.

»Für dünne Beine sind die Eurigen ganz hübsch!« spottete der kalekuttische Hahn. »Was kostet die Elle von ihnen?«

»Ha, ha, ha, ha!« grinsten alle Enten, aber der Storch tat, als ob er es gar nicht hörte.

»Ihr dürft dreist mitlachen«, sagte der kalekuttische Hahn, »denn es steckt in Wahrheit viel Witz in meinen Worten, oder kamen sie

Euch vielleicht zu seicht vor? Ja, ja, er ist nicht vielseitig. Wir wollen unsere Scherze für uns allein behalten!« Und dann gluckten die Hühner, und die Enten schnatterten: »Gikgak! Gikgak!« Es war erschrecklich, wie lustig sie ihre eigenen Späße fanden.

Aber Hjalmar ging hin zum Hühnerhause, öffnete die Tür, rief den Storch, und dieser hüpfte auf das Verdeck zu ihm hinaus. Nun hatte er sich ausgeruht, und es war gerade, als ob er Hjalmar zunickte, um sich bei ihm zu bedanken. Darauf breitete er seine Schwingen aus und flog nach den warmen Ländern, aber die Hühner gluckten, die Enten schnatterten, und der kalekuttische Hahn wurde ganz rot am Kopfe.

»Morgen wollen wir Suppe von euch kochen!« sagte Hjalmar, und da erwachte er und lag in seinem Bettchen. Es war doch eine merkwürdige Reise, die der Schlafgott ihn diese Nacht hatte machen lassen.

Donnerstag

»Weißt du was?« sagte der Schlafgott. »Fürchte dich nur nicht; hier wirst du gleich eine kleine Maus sehen!« und dabei hielt er ihm seine Hand mit dem leichten, niedlichen Tierchen hin. »Sie ist gekommen, dich zur Hochzeit einzuladen. Hier sind zwei Mäuschen, die heute nacht in den Ehestand treten wollen. Sie wohnen unter dem Fußboden in deiner Mutter Speisekammer.«

»Aber wie kann ich mich durch das kleine Mäuseloch im Fußboden hindurchdrängen?« fragte Hjalmar.

»Laß mich nur machen!« versetzte der Schlafgott. »Ich will dich schon klein genug bekommen!« Darauf benetzte er Hjalmar mit seiner Zauberspritze, der nun sofort kleiner und kleiner wurde, bis er zuletzt nur fingergroß war. »Nun kannst du dir vom Zinnsoldaten die Kleider borgen; ich denke, sie werden dir jetzt schon passen, und es nimmt sich gut aus, sich in Gesellschaft in Uniform zu zeigen.«

»Jawohl!« sagte Hjalmar, und dann war er im Augenblick wie der niedlichste Zinnsoldat angekleidet.

»Wollen Sie nicht so freundlich sein, sich in Ihrer Frau Mutter Fingerhut zu setzen?« sagte die kleine Maus. »Dann werde ich die Ehre haben, Sie zu ziehen!«

»O Himmel! Will sich das Fräulein selbst bemühen!« sagte Hjalmar, und so fuhren sie zur Mäusehochzeit.

Zuerst gelangten sie in einen weitläufigen Gang unter dem Fußboden, der nicht höher war, als daß sie ohne anzustoßen mit dem Fingerhut darin fahren konnten, und der ganze Gang war mit faulem Holz erleuchtet.

»Riecht es hier nicht prächtig?« sagte die Maus, die ihn zog. »Der ganze Gang ist mit Speckschwarten eingerieben! Es kann nichts Vortrefflicheres geben!«

Nun kamen sie in den Brautsaal hinein; hier standen zur Rechten alle die kleinen Mäusefräulein, und die zischelten und tuschelten, als ob sie sich übereinander lustig machten. Zur Linken standen alle jungen Mäuseherren und strichen sich mit der Pfote den Schnauzbart; aber mitten im Kreise erblickte man das Brautpaar. Sie standen in einer ausgehöhlten Käserinde und küßten sich vor aller Augen ganz erschrecklich viel, denn sie waren ja nun Verlobte und sollten gleich Hochzeit halten.

Immer mehr und mehr Fremde erschienen; es fehlte nicht viel, so hätten die Mäuse einander totgetreten; dazu hatte sich das Brautpaar mitten in die Tür gestellt, so daß man weder herein- noch hinausgelangen konnte. Wie der Gang, so war auch das ganze Zimmer mit Speckschwarten eingerieben; das war die ganze Bewirtung; indes wurde zum Nachtisch eine Erbse vorgewiesen, in die eine kleine Maus aus der Familie die Namen des Brautpaares hineingebissen, das heißt die ersten Buchstaben. Es war etwas ganz Außerordentliches.

Alle Mäuse versicherten, es wäre eine ausgezeichnete Hochzeit, und die Unterhaltung wäre sehr angeregt gewesen.

Dann fuhr Hjalmar wieder nach Hause. Er war zwar in vornehmer Gesellschaft gewesen, hatte aber auch gehörig zusammenkriechen, sich kleinmachen und in Zinnsoldatenuniform erscheinen müssen.

Freitag

»Es ist unglaublich, wie viele ältere Leute es gibt, die mich gern haben und festhalten möchten!« sagte der Schlafgott. »Es sind vorzüglich diejenigen, die etwas Böses getan haben. ›Guter, lieber Schlaf!‹ sagen sie zu mir. ›Kein Schlaf kommt in unsere Augen, und so liegen wir denn die ganze Nacht und sehen alle unsere schlechten Taten, die wie kleine Kobolde auf der Kante der Bettstelle sitzen und uns über und über mit heißem Wasser bespritzen. Komme doch und verjage sie, damit wir einmal recht fest schlafen können.‹ Dann setzen sie tief aufseufzend hinzu: ›Wir wollen es gewiß gern bezahlen. Gute Nacht! Das Geld liegt für dich im Fenster!‹ Aber für Geld tue ich es nicht!« sagte der Schlafgott.

»Was werden wir denn diese Nacht unternehmen?« fragte Hjalmar.

»Ich weiß nicht, ob du heute nacht wieder Lust hast, eine Hochzeit mitzumachen. Sie ist freilich anderer Art als die gestrige. Deiner Schwester große Puppe, die, welche wie ein Mann aussieht und Hermann heißt, soll sich mit der Puppe Berta verheiraten, und da außerdem derselben Geburtstag ist, wird es an Geschenken nicht fehlen.«

»Ja, das kenne ich schon!« sagte Hjalmar. »Sobald die Puppen neue Kleider brauchen, läßt sie meine Schwester ihren Geburtstag feiern oder Hochzeit halten. Das ist gewiß schon hundertmal geschehen!«

»Ja, aber heute nacht ist die hundertunderste Hochzeit, und wenn die hundertunderste aus ist, dann ist alles vorüber. Deshalb wird sie auch so unvergleichlich schön. Sieh einmal!«

Hjalmar sah nach dem Tische. Auf demselben stand das kleine Papphaus mit Licht in den Fenstern, und alle Zinnsoldaten präsentierten vor der Tür desselben das Gewehr. Das Brautpaar saß, ein jedes gegen einen Tischfuß gelehnt, ganz gedankenvoll da, und dazu hatte es auch Grund genug. Aber der Schlafgott, angetan mit der Großmutter schwarzem Rocke, vollzog die Trauung. Nach Beendigung derselben stimmten alle Möbel in der Stube folgendes Lied an, das der Bleistift gedichtet hatte. Es ging nach der Melodie des Zapfenstreichs:

Es brause unser Lied empor
Fürs teure Paar in hellem Chor.
Sie stehen beide wie ein Pflock,
Denn Handschuhleder ist ihr Rock!
:,: Hurra! Hurra! dem steifen Paar,
Das unsrer Stube Stolz stets war! :,:

Und nun überreichte man ihnen Geschenke, doch hatten sie sich alle Eßwaren verbeten, denn sie hatten an ihrer Liebe genug.

»Wollen wir nun das Landleben genießen oder eine Hochzeitsreise antreten?« fragte der Bräutigam. Darauf wurde die Schwalbe, die sich in vielen Ländern umgesehen, und die alte Hofhenne, die fünfmal Küchlein ausgebrütet hatte, zu Rate gezogen. Die Schwalbe erzählte von den schönen, warmen Ländern, wo die Weintrauben groß und schwer an den Stöcken hängen, wo die Luft so mild wäre und die Berge Farben hätten, wie man sie hierzulande niemals an denselben sieht.

»Es fehlt ihnen aber doch unser Grünkohl!« sagte die Henne. »Ich brachte einen Sommer mit allen meinen Kücheln auf dem Lande zu. Dort war eine Sandgrube, in der wir umhergehen und scharren konnten. Auch hatten wir Zutritt zu einem Garten mit Grünkohl! Oh, wie grün der war! Ich kann mir nichts Schöneres denken!«

»Aber ein Kohlkopf sieht wie der andere aus«, sagte die Schwalbe, »und dann herrscht hier oft so unangenehme Witterung!«

»Oh, daran hat man sich schon gewöhnt!« sagte die Henne.

»Aber hier ist es kalt, es friert!«

»Das ist für den Kohl gerade dienlich!« sagte die Henne. »Übrigens kann es auch bei uns sehr warm sein. Hatten wir nicht vor vier Jahren einen Sommer, wo fünf Wochen lang eine solche Hitze war, daß man kaum atmen konnte? Dann leben aber bei uns auch keine giftigen Tiere, wie in jenen Ländern, und wir sind frei von Räubern! Ein Bösewicht kann der nur sein, welcher unser Land nicht für das schönste hält! Er verdiente wahrlich nicht, hier zu weilen!« Weinend unterbrach sich die Henne und setzte dann schluchzend hinzu: »Auch ich bin gereist! Ich bin einmal in einem Korbe über zwölf Meilen weit gefahren! Das Reisen gewährt schlechterdings kein Vergnügen!«

»Ja, die Henne ist eine vernünftige Frau!« sagte die Puppe Berta. »Ich halte nichts davon, eine Gebirgsreise zu unternehmen, denn kaum ist man oben, so geht es gleich wieder hinunter! Nein, wir wollen hübsch nach der Sandgrube hinausziehen und uns im Kohlgarten ergehen!«

Und dabei blieb es!

Sonnabend

»Erzählst du mir nun Geschichten?« fragte der kleine Hjalmar, sobald ihn der Schlafgott zu Bette gebracht hatte.

»Heute abend haben wir keine Zeit dazu«, sagte der Schlafgott und spannte seinen schönen Regenschirm über ihn auf. »Sieh nur die Chinesen an!« Der ganze Schirm glich einer großen chinesischen Schale mit blauen Bäumen und spitzen Brücken und kleinen Chinesen darauf, die dastanden und mit dem Kopfe nickten. »Wir müssen bis morgen die ganze Welt schön aufgeputzt haben«, sagte der Schlafgott, »es ist dann ja ein heiliger Tag, es ist Sonntag. Ich will auf den Kirchturm steigen, um nachzusehen, ob die kleinen Kirchengeister die Glocken putzen, damit ihr Geläute schön klingt. Auch will ich auf das Feld hinaus und untersuchen, ob die Winde den Staub von den Gräsern und Blättern blasen, und was die allerschwierigste Arbeit ist, ich will alle Sterne herunterholen, um sie aufzupolieren. Ich nehme sie in meine Schürze, aber erst müssen sie numeriert werden und ebenso die Löcher, in denen sie da oben sitzen, damit sie ihren rechten Platz wiedererhalten können, sonst würden sie nicht festsitzen und wir bekämen zuviel Sternschnuppen, wenn einer nach dem anderen herabpurzelte!«

»Hören Sie, wissen Sie was, Herr Schlafgott«, begann ein altes Porträt, das an der Wand hing, an der Hjalmar schlief, »ich bin Hjalmars Urgroßvater. Ich danke Ihnen zwar, daß Sie dem Knaben Geschichten erzählen, aber sie dürfen doch seine Begriffe nicht verwirren. Die Sterne können nicht heruntergeholt und geputzt werden! Die Sterne sind Weltkörper, geradeso wie unsere Erde, und das ist eben das Gute an ihnen.«

»Besten Dank, du alter Urgroßvater!« sagte der Schlafgott. »Besten Dank! Du bist ja das Haupt der Familie, du bist das Urhaupt! Aber ich bin älter als du. Ich bin ein alter Heide. Die Römer und Griechen nannten mich den Traumgott. Ich bin in die vornehmsten Häuser gekommen und komme noch hinein. Ich verstehe mit Niedrigen wie mit Großen umzugehen! Nun kannst du statt meiner erzählen!« Nach diesen Worten verließ der Schlafgott das Zimmer und nahm seinen Schirm mit.

»Nun darf man wohl seine Meinung nicht mehr sagen!« sagte das alte Porträt. – Und da erwachte Hjalmar.

Sonntag

»Guten Abend!« sagte der Schlafgott, und Hjalmar nickte, sprang aber dann schnell hin und wandte des Urgroßvaters Porträt gegen die Wand um, damit er nicht wie gestern mitplaudern könnte.

»Nun mußt du mir Geschichten erzählen – von den fünf grünen Erbsen, die in einer Schote wohnten, von Hahnenfuß, der Hennenfuß den Hof machte, und von der Stopfnadel, deren Spitze so fein war, daß sie sich einbildete, eine Nähnadel zu sein!«

»Man kann auch des Guten zuviel bekommen!« sagte der Schlafgott. »Ich zeige dir am liebsten etwas, wie du weißt! Ich will dir meinen Bruder zeigen, der auch Schlafgott heißt, aber er kommt zu niemand öfter als einmal. Tritt er zu jemand heran, so nimmt er ihn mit auf sein Pferd und erzählt ihm Geschichten. Er weiß nur zwei, die eine ist so unvergleichlich schön, wie sich niemand in der Welt vorstellen kann; und die andere ist über alle Beschreibung häßlich und abscheulich!« Darauf hob der Schlafgott den kleinen Hjalmar zum Fenster empor und sagte: »Dort wirst du meinen Bruder sehen, den anderen Schlafgott, den sie auch den Tod nennen. Siehst du, er sieht gar nicht so schlimm wie in den Bilderbüchern aus, wo man ihn immer als Knochengerippe malt! Nein, sein Rock ist mit Silberstickerei verziert, er trägt eine stattliche Husarenuniform; ein Mantel von schwarzem Samt flattert bis über das Pferd hinaus! Sieh, wie er im Galopp dahinjagt!«

Und Hjalmar sah, wie der Schlafgott vorwärtseilte und junge wie alte Leute auf sein Pferd nahm; einige setzte er vorn, andere hinten auf, aber immer fragte er erst: »Wie steht es mit dem Zensurbuche?« – »Gut!« sagten sie sämtlich. »Ja, laß mich nur selbst sehen!« erwiderte er, und dann mußten sie ihm das Buch zeigen. Alle nun, die »Sehr gut« und »Ausgezeichnet« hatten, kamen vorn auf das Pferd, und ihnen erzählte er die herrliche Geschichte; doch diejenigen, die »Ziemlich gut« und »Mittelmäßig« hatten, mußten hintenauf und die häßliche Geschichte mit anhören. Sie schauderten und weinten; sie wollten vom Pferde springen, vermochten es aber nicht, denn sie waren sofort fest an demselben angewachsen.

»Aber der Tod ist ja der herrlichste Schlafgott!« sagte Hjalmar. »Vor ihm fürchte ich mich gar nicht!«

»Das sollst du auch nicht!« sagte der Schlafgott, »sieh nur zu, daß du ein gutes Sittenzeugnis erhältst!«

»Ja, das ist lehrreich!« murmelte des Urgroßvaters Porträt. »Es hilft doch, wenn man seine Meinung sagt!« und dann freute er sich.

Sieh, das ist die Geschichte vom Schlafgott! Nun mag er dir selbst heute abend mehr erzählen.

Die Galoschen des Glücks

1. Ein Anfang

In einem der Häuser der Oststraße zu Kopenhagen, unweit des Königsneumarktes, war einmal eine große Gesellschaft, wie es der gegenseitige Umgang mit sich bringt. Geschehen mußte es doch einmal; nun war es getan und gewährte die angenehme Aussicht, wieder Einladungen zu erhalten. Die eine Hälfte der Gesellschaft saß bereits an den Spieltischen, und die andere Hälfte wartete darauf, was aus der Aufforderung der Wirtin: »Nun schlagen Sie gefälligst vor, was wir beginnen wollen!« herauskommen würde. Soweit war man, und das Gespräch war ziemlich lebhaft. Unter anderem kam auch die Rede auf das Mittelalter. Einige hielten es für ungleich besser als unsere Zeit; ja, der Justizrat Knap verteidigte diese Meinung so eifrig, daß die Hausfrau ihm sogleich beistimmte und beide dann gegen Oersteds Artikel in der Zeitschrift über alte und neue Zeiten, in dem unserem Zeitalter im wesentlichen der Vorrang erteilt wird, heftig zu Felde zogen. Der Justizrat hielt die Zeit des dänischen Königs Hans für die schönste und glücklichste.

Während all diesem Hin- und Herreden, das nur für einen Augenblick durch die Ankunft der Zeitung unterbrochen wurde, die aber auch nichts Lesenswertes enthielt, wollen wir uns einmal im Vorzimmer umsehen, wo die Überzieher, Stöcke, Regenschirme und Überschuhe ihr Unterkommen gefunden hatten. Hier saßen zwei Mädchen, ein junges und ein altes; man konnte glauben, daß sie gekommen waren, ihre Herrschaften, ein oder das andere alte Fräulein oder eine Witwe, abzuholen. Sah man jedoch genauer zu, so merkte man bald, daß sie keine gewöhnlichen Dienstmädchen sein konnten, dazu waren ihre Hände zu zart, ihre Haltung und ganze Bewegung zu königlich und ihre Kleider von zu eigentümlichem Schnitt. Es waren zwei Feen, die jüngste war nicht die Glücksgöttin selbst, aber eins der Kammermädchen ihrer Kammerfrauen, welche die geringern Glücksgaben austeilen; die andere sah unendlich ernst aus, es war die Trauer; sie betreibt ihre Geschäfte immer selbst in höchsteigener Person, dann weiß sie, daß sie wohl ausgeführt werden.

Sie erzählten einander, wo sie diesen Tag gewesen wären; die, welche das Kammermädchen der Kammerfrau der Glücksgöttin war, hatte nur unbedeutende Aufträge ausgeführt; sie hatte, wie sie berichtete, einen neuen Hut gegen einen Regenschauer geschützt, einem ehrlichen Manne einen Gruß von einer vornehmen Null verschafft und mehr dergleichen; was ihr jedoch noch zu tun übrigblieb, war etwas völlig Ungewöhnliches.

»Ich muß dir nun erzählen, daß heute mein Geburtstag ist, und dem zu Ehren sind mir ein Paar Galoschen anvertraut, die ich der Menschheit überbringen soll. Die Galoschen haben die Eigenschaft, daß jeder, der sie trägt, augenblicklich sich an die Stelle oder in die Zeit versetzt sieht, wo er am liebsten sein will. Jeglicher Wunsch in Hinsicht auf Zeit oder Ort wird sofort erfüllt, und der Mensch also endlich einmal glücklich hienieden.«

»Magst du das glauben!« sagte die Trauer. »Ich nicht, nein, er wird unendlich unglücklich und segnet den Augenblick, wo er von den Galoschen wieder erlöst sein wird!«

»Was für Gedanken!« erwiderte die andere. »Jetzt stelle ich sie hier an die Tür her, einer vergreift sich und wird der Glückliche.«

2. Wie es dem Justizrat ging

Es war spät. Der Justizrat Knap, ganz in die Zeit des Königs Hans vertieft, wollte nach Hause aufbrechen, und der Zufall lenkte es so, daß er statt seiner Galoschen die des Glücks erhielt und mit ihnen auf die Oststraße hinaustrat; aber durch die Zauberkraft der Galoschen war er in die Zeit des Königs Hans zurückversetzt, und deshalb fand sein Fuß auf der Straße nichts als Schlamm und Morast, da es in jenen Zeiten noch kein Steinpflaster gab.

»Das ist ja entsetzlich, wie schmutzig es hier ist!« sagte der Justizrat. »Das ganze Trottoir ist verschwunden, und alle Laternen sind erloschen!«

Der Mond war noch nicht hoch genug gestiegen, ein leichter Nebel hatte sich außerdem niedergesenkt, so daß bei der herrschenden Finsternis wenig zu unterscheiden war. An der nächsten Ecke hing indes eine Laterne vor einem Bilde der Heiligen Jungfrau; aber die Beleuchtung war so gut wie keine, so daß er sie erst bemerkte, als er gerade darunter stand, und seine Augen ganz erstaunt auf das gemalte Bild mit der Mutter und dem Kinde fielen.

Hier muß gewiß, dachte er, ein Kunstkabinett zu sehen sein, wo sie vergessen haben, das Schild herabzunehmen!

Ein paar Leute, in der Tracht der damaligen Zeit, gingen an ihm vorüber.

»Wie sahen die denn aus! Sie kommen wohl vom Maskenball!«

Plötzlich ließ sich Trommelschlag und Pfeifenklang vernehmen, Fackelglanz kam näher und näher. Der Justizrat stutzte und sah nun einen seltsamen Zug vorüberziehen. Voraus marschierte ein ganzer Trupp Trommelschläger, die einen ordentlichen Wirbel zu schlagen verstanden; ihnen folgten Trabanten mit Bogen und Armbrüsten. Der Vornehmste im Zuge war ein hoher Geistlicher. Erstaunt fragte der Justizrat, was dieses zu bedeuten hätte und wer dieser Mann wäre?

»Das ist der Bischof von Seeland!« antwortete man.

»Herrgott, was ist dem Bischof nur in den Sinn gekommen?« seufzte der Justizrat und schüttelte den Kopf. Der Bischof konnte es doch unmöglich sein. In tiefem Grübeln darüber und ohne nach rechts oder links zu sehen, ging der Justizrat durch die Oststraße und über den Hohenbrückenplatz. Die Brücke, die auf den Schloßplatz führt, war nicht zu finden. In schwachen Umrissen zeigte sich ihm nur ein flaches Ufer, und er stieß endlich auf zwei Männer, die in einem Boote saßen.

»Will der Herr nach dem Holm übergesetzt werden?« fragten sie.

»Nach dem Holm hinüber?« erwiderte der Justizrat, der ja nicht wußte, in welchem Zeitalter er seinen abendlichen Spaziergang machte, »ich will nach Christianshafen hinaus in die kleine Torfgasse.«

Die Männer sahen ihn verwundert an.

»Sagt mir nur, wo die Brücke ist!« hob er von neuem an. »Es ist schändlich, daß hier keine Laterne brennt, und dann ist hier ein Kot und Schlamm, als ginge man in einem Sumpfe!«

Je länger er mit den Bootsleuten sprach, desto unverständlicher wurden sie ihm.

»Ich verstehe euer Bornholmisch nicht!« versetzte er endlich ärgerlich und wandte ihnen den Rücken. Die Brücke konnte er nicht finden, ein Geländer war auch nicht da. »Pfui, es ist eine Sünde und Schande, wie es hier aussieht!« sagte er. Nie hatte er sein Zeitalter erbärmlicher gefunden als diesen Abend. Am besten ist, ich nehme mir eine Droschke! dachte er; aber wo mochten die Droschken halten? Keine war zu sehen. Ich muß mich entschließen, bis nach dem Königsneumarkt zurückzugehen, dort werden wohl Wagen halten, sonst komme ich wohl nie nach Christianshafen hinaus!

Nun ging er wieder nach der Oststraße und hatte sie fast schon der Länge nach durchschritten, als der Mond hervorbrach.

»Mein Gott, was ist denn das für ein merkwürdiges Gestell, das man dort aufgerichtet hat!« rief er beim Anblick des Osttores aus, das zu jener Zeit den Platz am Ende der Oststraße einnahm.

Endlich entdeckte er doch ein offenes Pförtchen und gelangte durch dasselbe nach unserem Neumarkt, der aber damals noch ein großer Wiesengrund war. Einzelnes Buschwerk ragte hervor und quer durch die Wiese ging ein breiter Kanal oder Strom. Einige elende Holzbuden für holländische Schiffer, nach denen der Ort »Hollandsau« benannt wurde, lagen auf dem jenseitigen Ufer.

»Entweder sehe ich eine wirkliche Fata Morgana, wie man es nennt, oder ich bin betrunken!« jammerte der Justizrat. »Was ist doch das? Was ist doch das?«

Er wandte sich wieder um, in dem festen Glauben, daß er krank wäre. Während er wieder in die Straße einbog, betrachtete er sich die Häuser genauer; die meisten waren von Fachwerk und viele hatten nur ein Strohdach.

»Nein, mir ist entsetzlich unwohl!« seufzte er. »Und ich trank doch nur ein einziges Glas Punsch; aber ich kann ihn nicht vertragen! Es war auch in der Tat ein sonderbarer Gedanke, uns Punsch und warmen Lachs vorzusetzen. Ich werde es unserer Frau Wirtin auch sagen. Ob ich wohl zurückkehre und erzähle, wie ich mich befinde? Aber das würde doch einigermaßen abgeschmackt aussehen, und wer weiß auch, ob sie noch auf sind!«

Er sah sich jedoch trotzdem nach dem Hause um, konnte es aber nirgends entdecken.

»Es ist doch entsetzlich! Ich kann die Oststraße nicht wiedererkennen! Nicht ein Laden ist da! Alte, elende, baufällige Hütten erblicke ich, als ob ich mich in einer Landstadt befände. Ich bin krank; ich brauche keine Umstände zu machen. Aber wo in aller Welt ist meines Wirtes Haus geblieben? Es ist nicht mehr dasselbe. Aber drinnen sind wenigstens noch Leute wach. Ach, ich bin sicherlich krank!«

Endlich stieß er auf eine angelehnte Tür, wo das Licht durch eine Ritze fiel. Es war eine der in jener Zeit üblichen Herbergen, eine Art Bierhaus. Das Zimmer hatte das Ansehen der holsteinschen Dielen. Ziemlich viel den bessern Ständen angehörige Leute, Seeleute, Kopenhagener Bürger und auch einige Gelehrte saßen in lebhaftem Gespräche bei ihren Krügen und gaben auf den Eintretenden nur wenig acht.

»Verzeihen Sie!« sagte der Justizrat zu der Wirtin, die ihm entgegenkam. »Es ist mir plötzlich sehr unwohl geworden. Wollten Sie nicht die Güte haben, mir eine Droschke nach Christianshafen hinaus zu besorgen?«

Die Frau maß ihn vom Kopf bis zu den Füßen und zuckte mit den Achseln. Darauf redete er sie in deutscher Sprache an. Der Justizrat nahm an, daß sie nicht Dänisch verstände und wiederholte seinen Wunsch deshalb auf deutsch. Dies, sowie seine Kleider bestärkte die Frau darin, daß er ein Ausländer wäre. Daß er sich unwohl befände, merkte sie bald und brachte ihm deshalb einen Krug Wasser, das freilich einen eigentümlichen Beigeschmack, fast wie nach Seewasser, hatte, obgleich es erst draußen aus dem Brunnen geholt worden war.

Der Justizrat stützte den Kopf auf seine Hand, holte tief Atem und grübelte über all das Seltsame um sich her.

»Ist das die heutige Abendzeitung?« fragte er, um doch etwas zu sagen, als er sah, daß die Frau ein großes Stück Papier fortlegte.

Sie verstand nicht, was er meinte, reichte ihm aber das Blatt hinüber. Es war ein Holzschnitt, der eine Lufterscheinung, die sich in der Stadt Köln gezeigt hatte, darstellte.

»Der ist sehr alt!« sagte der Justizrat und gewann seine gute Laune darüber wieder, daß er durch Zufall ein so altes Exemplar entdeckt hatte. »Wie sind Sie nur zu diesem seltenen Blatte gekommen? Es ist sehr interessant, obgleich dasselbe nur eine Fabel ist. Man erklärt dergleichen Lufterscheinungen heutigentags durch Nordlichter, die man gesehen hat; wahrscheinlich entstehen sie durch die Elektrizität.«

Diejenigen, die ihm zunächst saßen und seine Rede gehört hatten, sahen ihn erstaunt an, und einer von ihnen erhob sich, nahm ehrfurchtsvoll den Hut ab und sagte mit der allerernsthaftesten Miene: »Ihr seid gewiß ein höchstgelehrter Mann, mein Herr!«

»O nein!« antwortete der Justizrat. »Ich kann nur von dem einen und dem anderen mitreden, was man gerade verstehen muß!«

»Bescheidenheit ist eine schöne Tugend!« sagte der Mann. »Übrigens muß ich hinsichtlich Eurer Rede bekennen, daß ich über jenen Punkt anders denke, doch will ich mich mit meinem Urteile nicht vordrängen!«

»Darf ich wohl fragen, mit wem ich das Vergnügen zu reden habe?« fragte der Justizrat.

»Ich bin Bakkalaureus der Heiligen Schrift!« antwortete der Mann.

Diese Antwort genügte dem Justizrat vollkommen, Titel und Tracht entsprachen einander. Es ist vermutlich, dachte er, ein alter Dorfschulmeister, eine ganz besondere Menschenklasse, wie man sie hier und da noch eben in Jütland antreffen kann!

»Hier ist wohl eigentlich nicht der Ort zur Behandlung gelehrter Streitfragen, doch bitte ich, Sie wollen geneigtest das Wort ergreifen. Sie sind in den Alten gewiß sehr bewandert!«

»Oh, allerdings!« antwortete der Justizrat. »Ich lese alte, nützliche Schriften sehr gern, aber ich bin auch ein Freund der neueren, nur nicht der ›Alltagsgeschichten‹, von denen wir in der Wirklichkeit gerade genug haben!«

»Alltagsgeschichten?« fragte der Bakkalaureus.

»Ja, ich meine diese vor kurzem erschienenen neuen Romane.«

»Oh«, lächelte der Mann, »es leuchtet doch viel Geist aus ihnen hervor, auch werden sie bei Hofe eifrig gelesen. Der König liebt besonders den Roman von Herrn Tvent und Herrn Gaudian, der vom König Artur und den Helden seiner Tafelrunde handelt. Er hat selbst mit seinen hohen Herren darüber gescherzt![1]«

[1] Holberg erzählt in seiner Reichsgeschichte Dänemarks, daß König Hans eines Tages, als er in dem Romane von König Artur gelesen hatte, zu dem bekannten Otto Nud, den er sehr liebte, scherzweise gesagt hätte: »Herr Tvent und Herr Gaudian sind vortreffliche Ritter gewesen; solche Ritter findet man heutzutage nicht mehr!« worauf Otto Nud versetzte: »Wenn es noch solche Könige gäbe wie König Artur, dann würden sich auch noch solche Ritter finden, wie Herr Tvent und Herr Gaudian.«

»Ja, den habe ich noch nicht gelesen!« sagte der Justizrat, »es muß ein ganz neuer sein, den Heiberg verlegt hat!«

»O nein«, antwortete der Mann, »er ist nicht bei Heiberg, sondern bei Gottfried von Ghemen erschienen!«

»Also der ist der Verfasser!« sagte der Justizrat, »das ist ein sehr alter Name; er ist ja der erste dänische Buchdrucker!«

»Ja, es ist unser erster Buchdrucker!« sagte der Mann.

Bis dahin ging es ganz gut. Nun begann einer der guten Bürgersleute von der furchtbaren Pest zu reden, die vor einigen Jahren gewütet hatte und meinte die im Jahre 1484. Der Justizrat nahm an, es wäre von der Cholera die Rede, und so ging die Unterredung ganz gut. Der Seeräuberkrieg 1490 lag so nahe, daß er berührt werden mußte. Die englischen Seeräuber hieß es, hätten Schiffe auf der Reede genommen. Der Justizrat, der sich so recht in die Begebenheiten von 1801 hineingelebt hatte, stimmte gegen die Engländer vortrefflich mit ein. Die übrige Unterhaltung ging dagegen nicht so gut, alle Augenblicke verfiel man gegenseitig in den Schulmeisterton; der gute Bakkalaureus war doch gar zu unwissend, und die einfachsten Äußerungen des Justizrats klangen ihm wieder zu gewagt und zu gottlos. Sie maßen einander mit den Blicken, und konnten sie sich gar nicht verständigen, dann sprach der Bakkalaureus Lateinisch, um besser begriffen zu werden, aber es half doch nicht.

»Wie ist Ihnen zumute?« fragte die Wirtin und zupfte den Justizrat am Ärmel. Jetzt kam er wieder zur Besinnung, denn in der Hitze des Gesprächs hatte er alles Vorausgegangene vergessen.

»Herrgott, wo bin ich!« sagte er, und ihm schwindelte, wenn er daran dachte.

»Claret wollen wir trinken! Met und Bremer Bier!« rief jetzt einer der Gäste. »Und Ihr müßt mittrinken!«

Zwei Mädchen, von denen die eine eine auffallende Haube trug, traten herein; sie schenkten ein und verneigten sich. Dem Justizrat lief es eiskalt über den Rücken.

»Was ist das doch, was ist das doch!« sagte er, aber er mußte mit ihnen trinken, er mochte wollen oder nicht. Er war ganz verzweifelt, und als einer von ihnen sagte, er wäre betrunken, zweifelte er durchaus nicht an dem Worte des Mannes. Wenn er sie aber dann bat, ihm doch eine Droschke zu verschaffen, so glaubten sie, er spräche Russisch.

Nie war er in einer so rohen und gemeinen Gesellschaft gewesen; man sollte fast glauben, meinte er, daß das Land ins Heidentum zurückgesunken wäre. »Es ist der schrecklichste Augenblick in meinem Leben!« aber in diesem Augenblicke kam er auf den Gedanken, sich unter den Tisch hinabzubücken, nach der Tür zu kriechen und so zu entrinnen. Als er sich aber eben schon beim Ausgange befand, merkten die anderen sein Vorhaben, ergriffen ihn bei den Füßen, und zu seinem Glücke gingen dabei die Galoschen ab und – mit diesen die ganze Verzauberung.

Der Justizrat erblickte ganz deutlich vor sich eine brennende Laterne, und hinter dieser ragte ein stattliches Gebäude empor; er erkannte es ebenso wie die Nachbarhäuser – es war die Oststraße, so wie sie jetzt dasteht; er lag mit den Beinen gegen die Haustür, und gerade gegenüber saß der Wächter und schlief.

»Du mein Schöpfer, habe ich hier auf der Straße gelegen und geträumt!« sagte er. »Ja, es ist die Oststraße! Wie köstlich hell und belebt! Es ist doch schrecklich, wie das Glas Punsch auf mich gewirkt haben muß!«

Zwei Minuten später saß er in einer Droschke, die ihn nach Christianshafen hinausfuhr; er dachte an die ausgestandene Angst und Not und pries von Herzen die glückliche Gegenwart, unsere Zeit, die mit allen ihren Mängeln doch weit besser wäre als die, in der er sich vor kurzem befunden hatte, und seht, das war vernünftig vom Justizrat.

3. Das Abenteuer des Wächters

»Potztausend, da liegen ja ein Paar Galoschen!« sagte der Wächter. »Die gehören gewiß dem Leutnant, der dort oben wohnt!« Sie lagen gerade neben der Haustür.

Gern hätte der ehrliche Mann die Glocke gezogen und sie ihm eingehändigt, denn es brannte noch Licht, aber er wollte die anderen Leute im Hause nicht wecken und deshalb unterließ er es.

»Das muß einem recht warm und behaglich vorkommen, ein Paar solcher Dinge anzuhaben. Sie haben so weiches Leder! Sie passen mir wirklich wie angegossen. Wie närrisch es doch in dieser Welt zugeht! Der da oben könnte sich nun in sein warmes Bett legen, aber ob er es wohl tut! Nein, er rennt auf den Dielen auf und ab.

Was ist das doch für ein glücklicher Mensch! Er hat weder Frau noch Schreihälse! Jeden Abend ist er in Gesellschaft. Ach, wäre ich doch an seiner Stelle, dann wäre ich ein glücklicher Mann!«

Indem er den Wunsch aussprach, wirkten die Galoschen, die er inzwischen angezogen hatte; der Wächter ging vollständig in die Person und Denkweise des Leutnants über. Da stand er oben im Zimmer und hielt zwischen den Fingern ein kleines rosenfarbenes Papier, worauf ein Gedicht geschrieben stand, ein Gedicht von dem Herrn Leutnant selbst. Denn wer wäre in seinem Leben nicht schon dichterisch gestimmt gewesen, und schreibt man dann seine Gedanken nieder, so geht's ohne Verse nicht ab. Auf dem Papier stand geschrieben:

O wär' ich reich!

»O wär' ich reich!« so hab' ich oft gefleht,
So war als Knabe schon mein heiß Gebet.
O wär' ich reich, dann würd' ich Offizier,
Trüg' Degen, Federhut und Ordenszier.
Die Zeit erschien, ich ward ein Offizier,
Doch Reichtum kehrt' nicht ein. Sei mir, o Vater,
Schutz und Berater!

Jung, frisch und froh saß ich an einem Abend,
An eines jungen Mädchens Kuß mich labend,
Denn ich war reich an Märchenduft und Sang,
Zwar hört' ich leider nie des Goldes Klang,
Doch nur nach Märchen war dem Kinde bang;
An ihnen war ich reich, du weißt's, o Vater,
Du mein Berater!

»O wär' ich reich!« hab' inn'ger ich gefleht,
Seit jenes Kind als Jungfrau vor mir steht.
Sie ist so schön, so seelengut, so rein,
Oh, daß ihr Blick wie lichter Sonnenschein,
Das Märchen mir verriete: »Ich bin dein!«
Doch ich bin arm, still drum; du willst's, o Vater,
Du mein Berater!

»O wär' ich reich« an Trost und Herzensruh,
Oh, winkt' Erhörung mir dein Auge zu!

Du, die ich liebe, kennest du mein Herz?
Lies dies Gedicht, der Jugend Lust und Schmerz,
Doch besser ist's, du kennest nicht mein Herz,
Nacht ist's, was vor mir liegt: Tröst' sie, o Vater,
Du mein Berater!

Ja, solche Verse schreibt man, wenn man verliebt ist, aber ein besonnener Mann läßt sie nicht drucken. Leutnant, Liebe und Not, das ist ein Dreieck oder ebensogut die Hälfte des zerbrochenen Würfels des Glücks. Das fühlte auch der Leutnant, und deshalb lehnte er das Haupt gegen den Fensterrahmen und seufzte tief auf.

»Der arme Nachtwächter da draußen auf der Straße ist weit glücklicher als ich. Er fühlt nicht, was ich Mangel nenne. Er hat einen geordneten Hausstand, hat Weib und Kinder, die mit ihm weinen, wenn er weint, sich mit ihm freuen, wenn er fröhlich ist. Oh, ich wäre glücklicher als ich bin, könnte ich mich an seine Stelle versetzen, denn er ist glücklicher, als ich bin!«

Im selben Augenblick war der Wächter wieder Wächter, denn durch die Galoschen des Glücks war er Leutnant geworden, aber wie wir sahen, fühlte er sich da noch weit weniger zufrieden und gab seinem eigentlichen Wesen den Vorzug. So war denn der Wächter wieder Wächter.

»Das war ein häßlicher Traum«, sagte er, »aber seltsam genug. Es schien mir, als wäre ich der Leutnant da oben, was mir aber gar kein Vergnügen machte. Mir fehlte meine Frau und die kleinen Schreihälse, die gar nicht müde werden können, mich immer von neuem abzuküssen.«

Er setzte sich wieder und nickte; der Traum wollte ihm nicht aus den Gedanken kommen, die Galoschen hatte er immer noch an den Füßen. Eine Sternschnuppe zog in glänzendem Streifen den Himmel entlang.

»Dort ging sie hin!« sagte er. »Nun, es gibt noch genug! Ich hätte wohl Lust, mir die Dinger einmal etwas näher anzusehen, vorzüglich den Mond, denn dann könnte er einem nicht unter den Händen fortkommen. Wenn wir sterben, fliegen wir, wie der Student sagt, dem meine Frau die Wäsche besorgt, von einem Stern zum anderen. Es ist eine Lüge, müßte aber gewiß hübsch sein. Könnte ich nur einen kleinen Satz hinauf machen, dann könnte der Körper meinetwegen auf der Treppe liegenbleiben!«

Seht, man darf nun den Teufel nicht an die Wand malen, aber ganz besondere Vorsicht ist nötig, wenn man die Galoschen des Glücks an den Füßen hat. Hört nur, wie es dem Wächter ging!

Was uns Menschen anlangt, so kennen wir ja fast alle die Geschwindigkeit der Dampfreisen, wir haben sie entweder auf den Eisenbahnen oder auf einem Schiffe über das Meer hin erprobt. Allein dieser Flug ist wie die Wanderung des Faultiers oder der Gang der Schnecke gegen die Geschwindigkeit des Lichtstrahls. Er fliegt neunzehnmillionenmal schneller als der beste Wettrenner, und doch ist die Elektrizität noch schneller. Der Tod ist ein elektrischer Stoß, den wir ins Herz erhalten; auf den Schwingen der Elektrizität erhebt sich die freigewordene Seele. Acht Minuten und einige Sekunden bedarf das Sonnenlicht zu einer Reise von mehr als zwanzig Millionen Meilen; mit der Schnellpost der Elektrizität bedarf die Seele noch weniger Minuten, um denselben Flug auszuführen. Der Raum zwischen den Weltkörpern ist für sie nicht größer, als für uns die Entfernung von unseren Freunden in den Häusern derselben Stadt, selbst wenn diese ganz nahe beieinander liegen. Indessen raubt uns dieser elektrische Herzensstöß den Gebrauch des Körpers hienieden, falls wir nicht, wie hier der Wächter, die Galoschen des Glücks anhaben.

In einigen Sekunden hatte der Wächter die 52 000 Meilen bis zum Monde zurückgelegt, der, wie bekannt, aus einem leichteren Stoffe als unsere Erde geschaffen und weich wie frischgefallener Schnee ist. Er befand sich auf einem der unzählig vielen Ringgebirge, die wir aus Dr. Mädlers großer Mondkarte kennen; denn die kennst du doch? Nach innen zu fiel das Ringgebirge ganz steil ab und bildete einen meilenweiten Kessel. Darin lag eine Stadt von eigentümlichem Aussehen. Denket euch ein Glas Wasser, in welches Eiweiß geschlagen ist. Ebenso weich war die Stadt, und ähnliche Gebilde zeigten sich darin mit Türmen und Kuppeln und segelförmigen Altanen, durchsichtig und in der dünnen Luft schwebend. Unsere Erde schwebte wie eine große feuerrote Kugel über seinem Haupte.

Da gab es gar viele Geschöpfe, und sicherlich alle solche, die wir Menschen nennen, aber sie sahen ganz anders aus als wir. Sie hatten auch eine Sprache, aber niemand kann ja verlangen, daß die Seele des Wächters sie verstehen sollte; gleichwohl konnte sie es.

Die Seele des Wächters verstand sehr wohl die Sprache der Mondbewohner. Sie unterhielten sich über unsere Erde, und bezweifelten, daß sie bewohnt sein könnte, die Luft müßte daselbst viel zu dicht sein, als daß ein vernünftiges Mondgeschöpf darauf leben könnte. Nur den Mond hielten sie für fähig, als Wohnplatz lebendiger Wesen zu dienen; er wäre der eigentliche Weltkörper, wo die alten Weltbürger wohnten.

Aber wir dürfen die Oststraße nicht vergessen und wollen nachsehen, wie es dem Körper des Wächters erging.

Leblos saß derselbe auf der Treppe, der Wächterspieß war seiner Hand entfallen, und seine Augen schauten zum Monde empor, wo sich jetzt gerade seine ehrliche Seele erging.

»Wieviel Uhr ist es, Wächter?« fragte ein Vorübergehender. Aber wer nicht antwortete, war der Wächter; deshalb zupfte ihn derselbe ganz sacht an der Nase; aber nun war es vorbei mit dem Gleichgewicht. Der Körper lag, so lang er war, da; der Mensch war tot. Da überfiel den Zupfenden ein großer Schrecken; der Wächter war tot, und tot blieb er. Man machte Meldung davon und besprach den Vorfall, und am Morgen trug man den Körper nach dem Krankenhause hinaus.

Das hätte nun ein schöner Spaß für die Seele werden können, falls sie zurückgekommen und wahrscheinlich ihren Körper in der Oststraße gesucht, aber nicht gefunden hätte. Vermutlich wäre sie nun zuerst auf das Polizeiamt gelaufen und hätte dann in der Abteilung für verlorene Gegenstände nachgefragt, bis sie endlich nach dem Hospitale hinausgelangt wäre. Wir können uns indes damit trösten, daß die Seele am klügsten ist, wenn sie auf eigene Hand verfährt; ihre Torheiten werden nur durch den Körper herbeigeführt.

Wie gesagt, der Körper des Wächters kam nach dem Krankenhause, wurde in das Reinigungszimmer gebracht, und das erste, was man tat, war natürlich, die Galoschen auszuziehen, und nun mußte die Seele zurückkehren. Sie nahm sofort die Richtung nach dem Körper, und im Augenblick kam Leben in den Mann. Er versicherte, es wäre die schrecklichste Nacht seines Lebens gewesen; nicht für viel Geld möchte er noch einmal solche Empfindungen haben. Allein, nun sei es ja glücklich überstanden.

Noch den nämlichen Tag durfte er das Krankenhaus verlassen, aber die Galoschen blieben in demselben zurück.

4. Ein Hauptmoment

Ein Stück, gut zum Vortragen geeignet Eine höchst ungewöhnliche Reise

Ein jeder Kopenhagener weiß, wie der Eingang zum Friedrichs-Hospital in Kopenhagen aussieht; da aber diese Geschichte vermutlich auch einige Nicht-Kopenhagener lesen werden, müssen wir eine kurze Beschreibung davon geben.

Das Hospital ist von der Straße durch ein ziemlich hohes Gitter getrennt, in dem die dicken Eisenstäbe so weit voneinander entfernt stehen, daß, wie ein offenes Geheimnis ist, sich viele dünne Bewohner dieser Anstalt hindurchgedrückt und dann außerhalb ihre kleinen Besuche abgestattet haben. Der Körperteil, der am schwierigsten hindurchzupraktizieren war, blieb der Kopf. Hier, wie oft in der Welt, waren also die kleinen Köpfe die glücklichsten. Dies muß als Einleitung genügend sein.

Einer der jungen Beamten, von dem nur in körperlicher Hinsicht gesagt werden kann, daß er einen dicken Kopf hatte, mußte gerade an diesem Abende die Wache übernehmen. Der Regen goß in Strömen hernieder, aber dieser beiden Hindernisse ungeachtet mußte er hinaus, nur ein Viertelstündchen. Es schien durchaus nicht wert, es erst dem Türschließer anzuvertrauen, sobald man sich durch die Eisenstangen hindurchschmiegen konnte. Dort lagen nun die Galoschen, die der Wächter vergessen hatte. Nicht im geringsten kam es ihm in den Sinn, daß es die des Glücks wären; sie konnten ihm in diesem Wetter vortreffliche Dienste leisten. Er zog sie an. Nun galt es den Versuch, ob er sich würde hindurchdrängen können; er hatte nie zuvor eine Probe gemacht. Da stand er nun.

»Gott gebe, daß ich erst den Kopf hinausgezwängt habe!« sagte er, und sogleich glitt er, obwohl er sehr groß und dick war, leicht und glücklich hindurch, das mußten die Galoschen bewirken. Aber nun mußte der Körper auch mit hinaus; hier stand er.

»Ach, ich bin zu dick!« sagte er. »Meiner Ansicht nach war der Kopf das Schlimmste! Ich komme nicht hindurch.«

Nun wollte er schnell den Kopf zurückziehen, aber es ging nicht. Den Hals konnte er bequem bewegen, aber das war auch alles. Die erste Empfindung war, daß er ärgerlich wurde, die zweite, daß seine Laune unter Null sank. Die Galoschen des Glücks hatten ihn in diese schreckliche Lage gebracht, und unglücklicherweise kam er nicht auf den Gedanken, sich frei zu wünschen, nein, er handelte, und so kam er nicht von der Stelle. Stromweise stürzte der Regen hernieder, nicht ein einziger Mensch war auf der Straße zu sehen. Die Türklingel konnte er nicht erreichen, wie sollte er sich nun befreien. Er sah voraus, daß er hier bis zur Morgenstunde stehen könnte, dann müßte man erst einen Schmied holen lassen, um die Eisenstäbe zu zerfeilen, aber das ging nicht so schnell; die ganze Knabenschule gerade gegenüber würde auf die Beine kommen, alle Insassen der Anstalt würden sich versammeln, um ihn am Pranger zu sehen, es würde ein unerhörter Auflauf entstehen. »Oh, das Blut steigt mir in den Kopf, um wahnsinnig werden zu können. Ja, ich werde wahnsinnig. Oh, wäre ich doch wieder los, dann ginge es wohl vorüber!«

Seht, das hätte er früher sagen sollen; augenblicklich, sowie der Gedanke ausgesprochen war, hatte er den Kopf frei und stürzte nun hinein, ganz betäubt von dem Schrecken, den ihm die Galoschen des Glücks bereitet hatten.

Denket nicht etwa, daß das Ganze hiermit vorbei war, o nein, es wird noch schlimmer.

Die Nacht verging und auch der folgende Tag, ohne daß Nachfrage nach den Galoschen geschehen wäre.

Des Abends fand eine Vorstellung auf einem bekannten Liebhabertheater statt. Das Haus war bis auf den letzten Platz besetzt. Unter den Vorträgen befand sich auch ein neues Gedicht, »Die Brille der Tante« betitelt. Schaute man durch dieselbe, so erschienen einem die Menschen wie Kartenblätter, und man konnte aus ihnen die Ereignisse des kommenden Jahres prophezeien.

Das Gedicht wurde vortrefflich hergesagt, und der Deklamator erntete reichlichen Beifall. Unter den Zuschauern befand sich auch unser junger Hospitalbeamter, der sein gestriges nächtliches Abenteuer rein vergessen zu haben schien. Die Galoschen hatte er angezogen, denn sie waren nicht abgeholt worden, und da es auf der Straße sehr schmutzig war, so konnten sie ihm gute Dienste tun.

Das Gedicht gefiel ihm. Er beschäftigte sich lebhaft mit dem Gedanken, welche Vorteile es böte, solche Brille zu besitzen. Vielleicht könnte man, wenn man sie richtig gebrauchte, den Leuten in das Herz hineinschauen. Das, meinte er, wäre noch ungleich fesselnder, als nur zu sehen, was im nächsten Jahre geschehen würde, denn das erführe man doch, das andere dagegen nie. »Ich stelle mir so die ganze Reihe von Herren und Damen auf der ersten Bank vor, wollte man ihnen gerade in die Brust hineinsehen, ja, dann müßte da eine Öffnung, eine Art Laden sein! Bei jener Dame dort würde ich gewiß einen großen Modehandel entdecken, bei dieser nur eine leere Halle, doch wäre eine Reinigung derselben sicherlich gut angewandt! Würden sich denn aber auch gute Läden vorfinden? Ach ja!« seufzte er. »Ich kenne einen, in dem ist alles vorzüglich, aber darin herrscht schon ein Ladendiener, das ist allein das Böse im ganzen Laden! Aus dem einen und dem anderen würde man den Ruf vernehmen: Haben Sie die Güte einzutreten! Ja, ich möchte schon eintreten, möchte wie ein niedlicher kleiner Gedanke durch die Herzen hindurchwandern.«

Seht, das genügte für die Galoschen; der ganze junge Beamte schrumpfte zusammen und trat eine höchst ungewöhnliche Reise mitten durch die Herzen der ersten Zuschauerreihe an. Das erste Herz, das er durchwanderte, gehörte einer Dame an; aber augenblicklich glaubte er in einem orthopädischen Institute zu sein, wie man das Haus nennt, in dem die Ärzte die Menschen von ihren Auswüchsen befreien und sie wieder gerade machen; er glaubte sich in dem Zimmer zu befinden, wo die Gipsabgüsse der verwachsenen Glieder an den Wänden hängen, doch bestand der Unterschied darin, daß sie im Institut beim Eintritt in dasselbe genommen werden, aber hier im Herzen waren sie nach dem Austritt der guten Leutchen abgenommen und aufbewahrt worden. Es waren Abgüsse von Freundinnen, Abgüsse ihrer körperlichen und geistigen Gebrechen, die hier aufbewahrt wurden.

Schnell war er in einem anderen weiblichen Herzen, aber dies erschien ihm wie eine große, heilige Kirche. Der Unschuld weiße Taube flatterte über dem Hochaltare. Wie gern wäre er nicht auf die Knie gesunken, aber weiter mußte er, in das nächste Herz hinein, doch hörte er noch die Orgeltöne, und er selbst schien ein neuer, besserer Mensch geworden zu sein, er selbst fühlte sich nicht unwürdig, das nächste Heiligtum zu betreten, das ihm eine dürftige Giebelstube mit einer kranken Mutter zeigte. Aber durch das offene Fenster schien Gottes warme Sonne, prächtige Rosen nickten aus dem kleinen Holzkästchen auf dem Dache, und zwei himmelblaue Vögel sangen von kindlicher Freude, während die kranke Mutter Gottes Segen auf ihre Tochter herabflehte.

Nun kroch er auf Händen und Füßen durch einen überfüllten Schlächterladen, er stieß nur auf Fleisch und immer wieder Fleisch, es war das Herz eines reichen, angesehenen Mannes, dessen Name in jedermanns Munde war.

Nun war er im Herzen seiner Gemahlin, das einen alten, verfallenen Taubenschlag vorstellte. Das Bild des Mannes diente nur als Wetterhahn; dieser stand mit den Türen in Verbindung, und so gingen diese auf und zu, sobald der Mann sich drehte.

Darauf gelangte er in ein Spiegelzimmer, wie manche Schlösser aufzuweisen haben, aber die Spiegel vergrößerten in unglaublichem Maßstabe. Mitten auf dem Fußboden saß, wie ein Dalai-Lama, das unbedeutende Ich der Person, erstaunt seine eigene Größe zu bewundern.

Hierauf bildete er sich ein, in einer engen Nadelbüchse voll spitzer Nadeln zu stecken. Das ist bestimmt das Herz einer alten unverheirateten Jungfer, dachte er unwillkürlich bei sich selbst. Aber das war nicht der Fall, es war im Gegenteil ein ganz junger Soldat mit mehreren Orden, kurzum, wie man zu sagen pflegt: ein Mann von Geist und Herz.

Ganz betäubt kam der junge Beamte aus dem letzten Herzen in der Reihe heraus; er vermochte seine Gedanken nicht zu ordnen, sondern glaubte, daß ihm seine erregte Einbildungskraft einen Streich gespielt hätte.

»Herrgott«, seufzte er, »ich habe bestimmt Anlage, verrückt zu werden! Es ist aber auch unverzeihlich heiß hier drinnen! Das Blut steigt mir zu Kopfe!« Und nun erinnerte er sich der großen Begebenheit des vorhergehenden Abends, wie er seinen Kopf nicht aus dem Eisengitter vor dem Hospitale habe zurückbringen können. »Dabei habe ich es mir gewiß zugezogen!« meinte er. »Ich darf das nicht vernachlässigen. Ein russisches Bad würde mir guttun. Läge ich nur schon auf dem obersten Brette.«

Und da lag er auf dem obersten Brette im Dampfbade, aber er

lag mit allen Kleidern, mit Stiefeln und Galoschen da. Die heißen Wassertropfen träufelten ihm gerade ins Gesicht.

»Hu!« schrie er auf und fuhr hinunter, um ein Sturzbad zu erhalten. Der Aufwärter stieß ebenfalls einen lauten Schrei beim Anblick des angekleideten Menschen aus.

Der junge Beamte gewann indes schnell soviel Fassung, um demselben zuzuflüstern: »Es gilt eine Wette!« Aber das erste, was er nach seiner Heimkunft tat, war, sich ein großes spanisches Fliegenpflaster in den Nacken und eins auf den Rücken zu legen, damit die Verrücktheit hinausziehen könnte.

Am nächsten Morgen hatte er einen blutigen Rücken; das war sein Gewinst von den Galoschen des Glücks.

5. Die Verwandlung des Schreibers

Der Wächter, dessen wir uns gewiß noch erinnern werden, gedachte mittlerweile der Galoschen, die er gefunden und mit nach dem Hospitale gebracht hatte. Er holte sie ab; da sich aber weder der Leutnant noch irgendein anderer Bewohner der Straße dazu bekennen wollte, wurden sie auf der Polizei abgeliefert.

»Sie sehen wie meine eigenen Galoschen aus!« sagte einer der Herren Schreiber, während er den Fund betrachtete und sie an die Seite der seinigen stellte. »Dazu gehört mehr als ein Schuhmacherauge, sie zu unterscheiden!«

»Herr Schreiber!« rief ein Diener, der mit einigen Papieren hereintrat.

Der Schreiber wandte sich um, sprach mit dem Manne, und als die Unterredung beendet war und er wieder die Galoschen betrachtete, war er in großer Ungewißheit, ob ihm die zur Linken oder die zur Rechten gehörten.

Es müssen die sein, die naß sind! dachte er; aber er hatte gerade unrichtig gedacht, denn es waren die des Glücks. Aber warum sollte nicht auch die Polizei irren können? Er zog sie an, steckte einige Papiere in die Tasche und nahm andere unter den Arm, die zu Hause durchgelesen und abgeschrieben werden sollten. Allein es war gerade Sonntagvormittag und das Wetter schön. Ein Spaziergang nach Friedrichsberg, dachte er, würde mir gewiß guttun, und so machte er sich denn auf den Weg.

Niemand konnte stiller und fleißiger als dieser junge Mann sein, und wir wollen ihm deshalb seine Lustpartie von Herzen gönnen; nach dem vielen Sitzen war sie eine wahre Wohltat für ihn. Anfangs schlenderte er nur gedankenlos einher, und deshalb hatten die Galoschen keine Gelegenheit, ihre Zauberkraft zu beweisen.

In dem großen Baumwege, der nach dem Schlosse führte, begegnete er einem Bekannten, einem jungen Dichter, der ihm erzählte, daß er am nächsten Tage seine Sommerreise antreten würde.

»Also soll es schon wieder fortgehen!« sagte der Schreiber, »Sie sind doch ein glücklicher, freier Mensch. Sie können hinausfliegen, wohin Sie wollen, wir anderen haben eine Kette am Fuße!«

»Wohl wahr! Sie sind angekettet, aber an einen Brotbaum!« sagte der Dichter. »Sie brauchen nicht für den morgenden Tag zu sorgen, und werden Sie alt, so erhalten Sie ein reichliches Ruhegeld.«

»Sie haben es doch am besten!« sagte der Schreiber. »Dazusitzen und zu dichten, muß doch ein Vergnügen sein! Die ganze Welt sagt Ihnen Angenehmes und dann sind Sie Ihr eigener Herr! Sie sollten nur einmal den Versuch machen, im Gericht bei den langweiligen Sachen zu sitzen!«

Der Dichter schüttelte den Kopf, der Schreiber schüttelte auch den Kopf, ein jeder behielt seine Meinung, und darauf trennten sie sich.

»Es ist doch ein eigenes Völkchen, diese Dichter!« sagte der Schreiber. »Ich wünschte wohl, in eine solche Natur mich einmal versetzen zu können und selbst ein Dichter zu werden. Ich bin dessen sicher, daß ich nicht solches Gewinsel von Versen wie die anderen schreiben würde. Heute ist ein rechter Frühlingstag für einen Dichter; die Luft ist so ungewöhnlich klar, die Wolken so schön, und hier ist ein Duft im Grünen, mir ist so wohl und glücklich, wie ich mich seit Jahren nicht gefühlt habe!«

Wir können schon merken, daß er ein Dichter geworden ist; in die Augen fallend war es freilich nicht, denn es wäre eine törichte Vorstellung, sich einen Dichter anders als die gewöhnlichen Menschenkinder zu denken, unter denen sich oft weit dichterischere Naturen befinden mögen, als es selbst manche gefeierte Dichter sind. Der Unterschied besteht nur darin, daß der Dichter ein besseres geistiges Gedächtnis besitzt, er weiß die Ideen und Gefühle festzuhalten, bis sie sich klar und deutlich zum Worte gestaltet haben, und das vermögen die anderen nicht. Aber aus einer Alltagsnatur sich in eine begabte hineinzuversetzen, ist und bleibt ein schwerer Übergang, und den hatte der Schreiber gemacht.

»Der köstliche Duft!« sagte er, »wie lebhaft er mich an die Veilchen der guten Tante erinnert! Ja, damals war ich noch ein kleiner Knabe. Mein Gott, wie lange ich daran nicht gedacht habe! Das gute, alte Mädchen, es wohnte dort herum hinter der Börse. Immer hatte die gute Tante eine Pflanze oder ein paar junge Triebe im Wasser, mochte der Winter so streng sein, wie er wollte. Die Veilchen dufteten, während ich die erwärmten Kupferdreier gegen die gefrorne Fensterscheibe hielt und Gucklöcher machte. Sie gewährten einen hübschen Durchblick. Draußen im Kanale lagen die Schiffe eingefroren, verlassen von der ganzen Mannschaft, eine schreiende Krähe bildete die ganze Besatzung. Wenn aber die milden Frühlingslüfte zu wehen begannen, dann regte sich neues Leben. Unter Gesang und Hurraruf zersägte man das Eis, die Schiffe wurden geteert und aufgetakelt und segelten dann nach fremden Ländern. Ich bin hiergeblieben und muß immer dableiben, muß immer in der dumpfen Polizeistube sitzen und mit ansehn, wie sich die anderen Pässe nach dem Auslande nehmen; das ist mein Los. Ach ja!« seufzte er, aber dann stockte er plötzlich. »Mein Gott, was geht denn in mir vor! So habe ich ja früher nie gedacht oder gefühlt! Das muß die Frühlingsluft machen! Es ist beängstigend und doch so angenehm!« Er griff nach seinen Papieren in die Tasche. »Diese werden mich auf andere Gedanken bringen!« sagte er und ließ die Augen über die erste Seite hingleiten. ›Frau Sigbrith, Trauerspiel in fünf Akten‹, las er. »Was ist denn das? Und das ist ja meine eigene Handschrift! Habe ich denn das Trauerspiel verfaßt? ›Die List auf dem Walle oder Der Buß- und Bettag, ein Lustspiel.‹ – Aber wie bin ich dazu gekommen? Man muß mir es in die Tasche gesteckt haben. Hier ist ja auch ein Brief.« Nun, der war von einem Schauspieldirektor, die Stücke waren verworfen und der Brief durchaus nicht höflich gehalten. »Hm, hm!« sagte der Schreiber und ließ sich auf eine Bank nieder; viele Gedanken stürmten auf ihn ein, sein Herz war weich gestimmt, unwillkürlich pflückte er eine der nächsten Blumen ab. Es war ein einfaches Gänseblümchen; was uns die Naturforscher nur in vielen Vorlesungen sagen können, verkündete es in einer einzigen Minute – es erzählte die Geschichte seiner Geburt, es erzählte von der belebenden Kraft der Sonnenstrahlen, die seine feinen Blätter ausbreiteten und sie zu duften zwangen; da gedachte er der Lebenskämpfe, die ebenfalls die Gefühle in unserer Brust erweckten. Luft und Licht brächten liebkosend die Blume zur Blüte, aber das Licht wäre der Günstling unter diesen Nebenbuhlern, ihm neigte sie sich zu, verschwände es, dann rollte sie ihre Blätter zusammen und entschlummerte sanft unter den Umarmungen der Luft. »Es ist das Licht, das mir den Schmuck verleiht!« sagte die Blume. »Aber die Luft läßt dich atmen!« flüsterte die Dichterstimme.

Dicht daneben stand ein Knabe und schlug mit seinem Stock in einen sumpfigen Graben, daß die Wassertropfen bis zu den grünen Zweigen hinaufspritzten. Da gedachte der Schreiber der Millionen von unsichtbaren Tierchen, die in jedem Tropfen in eine Höhe geschleudert wurden, die ihnen im Verhältnis zu ihrer Größe wolkenhoch erscheinen mußte. Während der Schreiber sich mit diesen Gedanken trug und über die Veränderung, die mit ihm vorgegangen war, nachdachte, lächelte er: »Ich schlafe und träume; gleichwohl ist es merkwürdig, wie lebhaft man träumen und sich doch dessen bewußt sein kann, daß es nur ein Traum ist! Möchte ich mich nur morgen beim Erwachen seiner noch erinnern. Ich scheine ganz ungewöhnlich aufgelegt zu sein! Alles steht klar und deutlich vor meiner Seele, ich fühle mich so aufgeweckt, und doch bin ich davon überzeugt, daß ich mich morgen meines Traumbildes nur dunkel und verworren entsinnen kann, wie mir das früher schon oft begegnet ist! Es geht einem mit all dem Klugen und Prächtigen, das man im Traume hört und sieht, wie mit dem Golde der unterirdischen Zwerge: Wenn man es empfängt, ist es reich und herrlich, besieht man es aber beim Tageslicht, so sind es nur Steine und welke Blätter. Ach«, seufzte er recht wehmütig und betrachtete die zwitschernden Vögel, die munter und lustig von Zweig zu Zweig hüpften. »Die haben es viel besser als ich! Fliegen ist eine herrliche Kunst, und glücklich, wem sie angeboren ist! Ja, vermöchte ich mich in irgend etwas zu verwandeln, dann möchte ich so eine niedliche Lerche sein!«

In demselben Augenblicke breiteten sich seine Rockschöße und Ärmel als Flügel aus, die Kleider wurden zu Federn und die Galoschen zu Krallen. Er bemerkte es sehr wohl und lachte innerlich. »So, nun kann ich wenigstens sehen, daß ich träume, aber so närrisches Zeug ist mir nie zuvor im Traume vorgekommen!« Er flog in die grünen Zweige hinauf und sang, aber seinem Gesange fehlte der hohe Gedankenflug, denn die Dichternatur war fort. Die Galoschen konnten, wie jeder, der seine Sache versteht, nur ein Ding auf einmal verrichten; er wollte Dichter werden und wurde es, jetzt wollte er wieder ein kleiner Vogel sein, aber während er die Natur desselben annahm, hörte die vorige Eigentümlichkeit auf.

»Das ist doch lustig«, sagte er, »am Tage sitze ich auf der Polizei unter den langweiligsten Verhandlungen, und nachts träume ich, als Lerche im Friedrichsburger Park umherzufliegen. Es ließe sich fürwahr ein ganzes Lustspiel darüber schreiben!« Darauf flog er in das Gras hinab, drehte den Kopf nach allen Seiten und pickte mit dem Schnabel nach den schwankenden Grashalmen, die ihm im Verhältnis zu seiner gegenwärtigen Größe so hoch wie die Palmenzweige Nordafrikas vorkamen.

Das währte nur einen kurzen Augenblick und dann wurde es plötzlich kohlschwarze Nacht um ihn her. Ein seinem Dünken nach ungeheurer Gegenstand wurde über ihn geworfen, es war eine große Mütze, die ein Knabe aus der Nachbarschaft über ihn geworfen hatte. Eine Hand faßte darunter und ergriff den Schreiber am Rücken und den Flügeln, so daß er piepte. Im ersten Schrecken rief er laut: »Du unverschämter Bengel! Ich bin Polizeibeamter!« Allein dem Knaben klang es nur wie piepiepiep! Er schlug den Vogel auf den Schnabel und wanderte weiter.

Auf dem Rückwege traf er mit zwei Schulkameraden aus einer höheren Klasse zusammen, die ihm den Vogel für wenige Groschen abkauften. Auf diese Weise kam der Schreiber nach Kopenhagen zu einer Familie in der Gotenstraße.

»Es ist gut, daß ich träume«, sagte der Schreiber, »sonst würde ich jetzt wirklich böse werden! Erst war ich ein Dichter, jetzt wieder eine Lerche. Nur durch meine dichterische Begabung kann meine Verwandlung in dies Tierchen vor sich gegangen sein. Es ist doch ein elend jämmerlich Ding, zumal wenn man einigen Jungen in die Hände fällt. Ich bin doch neugierig, wie das ablaufen wird!«

Die Knaben trugen ihn in ein sehr reich ausgestattetes Zimmer. Eine dicke, lächelnde Frau empfing sie, war aber gar nicht zufrieden damit, daß sie den einfachen Feldvogel, wie sie die Lerche nannte, mit hereinbrachten. Für heute wollte sie es jedoch erlauben, und sie mußten ihn in einen leeren Vogelbauer, der am Fenster stand, setzen. »Darüber wird Papchen vielleicht seine Freude haben!« fügte sie hinzu und schaute lächelnd zu einem großen, grünen Papagei hinüber, der sich in seinem prächtigen Messingbauer vornehm in dem Ringe schaukelte. »Heut ist Papchens Geburtstag«, sagte sie scherzend, »deshalb will ihm der kleine Feldvogel Glück wünschen!«

Papchen antwortete nicht ein einziges Wort, sondern schaukelte sich nur vornehm hin und her, dagegen begann ein hübscher Kanarienvogel, der im letzten Sommer aus seinem warmen, duftenden Vaterlande herübergebracht worden war, laut zu schlagen.

»Schreihals!« sagte die Frau und warf ein weißes Taschentuch über den Käfig.

»Piep, piep«, seufzte er, »das muß ein schreckliches Schneewetter sein!« und mit diesem Seufzer verstummte er.

Der Schreiber, oder, wie die Frau sagte, der Feldvogel, kam in einen kleinen Käfig dicht neben dem Kanarienvogel, unweit des Papageis. Die einzige Redensart, welche Papchen plaudern konnte, und die oft recht drollig herauskam, war: »Nein, laßt uns nun Menschen sein!« Sein übriges Geschrei war ebenso unverständlich wie das Gezwitscher des Kanarienvogels, nur nicht für den Schreiber, der jetzt selbst ein Vogel war und seine Kameraden sehr gut verstand.

»Ich flog unter der grünen Palme und dem blühenden Mandelbaume!« sang der Kanarienvogel. »Ich flog mit meinen Brüdern und Schwestern hin über die prächtigen Blumen und den spiegelhellen See, wo sich die Pflanzen auf dem Grunde wiegten. Ich sah auch viele herrliche Papageien, welche die lustigsten Geschichten erzählten, so lange und so viele!«

»Das waren wilde Vögel«, versetzte der Papagei, »ihnen fehlte Bildung. Nein, laßt uns Menschen sein. – Weshalb lachst du nicht? Wenn unsere Herrin und alle Fremde darüber lachen können, so kannst du es auch. Es ist ein großer Mangel, wenn einem der Sinn für das Lustige fehlt. Nein, laßt uns nun Menschen sein!«

»Oh, gedenkst du noch der schönen Mädchen, die unter dem ausgespannten Zelte neben den blühenden Bäumen tanzten? Gedenkst du noch der süßen Früchte und des kühlenden Saftes in den wild wachsenden Kräutern?«

»O ja!« sagte der Papagei. »Aber hier habe ich es weit besser! Ich habe mein gutes Essen und vortreffliche Behandlung; ich weiß, ich bin ein guter Kopf, und mehr verlange ich nicht. Laßt uns nun Menschen sein! Du bist eine Dichterseele, wie sie es nennen, ich habe gründliche Kenntnisse und Witz, dir fehlt es nicht an Geist, aber an Besonnenheit, versteigst dich bis zu den höchsten Naturlauten, und deshalb bedecken sie dich. Das wagt man nicht mir zu bieten, o nein, denn ich habe sie etwas mehr gekostet. Ich flöße ihnen mit meinem Schnabel Achtung und Zurückhaltung ein und kann einen Witz reißen. Nein, laßt uns nun Menschen sein!«

»O mein warmes, blühendes Vaterland!« sang der Kanarienvogel. »Singen will ich von deinen dunkelgrünen Bäumen, von deinen stillen Meeresbuchten, wo die Zweige den klaren Wasserspiegel küssen, singen von dem Jubel aller meiner schimmernden Brüder und Schwestern, wo ›der Wüsten Pflanzenquellen‹[2] wachsen!«

»Höre doch nur endlich mit deinen Klagetönen auf!« sagte der Papagei. »Sage etwas, vorüber man lachen kann! Gelächter ist das Kennzeichen des höchsten geistigen Standpunktes. Sage selbst, ob ein Hund oder ein Pferd lachen kann. Nein, weinen können sie, aber lachen, das ist allein dem Menschen gegeben.« Ho, ho, ho! lachte Papchen und fügte seinen Witz hinzu: »Laßt uns nun Menschen sein!«

»Du kleiner, grauer einheimischer Vogel!« sagte der Kanarienvogel. »Du bist also auch ein Gefangener geworden! In deinen Wäldern ist es sicher kalt, aber dort wohnt die Freiheit; fliege hinaus! Man hat deinen Bauer zu schließen vergessen; das oberste Fenster steht offen. Fliege, fliege!«

Und das tat der Schreiber, husch! war er aus dem Bauer. In demselben Augenblicke knarrte die angelehnte Tür, die in das Nebenzimmer führte, und geschmeidig, mit grünen, funkelnden Augen schlich sich die Hauskatze herein und machte auf ihn Jagd. Der Kanarienvogel flatterte im Bauer, der Papagei schlug mit den Flügeln und rief: »Laßt uns nun Menschen sein!« Der Schreiber fühlte den tödlichsten Schreck und flog zum Fenster hinaus, über Häuser und Straßen; endlich mußte er ein wenig ausruhen. Das gegenüberliegende Haus hatte etwas Heimisches für ihn, ein Fenster stand offen, er flog hinein – es war sein eigenes Zimmer; er setzte sich auf den Tisch.

[2] Kaktus.

»Laßt uns nun Menschen sein!« sprach er gedankenlos dem Papagei nach, und in demselben Augenblick war er wieder der Schreiber, saß aber auf dem Tische.

»Behüte Gott!« sagte er. »Wie bin ich hier herauf gekommen und dann in Schlaf gefallen? Das war ein unruhiger Traum, den ich hatte. Nichts als dummes Zeug war die ganze Geschichte!«

6. Das Beste, was die Galoschen brachten

Früh am folgenden Tage klopfte es, als der Schreiber noch im Bette lag, an seine Tür. Es war ein Nachbar in demselben Stockwerk, ein Student der Theologie, der hereintrat.

»Leihe mir deine Galoschen!« sagte er. »Es ist im Garten sehr naß, dabei scheint aber die Sonne so herrlich, daß ich unten eine Pfeife rauchen möchte.«

Er zog die Galoschen an und war bald unten im Garten, der einen Pflaumen- und einen Birnbaum enthielt. Selbst so ein kleines Gärtchen wie dieses gilt in Kopenhagen für eine große Herrlichkeit.

Der Student spazierte im Gange auf und nieder; die Uhr war erst sechs; draußen von der Straße tönte ein Posthorn herüber.

»O reisen, reisen!« sprach er endlich laut. »Das ist doch das Glücklichste, was die Welt bieten kann, das ist das höchste Ziel meiner Wünsche! Da würde sich die Unruhe legen, die ich in mir fühle. Aber weit fort müßte es sein! Ich möchte die herrliche Schweiz sehen, Italien durchreisen und ...«

Ja, gut war es, daß die Galoschen im Augenblicke wirkten, sonst wäre er sowohl für sich als auch für andere doch gar zu weit umher gekommen. Er reiste. Er war mitten in der Schweiz, allein er war mit acht anderen in das Innere einer Postkutsche eingepackt; er hatte Kopfweh, fühlte sich im Nacken ganz steif, und das Blut war ihm in die Füße gesunken, die angeschwollen waren und ihm in den zu engen Stiefeln heftig schmerzten. Er befand sich in einem halbwachen Zustande. In seiner rechten Tasche trug er das Papiergeld, in seiner linken steckte sein Paß, und in einem Lederbeutelchen auf der Brust hatte er etliche festgenähte Goldstücke. In jedem Traume hatte er die beängstigende Vorstellung, daß eines oder das andere dieser Kostbarkeiten verloren wäre, und deshalb fuhr er alle Augenblicke fieberartig in die Höhe, und die erste Bewegung, die seine Hand machte, war ein Dreieck von der Rechten zur Linken und gegen die Brust hinauf, um zu fühlen, ob er seine Sachen noch hätte oder nicht. Regenschirme, Stöcke und Hüte schaukelten im Netze oben an der Wagendecke und benahmen die Aussicht, die wahrhaft entzückend war, fast ganz. Trotzdem gelang es ihm hin und wieder, einige verstohlene Blicke danach zu werfen, und in seinem Herzen regten sich dichterische Gedanken.

Groß, ernst und finster war die ganze Natur ringsumher. Wie Heidekraut erschienen die Tannenwälder auf den hohen Felsen, deren Gipfel sich im Wolkenschleier verloren. Jetzt begann es zu schneien; ein schneidender Wind erhob sich.

»Ach«, seufzte er, »wären wir doch schon auf der anderen Seite der Alpen, dann herrschte Sommer um uns, und ich könnte meine Wertpapiere umsetzen. Die Angst, die ich um ihretwillen ausstehe, bewirkt, daß ich die Schweiz nicht zu genießen vermag. Oh, möchte ich doch erst auf der anderen Seite sein!«

Und da war er auf der anderen Seite, mitten im Herzen Italiens war er, zwischen Florenz und Rom. Der Trasimenische See lag in Abendbeleuchtung, wie flammendes Gold, zwischen den dunkelblauen Bergen. Hier, wo Hannibal den Flaminius schlug, reichten nun die Weinranken einander friedlich ihre grünen Finger. Anmutige, halbnackte Kinder hüteten eine Schar kohlschwarzer Schweine unter einer Gruppe duftender Lorbeerbäume am Wege. Verständen wir nur dies Gemälde in voller Farbenpracht wiederzugeben, alle würden dann jubeln: »Herrliches Italien!« Aber das sagte weder der Theologe noch ein einziger seiner Reisegefährten im Wagen des Vetturinos.

Myriadenweise schwärmten giftige Fliegen und Mücken zu ihnen herein, vergebens schlugen sie mit einem Myrtenzweige um sich, die Fliegen stachen nach wie vor. Alle schauten sich mit durch die Bisse aufgeschwollenen und blutigen Gesichtern an. Die armen Pferde konnte man fast nicht wiedererkennen, klumpenweise saßen die Fliegen auf denselben, und nur für einen Augenblick half es, daß der Kutscher abstieg und die Tiere abschabte. Jetzt ging die Sonne unter, eine kurze, aber eisige Kälte ging durch die Natur, es war nichts weniger als behaglich; aber ringsumher nahmen die Berge einen herrlichen grünen Ton an, so klar, so schimmernd – ja, geh nur selbst hin und schau es dir an, das ist besser, als die Beschreibung davon zu lesen! Es war ein Anblick ohnegleichen, aber – der

Magen war leer, der Körper müde, alle Sehnsucht des Herzens drehte sich nur um ein Nachtquartier, aber, aber – was stand davon wieder zu erwarten? Man schaute weit sehnlicher danach aus als nach der schönen Natur.

Der Weg führte durch einen Olivenwald, es war fast, als führe man in der Heimat zwischen knorrigen Weiden, und hier lag das einsame Wirtshaus. Ein halb Dutzend bettelnder Krüppel hielt die Tür desselben belagert. Der gesundeste derselben sah aus, »wie des Hungers ältester Sohn, der das Alter seiner Mündigkeit erreicht hat«, die anderen waren entweder blind, hatten vertrocknete Beine und krochen auf den Händen, oder ihre Arme waren abgezehrt und ihre Hände verstümmelt. Da schaute das Elend ungeschminkt aus seinen Lumpen hervor. »Erbarmen, gnädige Herren, Erbarmen!« seufzten sie und zeigten auf ihre kranken Glieder. Die Wirtin selbst mit bloßen Füßen, ungekämmtem Haar und nur mit einer schmutzigen Bluse bekleidet, empfing die Gäste. Die Türen waren mit Bindfaden zusammengebunden; den Fußboden in den Zimmern stellte ein halbaufgerissenes Pflaster von Ziegelsteinen vor. Fledermäuse flogen unter der Decke hin und der Geruch in den Stuben –

»Deckt nur lieber unten im Stalle!« sagte einer der Reisenden. »Da weiß man wenigstens, was man einatmet!«

Die Fenster wurden geöffnet, um etwas frische Luft hereinzulassen, aber schneller als diese drangen die vertrockneten Arme und das ewige Gejammer: »Erbarmen, gnädige Herren!« in die Zimmer. Auf den Wänden standen viele Inschriften, von denen die Hälfte gegen das schöne Italien gerichtet war.

Das Essen wurde aufgetragen. Es gab Wassersuppe, mit Pfeffer und ranzigem Öl gewürzt. Auch der Salat hatte einen reichlichen Teil desselben Öles erhalten. Faule Eier und gebratene Hahnenkämme waren die Hauptgerichte. Selbst der Wein mußte seinen Beigeschmack haben, es war eine richtige Arznei.

Zur Nacht wurden die Koffer gegen die Tür aufgestellt; einer der Reisenden hatte die Wache, während die anderen schliefen. Der Theologe war der Wachthabende. Oh, wie stickig war es nicht hier drinnen. Die Hitze drückte nieder, die Mücken summten und stachen, die Krüppel draußen jammerten sogar noch im Schlaf.

»Ja, Reisen wäre schon gut«, seufzte der Student, »hätte man nur keinen Körper! Könnte dieser ruhen und der Geist dagegen fliegen.

Überall, wohin ich komme, findet sich ein Mangel, der das Herz bedrückt. Nach etwas Besserem als dem Augenblicklichen steht mein Begehr; ja nach etwas Besserem, nach dem Besten – aber wo und was ist es? Ich weiß im Grunde wohl, was ich will; ich will zu einem glücklichen Ziele, dem glücklichsten von allen!«

Und wie das Wort ausgesprochen war, sah er sich in die Heimat versetzt; die langen, weißen Vorhänge hingen vor dem Fenster herab und mitten auf dem Fußboden stand der schwarze Sarg. In diesem lag er in seinem stillen Todesschlafe, sein Wunsch war erfüllt, der Körper ruhte, der Geist reiste. »Niemand ist vor seinem Tode glücklich zu preisen«, war Solons Sprichwort, und hier wurde es bekräftigt.

Jede Leiche ist die Sphinx der Unsterblichkeit, auch die Sphinx hier vor uns in dem schwarzen Sarge gibt uns Antwort auf das, was der Lebende zwei Tage vorher niedergeschrieben hatte:

Du starker Tod, nur Graun ist dein Begleiter!
Durch Gräber führt nur deine finstre Spur!
Nimmst du dem Geist auch seine Jakobsleiter?
Soll ich wie Gras vergehn auf deiner Spur?

Oft sieht die Welt nicht unsre größte Angst!
Du, der hienieden keinen Freund bekommen,
Viel leichter als die Not, vor der du bangst,
Wird dir die Erde, die dich aufgenommen!

Zwei Gestalten bewegten sich im Zimmer; wir kennen sie beide: Es war die Fee der Trauer und die Botin des Glücks; sie beugten sich über den Toten hin.

»Siehst du«, sagte die Trauer, »was für ein Glück brachten deine Galoschen wohl der Menschheit?«

»Sie brachten wenigstens dem, der hier schläft, ein bleibendes Gut!« versetzte die Freude.

»O nein«, sagte die Trauer; »selbst ging er fort, er wurde nicht abberufen! Seiner geistigen Kraft wurde hier nicht Stärke genug gegeben, um die Schätze zu heben, die er seiner Bestimmung nach heben muß. Ich will ihm eine Wohltat erzeigen!«

Und damit zog sie ihm die Galoschen von den Füßen; da war der

Todesschlaf zu Ende, und der Wiederbelebte richtete sich empor. Die Trauer verschwand, aber zugleich auch die Galoschen; sie hat sie gewiß als ihr Eigentum betrachtet.

Der Schmetterling

Der Schmetterling wollte eine Braut haben. Natürlicherweise wollte er sich dazu eine der niedlichen kleinen Blumen erwählen. Er hielt Umschau unter denselben. Still und besonnen saß jede auf ihrem Stengel, wie eine Jungfrau sitzen muß, wenn sie nicht verlobt ist. Aber bei der großen Menge wurde ihm die Wahl zu schwer; er wollte sich dieser Mühe nicht unterziehen und flog deshalb zur Gänseblume. Die Franzosen nennen sie Margarete, sie wissen, daß sie prophezeien kann, und das tut sie, wenn Brautleute ihr Blatt für Blatt abzupfen und bei jedem derselben eine Frage über den Grad, mit dem sie geliebt werden, an sie richten: »Von Herzen? – Mit Schmerzen? – Ein bißchen – Klein wenig? – Fast gar nicht?« oder ähnliche. Ein jeder fragt in seiner Sprache. Der Schmetterling kam auch, um zu fragen. Er zupfte die Blätter nicht ab, sondern küßte ein jedes, in der Meinung, daß man mit Güte am weitesten kommt.

»Liebes Gretchen Gänseblume!« redete er sie an, »Sie sind die klügste Frau unter allen Blumen. Sie verstehen zu weissagen! Sagen Sie mir, bekomme ich die oder die? Und wen bekomme ich? Wenn ich es weiß, kann ich doch gerade zu ihr fliegen und um sie anhalten?«

Aber Gretchen antwortete nicht eine Silbe. Es gefiel ihr nicht, daß er sie Frau anredete, denn sie war ja noch Jungfrau, und dann ist man eben keine Frau. Er fragte zum zweitenmal und fragte zum drittenmal, und als er durchaus kein einziges Wort aus ihr herausbekam, verlor er die Lust, noch weiter zu fragen, und flog ohne weiteres auf die Brautschau.

Es war in den ersten Tagen des Frühlings; Schneeglöckchen und Krokus blühten in großer Menge. »Sie sind sehr niedlich!« urteilte der Schmetterling. »Niedliche kleine Konfirmandinnen, aber doch noch zu sehr Backfische.« Er richtete, wie alle jungen Männer, sein Augenmerk auf ältere Mädchen. Darauf flog er zu den Anemonen; diese waren ihm wieder ein wenig zu herb, die Veilchen etwas zu schwärmerisch, die Tulpen zu prunkend, die Narzissen zu bürgerlich, die Lindenblüten zu klein und hatten außerdem zu zahlreiche Verwandtschaft; die Apfelblüten waren allerdings wie Rosen anzuschauen, aber nur heute standen sie und morgen fielen sie schon ab, sowie der Wind blies. Ein solcher Ehestand schien ihm doch zu kurz. Die Erbsenblüte gefiel ihm am meisten, sie war rot und weiß, sie war rein und fein, gehörte zu den häuslichen Mädchen, die gut aussehen und doch in der Küche Bescheid wissen. Er war schon im Begriff, um sie anzuhalten, als er in demselben Augenblicke eine Erbsenschote gewahrte, die mit verwelkter Blüte dicht neben ihr hing. »Wer ist das?« fragte er. »Es ist meine Schwester«, erwiderte die Erbsenblüte.

»O weh, so wirst du also später einmal aussehen!« Erschreckt flog der Schmetterling weiter.

Die Kaprifolien hingen über den Zaun; viele Fräulein treiben auf demselben ihr Wesen, alle hatten sie ein längliches Gesicht und gelbe Haut. Das war nun gar nicht sein Geschmack. Ja, aber was hatte er denn für einen Geschmack? Frage ihn selbst.

Der Lenz verging, der Sommer verging und nun war es Herbst; er hatte noch immer keine Wahl getroffen. Und die Blumen erschienen in den herrlichsten Kleidern. Aber was konnte das helfen, hier war nicht der frische, duftende Jugendsinn. Gerade im Alter bedarf das Herz erst recht des Duftes, und Duft findet sich gerade nicht sonderlich bei Georginen und Stockrosen. Deshalb stieg der Schmetterling mit seinen Wünschen bis zur Krauseminze hinab.

»Sie hat nun freilich gar keine Blume, ist aber dafür ganz und gar Blume, duftet von der Wurzel bis zur Spitze, hat Blumenduft in jedem Blatte. Sie nehme ich!«

Und nun brachte er endlich seine Bewerbung an.

Aber die Krauseminze stand steif und still und sagte endlich: »Freundschaft, aber nicht mehr! Ich bin alt und Sie sind alt! Wir können sehr gut füreinander leben, aber uns verheiraten – nein! Wir wollen uns in unserem hohen Alter nicht zum Narren machen!«

Und so bekam der Schmetterling gar keine. Er hatte zu lange gesucht, und das darf man nicht. Der Schmetterling wurde ein alter Junggeselle.

Es war Spätherbst; Regen strömte hernieder. Der Wind blies den Rücken der alten Weidenbäume hinab, daß es laut in ihnen knackte.

Man konnte nicht mehr gut in Sommerkleidern ausfliegen, als ob man Lieb' im Leibe fühlte, wie es im Liede heißt. Aber der Schmetterling flog auch nicht mehr aus, er war zufälligerweise in ein Zimmer geraten, wo Feuer im Ofen brannte. So recht sommerwarm war es darin. Hier ließ es sich leben; aber »leben ist nicht genug«, sagte der Schmetterling, »Sonnenschein, Freiheit und eine kleine Blume muß man haben!«

Und er flog gegen die Scheiben, wurde gesehen, bewundert, auf eine Nadel gesteckt und in die Schmetterlingsammlung aufgenommen. Mehr konnte man für ihn nicht tun.

»Nun sitze ich ebenfalls wie die Blumen auf einem Stengel«, sagte der Schmetterling, »ganz behaglich ist es doch nicht! So muß einem zumute sein, wenn man verheiratet ist, man sitzt fest!« und damit tröstete er sich.

»Das ist ein leidiger Trost!« sagten die Topfblumen in der Stube.

»Aber Topfblumen kann man nicht völlig trauen«, meinte der Schmetterling, »sie haben zuviel Umgang mit Menschen.«

Der unartige Knabe

Es war einmal ein alter Dichter, ein wirklich guter alter Dichter. Eines Abends erhob sich, während er zu Hause saß, draußen ein entsetzliches Unwetter; der Regen strömte hernieder, aber der Dichter saß warm und gemütlich an seinem Kachelofen, in dem das Feuer brannte und die Äpfel brieten.

»Da bleibt kein trockner Faden an den Armen, die in dem Wetter draußen sind!« sagte er, denn er war ein gutmütiger Dichter.

»O öffne mir! Ich friere und bin so naß!« rief plötzlich draußen ein kleines Kind. Es weinte und klopfte an die Tür, während der Regen niederströmte und der Sturm an allen Fenstern raste.

»Du armes Ding!« sagte der alte Dichter und stand auf, die Tür zu öffnen. Da stand ein kleiner Knabe; er war ganz nackt, und das Wasser triefte ihm aus dem langen, blonden Haar. Er zitterte vor Kälte; wäre er nicht hineingekommen, hätte er in dem schlimmen Wetter sicherlich umkommen müssen.

»Du armer Kleiner!« sagte der alte Dichter und nahm ihn bei der Hand. »Komm nur zu mir, ich will dich schon erwärmen! Wein und einen Apfel sollst du auch bekommen, denn du bist ein prächtiger Junge!«

Das war er auch. Seine Augen sahen wie zwei helle Sterne aus, und obgleich ihm das Wasser aus dem blonden Haar floß, kräuselte es sich doch auf das anmutigste. Er sah wie ein kleiner Engel aus, war aber bleich vor Kälte und zitterte am ganzen Körper. In der Hand hielt er einen prachtvollen Bogen, der aber vom Regen völlig verdorben war; die Farben der hübschen Pfeile liefen bei dem nassen Wetter alle ineinander.

Der alte Dichter setzte sich wieder an den Kachelofen, nahm den kleinen Knaben auf den Schoß, drückte ihm das Wasser aus dem Haar, wärmte die Hände desselben in seinen eigenen und kochte ihm süßen Wein. Da erholte er sich, bekam rote Wangen, sprang auf den Fußboden hinunter und tanzte um den alten Dichter herum.

»Du bist ein lustiger Knabe!« sagte der Alte. »Wie heißt du denn?«

»Ich heiße Amor!« antwortete er. »Kennst du mich nicht? Dort liegt mein Bogen. Mit dem verstehe ich zu schießen! Sieh, nun wird das Wetter draußen wieder gut; der Mond scheint!«

»Aber dein Bogen ist verdorben!« sagte der Dichter.

»Das wäre schlimm!« sagte der kleine Knabe, nahm ihn auf und untersuchte ihn. »Oh, er ist schon trocken und hat gar nicht gelitten. Die Sehne sitzt ganz stramm! Nun werde ich ihn probieren!« Damit spannte er ihn, legte einen Pfeil darauf, zielte und schoß ihn dem guten alten Dichter gerade ins Herz. »Nun kannst du sehen, daß mein Bogen nicht verdorben war!« sagte er, lachte laut auf und lief seiner Wege. Der unartige Knabe! So nach dem alten Dichter zu schießen, der ihn so freundlich in seine warme Stube aufgenommen hatte, so gut gegen ihn gewesen war und ihm so schönen Wein und den besten Apfel gegeben hatte.

Der gute Dichter lag auf dem Fußboden und weinte, er war gerade in das Herz geschossen. »Pfui«, sagte er, »was für ein unartiger Knabe dieser Amor ist. Allen guten Kindern will ich es erzählen, damit sie sich vor ihm hüten können und nie mit ihm spielen, denn er fügt ihnen nur Unheil zu.«

Alle guten Kinder, Mädchen und Knaben, denen er es erzählte, nahmen sich auch vor dem schlimmen Amor in acht, aber er überlistete sie dennoch, denn er ist zu durchtrieben und schlau. Kommen die Studenten aus den Vorlesungen, so geht er ihnen zur Seite, in einem schwarzen Rocke und mit einem Buche unter dem Arme. Sie erkennen ihn nicht und fassen ihn deshalb unter, weil sie ihn auch für einen Studenten halten, aber dann bohrt er ihnen den Pfeil in die Brust. Wenn die Mädchen vom Prediger kommen und wenn sie in der Kirche stehen, immer ist er auch hinter ihnen. Ja, er ist zu allen Zeiten hinter den Leuten her. Er sitzt in dem großen Kronleuchter im Theater und brennt lichterloh, daß die Leute glauben, es wäre eine Lampe, aber später merken sie schon, daß es etwas anderes war. Er läuft in des Königs Park und auf den Wällen umher, ja er hat einmal deinem eigenen Vater und deiner eigenen Mutter gerade in das Herz geschossen. Frage sie nur, dann wirst du ja hören, was sie sagen. Ja, es ist ein schlimmer Knabe, dieser Amor, mit dem mußt du nie etwas zu tun haben. Hinter allen Leuten ist er her. Denke nur, er schoß sogar einmal einen Pfeil nach der alten Großmutter. Freilich ist's schon lange her, aber das vergißt sie nie. Pfui, der schlimme Amor! Aber nun kennst du ihn! Merke, was für ein unartiger Knabe er ist!

Die Prinzessin auf der Erbse

Es war einmal ein Prinz, der wollte eine Prinzessin heiraten, aber es sollte eine wirkliche Prinzessin sein. Nun reiste er die ganze Welt umher, um eine solche zu finden, aber überall stand etwas im Wege. Prinzessinnen waren schon genug da, aber ob es auch wirkliche Prinzessinnen waren, dahinter konnte er durchaus nicht kommen; immer war etwas da, das nicht stimmte. So kam er denn wieder nach Hause und war ganz betrübt, denn er wollte so gern eine wirkliche Prinzessin haben.

Eines Abends entstand ein furchtbares Unwetter; es blitzte und donnerte, der Regen strömte hernieder, es war geradezu entsetzlich. Da klopfte es an das Stadttor, und der alte König ging hin, um zu öffnen. Es war eine Prinzessin, die draußen vor demselben stand. Aber, mein Gott, wie sah sie von dem Regen und dem bösen Wetter aus! Das Wasser triefte ihr von den Haaren und Kleidern hinunter und lief in die Schuhspitzen hinein, und aus den Hacken wieder hinaus, und sie sagte, daß sie eine wirkliche Prinzessin wäre.

Nun, das wollen wir bald genug herausbekommen! dachte die alte Königin, sagte aber nichts, ging in das Schlafzimmer, nahm alle Betten heraus und legte eine Erbse auf den Boden der Bettstelle. Darauf nahm sie zwanzig Matratzen, legte sie auf die Erbse, und dann noch zwanzig Eiderdaunenbetten oben auf die Matratzen.

Da sollte die Prinzessin nun des Nachts liegen.

Am Morgen fragte man sie, wie sie geschlafen hätte.

»Oh, entsetzlich schlecht!« sagte die Prinzessin. »Ich habe fast die ganze Nacht kein Auge zutun können! Gott weiß, was in meinem Bette gewesen ist? Ich habe auf etwas Hartem gelegen, so daß ich am ganzen Körper braun und blau bin! Es ist wahrhaft entsetzlich!«

Daran konnte man denn sehen, daß sie eine wirkliche Prinzessin war, da sie durch die zwanzig Matratzen und durch die zwanzig Eiderdaunenbetten die Erbse gefühlt hatte. So feinfühlig konnte nur eine wirkliche Prinzessin sein!

Da nahm der Prinz sie zur Frau, denn nun wußte er, daß er eine wirkliche Prinzessin hatte, und die Erbse kam auf die Kunstkammer, wo sie noch zu sehen ist, wenn sie niemand genommen hat.

Seht, das war eine wirkliche Geschichte.

Zwölf mit der Post

Es war bitterböse Kälte, sternklarer Himmel, kein Lüftchen rührte sich. Bums! da zerschlugen sie einen Topf gegen die Tür. Paff! da schossen sie Neujahr ein. Es war Silvesterabend; jetzt schlug die Glocke zwölf.

Trateratra! da kam die Post. Die große Postkutsche hielt vor dem Stadttor, sie brachte zwölf Personen, mehr konnte sie nicht aufnehmen, alle Plätze waren besetzt.

»Hurra! Hurra!« wurde in den Häusern gerufen, in welchen die Leute den Silvester feierten, und gerade jetzt hatten sie sich mit gefüllten Gläsern erhoben und brachten dem neuen Jahre ein Hoch aus.

»Gesundheit und Zufriedenheit im neuen Jahre!« riefen sie. »Ein liebes Weibchen, einen Sack voll Geld, Ende aller Sorgen!«

Ja, so wünschte man und darauf wurde angestoßen und – die Post hielt mit den fremden Gästen, den zwölf Reisenden, vor dem Stadttore.

Was waren es für Personen? Sie hatten Pässe und Reisegepäck bei sich, ja, Geschenke für dich und mich und alle Menschen in der Stadt. Wer waren die Fremden? Was wollen sie und was brachten sie?

»Guten Morgen!« sagten sie zu der Schildwache am Tor.

»Guten Morgen!« erwiderte dieselbe, denn die Glocke hatte ja zwölf geschlagen.

»Ihren Namen? Ihren Stand?« fragte die Schildwache denjenigen, der zuerst aus dem Wagen trat.

»Sieh nur in den Paß!« sagte der Mann. »Ich bin ich!« Es war auch wirklich ein ganzer Mann, in einen Bärenpelz gehüllt und mit Pelzstiefeln an den Füßen. »Ich bin der Mann, auf den gar viele ihre Hoffnung setzen. Komm morgen, dann sollst du ein Neujahrsgeschenk bekommen! Ich werfe mit Groschen und Talern umher; mache Geschenke, ja, ich gebe Bälle, volle einunddreißig Bälle, mehr Nächte habe ich nicht fortzugeben. Meine Schiffe sind eingefroren, aber auf meinem Kontor ist es warm. Ich bin Großhändler und heiße Januar. Ich habe nur Rechnungen bei mir.«

Darauf kam der nächste: er war ein Spaßvogel, war Arrangeur von Komödien, Maskenbällen und allen nur erdenklichen Lustbarkeiten. Sein Gepäck bestand in einer großen Tonne.

»Die soll uns zum Fastelabende viel Stoff zur Heiterkeit hergeben«, sagte er. »Ich will andere und auch mich belustigen, denn ich habe aus der ganzen Familie die kürzeste Lebenszeit; ich werde nur achtundzwanzig. Vielleicht schaltet man noch einen Tag ein; aber das ist ebensoviel. Hurra!«

»Sie dürfen nicht so laut schreien«, sagte die Schildwache.

»Bitte, das darf ich wohl!« versetzte der Mann. »Ich bin Prinz Karneval und reise unter dem Namen Februar.«

Nun kam der dritte: Er sah wie die verkörperte Hungersnot aus, trug aber trotzdem den Kopf gar hoch, denn er war mit den »vierzig Rittern« verwandt und außerdem ein Wetterprophet. Das ist freilich kein sehr fettes Amt, und darum pries er allen die Fastenzeit an. Sein Staat bestand in einem Veilchenstrauße, den er im Knopfloch trug.

»März, marsch!« rief der vierte und versetzte seinem Vorgänger einen Stoß. »März, marsch! Hinein in die Wache, hier gibt es Punsch, ich kann ihn riechen!« Es war aber gar nicht wahr, er wollte ihn nur in den April schicken! Damit führte sich das vierte Bürschlein

ein. Sein munteres Wesen gefiel beim ersten Anblick, aber er richtete trotzdem nicht viel aus, hielt jedoch viele Feiertage. »Auf und ab ist meine Lust!« sagte er; »Regen und Sonnenschein, Ausziehen und Einziehen! Ich bin Ziehtagskommissarius, ich bin Leichenbitter, ich kann sowohl lachen wie weinen. Ich habe Sommerzeug in meinem Koffer, es wäre jedoch sehr töricht, es in Gebrauch zu nehmen. Hier bin ich! Um Staat zu machen, gehe ich in seidenen Strümpfen und mit einem Muff.«

Jetzt stieg eine Dame aus der Postkutsche.

»Fräulein Mai!« sagte sie. Merkwürdig, sie ging in Sommerkleidern und trug dabei Überziehschuhe. Sie hatte einen saftgrünen seidenen Rock an, ihr Haar mit Anemonen geschmückt und duftete zugleich so stark nach Waldmeister, daß die Schildwache niesen mußte. »Gott segne Sie!« Mit diesem freundlichen Gruße führte sie sich ein. Sie war niedlich und außerdem eine Sängerin, nicht wie man sie auf den Theatern findet, sondern im Walde; nicht etwa unter Zelten, nein, durch den frischen grünen Wald ging sie und sang zu ihrer eigenen Lust. In ihrem Nähkästchen hatte sie Christian Winthers »Holzschnitte«, denn diese sind wie der Buchenwald selbst, und »Richards kleine Gedichte«, sie sind wie Waldmeister.

»Jetzt kommt die Frau, die junge Frau!« rief man im Wagen, und darauf kam die Frau, jung und fein, stolz und hübsch. Man konnte gleich sehen, daß sie dazu geboren war, die »Siebenschläfer« zu feiern. Einen Schmaus veranstaltete sie am längsten Tage, damit man Zeit bekäme, alle die verschiedenen Gerichte zu verspeisen. Sie hatte Mittel dazu, im eigenen Wagen zu fahren, kam aber doch gleich den anderen mit der Post, um damit zu beweisen, daß sie nicht hochmütig wäre. Allein reiste sie gleichwohl nicht, sie wurde von ihrem jüngeren Bruder Julius begleitet.

Er war wohlbeleibt, trug Sommerkleidung und einen Panamahut. Gepäck führte er nur wenig bei sich, es war ihm in der Hitze zu beschwerlich. Er hatte nur Bademantel und Schwimmhosen bei sich; das ist gerade nicht viel.

Nun kam Mutter, Frau August, Obsthändlerin en gros. Besitzerin mehrerer Fischkästen, Bäuerin in großer Krinoline. Sie war fett und heiß, war stets bei allem dabei und ging selbst mit dem Bierfäßchen zu den Leuten auf den Markt. »Man muß sein Brot im Schweiße seines Angesichts essen«, so lautete ihr Wahlspruch. »Das steht in der Bibel, hinterher kann man auch noch ein Waldfest feiern und einen Herbstschmaus geben.« Sie war Mutter.

Jetzt erschien wieder ein Mann, Maler seines Zeichens, Meister in den Farben, das erfuhr der Wald, die Blätter mußten ihre Farbe wechseln, aber nicht zu ihrem Nachteil, wenn er nur wollte. Ein rotes, gelbes, braunes Aussehen gewann der Wald gar bald. Der Meister konnte pfeifen wie der schwarze Star, war ein flinker Arbeiter und schlang die bräunlichgrüne Hopfenranke um seinen Bierkrug. Das putzte, und für Putz hatte er ein Auge. Hier stand er nun mit seinem Farbentopfe, der war sein ganzes Reisegut.

Auf ihn folgte der Gutsbesitzer; er dachte nur an die Saatzeit, an Pflügen und Bestellung des Ackers, ein klein wenig auch an das Jagdvergnügen. Er hatte Hund und Gewehr, seine Tasche war voller Nüsse; knick knack! ging es. Entsetzlich viel Gepäck schleppte er mit sich, darunter auch einen englischen Pflug. Sein ganzes Gespräch drehte sich nur um landwirtschaftliche Dinge; viel konnte man aber vor einem ewigen Gehuste und Geschnaube nicht verstehen, das von seinem Nachfolger ausging. Es war der November, der jetzt auftrat.

Er hatte Schnupfen, furchtbaren Schnupfen, so daß er eben ein Laken als ein Taschentuch gebraucht hätte, und doch sollte er den Dienstmädchen zur Hand gehen, sagte er, die Erkältung würde schon vorübergehen, wenn er sich erst an das Holzhacken machte, und das wollte er, denn er war zunftmäßiger Holzsägemeister. Die Abende brachte er mit der Anfertigung von Schlittschuhen zu, wußte er doch, daß man in wenigen Wochen dieses lustige Schuhwerk gar eifrig gebrauchen würde.

Jetzt kam als letzte das alte Großmütterchen mit dem Feuertopfe; sie fror, aber ihre Augen strahlten wie zwei klare Sterne. Sie trug einen Blumentopf mit einem kleinen Tannenbäumchen. »Das will ich pflegen und will ich warten, daß es bis zum Weihnachtsabend groß wird, vom Fußboden bis zur Decke reicht und mit angezündeten Lichtern, vergoldeten Äpfeln und Nüssen und anderen Zieraten prangt. Der Feuertopf wärmt wie ein Kachelofen, ich nehme das Märchenbuch aus der Tasche und lese den Kindern vor, so daß alle Kinder in der Stube still, aber die Puppen auf dem Baume lebendig werden, und der kleine Wachsengel auf der obersten Spitze des Baumes seine Flittergoldflügel schüttelt, von dem grünen Wipfel herabfliegt und klein und groß in der Stube küßt, auch die armen Kinder, die draußen stehen und das Weihnachtslied von dem Sterne über Bethlehem singen.«

»Die Kutsche kann jetzt weiterfahren«, sagte die Schildwache; »das Dutzend ist jetzt voll. Laßt nun einen neuen Reisewagen vorfahren!«

»Laßt erst die Zwölf eintreten!« befahl der Hauptmann, der die Wache hatte. »Immer nur einer auf einmal! Den Paß behalte ich; für jeden gilt er auf die Dauer eines Monats; wenn er um ist, werde ich auf demselben bemerken, wie er sich aufgeführt hat. Seien Sie so gut, Herr Januar, treten Sie gefälligst ein!«

Darauf ging er hinein. –

– Wenn ein Jahr um ist, werde ich dir sagen, was die Zwölf dir, mir und uns allen gebracht haben. Jetzt weiß ich es nicht, und sie wissen es wohl selber nicht – denn es ist eine wunderliche Zeit, in der wir leben. –

Was Vater tut, das ist immer recht

Jetzt will ich dir eine Geschichte erzählen, die ich gehört habe, als ich noch ein kleiner Junge war, und sooft ich mich ihrer seitdem erinnerte, kam sie mir jedesmal schöner vor. Es geht mit den Geschichten geradeso wie mit manchen Menschen; sie werden mit dem Alter schöner und schöner, und das ist so erfreulich.

Du bist ja schon draußen auf dem Lande gewesen, hast ein richtiges altes Bauernhaus mit Strohdach gesehen! Moos wächst auf demselben; ein Storchnest ist auf dem Dachfirst. Der Storch darf nicht fehlen; die Wände sind schief, die Fenster niedrig, und nur ein einziges derselben läßt sich öffnen. Der Backofen ragt wie ein kleiner dicker Bauch hervor, und der Fliederbusch neigt sich über den Zaun, neben dem sich eine Wasserpfütze mit einer Ente oder jungen Entlein gerade unter dem verkrüppelten Weidenbaume befindet. Ja, und dann ist auch ein Kettenhund da, der all und jeden anbellt.

Genau ein solches Haus stand draußen auf dem Lande, und in demselben wohnten ein Paar alte Leute, ein Bäuerlein und eine Bauernfrau. Wie wenig sie auch besaßen, konnten sie doch noch ein Stück entbehren, und das war ein Pferd, das an den Grabenborden der Landstraße zu grasen pflegte. Vater ritt auf demselben nach der

Stadt, die Nachbarn liehen es und leisteten dafür Gegendienste, aber es war wohl noch zweckmäßiger für sie, das Pferd zu verkaufen oder gegen das eine oder das andere zu vertauschen, was ihnen noch größeren Gewinn abwarf. Aber was sollte das sein?

»Das wirst du, Väterchen, schon am besten verstehen!« sagte die Frau. »Es ist jetzt gerade Markt im nächsten Flecken, reite hin, laß dir Geld für das Pferd bezahlen oder mache einen guten Tausch. Was du tust, das ist immer recht. Reit auf den Markt!«

Darauf band sie ihm das Halstuch um, denn das verstand sie doch besser als er; sie band ihm eine Doppelschleife, was ihm ein ganz unternehmendes Äußeres verlieh, bürstete ihm den Hut mit der flachen Hand, küßte ihn auf den warmen Mund, und dann ritt er auf dem Pferde, das verkauft oder vertauscht werden sollte, munter von dannen. Ja, Vater verstand es.

Die Sonne brannte, kein Wölkchen stand am Himmel. Es staubte auf dem Wege. Zahlreiche Marktleute zu Wagen, zu Pferde und auf ihren eigenen Beinen belebten die sonst so einsame Landstraße. Es herrschte eine glühende Sonnenhitze, und nirgends war ein schattiger Punkt auf dem ganzen Wege zu gewahren.

Unser alter Freund traf mit einem Landmanne zusammen, der eine Kuh trieb, eine Kuh, so niedlich, wie nur eine Kuh sein kann. Die gibt gewiß schöne Milch! dachte er, da ließe sich vielleicht ein ganz guter Tausch machen! »Höre einmal, du mit der Kuh!« sagte er. »Wollen wir nicht ein wenig miteinander plaudern? Siehst du, ein Pferd, sollte ich denken, kostet mehr als eine Kuh; aber das ist einerlei! Von einer Kuh habe ich mehr Gewinn. Wollen wir tauschen?«

»Recht gern!« sagte der Mann mit der Kuh, und darauf tauschten sie.

Das Geschäft war abgeschlossen, und nun hätte das Bäuerlein umkehren können, hatte es ja den Zweck seiner Reise erreicht; aber da es doch einmal seine Absicht gewesen war, auf den Jahrmarkt zu kommen, so wollte es nun auch auf den Jahrmarkt kommen, nur um ihn sich anzusehen, und so trieb denn unser Freund seine Kuh weiter. Er schritt rasch zu, und die Kuh schritt rasch zu, und deshalb erreichten sie bald einen Mann, der ein Schaf führte. Es war ein gutes Schaf, gut imstande und gut mit Wolle versehen.

»Das möchte ich wohl haben!« dachte der Bauer. »Auf unserem

Grabenbord würde es ihm nicht an Gras fehlen, und im Winter könnte man es zu sich in die Stube nehmen. Im Grunde wäre es für uns richtiger, ein Schaf als eine Kuh zu halten. Wollen wir tauschen?«

Nun, das wollte der Mann, dem das Schaf gehörte, natürlich, und so wurde der Tausch abgeschlossen, und der Bauer ging mit seinem Schafe die Landstraße entlang. Auf einem Fußpfade, der die Straße kreuzte, sah er einen Mann mit einer großen Gans unter dem Arme.

»Potztausend, das ist eine schwere Gans, die du da trägst!« redete ihn der Bauer an. »Was für Fett und was für Federn sie hat! Die würde sich an einem Stricke in unserer Wasserpfütze gut ausnehmen! Da hätte Mutter doch etwas, wofür sie ihre Schalen sammeln könnte! Sie hat oft gesagt: Hätten wir nur eine Gans! Nun kann sie sie bekommen – und sie soll sie bekommen! Willst du tauschen! Ich gebe dir für deine Gans das Schaf und noch schönen Dank dazu!«

I nun, das wollte denn der andere natürlich, und so tauschten sie; der Bauer erhielt die Gans. Er befand sich in der Nähe der Stadt, das Gedränge auf dem Wege nahm zu, es wimmelte von Menschen und Tieren. Alles zog die Landstraße neben dem Kartoffelacker des Chaussee-Einnehmers entlang, in dem die Henne desselben angebunden stand, um sich nicht in dem allgemeinen Wirrwarr zu verlaufen und für immer zu verschwinden. Es war eine ohnschwänzige Henne, die mit dem einen Auge blinzelte und recht hübsch aussah. »Kluck, kluck!« rief sie; was sie sich dabei dachte, kann ich nicht sagen, aber der Bauer dachte, als er sie sah: Es ist die schönste Henne, die ich je gesehen habe, sie ist schöner als des Pfarrers Bruthenne; die möchte ich wohl haben. Ein Huhn findet immer ein Korn, es kann beinahe für sich selber sorgen! Ich glaube, daß es ein guter Tausch wäre, wenn ich sie für die Gans erhielte. »Wollen wir tauschen?« fragte er. »Tauschen?« erwiderte der andere. »I, das wäre nicht so übel!« und dann tauschten sie. Der Chaussee-Einnehmer bekam die Gans, und er die Henne.

Er hatte auf der Reise zur Stadt wahrlich nicht wenig ausgerichtet. Dazu war es warm und er war müde. Ein Schluck Branntwein und ein Bissen Brot war ein Bedürfnis für ihn. Da er sich gerade vor dem Kruge befand, wollte er hinein, aber der Schenkwirt wollte in demselben Augenblick heraus; er traf mit demselben, der einen bis obenheran vollgestopften Sack trug, gerade in der Tür zusammen.

»Was hast du darin?« fragte der Bauer.

»Verfaulte Äpfel!« sagte der Mann, »einen ganzen Sack voll für die Schweine.«

»Das ist ja eine erschreckliche Menge! Den Anblick gönnte ich Muttern. Wir hatten im vorigen Jahre nur einen einzigen Apfel auf dem alten Baume am Torfschuppen. Der Apfel mußte aufbewahrt werden und stand auf der Kommode, bis er verdarb. Es ist immer ein gewisser Wohlstand! sagte unsere Mutter. Hier könnte sie aber einmal einen ordentlichen Wohlstand zu sehen bekommen! Ja, ich möchte es ihr gönnen.«

»Nun, was wollt Ihr dafür geben?« fragte der Mann.

»Geben? Ich gebe meine Henne zum Tausch!« und dann gab er die Henne zum Tausch, bekam die Äpfel und trat in den Krug hinein, gerade an den Schenktisch heran. Seinen Sack mit den Äpfeln stellte er gegen den Kachelofen; daß aber tüchtig eingefeuert war, bedachte er nicht. Viele Fremde befanden sich in der Stube, Pferdehändler, Ochsenhändler und auch zwei Engländer, und die sind alle so reich, daß ihnen die Taschen von den Goldstücken reißen. Auf das Wetten verstehen sie sich, und das wirst du gleich hören.

»Susss! Susss!« Was war das für ein eigentümlicher Ton am Kachelofen? Die Äpfel begannen zu braten.

»Was ist das?« Das erfuhren sie nun bald, die ganze Geschichte vom Pferde, das gegen eine Kuh und so immer abwärts bis zu den verfaulten Äpfeln vertauscht worden war.

»Warte nur, da wird es Püffe von Muttern setzen, wenn du nach Hause kommst«, sagten die Engländer.

»Ich bekomme Küsse und nicht Püffe!« entgegnete der Bauer. »Unsere Mutter wird sagen: Was Vater tut, das ist immer recht!«

»Wollen wir wetten?« fragten sie. »Tonnen voll Goldstücke! Hundert Pfund sind ein Schiffspfund!«

»Ich bin schon mit einem Scheffel voll zufrieden!« erwiderte der Bauer. »Ich kann aber nur einen Scheffel voll Äpfel und mich selbst und auch Muttern dagegen setzen, aber das ist ja mehr als gestrichenes Maß, das ist schon gehäuftes Maß!«

»Topp, topp!« riefen sie, und die Wette war damit geschlossen.

Der Wagen des Krügers fuhr vor, die Engländer stiegen ein, das

Bäuerlein stieg ein, die verfaulten Äpfel wurden aufgepackt, und endlich fuhren sie vor dem Hause des Bauern vor.

»Guten Abend, Mutter!«

»Dank, Väterchen!«

»Ich habe unser Pferd richtig vertauscht!«

»Ja, du verstehst es!« sagte die Frau, faßte ihn um den Leib und vergaß sowohl den Sack wie die Fremden.

»Ich habe das Pferd gegen eine Kuh vertauscht!«

»Gott sei Dank für die Milch!« sagte die Frau. »Nun sollen wieder Milchspeisen, Butter und Käse auf unseren Tisch kommen. Das wäre ein schöner Tausch!«

»Ja, aber die Kuh tauschte ich wieder gegen ein Schaf ein!«

»Das ist bestimmt auch besser!« sagte die Frau. »Du handelst immer besonnen. Für ein Schaf haben wir Gras vollauf. Nun können wir wieder Schafmilch und Schafkäse und wollene Strümpfe, ja wollene Nachtjacken bekommen. Die gibt die Kuh nicht; sie verliert die Haare! Du bist ein recht überlegener und besonnener Mann!«

»Aber für das Schaf habe ich eine Gans eingetauscht!«

»Sollen wir wirklich in diesem Jahre eine Martinsgans haben, Väterchen? Du sinnst immer darauf, mir eine Freude zu machen! Das ist ein reizender Gedanke von dir! Die Gans können wir draußen auf dem Grase anbinden, und sie wird dann bis Martini noch fetter werden!«

»Aber die Gans habe ich wieder gegen eine Henne vertauscht!« versetzte der Mann.

»Eine Henne! Das heißt ein guter Tausch«, sagte die Frau, »die Henne legt Eier, sie brütet sie aus, wir bekommen Küchlein, wir bekommen einen Hühnerhof! Das habe ich mir gerade heimlich gewünscht!«

»Ja, aber für die Henne tauschte ich einen Sack verfaulter Äpfel ein!«

»Nun muß ich dich küssen!« rief die Frau voller Freude. »Dank, du lieber Mann! Ich will dir etwas erzählen. Als du fort warst, gedachte ich dir ein recht gutes Essen zu bereiten: Eierkuchen mit Schnittlauch. Die Eier hatte ich, der Schnittlauch fehlte mir. Deshalb ging ich zu Schullehrers hinüber. Sie haben, wie ich bestimmt weiß, Schnittlauch, aber die Frau ist ein Geizhals, der alte Esel der!

Ich bat, mir welchen zu leihen ...! Leihen? versetzte sie. Nichts wächst in unserem Garten, nicht einmal ein verfaulter Apfel. Selbst den vermag ich nicht zu leihen! Nun kann ich ihr zehn, ja einen ganzen Sack voll leihen! Das ist eine Freude, Vater!« Und dabei küßte sie ihn mitten auf den Mund.

»Das gefällt mir!« sagte einer der Engländer. »Immer den Berg hinab und immer gleich froh! Das ist wirklich Geld wert!« Darauf zahlten sie dem Bauer, der Küsse und nicht Püffe erhielt, ein Schiffspfund Goldstücke.

Ja, es belohnt sich immer, wenn die Frau einsieht und erklärt, daß Vater der Klügste ist und was er tut, immer recht ist.

»Sieh, das ist nun eine Geschichte! Ich habe sie als kleiner Knabe gehört, und nun hast du sie auch gehört und weißt, daß, was Vater tut, immer recht ist.

Der Schneemann

Es knackt ordentlich in mir, so herrlich kalt ist es!« sagte der Schneemann. »Der schneidende Wind kann einem fürwahr Leben einhauchen! Und wo ist die Glühende hin, die mich so angaffte?« Er meinte die Sonne, die gerade unterging. »Sie soll mich nicht zum Blinzeln bringen, ich kann meine Stücke schon noch festhalten!«

Es waren zwei große dreieckige Dachziegelstücke, die ihm als Augen dienten. Sein Mund war ein Stück einer alten Harke, weshalb derselbe auch Zähne hatte.

Er war unter Hurraruf der Knaben geboren, begrüßt von dem Schellengeläute und dem Peitschenknall der Schlitten.

Die Sonne ging unter, der Vollmond ging auf, rund und groß, klar und schön in der blauen Luft.

»Nun haben wir sie wieder von einer anderen Seite«, sagte der Schneemann. Er glaubte, es wäre die Sonne, die sich abermals zeigte. »Ich habe es ihr abgewöhnt, mich anzuglühen und anzuglotzen! Nun kann sie dort oben hängen und soviel Licht verbreiten, daß ich mich selbst sehen kann. Wüßte ich nur, wie man es anzustellen hat, um vom Flecke zu kommen. Ich möchte so gern vom Flecke kommen! Vermöchte ich es, so würde ich jetzt auf das Eis hinuntergehen, um zu schlittern, wie ich es die Knaben tun sah. Aber ich verstehe nicht zu laufen.«

»Weg, weg!« bellte der alte Kettenhund. Er war etwas heiser, er war es gewesen, seitdem er nicht mehr Stubenhund war und unter dem Kachelofen lag. »Die Sonne wird dich schon laufen lehren! Das sah ich voriges Jahr bei deinem Vorgänger. Weg, weg – und weg sind sie alle!«

»Ich verstehe dich nicht, Kamerad!« sagte der Schneemann. »Soll mich etwa die da oben laufen lehren?« Er meinte den Mond. »Sie lief freilich vorher, als ich sie starr ansah, und jetzt schleicht sie sich wieder von einer andern Seite heran.«

»Du weißt nichts«, sagte der Kettenhund, »aber du bist ja auch erst vor kurzem zusammengeklatscht! Das, was du jetzt siehst, heißt der Mond, und das, was unterging, war die Sonne. Sie kommt morgen wieder und wird dich sicherlich in den Wallgraben hinunterlaufen lehren. Das Wetter wird sich bald ändern, das kann ich an meinem linken Hinterbeine spüren; es reißt in demselben. Wir bekommen Witterungswechsel.«

Ich verstehe ihn nicht, sprach der Schneemann bei sich selbst, aber ich habe eine Empfindung davon, daß es etwas Unangenehmes ist, was er mir andeutet. Sie, die mich anstrahlte und angaffte, welche er die Sonne nennt, sie ist auch nicht meine Freundin, das sagt mir mein Gefühl.

»Weg, weg!« bellte der Kettenhund, ging dreimal im Kreise um sich selbst und legte sich dann in sein Haus, um zu schlafen.

Es trat wirklich eine Veränderung im Wetter ein. Ein dicker und feuchter Nebel legte sich am Morgen über die ganze Gegend. Kurz vor Aufgang der Sonne fing es ein wenig an zu wehen. Der Wind war eisig, der Frost durchschüttelte einen, aber welch ein herrlicher Anblick bot sich dar, als sich nun die Sonne erhob! Alle Bäume und Sträucher standen mit Reif bedeckt da. Die Gegend glich einem ganzen Walde weißer Korallen. Es war, als ob alle Zweige von blendend weißen Blüten überdeckt wären. Die unendlich vielen und feinen Verzweigungen, die man im Sommer vor den vielen Blättern nicht sehen kann, traten nun jede einzelne deutlich hervor, so blendend weiß hervor, als strömte ein weißer Glanz aus jedem einzelnen Zweige. Die Trauerbirke bewegte sich im Winde, es war ein Leben in derselben, wie in den Bäumen zur Sommerzeit. Es war eine unvergleichliche Pracht! Als dann die Sonne schien, nein, wie funkelte da das Ganze, als wäre es mit Diamantenstaub überpudert und blitzten große Diamanten über die Schneedecke hin. Oder man hätte auch denken können, als brennten unzählige kleine Lichterchen, noch weißer als der weiße Schnee.

»Es ist eine unvergleichliche Pracht«, sagte ein junges Mädchen, das mit einem jungen Manne in den Garten hinaustrat und gerade neben dem Schneemanne Halt machte, von wo sie sich die schimmernden Bäume anblickten. »Einen schöneren Anblick hat man selbst im Sommer nicht!« sagte es und seine Augen strahlten.

»Und so einen Kerl, wie diesen hier, hat man erst gar nicht«, entgegnete der junge Mann und zeigte auf den Schneemann hin. »Er ist ausgezeichnet!«

Das junge Mädchen lächelte, nickte dem Schneemann zu und tänzelte mit ihrem Freunde über den knirschenden Schnee.

»Wer waren die beiden?« fragte der Schneemann den Kettenhund. »Du bist älter auf dem Hofe als ich, kennst du sie?«

»Versteht sich!« sagte der Kettenhund. »Sie hat mich ja gestreichelt und er mir öfter einen Knochen gegeben; die beiße ich nicht.«

»Aber was stellen sie hier vor?« fragte der Schneemann.

»Brautleute!« erwiderte der Kettenhund. »Sie wollen zusammen in eine Hundehütte ziehen und Knochen abnagen. Weg, weg!«

»Haben die beiden ebensoviel zu bedeuten wie du und ich?« fragte der Schneemann.

»Sie gehören ja zur Herrschaft«, versetzte der Kettenhund. »Man weiß in der Tat doch sehr wenig, wenn man erst gestern geboren ist, das merke ich an dir! Ich bin alt und besitze Kenntnisse, ich kenne alle hier auf dem Hofe. Und ich habe eine Zeit gekannt, wo ich hier nicht in der Kälte und an der Kette stand. Weg, weg!«

»Die Kälte ist prächtig«, sagte der Schneemann. »Erzähle, erzähle! Aber du mußt mit deiner Kette nicht so rasseln, denn dabei knackt es gleich in mir.«

»Weg, weg!« bellte der Kettenhund. »Ich bin ein Hündchen gewesen, klein und niedlich, sagten sie. Damals lag ich drinnen im Schlosse auf einem Samtstuhle, lag auf dem Schoße der obersten Herrschaft. Ich wurde auf das Maul geküßt, und man wischte mir die Pfoten mit einem gestickten Taschentuche ab. Ich hieß der

›Hübscheste‹, der ›Schönfuß‹. Dann wurde ich ihnen aber zu groß, und sie gaben mich deshalb der Haushälterin. Ich kam in die Kellerwohnung; von dort, wo du stehst, kannst du gerade hineinsehen. Du kannst in die Kammer hineinsehen, in der ich Herrschaft gewesen bin, denn das war ich bei der Haushälterin. Es war wohl ein geringerer Platz als oben, aber hier war es behaglicher. Ich wurde nicht wie oben von den Kindern gedrückt und mit umhergeschleppt. Ich hatte ebenso gutes Futter wie zuvor und weit mehr. Ich hatte mein eigenes Kissen, und ferner gab es dort einen Ofen, der doch, namentlich in jetziger Zeit, das Schönste in der Welt ist! Ich kroch völlig unter ihn, so daß ich ganz verschwand. Oh, von diesem Kachelofen träume ich noch jetzt! Weg, weg!«

»Sieht ein Kachelofen denn so schön aus?« fragte der Schneemann. »Ähnelt er mir?«

»Er ist der gerade Gegensatz von dir! Kohlschwarz ist er und hat einen langen Hals mit einer Messingtrommel. Er frißt Brennholz, so daß ihm das Feuer aus dem Munde sprüht. Man muß sich ihm zur Seite halten, obenhinauf oder auch unter ihm; da verbreitet er eine unendlich behagliche Wärme. Du mußt von dort, wo du stehst, zum Fenster hineinsehen können!«

Der Schneemann guckte hin und gewahrte wirklich einen schwarzen blankpolierten Gegenstand mit einer Messingtrommel. Das Feuer strahlte nach vorn auf den Fußboden hinaus. Dem Schneemann wurde ganz sonderbar zumute. Er hatte eine Empfindung, von der er sich selber keine Rechenschaft ablegen konnte. Es überschlich ihn etwas, was er nicht kannte, was aber alle Menschen kennen, wenn sie nicht Schneemänner sind.

»Und weshalb verließest du sie?« fragte der Schneemann. Sein Gefühl sagte ihm, daß es ein hübsches weibliches Wesen sein mußte. »Wie konntest du eine solche Stelle verlassen?«

»Ich war dazu gezwungen«, sagte der Kettenhund. »Sie warfen mich hinaus und legten mich an die Kette. Ich hatte den jüngsten Junker in das Bein gebissen, weil er mir den Knochen, an dem ich nagte, fortstieß. Bein für Bein, heißt es bei mir! Aber das nahmen sie übel, und seit der Zeit habe ich hier an der Kette gelegen und meine helle Stimme verloren. Höre nur, wie heiser ich bin. Weg, weg! Das ist das Ende vom Liede gewesen!«

Der Schneemann hörte nicht mehr darauf; er blickte beständig nach der Kellerwohnung der Haushälterin, blickte in ihre Stube hinein, wo der Kachelofen auf seinen vier eisernen Füßen stand und sich in seiner ganzen Größe zeigte, die der des Schneemanns in nichts nachgab.

»Es knackt so eigentümlich in mir!« sagte er. »Soll ich dort nie hineinkommen? Es ist ein unschuldiger Wunsch, und unsere unschuldigen Wünsche müssen doch wohl erfüllt werden. Es ist mein höchster Wunsch, mein einziger Wunsch, und es würde fast ungerecht sein, wenn er nicht befriedigt würde. Ich muß hinein, ich muß mich an sie lehnen, und sollte ich auch das Fenster zerschlagen!«

»Dort kommst du nie hinein«, sagte der Kettenhund, »und kämest du wirklich zum Kachelofen, dann wärest du weg, weg!«

»Ich bin jetzt schon so gut wie weg«, sagte der Schneemann, »ich zerbreche, glaube ich.«

Den ganzen Tag stand der Schneemann da und sah zum Fenster hinein. In der Dämmerung wurde die Stube noch einladender. Aus dem Kachelofen leuchtete es so mild, wie weder Mond noch Sonne leuchten kann, nein, wie nur der Kachelofen zu leuchten vermag, wenn etwas in ihm steckt. Ging die Tür auf, so schlug die Flamme hinaus, es war so ihre Gewohnheit. Des Schneemannes weißes Antlitz wurde dann von einer flammenden Röte übergossen, und auch seine Brust leuchtete in rötlichem Glanze.

»Ich halte es nicht aus«, sagte er. »Wie schön es sie kleidet, die Zunge herauszustrecken.«

Die Nacht war sehr lang, aber dem Schneemann kam sie nicht so vor. Er stand in süße Gedanken versunken, und sie gefroren, daß sie knackten.

Frühmorgens waren die Kellerfenster zugefroren; sie trugen die schönsten Eisblumen, die ein Schneemann nur verlangen kann, allein sie verbargen den Kachelofen. Die Scheiben wollten nicht auftauen, er konnte seine Geliebte nicht sehen. Es knackte, es knirschte, es war just ein Frostwetter, über das sich ein Schneemann freuen muß, aber er freute sich nicht. Er hätte sich glücklich fühlen können und fühlen dürfen, aber er war nicht glücklich – er litt am Ofenweh.

»Das ist eine schlimme Krankheit für einen Schneemann«, sagte der Kettenhund; »ich habe auch einmal an derselben Krankheit gelitten, habe sie aber überstanden. Weg, weg! – Jetzt bekommen wir Witterungswechsel.«

Und Witterungswechsel trat ein, es schlug in Tauwetter um.

Das Tauwetter nahm zu, der Schneemann nahm ab. Er sagte nichts, er klagte nicht, und das ist das echte Zeichen.

Eines Morgens stürzte er zusammen. Es ragte etwas einem Besenstiel ähnliches dort in die Höhe, wo er gestanden hatte. Um diesen Gegenstand, der ihm Halt verleihen sollte, hatten ihn die Knaben aufgerichtet.

»Nun kann ich seine Sehnsucht verstehen!« sagte der Kettenhund. »Der Schneemann hat eine Ofenkratze im Leibe gehabt. Sie war es, die sich in ihm bewegt hat. Nun hat er es überstanden. Weg, weg!«

Und bald war auch der Winter überstanden.

»Weg, weg!« bellte der Kettenhund; aber die kleinen Mädchen sangen auf dem Hofe:

»Schießt auf, ihr Blümlein, frisch und hold,
Zeig, Weide, deine Woll' wie Gold!
Ihr Vöglein, kommt, bald ist Frühjahr,
Schon ist der letzte Februar.
Ich singe mit, Kuckuck, quivit!
Komm, liebe Sonne, säume nit!«

Nun denkt niemand mehr an den Schneemann.

Die Teekanne

Es war einmal eine stolze Teekanne, stolz auf ihr Porzellan, stolz auf ihre lange Tülle, stolz auf ihren breiten Henkel. Sie hatte etwas vorn und etwas hinten; die Tülle vorn, den Henkel hinten, und davon sprach sie gern; von ihrem Deckel dagegen, der einige Sprünge hatte und gekittet war, sprach sie nicht; er hatte seine Mängel, und von seinen Mängeln spricht man nicht gern, das tun schon die anderen zur Genüge. Die Tassen, der Sahnentopf und die Zuckerschale, kurzum das ganze Teegeschirr würden sicherlich die Gebrechlichkeit des Deckels nicht vergessen und weit mehr davon reden, als von dem guten Henkel und der ausgezeichneten Tülle; das wußte die Teekanne. – »Oh, ich kenne sie!« sprach sie für sich selbst. »Ich erkenne auch ebensogut meine Mängel, und darin besteht meine Demut, meine Bescheidenheit. Mängel haben wir ja alle, aber man hat dann auch wieder seine besondere Begabung. Die

Tassen erhielten einen Henkel, die Zuckerschale einen Deckel, ich erhielt beides und noch vorn etwas dazu, was sie nie bekommen – ich erhielt eine Tülle, die mich zur Königin am Teetische macht. Der Zuckerschale und dem Sahnentopfe wurden verliehen, Dienerinnen des Wohlgeschmacks zu sein, ich aber bin die Spendende, die Herrscherin, ich verbreite Segen unter der durstenden Menschheit; in meinem Innern werden die chinesischen Blätter in dem kochenden, geschmacklosen Wasser verarbeitet.«

Dies alles sagte die Teekanne in ihrer sorglosen unbefangenen Jugendzeit. Sie stand auf dem gedeckten Tische, sie wurde von der feinsten Hand in die Höhe gehoben. Aber die feinste Hand war linkisch und ungeschickt, die Teekanne fiel, die Tülle brach ab, der Henkel brach ab, vom Deckel verlohnt sich's gar nicht erst zu reden, von ihm ist zur Genüge die Rede gewesen. Besinnungslos lag die Teekanne am Boden, weithin entströmte ihr das kochende Wasser. Das war ein harter Stoß, den sie erhielt, und das härteste war, daß sie lachten, daß sie sie auslachten und nicht die linkische Hand.

»Nie werde ich diesen entsetzlichen Augenblick vergessen!« sagte die Teekanne, wenn sie später sich selbst ihren Lebenslauf erzählte. »Ich wurde Invalide genannt, in einen Winkel gesetzt und am folgenden Tage einer armen Frau geschenkt, die um etwas Bratenfett bettelte. Ich stieg nun zur Armut hernieder, stand, sowohl was das Äußere wie das Innere anlangt, zwecklos da, aber gerade da, wo ich stand, begann mein besseres Leben. Man ist einem fortwährenden Wechsel unterworfen. Erde wurde in mich hineingepackt; für eine Teekanne ist das ebensogut wie begraben zu werden, aber in die Erde wurde eine Blumenzwiebel gelegt. Wer sie hereinlegte, wer sie mir schenkte, weiß ich nicht, aber geschenkt wurde sie mir als Ersatz für die chinesischen Blätter und das kochende Wasser, als Ersatz für den abgebrochenen Henkel und die Tülle. Und die Zwiebel lag in der Erde, die Zwiebel lag in mir, sie wurde mein Herz, mein lebendiges Herz, wie ich es nie vorher gehabt hatte. Leben und Kraft war in mir, allerlei Kräfte regten sich – der Puls schlug, die Zwiebel keimte, die in ihr schlummernden Gedanken und Gefühle machten sich gewaltsam Bahn; in einer Blume brachen sie hervor. Ich sah sie, ich trug sie, ich vergaß mich selbst in ihrer Schönheit. Gesegnet ist es, sich selbst in anderen zu vergessen! Sie sagte mir keinen Dank, sie dachte nicht an mich – sie wurde bewundert und gepriesen. Ich war so froh darüber, wie hätte ich es nicht sein müssen! Eines Tages vernahm ich, wie gesagt wurde, sie verdiene einen besseren Topf. Man brach mich mitten durch; oh, das tat schrecklich weh, aber die Blume kam in einen besseren Topf – und ich, ich wurde in den Hof hinausgeworfen, liege als alter Scherben da – aber die Erinnerung lebt in mir, die kann mir niemand rauben.«

Im Entenhofe

Eine Ente aus Portugal war angekommen, einige behaupteten aus Spanien, es ist gleichviel, sie wurde die Portugiesische genannt, sie legte Eier, wurde geschlachtet und zubereitet. So ist ihr Lebenslauf. Alle, die aus ihren Eiern gekrochen waren, wurden die Portugiesischen genannt, und das hatte etwas zu bedeuten. Jetzt war von ihrem ganzen Geschlechte nur noch eine einzige auf dem Entenhofe übrig, einem Hofe, zu dem auch die Hühner Zutritt hatten und wo der Hahn mit unendlichem Hochmute auftrat.

»Er beleidigt mein Ohr mit seinem entsetzlichen Krähen«, sagte die Portugiesische. »Aber schön ist er, das kann man nicht leugnen, trotzdem er kein Enterich ist. Er sollte sich nur zu mäßigen verstehen, aber maßzuhalten ist freilich eine Kunst, die höhere Bildung verrät. Diese beweisen die kleinen Singvögel oben in dem Lindenbaume des Nachbargartens. Wie lieblich sie singen! Es liegt etwas so Rührendes in ihrem Gesange. Ich nenne es Portugal! Hätte ich so ein kleines Singvöglein, ich wollte ihm eine Mutter sein, zärtlich und gut; das liegt mir einmal im Blute, in meinem portugiesischen.«

Und gerade während sie so redete, kam wirklich ein kleiner Singvogel an; häuptlings fiel er vom Dache herab. Die Katze war hinter ihm her, jedoch entrann er mit einem gebrochenen Flügel und stürzte in den Entenhof hinunter.

»Das sieht der Katze, diesem Abschaum, ähnlich!« sagte die Portugiesische. »Ich kenne sie noch von jener Zeit her, wo ich selbst junge Entlein hatte! Daß ein solches Wesen leben und auf den Dächern umhergehen darf! Ich glaube nicht, daß es in Portugal stattfindet.«

Und sie bedauerte den kleinen Singvogel, und die anderen Enten, die keine portugiesischen waren, bedauerten ihn gleichfalls.

»Das liebe kleine Geschöpf!« sagten sie, und dann kam die eine und dann kam die andere. »Zwar können wir selbst nicht singen«, sagten sie, »aber in uns tragen wir doch etwas der Gesangeskunst Verwandtes. Das fühlen wir, wenn wir auch nicht davon reden.«

»Dann will ich davon reden«, sagte die Portugiesische, »und will etwas für den kleinen Vogel tun, denn das ist eines jeden Pflicht.« Mit diesen Worten flog sie in den Wassertrog und plätscherte dergestalt, daß sie das Singvögelchen durch den Guß, womit sie es überschüttete, fast ertränkt hätte. Gut gemeint war es jedoch. »Das ist eine gute Tat«, sagte sie, »woran sich die anderen ein Beispiel nehmen können.«

»Piep!« sagte der kleine Vogel, dessen einer Flügel gebrochen war. Es wurde ihm schwer, sich zu schütteln, aber er verstand, wie gut die Ente das Plätschern gemeint hatte.

»Ich habe nie über meine Gesinnung nachgedacht«, sagte die Portugiesische, »aber das weiß ich, daß ich alle meine Mitgeschöpfe liebe, allerdings die Katze ausgenommen, aber das kann auch niemand von mir anders verlangen. Sie hat mir zwei meiner Lieben aufgefressen! Aber tun Sie nun, als wenn Sie zu Hause wären! Ich bin selbst aus einer fremden Gegend, wie Sie gewiß an meiner Haltung und meinem Federkleide sehen werden. Mein Enterich ist ein Eingeborener, hat nichts von meinem Blute in sich, aber ich überhebe mich deshalb nicht. – Hat jemand auf diesem Hofe ein Verständnis für Sie, dann, darf ich wohl sagen, bin ich es.«

»Sie hat Portulack im Kropfe«, sagte ein kleines gewöhnliches Entlein, das im Rufe eines Witzboldes stand, und die anderen Gewöhnlichen hielten dies Portulack, das fast wie Portugal klang, für einen unbändigen Witz, stießen einander an und riefen »Rab!« Er war ausgezeichnet witzig; und darauf ließen sie sich mit dem kleinen Singvogel ein.

»Die Portugiesische hat allerdings die Sprache in ihrer Gewalt«, sagten sie. »Wir führen keine großen Worte im Schnabel, haben aber gleich große Teilnahme. Tun wir nichts für Sie, so beobachten wir wenigstens Stillschweigen darüber; und das finden wir am schönsten.«

»Sie besitzen eine schöne Stimme«, sagte eine der Ältesten. »Es muß ein schönes Bewußtsein sein, so viele zu erfreuen, wie Sie tun. Ich verstehe mich freilich nicht vollkommen darauf! Deshalb halte ich meinen Mund, und das ist immer besser, als etwas Dummes zu sagen, wie Ihnen so viele andere sagen.«

»Plage ihn nicht!« sagte die Portugiesische. »Er bedarf der Ruhe und Pflege. – Kleiner Singvogel, soll ich Sie noch einmal beplätschern?«

»O nein, lassen Sie mich trocken!« bat er.

»Die Wasserkur ist die einzige, die mir hilft«, versetzte die Portugiesische. »Zerstreuung tut ebenfalls gut. Jetzt kommen bald die Nachbarhühner zum Besuch, es sind zwei chinesische Hühner darunter, die sich zu den Mamelucken gesellt haben, sehr gebildet sind, und, was sie in meiner Achtung besonders hebt, sich haben einführen lassen.«

Und die Hühner kamen, und der Hahn kam; er war heute so artig, nicht grob zu sein.

»Sie sind ein wirklicher Singvogel«, begann er die Unterredung, »und Sie machen aus Ihrem Stimmchen alles, was aus solcher schwachen Stimme gemacht werden kann. Aber etwas mehr Lokomotivenkraft muß man haben, daß man sein männliches Geschlecht durch die Fülle seiner Stimmittel zu erkennen geben kann.«

Die beiden Chinesischen standen beim Anblick des Singvogels wie verzückt da. Er sah von der Wasserdusche, die er hatte über sich müssen ergehen lassen, so zerzaust aus, daß er ihnen eine große Ähnlichkeit mit einem chinesischen Küchlein zu haben schien. »Er ist reizend!« und darauf machten sie sich näher mit ihm bekannt. Sie redeten mit Flüsterstimmen und dem P-Laut in der Umgangssprache der vornehmen Chinesen.

»Wir gehören zu Ihrer Gattung. Die Enten, selbst die Portugiesische, gehören zu den Schwimmvögeln, wie Sie gewiß bemerkt haben werden. Uns kennen Sie noch nicht, aber wie viele kennen uns denn, oder wie viele bemühen sich nur darum, unsere Bekanntschaft zu machen! Niemand, selbst unter den Hühnern, ungeachtet wir dazu geboren sind, auf einer höheren Sprosse zu sitzen als die meisten anderen. – Das ist nun freilich dasselbe, wir gehen zwischen all den anderen, deren Grundsätze nicht die unsrigen sind, unseren stillen Gang, aber wir sehen nur auf die guten Seiten und reden nur von dem Guten, obwohl es schwer zu finden ist, wo nichts ist. Mit Ausnahme von uns beiden und dem Hahne gibt es niemanden im Hühnerhause, der begabt und zugleich ehrbar ist. Von den Bewohnern des Entenhofes kann man dies keineswegs versichern. Wir warnen Sie, kleiner Singvogel! Trauen Sie jener Ohnschwänzigen nicht, sie ist falsch und heimtückisch. Die Bunte dort, mit dem schiefen Spiegel auf dem Flügel, ist streitsüchtig und läßt niemandem das letzte Wort und hat trotzdem immer unrecht. – Die fette Ente da drüben redet von allen Böses, und dies widerstrebt unserer Natur. Kann man nichts Gutes reden, dann muß man den Mund halten. Die Portugiesische ist die einzige, die ein wenig Bildung hat und mit der man umgehen kann, aber sie ist leidenschaftlich und spricht so viel von Portugal.«

»Wieviel die beiden Chinesischen zu tuscheln haben!« sagten einige Enten. »Uns sind sie langweilig; wir haben nie mit ihnen geredet.«

Jetzt kam der Enterich; er hielt den Singvogel für einen Sperling. »Ich verstehe mich nicht auf den Unterschied«, sagte er, »und das ist mir auch Wurst! Er gehört zu den Spielwerken, und hat man sie, so hat man sie.«

»Bekümmern Sie sich nie um das, was er sagt!« flüsterte die Portugiesische. »In seinen Taten ist er achtungswert, und Taten gehen über alles. Nun begebe ich mich aber zur Ruhe; man ist es sich selber schuldig, hübsch fett zu werden, bis man mit Äpfeln und Pflaumen einbalsamiert wird.«

Darauf legte sie sich in die Sonne und blinzelte mit dem einen Auge. Sie lag so gut, sie war so gut, und nun schlief sie so gut. Der kleine Singvogel zupfte an seinem gebrochenen Flügel und legte sich dicht neben seine Beschützerin. Die Sonne schien warm und schön, es war hier ein prächtiges Plätzchen.

Die Nachbarhühner gingen umher und scharrten; im Grunde genommen waren sie lediglich um des Futters willen gekommen. Die Chinesischen gingen zuerst fort und dann die anderen. Das witzige Entlein sagte von der Portugiesischen, die Alte kehrte nun bald wieder in das Entleintum zurück, und die anderen Enten lachten herzlich darüber. »Entleintum! Er ist doch unbändig witzig!« Zugleich wiederholten sie den früheren Witz »Portulack!« Es war außerordentlich komisch, und endlich legten sie sich ebenfalls.

Eine Weile hatten sie so gelegen, als plötzlich einiges Naschwerk in den Entenhof geworfen wurde. Es klatschte, daß die ganze schlafende Mannschaft in die Höhe fuhr und mit den Flügeln schlug. Die

Portugiesische erwachte ebenfalls, wälzte sich umher und drückte den kleinen Singvogel entsetzlich.

»Piep!« schrie er, »Sie traten mich so hart, Madame!«

»Weshalb liegen Sie einem auch im Wege«, versetzte sie, »Sie müssen nicht so empfindlich sein! Ich habe auch Nerven, habe jedoch niemals Piep gesagt!«

»Seien Sie nicht böse!« entgegnete das Vögelchen. »Das Piep entschlüpfte nur meinem Schnabel.«

Die Portugiesische hörte gar nicht darauf, fuhr auf den hingeworfenen Imbiß los und hielt ihre gute Mahlzeit. Als sie dieselbe beendigt hatte und sich wieder hinlegte, kam der kleine Singvogel, wollte zärtlich sein, und sang ihr ein Liedchen vor.

Sie schaute ihn böse an.

»Nun will ich nach der Mahlzeit ein Verdauungsschläfchen halten«, sagte sie, »Sie müssen sich an unsere Haussitte gewöhnen! Jetzt schlafe ich.«

Das kleine Vögelchen wurde ganz verblüfft, denn es meinte es so gut. Als Madame später erwachte, stand es mit einem Körnchen, das es gefunden hatte, vor ihr. Es legte ihr dasselbe vor. Aber sie hatte nicht gut geschlafen und war deshalb natürlicherweise verdrießlich.

»Das können Sie einem Küchlein geben«, sagte sie. »Stehen Sie nicht so da und belästigen Sie mich nicht!«

»Aber Sie sind ja böse auf mich«, erwiderte der Singvogel. »Was habe ich denn getan?«

»Getan!« entgegnete die Portugiesische. »Dieser Ausdruck zeugt durchaus nicht von gutem Geschmack, darauf möchte ich Sie nur aufmerksam machen.«

»Gestern herrschte hier Sonnenschein«, sagte der kleine Vogel, »heute ist es hier finster und grau! Ich bin aufrichtig darüber betrübt!«

»Sie verstehen sich nicht gut auf die Zeitrechnung«, erwiderte die Portugiesische. »Der Tag ist noch nicht vergangen; stehen Sie nicht so dumm da!«

»Sie sehen mich so böse an, wie mich die beiden schlimmen Augen ansahen, als ich in den Hof hinabfiel.«

»Unverschämter!« schrie die Portugiesische. »Sie vergleichen mich mit der Katze, mit dem Raubtiere. Nicht ein einziger böser Blutstropfen findet sich in mir. Ich habe mich Ihrer angenommen und will Ihnen gute Sitten beibringen!«

Dabei hackte sie den Singvogel auf den Kopf, daß er tot niederfiel.

»Was ist denn das nun wieder?« sagte sie. »Konnte er das nicht einmal aushalten! Ja, dann paßte er gar nicht für diese Welt! Ich bin wie eine Mutter gegen ihn gewesen, das weiß ich, denn Herz habe ich.«

Und der Nachbarhahn steckte den Kopf in den Hof und krähte mit Lokomotivenkraft.

»Sie rauben einem noch das Leben mit dem ewigen Gekrähe!« sagte sie; »an dem Ganzen tragen Sie allein die Schuld. Er verlor den Kopf, und es fehlt nicht viel, so verliere ich auch den meinigen.«

»Er nimmt nicht viel Platz weg, wo er liegt!« sagte der Hahn.

»Reden Sie mit Achtung von ihm!« versetzte die Portugiesische. »Er hatte Stimme, er hatte Gesang und hohe Bildung! Liebevoll und weich war er, und das ziemt sich für die Tiere wie für die sogenannten Menschen.«

Alle Enten versammelten sich um den kleinen toten Singvogel; die Enten haben starke Leidenschaften; entweder sind sie lauter Neid oder lauter Mitleiden, und da es hier keine Veranlassung zum Neide gab, so waren sie mitleidig; das waren denn auch die beiden chinesischen Hühner.

»Einen solchen Singvogel bekommen wir nie mehr! Er war fast ein Chinese«, und sie weinten, daß es förmlich widergluckste, und alle Hühner gluckten, aber die Enten gingen und hatten die rötesten Augen.

»Herz haben wir«, sagten sie, »das kann uns doch niemand ableugnen.«

»Herz!« entgegnete die Portugiesische. »Ja, das haben wir – fast ebensoviel wie in Portugal!«

»Laßt uns nun endlich daran denken, etwas in den Magen zu bekommen!« sagte der Enterich. »Das ist das Wichtigere! Zerbricht ein Spielzeug, so bleiben uns immer noch genug.«

Das Feuerzeug

Dort kam ein Soldat auf der Landstraße einhermarschiert: »Eins, zwei! Eins, zwei!« Er hatte seinen Tornister auf dem Rücken und einen Säbel an der Seite, weil er im Kriege gewesen war, doch nun sollte es heimwärts gehen. Da begegnete er auf der Landstraße einer alten Hexe; sie war entsetzlich garstig, die Unterlippe hing ihr bis auf die Brust hinab. Sie sagte: »Guten Abend, Soldat! Was für einen zierlichen Säbel und großen Tornister du doch hast! Du bist ein echter Soldat! Nun sollst du so viel Geld bekommen, wie du haben willst!« – »Schönen Dank, alte Hexe!« sagte der Soldat. – »Siehst du dort den großen Baum?« sagte die Hexe und zeigte auf einen Baum, der ihnen zur Seite stand. »Er ist im Innern ganz hohl. Wenn du ihn bis zum Gipfel ersteigst, erblickst du ein Loch, durch das du hinabgleiten und bis tief in den Baum hinunterkommen kannst. Ich werde dir einen Strick um den Leib binden, um dich wieder heraufziehen zu können, sobald du mich rufst!«

»Was soll ich denn da unten im Baume?« fragte der Soldat.

»Geld holen«, sagte die Hexe. »Du mußt wissen, sobald du auf den Boden des Baumes hinunterkommst, so befindest du dich in einem langen Gange; dort ist es ganz hell, weil da über hundert Lampen brennen. Dann gewahrst du drei Türen. Du kannst sie öffnen, der Schlüssel steckt darin. Gehst du in die erste Kammer hinein, so erblickst du mitten auf dem Fußboden eine große Kiste, auf der ein Hund sitzt. Er hat ein Paar Augen so groß wie ein Paar Tassen, aber darum darfst du dich nicht kümmern! Ich gebe dir meine blaukarierte Schürze, die kannst du auf dem Fußboden ausbreiten; geh dann schnell hin und packe den Hund, setze ihn auf meine Schürze, öffne die Kiste und nimm soviel Geld du willst. Es ist alles lauter Kupfer; willst du aber lieber Silber haben, so mußt du in das nächste Zimmer hineintreten; dort sitzt ein Hund, der Augen hat so groß wie Mühlräder; aber darum brauchst du dich nicht zu kümmern, setze ihn nur auf meine Schürze und nimm dir von dem Gelde. Willst du dagegen Gold haben, so kannst du es auch bekommen, soviel wie du nur zu tragen vermagst, wenn du in die dritte Kammer hineingehst. Allein der Hund, der hier auf der Geldkiste sitzt, hat zwei Augen, jedes so groß wie ein runder Turm. Glaub's, das ist ein richtiger Hund. Aber darum brauchst du dich nicht zu kümmern. Setze ihn nur auf meine Schürze, so tut er dir nichts, und nimm aus der Kiste soviel Gold du willst.«

»Das ist gar nicht übel!« sagte der Soldat. »Aber was soll ich dir geben, du alte Hexe? Denn etwas, kann ich denken, willst du wohl auch haben!«

»Nein«, sagte die Hexe, »nicht einen einzigen Pfennig will ich haben! Mir sollst du nur ein altes Feuerzeug holen, das meine Großmutter vergaß, als sie zum letztenmal unten war!«

»Gut«, sagte der Soldat, »knüpfe mir dann den Strick um den Leib.«

»Hier ist er«, sagte die Hexe, »und hier ist meine blaukarierte Schürze!«

So kletterte denn der Soldat den Baum hinauf, glitt durch das Loch hinunter und stand nun, wie die Hexe gesagt, unten in dem großen Gange, wo die vielen hundert Lampen brannten.

Nun öffnete er die erste Tür. Uh! da saß der Hund mit Augen so groß wie Tassen und glotzte ihn an.

»Du bist ein netter Bursch!« sagte der Soldat, setzte ihn auf die Schürze der Hexe und nahm so viel Kupfergeld, wie nur immer in seine Taschen ging, verschloß dann die Kiste, setzte den Hund wieder hinauf und ging in das andere Zimmer. Potztausend! da saß der Hund mit Augen so groß wie Mühlenräder.

»Du solltest mich nicht so starr ansehen!« sagte der Soldat. »Du könntest sonst Augenweh bekommen!« und damit setzte er den Hund auf die Schürze der Hexe; als er aber das viele Silbergeld in der Kiste gewahrte, warf er alles Kupfergeld fort und füllte sich die Taschen und den Tornister mit lauter Silber. Nun ging er in die dritte Kammer hinein. Nein, war das gräßlich! Der Hund darin hatte wirklich zwei Augen so groß wie ein runder Turm, und die liefen im Kopfe wie Räder umher.

»Guten Abend!« sagte der Soldat und griff an den Tschako, denn einen solchen Hund hatte er nie zuvor gesehen; als er ihn sich aber eine Zeitlang betrachtet hatte, dachte er bei sich: Nun kann es genug sein! hob ihn auf den Fußboden herunter und öffnete die Kiste. Nein, Gott bewahre! Was war da für eine Menge Gold! Dafür konnte er ganz Kopenhagen und die Zuckerferkelchen der Kuchenweiber, alle Zinnsoldaten, Peitschen und Schaukelpferde in der ganzen Welt kaufen. Ja, da war einmal Geld! Nun warf der

Soldat alles Silbergeld, womit er seine Taschen und seinen Tornister gefüllt hatte, fort und nahm statt dessen Gold, ja alle Taschen, der Tornister, der Tschako und die Stiefel wurden angefüllt, so daß er kaum gehen konnte. Nun hatte er Geld! Den Hund setzte er auf die Kiste hinauf, schlug die Tür zu und rief dann durch den Baum hinauf: »Ziehe mich nun empor, alte Hexe!«

»Hast du denn auch das Feuerzeug?« fragte die Hexe.

»Wahrhaftig«, sagte der Soldat, »das hatte ich rein vergessen«, und nun ging er und nahm es. Die Hexe zog ihn empor, und da stand er wieder auf der Landstraße, die Taschen, Stiefel, Tornister und Tschako bis obenran voll Geld.

»Was willst du denn mit dem Feuerzeug?« fragte der Soldat.

»Das geht dich nichts an!« sagte die Hexe. »Du hast ja Geld bekommen, gib mir jetzt nur das Feuerzeug.«

»Larifari!« sagte der Soldat. »Gleich sagst du mir, was du damit willst, oder ich ziehe meinen Säbel und schlage dir den Kopf ab!«

»Nein!« sagte die Hexe.

Da schlug ihr der Soldat den Kopf ab. Nun lag sie da! Er aber band all sein Geld in ihre Schürze, nahm sie wie ein Bündel auf den Rücken, steckte das Feuerzeug in die Tasche und ging geradeswegs nach der Stadt.

Es war eine schmucke Stadt, und in dem schmucksten Wirtshause kehrte er ein, verlangte die allerbesten Zimmer und die Speisen, die er am liebsten aß, denn nun war er reich, da er soviel Geld hatte.

Dem Hausknecht, der ihm die Stiefel putzen sollte, schien es freilich, als wären es recht sonderbare alte Stiefel, die ein so reicher Herr hätte, aber er hatte sich noch keine neuen gekauft. Den nächsten Tag bekam er aber Stiefel, die sich sehen lassen konnten, und extrafeine Kleider. Nun war aus dem Soldaten ein vornehmer Herr geworden, und man erzählte ihm von allen Herrlichkeiten der Stadt und von dem Könige und was für eine reizende Prinzessin seine Tochter wäre.

»Wo kann man sie zu sehen bekommen?« fragte der Soldat.

»Man kann sie eben gar nicht zu Gesicht bekommen!« lautete die Antwort. »Sie wohnt in einem großen kupfernen Schlosse, ringsum durch viele Mauern und Türme geschützt. Niemand außer dem Könige darf bei ihr aus und ein gehen, weil geweissagt ist, daß sie mit einem ganz gemeinen Soldaten verheiratet werden wird, und das kann der König nicht dulden.«

Ich möchte sie wohl sehen! dachte der Soldat, aber dazu konnte er ja eben keine Erlaubnis erhalten.

Nun lebte er lustig in den Tag hinein, ging fleißig ins Theater, fuhr in des Königs Garten und gab den Armen viel Geld, und das war brav. Er wußte ja noch von früheren Tagen her, wie schlimm es wäre, nicht einen Heller zu besitzen. Nun war er reich, hatte feine Kleider und bekam viel Freunde, die alle sagten, er wäre ein guter Junge, ein echter Kavalier, und das behagte dem Soldaten gar sehr. Da er aber jeden Tag nur Geld ausgab und nie etwas einnahm, so hatte er zuletzt nur noch zwei Pfennig übrig und mußte aus den prächtigen Zimmern, die er bisher bewohnt hatte, hoch oben in ein kleines Giebelstübchen dicht unter dem Dache ziehen, mußte sich seine Stiefel selbst bürsten und mit einer Stopfnadel zusammennähen, und keiner seiner Freunde kam zu ihm, weil man so viele Treppen zu ihm hinaufzusteigen hatte.

Es war ein ganz dunkler Abend, und er konnte sich nicht einmal ein Licht kaufen; aber da erinnerte er sich plötzlich, daß sich noch ein Lichtstumpf in dem Feuerzeuge befinden müßte, das er aus dem hohlen Baume mitgenommen hatte, in den ihm die Hexe hinuntergeholfen. Er holte das Feuerzeug und das Lichtstümpfchen hervor, aber gerade als er Feuer schlug und die Funken aus dem Feuerstein flogen, sprang die Tür auf und der Hund, der Augen hatte so groß wie ein Paar Tassen und den er unten im Baume gesehen hatte, stand vor ihm und sagte: »Was befiehlt mein Herr?«

»Was ist das!« sagte der Soldat. »Das ist ja ein drolliges Feuerzeug, wenn ich dadurch bekommen kann, was ich nur haben will! Schaffe mir etwas Geld«, sagte er zum Hunde, und fips war er fort! fips war er wieder da und hielt einen großen Beutel voll Geld in seinem Maule.

Nun wußte der Soldat, was das für ein prächtiges Feuerzeug war. Schlug er einmal, so kam der Hund, der auf der Kiste mit dem Kupfergeld saß; schlug er zweimal, so kam der, welcher das Silbergeld hatte, und schlug er dreimal, so kam der, welcher das Gold hatte. – Nun zog der Soldat wieder in die prächtigen Zimmer hinunter, zeigte sich in guten Kleidern, und da erkannten ihn gleich alle seine guten Freunde und hielten große Stücke auf ihn.

Da dachte er einmal: Es ist doch wirklich auffallend, daß man die Prinzessin nicht zu sehen bekommt! Sie soll außerordentlich schön sein, behauptet jedermann, aber was kann das helfen, wenn sie immer in dem großen Kupferschloß mit den vielen Türmen sitzen muß. Kann ich sie denn gar nicht zu sehen bekommen? – Wo ist nur mein Feuerzeug? Nun schlug er Feuer, und fips! kam der Hund mit Augen so groß wie Tassen.

»Es ist zwar mitten in der Nacht«, sagte der Soldat, »aber ich möchte doch gar zu gern die Prinzessin sehen, nur einen kleinen Augenblick!«

Der Hund war gleich aus der Tür, und ehe es der Soldat dachte, sah er ihn schon mit der Prinzessin wieder. Sie saß und schlief auf des Hundes Rücken und war so schön, daß jedermann sehen konnte, daß es eine wirkliche Prinzessin war. Der Soldat konnte sich nicht enthalten, sie zu küssen, denn er war ein echter Soldat.

Der Hund lief darauf mit der Prinzessin wieder zurück; als es aber Morgen wurde, und der König und die Königin beim Frühstück saßen, sagte die Prinzessin, sie hätte in der Nacht einen ganz wunderlichen Traum von einem Hunde und einem Soldaten gehabt. Sie wäre auf dem Hunde geritten, und der Soldat hätte sie geküßt.

»Das wäre wahrlich eine schöne Geschichte!« sagte die Königin.

Nun sollte eine der alten Hofdamen in der nächsten Nacht am Bette der Prinzessin wachen, um zu sehen, ob es ein wirklicher Traum wäre oder was es sonst sein könnte.

Der Soldat sehnte sich ganz erschrecklich danach, die schöne Prinzessin wiederzusehen, und so kam denn der Hund in der Nacht, nahm sie und lief, was er nur immer konnte; allein die alte Hofdame zog Wasserstiefel an und lief ebenso schnell hinterher. Als sie nun sah, daß sie in einem großen Hause verschwanden, dachte sie: Nun weiß ich, wo es ist! und zeichnete mit einem Stück Kreide ein großes Kreuz an die Tür. Darauf ging sie heim und legte sich nieder, und auch der Hund kam mit der Prinzessin wieder. Als er aber sah, daß ein Kreuz auf die Tür, wo der Soldat wohnte, gezeichnet war, nahm er ebenfalls ein Stück Kreide und machte auf alle Türen der ganzen Stadt Kreuze. Und das war klug getan, denn nun konnte ja die Hofdame die richtige Tür nicht finden, da an allen Kreuze waren.

Frühmorgens kam der König und die Königin, die alte Hofdame und alle Offiziere, um zu sehen, wo die Prinzessin gewesen war.

»Da ist es!« sagte der König, als er die erste mit einem Kreuz bezeichnete Tür erblickte.

»Nein, dort ist es, liebes Männchen!« sagte die Königin, als sie die zweite Tür mit dem Kreuzeszeichen bemerkte.

»Aber da ist eins und dort ist eins!« riefen sie sämtlich; wohin sie sahen, waren Kreuze an den Türen. Da sahen sie denn wohl ein, daß alles Suchen vergeblich wäre.

Aber die Königin war eine außerordentlich kluge Frau, die mehr verstand, als in einer Karosse einherzufahren. Sie nahm ihre große goldene Schere, zerschnitt ein großes Stück Seidenzeug und nähte dann einen kleinen niedlichen Beutel, den füllte sie mit feiner Buchweizengrütze, band ihn der Prinzessin auf den Rücken und schnitt darauf ein kleines Loch in den Beutel, so daß die Grütze den ganzen Weg, den die Prinzessin passierte, bestreuen konnte.

Nachts kam der Hund wieder, nahm die Prinzessin auf seinen Rücken und lief mit ihr zu dem Soldaten, der sie so herzlich lieb hatte und so gern ein Prinz gewesen wäre, um sie heimführen zu können.

Der Hund merkte durchaus nicht, wie die Grütze über den ganzen Weg vom Schlosse bis zu dem Fenster, wo er mit der Prinzessin die Mauer hinauflief, verstreut wurde. Nun sahen es des Morgens der König und die Königin deutlich, wo ihre Tochter gewesen war, und da nahmen sie den Soldaten und warfen ihn ins Gefängnis.

Da saß er nun. Ach, wie finster und langweilig war es darin! Auch sagte man ihm: »Morgen wirst du gehängt werden!« Das war just nicht vergnüglich zu hören, und dazu hatte er sein Feuerzeug daheim im Wirtshause gelassen. Am Morgen konnte er durch das Eisengitter vor seinem kleinen Fenster sehen, wie das Volk aus der Stadt herbeieilte, ihn hängen zu sehen. Er hörte die Trommeln und sah die Soldaten marschieren. Alle Leute waren auf den Beinen; dabei war auch ein Schusterjunge mit Schurzfell und Pantoffeln; er galoppierte so eilig, daß ihm ein Pantoffel abflog und gerade gegen die Mauer, hinter welcher der Soldat saß und durch das Eisengitter hinausschaute.

»Höre einmal, Schusterjunge! Du brauchst dich nicht so zu beeilen«, sagte der Soldat zu ihm, »es wird doch nichts daraus, bevor ich komme. Willst du aber in meine frühere Wohnung laufen und mir mein Feuerzeug holen, so sollst du vier Groschen bekommen. Aber lauf und nimm die Beine in die Hand!« Der Schusterjunge wollte gern die vier Groschen haben und eilte pfeilgeschwind nach dem Feuerzeug, gab es dem Soldaten und – ja, nun werden wir es zu hören bekommen.

Außerhalb der Stadt war ein großer Galgen aufgemauert, ringsum standen die Soldaten und viele Hunderttausend Menschen. Der König und die Königin saßen auf einem prächtigen Throne den Richtern und dem ganzen Rate gerade gegenüber.

Schon stand der Soldat oben auf der Leiter, als man ihm aber den Strick um den Hals legen wollte, sagte er, daß man ja stets einem armen Sünder, bevor er seine Strafe erduldete, einen unschuldigen Wunsch erfüllte. Er möchte so gern eine Pfeife Tabak rauchen, es wäre ja die letzte Pfeife, die er in dieser Welt bekäme!

Das wollte ihm nun der König nicht abschlagen, und so nahm der Soldat sein Feuerzeug und schlug Feuer, ein-, zwei-, dreimal. Siehe! da standen alle Hunde da, der mit Augen so groß wie Tassen, der mit Augen wie Mühlräder, und der, welcher Augen hatte so groß wie ein runder Turm.

»Helft mir, daß ich nicht gehenkt werde!« sagte der Soldat, und da stürzten sich die Hunde auf die Richter und den ganzen Rat, ergriffen den einen bei den Beinen, den andern bei der Nase und warfen sie viele Klafter hoch in die Luft, so daß sie beim Niederfallen in Granatstücke zerschlagen wurden.

»Ich will nicht!« sagte der König, aber der größte Hund nahm sowohl ihn wie die Königin und warf sie allen anderen nach. Da erschraken die Soldaten, und alles Volk schrie: »Lieber Soldat, du sollst unser König sein und die schöne Prinzessin haben!«

Darauf setzte man den Soldaten in des Königs Karosse, und alle drei Hunde tanzten voran und riefen: »Hurra!« und die Jungen pfiffen auf den Fingern, und die Soldaten präsentierten. Die Prinzessin kam aus dem kupfernen Schlosse heraus und wurde Königin, und das konnte ihr gar wohl gefallen! Die Hochzeit dauerte acht Tage lang, und die Hunde saßen mit bei Tafel und machten große Augen.

Der Tannenbaum

Draußen im Walde stand ein niedlicher Tannenbaum; er hatte einen guten Platz, die Sonne konnte zu ihm dringen, Luft war genug da, und rundumher wuchsen viele größere Kameraden, Tannen und Fichten. Aber der kleine Tannenbaum wollte nur immer wachsen und wachsen; er dachte nicht an den warmen Sonnenschein und die frische Luft, bekümmerte sich nicht um die Bauernkinder, die dort gingen und plauderten, wenn sie draußen im Walde umherschwärmten, um Erdbeeren und Himbeeren zu sammeln. Oftmals kamen sie mit einem ganzen Topfe voll oder hatten Erdbeeren auf Strohhalme gezogen. Dann setzten sie sich neben das Bäumchen und sagten: »Nein, wie niedlich klein ist der!« Das gefiel dem Baume durchaus nicht.

Im nächsten Jahre war er schon um einen langen Schuß größer, und das Jahr darauf war er wieder noch um einen länger; denn bei einem Tannenbaume kann man, sobald man zählt, wie oft er einen neuen Trieb angesetzt hat, genau die Jahre seines Wachstums berechnen.

»Oh, wäre ich doch ein so großer Baum wie die anderen!« seufzte das Bäumchen. »Dann könnte ich meine Zweige weit ausbreiten und mit dem Gipfel in die weite Welt hinausschauen! Dann würden die Vögel ihre Nester zwischen meinen Zweigen bauen, und wenn es stürmte, könnte ich so vornehm nicken wie dort die anderen.« Weder der Sonnenschein noch die Vögel oder die roten Wolken, die morgens und abends über ihn hinsegelten, machten ihm Freude.

War es nun Winter und Schnee lag ringsherum blendend weiß, dann kam oft ein Hase angesprungen und setzte gerade über das Bäumchen fort. Oh, das war empörend! Aber zwei Winter verstrichen und im dritten war der Baum schon so hoch, daß der Hase um ihn herumlaufen mußte. Oh, wachsen, wachsen, groß und alt werden, das ist doch das einzig Schöne in der Welt! dachte der Baum.

Im Spätherbst erschienen regelmäßig Holzhauer und fällten einige der größten Bäume. Das geschah jedes Jahr, und den jungen Tannenbaum, der nun schon tüchtig in die Höhe geschossen war, befiel Zittern und Beben dabei, denn mit Gepolter und Krachen stürzten sie zur Erde, die Zweige wurden ihnen abgehauen, sie sahen nun ganz nackt, lang und schmal aus, sie waren kaum noch wiederzuerkennen. Dann aber wurden sie auf Wagen gelegt, und Pferde zogen sie von dannen zum Walde hinaus.

Wohin sollten sie? Was stand ihnen bevor?

Als im Frühjahr die Schwalbe und der Storch kamen, fragte sie der Baum: »Wißt ihr nicht, wohin sie geführt wurden? Seid ihr ihnen nicht begegnet?«

Die Schwalbe wußte nichts, doch der Storch sah sehr nachdenklich aus, nickte mit dem Kopfe und sagte: »Ja, ich glaube fast; mir begegneten auf meiner Rückreise von Ägypten viele neue Schiffe. Auf denselben standen prächtige Mastbäume; ich darf wohl behaupten, daß sie es waren; sie verbreiteten Tannengeruch. Ich kann vielmals grüßen, sie überragen alles, sie überragen alles!«

»Oh, wäre ich doch auch groß genug, um über das Meer hinzufliegen. Wie ist es eigentlich, dieses Meer, und wem ähnelt es?«

»Ja, das ist etwas weitläufig zu erklären!« sagte der Storch und ging.

»Freue dich deiner Jugend!« sagten die Sonnenstrahlen. »Freue dich deines Wachstums, des jungen Lebens, das dich erfüllt!«

Und der Wind küßte den Baum, und der Tau weinte Tränen über ihn, allein der Tannenbaum verstand es nicht.

In der Weihnachtszeit wurden ganz junge Bäume gefällt, Bäume, die nicht einmal so groß waren, noch in demselben Alter standen wie dieses Tannenbäumchen, das weder Ruh noch Rast hatte, sondern nur immer weiter wollte. Diese jungen Bäumchen, und es waren gerade die allerschönsten, behielten immer ihre Zweige, sie wurden auf Wagen gelegt, und Pferde zogen sie aus dem Walde.

»Wohin sollen sie?« fragte der Tannenbaum. »Sie sind nicht größer als ich, ja, da war sogar einer, der noch weit kleiner war. Weshalb behielten sie alle ihre Zweige? Wo fahren sie hin?«

»Das wissen wir, das wissen wir!« zwitscherten die Sperlinge. »Unten in der Stadt haben wir zu den Fenstern hineingeschaut. Wir wissen, wohin sie fahren! Oh, sie gelangen zur größten Pracht und Herrlichkeit, die sich denken läßt! Wir haben zu den Fenstern hineingeschaut und gesehen, daß sie mitten in die warme Stube hineingepflanzt und mit den herrlichsten Sachen, mit vergoldeten Äpfeln, Honigkuchen, Spielzeug und vielen hundert Lichtern ausgeschmückt wurden!«

»Und dann?« fragte der Tannenbaum und bebte in allen Zweigen. »Und dann? Was geschieht dann?«

»Ja, mehr haben wir nicht gesehen, es war unvergleichlich!«

»Ob auch mir dieses Los zufallen wird, diesen strahlenden Weg zu gehen?« jubelte das Bäumchen. »Das ist noch besser, als über das Meer zu gehen. Wie mich die Sehnsucht verzehrt! Wäre es doch Weihnachten! Jetzt bin ich hoch und erwachsen wie die anderen, welche das letztemal fortgeführt wurden. Oh, wäre ich erst auf dem Wagen! Wäre ich erst in der warmen Stube mit all ihrer Pracht und Herrlichkeit! Und dann? Ja, dann kommt noch etwas Besseres, noch Schöneres, weshalb würde man mich sonst so ausschmücken! Da muß noch etwas Größeres, noch etwas Herrlicheres kommen . . .! Aber was? Oh, ich leide, mich verzehrt die Sehnsucht; ich weiß selber nicht, wie mir zumute ist!«

»Freue dich meiner!« sagten die Luft und der Sonnenschein; »freue dich deiner frischen Jugend draußen im Freien!«

Aber das Bäumchen freute sich gar nicht; es wuchs und wuchs, Winter und Sommer stand es grün; dunkelgrün stand es da! Die Leute, die es sahen, sagten: »Das ist ein hübscher Baum!« und zur Weihnachtszeit wurde er zuerst von allen gefällt! Die Axt hieb tief durch das Mark; der Baum fiel mit einem Seufzer zu Boden. Er fühlte einen Schmerz, eine Ohnmacht, er vermochte an gar kein Glück zu denken. Er war betrübt, von der Heimat zu scheiden, von dem Flecke, auf dem er emporgeschossen war. Er wußte ja, daß er nie mehr die lieben, alten Kameraden, die kleinen Büsche und Blumen ringsumher, ja vielleicht nicht einmal die Vögel sehen würde. Die Abreise war durchaus mit keiner Behaglichkeit verbunden.

Der Baum kam erst wieder zu sich, als er im Hofe, mit den anderen Bäumen abgeladen, einen Mann sagen hörte: »Der ist prächtig! Wir brauchen keinen anderen!«

Nun kamen zwei Diener im vollen Staate und trugen den Tannenbaum in einen großen, prächtigen Saal. Ringsumher an den Wänden hingen Porträts, und neben dem großen Ofen standen chinesische Vasen mit Löwen auf den Deckeln. Da gab es Schaukelstühle, Sofas mit seidenen Überzügen, große Tische, bedeckt mit Bilderbüchern und Spielzeug für hundertmal hundert Taler – wenigstens behaupteten das die Kinder. Der Tannenbaum wurde in ein großes, mit Sand gefülltes Gefäß gestellt, doch konnte niemand bemerken, daß es ein Gefäß war, denn es wurde ringsherum mit grünem Zeug behängt und stand auf einem großen bunten Teppiche. Oh, wie der Baum bebte! Was sollte doch nun geschehen? Sowohl die Diener als auch die Fräulein kamen und putzten ihn aus. Über die Zweige hängten sie kleine, aus buntem Papier ausgeschnittene Netze; jedes Netz war mit Zuckerwerk gefüllt. Vergoldete Äpfel und Walnüsse hingen wie festgewachsen herab, und über hundert rote, blaue und weiße Lichterchen wurden an den Zweigen befestigt. Puppen, die wie leibhaftige Menschen aussahen – der Baum hatte solche nie zuvor gesehen – schwebten im Grünen, und ganz oben auf der Spitze strahlte ein Stern von Flittergold. Es war prächtig, ganz unvergleichlich prächtig!

»Heute abend«, sagten alle, »heute abend wird er strahlen!«

Oh! dachte der Baum, wäre es doch erst Abend! Würden doch nur die Lichter bald angezündet! Und was mag dann geschehen? Ob wohl die Bäume aus dem Walde kommen und mich anschauen? Ob die Sperlinge gegen die Fensterscheiben fliegen? Ob ich hier festwachsen und Winter und Sommer geschmückt dastehen werde?

Er wußte wirklich gut Bescheid! Aber er hatte aus lauter Sehnsucht förmlich Borkenweh, und Borkenweh ist für einen Baum ebenso schlimm, wie Kopfweh für uns andere.

Nun wurden die Lichter angezündet. Welcher Glanz! Welche Pracht! Der Baum bebte in allen Zweigen dabei, so daß einige Nadeln an einem der Lichter Feuer fingen. Es sengte ordentlich.

»Gott bewahre uns!« schrien die Fräulein und löschten es schnell aus.

Nun durfte der Baum nicht einmal beben. Oh, das war ein Graus! Er war so besorgt, etwas von all seinem Staate zu verlieren; er war von all dem Glanze wie betäubt. – Und nun öffneten sich beide Flügeltüren, und eine Menge Kinder stürzten herein, als ob sie den ganzen Baum umrennen wollten. Die älteren Leute kamen bedächtig hinterher; die Kleinen standen ganz stumm, aber nur einen kurzen Augenblick, dann jubelten sie wieder so, daß es widerhallte. Sie tanzten um den Baum, und ein Geschenk nach dem anderen wurde abgepflückt.

Was haben sie nur vor? dachte der Baum. Was soll da geschehen? Die Lichter brannten bis auf die Zweige herunter, und darauf löschte man sie aus, und die Kinder erhielten Erlaubnis, den Baum zu plündern. Oh, die stürzten auf ihn los, daß es in allen Zweigen krachte. Wäre er nicht mit der Spitze und dem goldenen Stern an der Decke befestigt gewesen, so hätten sie ihn sicher umgeworfen.

Die Kinder tanzten nun mit ihrem prächtigen Spielzeug umher. Niemand beachtete den Baum, mit Ausnahme der alten Kinderfrau, die aufmerksam zwischen die Zweige blickte; aber sie wollte nur nachsehen, ob nicht eine Feige oder ein Apfel vergessen war.

»Eine Geschichte, eine Geschichte!« riefen die Kinder und zerrten einen kleinen, dicken Mann nach dem Baume hin. Er setzte sich gerade unter denselben hin, »denn so«, meinte er, »sind wir im Grünen, und der Baum kann sich besonders eine Lehre daraus ziehen, wenn er gut aufmerkt. Aber ich erzähle nur eine Geschichte. Wollt ihr die von Ivede-Avede hören oder die von Klumpe-Dumpe, der die Treppe hinabfiel und sich doch auf den Thron schwang und die Prinzessin erhielt?«

»Ivede-Avede!« schrien einige, »Klumpe-Dumpe!« schrien andere. Was war das für ein Rufen und Durcheinanderschreien! Nur der Tannenbaum schwieg still und dachte: Soll ich nicht mitraten, will ich auch nicht mittaten! Seine Rolle war vorüber, er hatte ja seine Schuldigkeit getan!

Der Mann erzählte von Klumpe-Dumpe, der die Treppe hinabfiel und sich doch auf den Thron schwang und die Prinzessin erhielt. Und die Kinder klatschten in die Hände und riefen: »Erzähle, erzähle!« Sie wollten auch noch die Geschichte von Ivede-Avede hören, mußten sich aber mit Klumpe-Dumpe begnügen. Der Tannenbaum stand ganz still und gedankenvoll, nie hatten die Vögel draußen im Walde dergleichen erzählt. Klumpe-Dumpe fiel die Treppe hinab und bekam doch die Prinzessin! Ja, ja, so geht es in der Welt zu! dachte der Tannenbaum und hielt es für Wahrheit, weil der Erzähler ein so netter Mann war. Ja, ja, wer kann wissen, vielleicht falle ich auch die Treppe hinab und bekomme eine Prinzessin! Und er freute sich darauf, den nächsten Tag wieder mit Lichtern und Spielzeug, mit Gold und Früchten bekleidet zu werden.

Morgen werde ich nicht zittern! dachte er. Ich werde eine recht herzliche Freude über alle meine Herrlichkeit empfinden. Morgen werde ich wieder die Geschichte von Klumpe-Dumpe hören und vielleicht auch die von Ivede-Avede. Und der Baum stand die ganze Nacht still und gedankenvoll da.

Am folgenden Morgen traten die Diener und Mägde herein.

Nun beginnt der Staat von neuem! dachte der Baum, aber sie schleppten ihn zum Zimmer hinaus, die Treppe hinauf bis auf den Boden, und dort stellten sie ihn in einen dunklen Winkel, wohin kein Tageslicht fiel. Was hat denn das zu bedeuten? dachte der Baum. Was habe ich denn hier zu tun? Was mag ich denn hier hören sollen? Er lehnte sich gegen die Mauer und stand da und sann und sann. Und Zeit hatte er genug dazu, denn es verstrichen Tage und Nächte. Niemand kam herauf, und als endlich jemand kam, geschah es nur zu dem Zwecke, einige große Kasten in den Winkel zu stellen. Der Baum stand so versteckt, daß man hätte meinen können, er wäre rein in Vergessenheit geraten.

Nun ist draußen Winter! dachte der Baum. Die Erde ist hart und mit Schnee bedeckt, die Menschen können mich nicht pflanzen; deshalb soll ich wahrscheinlich bis zum Frühling hier im Schutze stehen! Wie fürsorglich das doch ist! Wie gut die Menschen doch sind! Wäre es hier nur nicht so dunkel und so erschrecklich einsam! Nicht einmal ein Häschen ist hier zu finden! Draußen im Walde war es doch lustig, wenn der Schnee lag und der Hase vorübersprang, ja selbst, wenn er über mich hinwegsetzte; aber damals gefiel es mir freilich nicht. Hier oben ist es doch entsetzlich einsam!

»Piep, piep!« sagte plötzlich eine kleine Maus und schlüpfte hervor, und darauf kam noch eine kleine. Sie schnüffelten an dem Tannenbaume und schmiegten sich durch die Zweige desselben.

»Es herrscht eine furchtbare Kälte!« sagten die Mäuschen. »Sonst ist hier ein vortrefflicher Aufenthalt! Nicht wahr, du alter Tannenbaum?«

»Ich bin noch gar nicht alt!« versetzte der Tannenbaum. »Es gibt viel ältere als ich bin!«

»Wo kommst du her?« fragten die Mäuse. »Und was weißt du?« Sie waren gewaltig neugierig. »Erzähle uns doch von dem herrlichsten Plätzchen auf Erden! Bist du schon dort gewesen? Bist du schon in der Speisekammer gewesen, wo Käse auf den Brettern liegen und Schinken unter der Decke hängen, wo man auf Talglichtern tanzt, mager hineingeht und fett herauskommt?«

»Die kenne ich allerdings nicht«, sagte der Baum, »aber den

Wald kenne ich, wo die Sonne scheint und die Vögel singen!« Darauf erzählte er ihnen alle Erlebnisse seiner Jugend, und die Mäuschen hatten dergleichen nie zuvor gehört, lauschten aufmerksam zu und sagten: »Wieviel du doch gesehen hast! Wie glücklich du gewesen bist!«

»Ich!« versetzte der Tannenbaum und dachte nun erst über seine eigene Erzählung nach. »Ja, im Grunde waren es recht lustige Zeiten!« Aber dann erzählte er vom Weihnachtsabend, wo er mit Kuchen und Lichtern aufgeputzt war.

»Oh!« sagten die Mäuschen. »Wie glücklich du gewesen bist, du alter Tannenbaum!«

»Ich bin durchaus nicht alt!« erwiderte der Tannenbaum. »Erst in diesem Winter bin ich ja aus dem Walde gekommen! Ich stehe in meinem allerbesten Alter, ich bin nur sehr gewachsen!«

»Wie schön du erzählst!« sagten die Mäuschen, und in der nächsten Nacht kamen sie mit vier anderen kleinen Mäusen wieder, die auch den Baum sollten erzählen hören, und je mehr er erzählte, desto lebhafter trat es ihm selbst vor die Augen, und er dachte: Es waren doch wirklich glückliche Zeiten! Aber sie können wiederkommen, sie können wiederkommen! Klumpe-Dumpe fiel die Treppe hinab und bekam doch die Prinzessin, vielleicht kann ich auch eine Prinzessin bekommen! Und dabei fiel dem Tannenbäumchen eine kleine Birke ein, die draußen im Walde wuchs und ihm wie eine leibhaftige schöne Prinzessin erschien.

»Wer ist Klumpe-Dumpe?« fragten die Mäuschen. Nun erzählte der Tannenbaum das ganze Märchen, dessen er sich Wort für Wort entsinnen konnte. Und die Mäuschen wären aus lauter Freude fast in die Spitze des Baumes gesprungen. In der folgenden Nacht versammelten sich noch weit mehr Mäuse, und am Sonntage kamen sogar zwei Ratten. Die behaupteten aber, die Geschichte sei nicht lustig, und das betrübte die Mäuschen, denn sie kam ihnen nun auch weniger schön vor.

»Können Sie nur die eine Geschichte erzählen?« fragten die Ratten.

»Nur die eine!« antwortete der Baum. »Ich hörte sie an meinem glücklichsten Abend, aber damals dachte ich nicht daran, wie glücklich ich war!«

»Das ist eine höchst elende Geschichte! Wissen Sie keine von Speck und Talglichtern? Keine Speisekammergeschichten?«

»Nein!« sagte der Baum.

»Nun, dann danken wir dafür!« erwiderten die Ratten und kehrten zu den Ihrigen zurück.

Zuletzt blieben die Mäuschen auch fort, und da seufzte der Baum: »Es war doch ganz hübsch, als sie um mich saßen, die muntern Mäuschen, und auf meine Erzählungen lauschten! Nun ist das gleichfalls vorbei. Aber meine Freude soll von neuem beginnen, wenn ich wieder hervorgeholt werde!«

Aber wann ereignete sich das? – Ja, es war eines Morgens, da kamen Leute herauf und kramten auf dem Boden umher. Die Kasten erhielten einen anderen Platz, und der Baum wurde hervorgezogen. Sie warfen ihn allerdings etwas unsanft auf den Fußboden, aber sofort schleppte ihn ein Hausknecht nach der Treppe hin, wo das Tageslicht schimmerte.

Nun beginnt das Leben wieder! dachte der Baum. Er fühlte die frische Luft, den ersten Sonnenstrahl – und nun war er draußen auf dem Hofe. Alles ging so schnell, daß der Baum völlig vergaß, sich selbst zu betrachten; zuviel Neues war ringsumher anzustaunen. Der Hof stieß an einen Garten, und alles stand darin in voller Blüte. Die Rosen hingen frisch und duftend über den kleinen Staketenzaun hinüber, die Lindenbäume blühten, und die Schwalben flogen umher und zwitscherten: »Quirre virrevit, mein Mann ist gekommen!« Aber den Tannenbaum meinten sie damit nicht.

»Nun will ich leben!« jubelte dieser und breitete seine Zweige weit aus. Ach, sie waren alle vertrocknet und gelb, und zwischen Unkraut und Nesseln lag er in einem Winkel da. Der Goldpapierstern saß noch oben auf der Spitze und leuchtete im hellsten Sonnenscheine.

Auf dem Hofe selbst spielten ein paar von den lustigen Kindern, die am Weihnachtsabend um den Baum getanzt hatten und dabei so fröhlich gewesen waren. Eines der kleinsten lief hin und riß den Goldstern ab.

»Sieh, was da noch an dem alten häßlichen Tannenbaume sitzt!« rief es und trat auf die Zweige, daß sie unter seinen Stiefeln knackten.

Und der Baum betrachtete all die Blumenpracht und Frische im

Garten, betrachtete dann sich selbst und wünschte, daß er in seinem finstern Winkel auf dem Boden geblieben wäre. Er gedachte seiner frischen Jugend im Walde, des lustigen Weihnachtsabends und der kleinen Mäuse, die so fröhlich der Geschichte von Klumpe-Dumpe zugelauscht hatten.

»Vorbei, vorbei!« seufzte der arme Baum. »Hätte ich mich doch gefreut, als ich es noch konnte! Vorbei, vorbei!«

Der Hausknecht kam und hieb den Baum in kleine Stücke, ein ganzes Bund lag da; hell loderte es auf unter dem großen Braukessel. Er seufzte tief, jeder Seufzer ertönte wie ein kleiner Schuß. Deshalb liefen die Kinder, die draußen spielten, herbei, setzten sich vor das Feuer, schauten hinein und riefen: »Piff, paff!« Aber bei jedem Knalle, der ein tiefer Seufzer war, gedachte der Baum eines Sommertages im Walde, einer Winternacht draußen, wenn die Sterne glänzten. Er gedachte des Weihnachtsabends und des Klumpe-Dumpe, des einzigen Märchens, das er gehört hatte und zu erzählen wußte – und dann war der Baum verbrannt.

Die Knaben spielten im Hofe, und der kleinste hatte auf der Brust den Goldstern, den der Baum an seinem glücklichsten Abende getragen hatte. Nun war dieser vorüber und mit diesem auch der Baum nebst seiner Geschichte. Vorbei, vorbei – und so geht es mit allen Geschichten.

Tölpelhans

Draußen auf dem Lande war ein alter Herrensitz, und in demselben lebte ein Gutsbesitzer, der hatte zwei Söhne, die so witzig waren, daß es an der Hälfte genug war. Sie wollten um die Tochter des Königs freien, und das durften sie, denn dieselbe hatte bekanntmachen lassen, daß sie denjenigen zum Gemahl nehmen wollte, der sich am gewandtesten und klügsten mit ihr unterhalten könnte. – Die beiden bereiteten sich nun acht Tage lang vor, das war die längste Zeit, die ihnen dazu gewährt wurde, sie war aber auch hinreichend, denn sie hatten Vorkenntnisse, und die sind immer nützlich. Der eine wußte das ganze lateinische Lexikon und drei Jahrgänge der städtischen Zeitung auswendig und zwar rückwärts wie vorwärts. Der andere hatte sich mit sämtlichen Paragraphen aller Zunftgesetze und mit dem, was jeder Zunftmeister wissen mußte, bekannt gemacht. Auf diese Weise, meinte er, könnte er über Staats- und gelehrte Sachen mitsprechen. Außerdem verstand er Tragbänder zu sticken, denn er war fein und fingerfertig.

»Ich bekomme die Königstochter!« sagten sie alle beide, und deshalb gab ihr Vater jedem von ihnen ein schönes Pferd; der, welcher das Lexikon und die Zeitungen auswendig wußte, bekam ein kohlschwarzes, und der, welcher sich zunftmeisterlich gebaren und sticken konnte, erhielt ein milchweißes, und darauf schmierten sie sich die Mundwinkel mit Lebertran ein, damit sie geschmeidiger würden. Alle Dienstleute waren unten im Hofe, um zuzusehen, wie sie zu Pferde stiegen. In demselben Augenblicke erschien der dritte Bruder, denn es waren ihrer drei, aber niemand zählte ihn als Bruder mit, weil er nicht die gleiche erstaunliche Gelehrsamkeit besaß wie die beiden anderen, und alle Welt nannte ihn nur Tölpelhans.

»Wo wollt ihr hin, daß ihr euch in den Bratenrock geworfen habt?« fragte er.

»An den Hof, um mit der Königstochter zu plaudern! Hast du nicht gehört, was im ganzen Lande ausgetrommelt wird?« Und darauf erzählten sie es ihm.

»Potztausend, da muß ich mit dabei sein!« sagte Tölpelhans, und die Brüder lachten ihn aus und ritten von dannen.

»Vater, gib mir ein Pferd!« rief Tölpelhans. »Ich bekomme solche Lust, mich zu verheiraten. Nimmt sie mich, so nimmt sie mich, und nimmt sie mich nicht, so nehme ich sie doch!«

»Was ist das für ein Geschwätz!« sagte der Vater. »Dir gebe ich kein Pferd. Du kannst ja nicht sprechen! Deine Brüder, das ist etwas anderes, das sind Prachtjungen!«

»Soll ich kein Pferd bekommen«, sagte Tölpelhans, »so nehme ich den Ziegenbock, der gehört mir und ist imstande, mich zu tragen!« Damit setzte er sich rittlings auf den Ziegenbock, stieß ihm die Hacken in die Seite und sprengte die Landstraße entlang. Hui, wie das ging! »Hier komme ich!« rief Tölpelhans, und darauf sang er, daß es widerhallte.

Die Brüder ritten aber ganz still voran; sie sprachen kein einziges Wort, sie mußten alle die guten Einfälle, die sie vorbringen wollten, noch einmal überlegen.

»Hallo! Hallo!« rief Tölpelhans. »Hier komme ich! Seht, was ich auf der Landstraße fand!« Mit diesen Worten zeigte er ihnen eine tote Krähe, die er gefunden hatte.

»Tölpel!« fuhren sie ihn an. »Was willst du mit derselben?«

»Ich will sie der Königstochter schenken!«

»Ja, tue es!« sagten sie, lachten und ritten weiter.

»Hallo! Hallo! Hier komme ich! Seht, was ich jetzt gefunden habe! Das findet man nicht alle Tage auf der Landstraße!«

Die Brüder wandten sich wieder um, sich den seltenen Schatz anzusehen. »Tölpel!« sagten sie. »Das ist ja ein alter Holzschuh, von dem der obere Teil abgegangen ist! Soll die Königstochter den etwa auch haben?«

»Das soll sie!« sagte Tölpelhans, und die Brüder lachten, ritten weiter und kamen ihm eine große Strecke voraus.

»Hallo! Hallo! Hier bin ich!« rief Tölpelhans. »Nein, nun wird es immer ärger! Hallo! Hallo! Das ist unvergleichlich!«

»Was hast du jetzt wieder gefunden?« fragten die Brüder.

»Oh«, sagte Tölpelhans, »es ist eigentlich kein Gesprächsgegenstand! Wie sie sich aber freuen wird, die Königstochter!«

»Pfui«, sagten die Brüder, »das ist ja Schlamm, der aus dem Straßengraben ausgeworfen ist.«

»Das stimmt«, sagte Tölpelhans, »und er ist von der allerfeinsten Art, daß man ihn gar nicht festhalten kann!« Und darauf füllte er sich die Tasche damit an.

Aber die Brüder ritten, was das Zeug halten wollte, und überholten ihn eine ganze Stunde. Sie hielten an dem Stadttore, an dem die Freier je nach ihrer Ankunft numeriert und in Reihen aufgestellt wurden, je sechs in jedem Gliede und so dicht, daß sie die Arme nicht rühren konnten. Das war nun sehr gut, denn sonst hätten sie sich gegenseitig das Zeug vom Leibe reißen müssen.

Alle übrigen Bewohner des Landes standen rings um das Schloß, bis zu den Fenstern hinauf, um mit anzusehen, wie die Königstochter die Freier empfing. Merkwürdig! Sobald einer derselben die Schwelle ihres Zimmers überschritt, verließ ihn sein Rednertalent.

»Taugt nichts!« sagte die Königstochter. »Weg!«

Jetzt kam derjenige der Brüder, der das Lexikon auswendig wußte, aber bei dem langen Stehen in Reihe und Glied hatte er es völlig vergessen. Dazu knarrte der Fußboden, und die Decke war von Spiegelglas, so daß er sich selbst auf dem Kopfe sah, und nun standen sogar an jedem Fenster drei Schreiber und ein Stadtältester, die alles, was gesprochen wurde, aufschrieben, damit es sofort in die Zeitung kommen und an jeder Ecke für zwei Dreier verkauft werden konnte. Es war entsetzlich, es war furchtbar! Und zum Überfluß war im Ofen eingefeuert worden, daß er rotglühend war.

»Hier herrscht eine drückende Hitze!« begann der Freier das Gespräch.

»Das kommt daher, weil mein Vater heute junge Hähne brät!« sagte die Königstochter.

Bäh – da stand er, die Erwiderung hatte er nicht erwartet; nicht ein Wort wußte er zu sagen, denn er glaubte eine äußerst tiefsinnige Ansicht geäußert zu haben. Bäh.

»Taugt nichts!« sagte die Königstochter. »Weg!« und so mußte er seiner Wege ziehen. Nun kam der zweite Bruder.

»Hier ist eine entsetzliche Hitze!« sagte er.

»Ja, wir braten heute junge Hähne!« versetzte die Königstochter.

»Wie belie . . .?« fragte er, und alle Schreiber schrieben: »Wie belie . . .?«

»Taugt nichts!« sagte die Königstochter. »Weg!«

Nun kam Tölpelhans, er ritt auf seinem Ziegenbocke gerade in das Zimmer hinein. »Das ist denn doch eine glühende Hitze!« sagte er.

»Das rührt davon her, daß ich junge Hähne brate!« entgegnete die Königstochter.

»Das wäre ja herrlich«, sagte Tölpelhans, »dann kann ich wohl auch eine Krähe gebraten bekommen?«

»Den Gefallen will ich Ihnen gern erweisen«, erwiderte die Königstochter, »aber haben Sie auch etwas, worin sie gebraten werden kann, denn ich habe hier weder Topf noch Pfanne!«

»Aber mir fehlt es nicht daran!« rief fröhlich Tölpelhans. »Hier ist ein vortreffliches Kochgeschirr!« und dabei zog er den alten Holzschuh hervor und legte die Krähe mitten hinein.

»Das reicht zu einer ganzen Mahlzeit!« meinte die Königstochter. »Aber wo bekommen wir die Sauce her?«

»Die habe ich in der Tasche!« sagte Tölpelhans neckisch. »Ich habe so viel, daß ich verschwenderisch damit umgehen kann!« und darauf schüttete er etwas Schlamm aus der Tasche.

»Das kann mir gefallen«, sagte die Königstochter, »du kannst doch antworten und du kannst reden, und dich will ich zu meinem Gemahle erheben! Aber weißt du wohl, daß jedes Wort, das wir sagen und gesagt haben, aufgeschrieben wird und morgen in die Zeitung kommt? An jedem Fenster siehst du drei Schreiber und einen Stadtältesten stehen, und der Stadtälteste ist der schlimmste, denn er kann nicht gut hören!« Das sagte sie nur, um ihm Furcht einzujagen. Und alle Schreiber lachten und machten einen Tintenklecks auf den Fußboden.

»Das sind wohl die Herrschaften da!« versetzte Tölpelhans. »Dann muß ich dem Stadtältesten schon mein Bestes schenken!« Zugleich wandte er seine Taschen um und warf ihm den ganzen Schlamm gerade ins Gesicht.

»Da hast du dir gut zu helfen gewußt!« sagte die Königstochter. »Das hätte ich nicht zu tun vermocht! Aber ich werde es wohl noch lernen!« –

Und so wurde Tölpelhans denn König, bekam eine Frau und eine Krone und saß auf einem Throne, und das alles haben wir der Zeitung des Stadtältesten entnommen – auf die freilich auch kein rechter Verlaß ist.

Des Kaisers neue Kleider

Vor vielen Jahren lebte einmal ein Kaiser, der so große Stücke auf hübsche neue Kleider hielt, daß er all sein Geld ausgab, um nur immer recht geputzt einherzugehen. Er kümmerte sich nicht um seine Soldaten, kümmerte sich nicht um Theater und Waldpartien, außer wenn es galt, seine neuen Kleider zu zeigen. Für jede Tagesstunde hatte er einen besonderen Rock, und wie man von einem Könige sagt: »Er befindet sich im Rat«, so sagte man hier immer: »Der Kaiser ist im Kleiderzimmer!«

In der großen Stadt, in der er residierte, ging es sehr lustig zu; jeden Tag kamen dort viele Fremde an. Eines Tages erschienen auch zwei Betrüger, die sich für Weber ausgaben und behaupteten, daß sie das schönste Zeug, das man sich denken könnte, zu weben verständen. Nicht allein wären die Farben und das Muster schon ungewöhnlich schön, sondern die Kleider, die man von diesem Zeuge anfertigte, hätten auch die wunderbare Eigenschaft, daß sie jedem Menschen, der für seinen Beruf nicht taugte oder unerlaubt dumm wäre, unsichtbar blieben.

Das wären ja herrliche Kleider! dachte der Kaiser; wenn ich solche Röcke anhätte, könnte ich ja dahinter kommen, welche Männer in meinem Reiche zu dem Amte, das sie bekleiden, nicht taugen; ich könnte die Klugen von den Dummen scheiden! Ja, das Zeug muß gleich für mich gewebt werden! Und er gab den beiden Betrügern ein reiches Handgeld, damit sie ihre Arbeit beginnen möchten.

Sie stellten auch zwei Webstühle auf, stellten sich, als ob sie arbeiteten, hatten aber nicht das geringste auf dem Stuhle. Im Verlangen waren sie jedoch nicht faul; sie begehrten die feinste Seide und das prächtigste Gold. Das steckten sie in die eigene Tasche und arbeiteten an den leeren Webstühlen und zwar bis tief in die Nacht hinein.

Nun möchte ich doch wohl wissen, wie weit sie mit dem Zeuge sind! dachte der Kaiser, aber es war ihm doch ein wenig bänglich um das Herz bei dem Gedanken, daß derjenige, welcher dumm oder für sein Amt schlecht geeignet wäre, es nicht zu sehen vermöchte. Er glaubte zwar wohl, daß er seinetwegen nicht ängstlich zu sein brauchte, er zog es aber doch vor, erst einen anderen zu senden, um nachzusehen, wie es stände. Alle Leute in der ganzen Stadt wußten, was für eine wunderbare Kraft das Zeug hätte und waren sehr gespannt, zu sehen, wie töricht oder dumm sein Nachbar wäre.

Ich will meinen alten, ehrlichen Minister zu den Webern schikken! dachte der Kaiser; er kann am besten unterscheiden, wie sich das Zeug ausnimmt, denn er hat Verstand, und niemand ist besser als er für sein Amt geeignet!

Nun ging der alte, gutherzige Minister in den Saal hinein, in dem die beiden Betrüger an den leeren Stühlen saßen und arbeiteten. Gott behüte uns! dachte der alte Minister und sperrte die Augen weit auf, ich kann ja gar nichts sehen! Aber das sagte er nicht.

Die beiden Betrüger ersuchten ihn näherzutreten und fragten, ob es nicht ein schönes Muster und prächtige Farben wären. Damit zeigten sie auf den leeren Webstuhl, und der arme Minister wurde nicht müde, die Augen aufzureißen, aber er konnte nichts wahrnehmen, denn es war nichts da. Mein Gott! dachte er, sollte ich dumm sein? Das habe ich nie geglaubt, und das darf kein Mensch erfahren! Sollte ich für mein Amt nicht taugen? Nein, es geht nicht an, daß ich erzähle, ich könne das Zeug nicht sehen!

»Nun, Sie sagen ja nichts dazu!« äußerte der eine am Webstuhle.

»Oh, es ist vortrefflich, ganz allerliebst!« sagte der alte Minister und schaute durch seine Brille. »Dieses Muster und diese Farben! Ja, ich werde dem Kaiser berichten, daß es mir außerordentlich gefällt!«

»Nun, das freut uns!« sagten beide Weber, und darauf bezeichneten sie die Farben mit Namen und erläuterten das eigentümliche Muster. Der alte Minister lauschte aufmerksam zu, damit er dasselbe sagen könnte, wenn er zum Kaiser zurückkäme, und so tat er.

Nun verlangten die Betrüger mehr Geld, mehr Seide und Gold, das sie alles noch zum Gewebe brauchten. Sie steckten alles in ihre eigenen Taschen, auf den Webstuhl kam nicht ein Faden, aber sie fuhren wie vorher fort, an den leeren Stühlen zu arbeiten.

Der Kaiser sandte bald wieder einen anderen gutmütigen Beamten hin, um zu revidieren, wie es mit dem Weben ginge und ob das Zeug bald fertig wäre. Es ging ihm genau wie dem Minister, er guckte und guckte; da aber außer dem leeren Webstuhle nichts da war, konnte er auch nichts sehen.

»Nicht wahr, das ist ein schönes Stück Zeug?« sagten die beiden Betrüger, und zeigten und erklärten das schöne Muster, das gar nicht da war.

Dumm bin ich doch eben nicht! dachte der Mann, es ist demnach mein gutes Amt, zu dem ich nicht tauge. Das wäre doch sonderbar, doch darf man es wenigstens nicht merken lassen! So rühmte er denn das Zeug, welches er nicht sah, und versicherte ihnen seine Freude über die schönen Farben und das vortreffliche Muster. »Ja, es ist ganz allerliebst!« sagte er zum Kaiser.

Alle Leute in der Stadt sprachen nur von dem prächtigen Zeuge.

Nun wollte der Kaiser selbst es sehen, solange es noch auf dem Webstuhle wäre. Mit einer ganzen Schar auserwählter Männer, unter denen sich auch die beiden alten, grundehrlichen Beamten befanden, die vorher dort gewesen waren, begab er sich zu den beiden listigen Betrügern, die nun aus Leibeskräften webten, aber ohne Faser und Faden.

»Ja, ist das nicht wahrhaft kostbar?« sagten die beiden grundehrlichen Beamten. »Geruhen Eure Majestät nur zu bewundern, was für ein Muster, was für Farben!« und dabei wiesen sie auf den leeren Webstuhl, denn sie dachten, die anderen könnten das Zeug doch sehen.

Was ist das! dachte der Kaiser, ich sehe ja gar nichts! Das ist ja entsetzlich! Bin ich dumm? Tauge ich nicht zum Kaiser? Das wäre das Schrecklichste, was mir passieren könnte. »Oh, es ist ganz hübsch!« sagte der Kaiser darauf laut. »Es hat meinen allerhöchsten Beifall!« und er nickte zufrieden und betrachtete den leeren Webstuhl; er wollte nicht gestehen, daß er nichts sehen könnte. Das ganze Gefolge, das er mit sich hatte, guckte und guckte, bekam aber nicht mehr heraus als alle die anderen; gleichwohl sprachen sie alle dem Kaiser nach: »Oh, es ist ja ganz hübsch!« und sie rieten ihm, diese neuen Kleider aus diesem herrlichen Stoffe zum erstenmal bei dem feierlichen Aufzuge zu tragen, der bevorstand. »Reizend, herrlich und wundervoll!« ging es von Mund zu Munde, und alle waren innig froh darüber. Der Kaiser verlieh den beiden Betrügern ein Ritterkreuz, in das Knopfloch zu hängen, und den Titel »Geheime Hofweber«.

Die ganze Nacht vor dem Vormittage, an dem der Aufzug stattfinden sollte, brachten die Betrüger wachend zu und hatten mehr als sechzehn Lichter angezündet. Alle Leute konnten sehen, wie beschäftigt sie mit der Anfertigung der neuen Kleider des Kaisers waren. Sie stellten sich, als ob sie das Zeug von den Webstühlen nähmen, schnitten mit großen Scheren in der Luft herum, nähten mit Nähnadeln ohne Faden und sagten endlich: »Sieh, nun sind die Kleider fertig!«

Der Kaiser kam mit seinen vornehmsten Hofleuten selbst zu ihnen, und beide Betrüger hoben den einen Arm in die Höhe, als ob sie etwas hielten, und sagten: »Seht, hier sind die Beinkleider! Hier ist der Rock! Hier der Mantel!« und so weiter. »Es ist so leicht wie Spinnewebe! Man sollte meinen, man trüge nichts auf dem Körper, aber das ist gerade der Vorzug dabei!«

»Ja!« sagten alle Hofleute, konnten aber nichts sehen, denn es war nichts da.

»Geruhen Eure Kaiserliche Majestät nun allergnädigst, Hochdero Kleider abzulegen«, sagten die Betrüger, »dann wollen wir Hochdemselben hier vor dem großen Spiegel die neuen anziehen.«

Der Kaiser legte seine Kleider ab, und die Betrüger taten, als ob sie ihm jedes Stück der neuen Kleider, die angefertigt sein sollten, anzögen; und sie faßten ihn um die Hüften und stellten sich, als ob sie etwas festbänden, das sollte die Schleppe sein, und der Kaiser wandte und drehte sich vor dem Spiegel.

»Wie himmlisch sie kleiden, wie herrlich sie sitzen!« riefen alle. »Welches Muster, welche Farben! Das ist ein kostbarer Anzug!«

»Draußen stehen sie mit dem Thronhimmel, welcher über Eurer Majestät im feierlichen Zuge getragen werden soll!« meldete der Oberzeremonienmeister.

»Nun, ich bin in Ordnung!« sagte der Kaiser. »Sitzt es nicht gut?« Und dann wandte er sich noch einmal gegen den Spiegel, denn es sollte so aussehen, als ob er seinen Putz recht betrachtete.

Die Kammerherren, welche die Schleppe tragen sollten, langten mit den Händen gegen den Fußboden, als wenn sie die Schleppe aufhöben. Sie gingen und hielten die Hände steif vor sich in der Luft; sie durften es sich nicht merken lassen, daß sie nichts sahen.

So ging nun der Kaiser bei dem feierlichen Umzuge unter dem prächtigen Thronhimmel, und alle Leute auf den Straßen und in den Fenstern riefen: »O Himmel, wie unvergleichlich sind doch des Kaisers neue Kleider! Welch herrliche Schleppe trägt er am Rocke! Wie vortrefflich sitzt alles!« Niemand wollte sich merken lassen, daß er nichts sähe, denn sonst hätte er ja nicht zu seinem Amte getaugt oder wäre schrecklich dumm gewesen. Keines der kaiserlichen Kleider hatte bisher solches Glück gemacht.

»Aber er hat ja gar nichts an!« rief plötzlich ein kleines Kind. »O Himmel, hört die Stimme der Unschuld!« sagte der Vater; und einer flüsterte dem anderen zu, was das Kind gesagt hatte.

»Er hat gar nichts an, ein kleines Kind ist dort, das behauptet, er habe gar nichts an!«

»Er hat ja gar nichts an!« rief endlich das ganze Volk. Das wurmte den Kaiser, denn es schien ihm selbst, als ob das Volk recht hätte, aber er dachte: »Jetzt hilft nichts als standhaft auszuhalten!« Er nahm eine noch stolzere Haltung an, und die Kammerherren gingen und trugen die Schleppe, die gar nicht da war.

Der Puppenspieler

Auf dem Dampfschiffe befand sich ein ältlicher Mann mit einem so vergnügten Gesicht, daß, log es nicht, er der glücklichste Mensch auf Erden sein mußte. Das wäre er auch, sagte er; ich hörte es aus seinem eigenen Munde; er war ein Däne, war mein Landsmann und reisender Theaterdirektor. Sein ganzes Personal führte er beständig mit sich, es lag in einem großen Kasten; er war Puppenspieler. Seine ihm angeborene gute Laune, erzählte er, wäre von einem Schüler der polytechnischen Schule geläutert und ausgebildet, und durch dieses Experiment wäre er vollkommen glücklich geworden. Anfänglich verstand ich ihn nicht recht, aber dann setzte er mir seine ganze Geschichte klar auseinander, und hier ist sie.

»Ich gab«, berichtete er, »im Posthause zu Slagelse eine Vorstellung und hatte ein brillantes Haus und ein brillantes Publikum, mit Ausnahme einiger alter Frauen lauter unkonfirmierte Kinder. Mit einem Male erscheint eine schwarzgekleidete Person mit studentenhaftem Äußern, sie setzt sich und lacht stets bei den richtigen Stellen, klatscht bei den richtigen Stellen, kurzum ist ein ganz ungewöhnlicher Zuschauer.

Ich mußte durchaus wissen, wer er war, und hörte, er wäre ein Schüler der polytechnischen Schule, den man ausgesandt hätte, um das Volk in den Provinzen zu belehren. Schlag acht Uhr war meine Vorstellung aus, die Kinder sollten ja zeitig ins Bett, und man muß auch an die Bequemlichkeit seines Publikums denken. Um neun Uhr begann der Polytechniker seine Vorlesung und seine Experimente, und nun war ich meinerseits sein Zuhörer. Es war wirklich merkwürdig mit anzuhören und anzusehen. Das meiste ging, wie man zu sagen pflegt, über meinen Kopf hinweg, aber so viel stand mir doch fest: Können wir Menschen dergleichen ersinnen und herauskalkulieren, so müssen wir eigentlich länger aushalten, ehe sie uns in die Erde stecken. Es waren nur kleine Wunder, die er uns vormachte, und doch klappte alles, und er wies uns den natürlichen

Zusammenhang nach. Zu den Zeiten des Moses und der Propheten wäre so ein polytechnischer Schüler einer der Weisen des Landes geworden, und im Mittelalter hätte man ihn verbrannt. Ich schlief die ganze Nacht nicht, und als ich am nächsten Abend eine Vorstellung gab und der Polytechniker abermals erschien, so geriet ich in die beste Laune. Ich habe von einem Schauspieler gehört, daß er in Liebhaberrollen nur an eine einzige unter sämtlichen Zuschauern dächte, für die er spielte und das ganze übrige Haus vergäße. Der Polytechniker war meine ›sie‹, mein einziger Zuschauer, für den ich spielte. Nach Schluß der Vorstellung wurden alle Puppen herausgerufen, und ich wurde von dem Polytechniker zu sich auf ein Glas Wein eingeladen. Er sprach von meiner Puppenkomödie, und ich sprach von seiner Wissenschaft, und ich glaube, wir hatten gegenseitig großes Vergnügen aneinander; aber ich behielt doch das Wort, denn in seiner Rede war so viel, worüber er selbst nicht Rechenschaft ablegen konnte, wie zum Beispiel über den Erfahrungssatz, daß ein Stück Eisen, das durch eine Spirale fällt, magnetisch wird. Ja, was ist es? Der Geist kommt über dasselbe, aber wo kommt er her? Das ist, denke ich, gerade wie mit den Menschen dieser Welt; der liebe Gott läßt sie durch die Spirale der Zeit hindurchfallen, und der Geist kommt über sie, und dann steht ein Napoleon, ein Luther oder eine ähnliche Person da. Die ganze Welt ist eine Reihe von Wunderwerken, sagte mein neuer Freund, wir sind aber so gewöhnt an sie, daß wir sie Alltagsdinge nennen. Und er redete und er erklärte, es war mir zuletzt, als ob er mir die Hirnschale abhöbe, und ich gestand ehrlich, wäre ich nicht schon ein alter Kerl, so würde ich gleich in eine polytechnische Schule gehen und lernen, der Welt auf die Sprünge zu kommen, und dessenungeachtet wäre ich einer der glücklichsten Menschen. ›Einer der Glücklichsten!‹ rief er aus, jedes Wort langsam hervorbringend und ganz eigentümlich betonend. ›Sind Sie wirklich glücklich?‹ fragte er dann. ›Ja‹, sagte ich, ›glücklich bin ich und bin in allen Städten, in denen ich mit meiner Gesellschaft erscheine, willkommen. Freilich gibt es wohl einen Wunsch, der mich bisweilen koboldartig überfällt, mir förmlich Alpdrücken verursacht und mir die gute Laune verdirbt, und der ist: Theaterdirektor einer lebendigen Truppe, einer richtigen Menschengesellschaft zu werden.‹ – ›Sie wünschen sich also Ihre Puppen belebt, Sie wünschen, daß sich dieselben in wirkliche Schauspieler verwandeln‹, fragte er, ›und Sie selbst den Direktor spielen? Glauben Sie in der Tat, daß Sie dann vollkommen glücklich wären?‹ Er glaubte es nun nicht, ich aber glaubte es, und wir sprachen hin und wir sprachen her und waren dann schließlich auf demselben Flecke, aber mit den Gläsern stießen wir zusammen. Der Wein war sehr gut, allein irgendein Zauberkraut mußte in demselben stecken, denn sonst liefe die ganze Geschichte darauf aus, daß ich mir einen kleinen Rausch angetrunken hätte. So war es jedoch nicht, meine Augen waren klar und ungetrübt. Es war, als ob plötzlich Sonnenschein das Zimmer erhellte, es strahlte aus dem Antlitz des Polytechnikers, und ich mußte unwillkürlich an die alten Götter denken, als sie noch in ewiger Jugend auf Erden wandelten. Das sagte ich auch zu ihm, und er lächelte dabei. Ich hätte darauf schwören mögen, daß er ein verkleideter Gott war oder wenigstens aus der Familie eines solchen stammte. – Und richtig, er war es – mein höchster Wunsch sollte erfüllt, die Puppen sollten lebendig und ich Direktor einer Menschentruppe werden. Wir tranken darauf; er packte alle meine Puppen in den hölzernen Kasten, band ihn mir auf den Rücken und ließ mich dann durch eine Spirale fallen. Ich höre noch, wie ich plumpste; ich lag auf dem Boden, und die ganze Gesellschaft sprang aus dem Kasten heraus. Der Geist war über sie alle gekommen, alle Puppen hatten sich in ausgezeichnete Künstler verwandelt, das behaupteten sie selbst, und ich war nun der Direktor. Alles war zur ersten Vorstellung bereit; die ganze Gesellschaft wollte mit mir reden und das Publikum desgleichen. Die Tänzerin versicherte, daß, wenn sie nicht auf einem Beine stände, das Haus fiele, sie wäre in jeder Beziehung Meisterin und verlangte, dementsprechend behandelt zu werden. Die Puppe, welche die Kaiserin spielte, beanspruchte auch außerhalb der Szene die einer solchen gebührende Ehre, denn sonst käme sie aus der Übung. Der junge Mensch, der benutzt wurde, um mit einem Briefe hereinzukommen, machte sich ebenso wichtig wie ein erster Liebhaber, denn die Kleinen, behauptete er, wären in einem künstlerischen Ganzen von gleicher Wichtigkeit wie die Großen. Der Held seinerseits begehrte, daß seine ganze Rolle aus lauter Kraftstellen bestehen müßte, denn diese pflegte man zu beklatschen. Die Primadonna wollte nur in roter Toilette spielen, weil ihr diese am besten stände – sie wollte durchaus nicht in Blau auftreten. Es kam mir alles wie eine Flasche voll Fliegen vor, in der ich mitten drin steckte, und ich war der Direktor. Der Atem ging mir aus, ich verlor den Kopf, ich war so elend, wie ein Mensch nur immer werden kann. Es schien ein ganz neues Menschengeschlecht zu sein, unter das ich geraten war, ich wünschte, daß ich sie alle wieder im Kasten hätte und nie Direktor geworden wäre. Ich sagte es ihnen rein heraus, daß sie im Grunde genommen doch nur Puppen wären, und da schlugen sie mich tot. Ich lag in meinem Zimmer auf dem Bette. Wie ich von dem Polytechniker dahin gekommen war, das mag er wissen, ich weiß es nicht. Der Mond schien auf den Fußboden, wo der Puppenkasten umgeworfen und alle Puppen zerstreut umherlagen. Wie Kraut und Rüben lagen Große und Kleine, die ganze Bescherung durcheinander. Aber ich war nicht faul; flink fuhr ich aus dem Bette, und sämtliche spazierten wieder in den Kasten, einige mit dem Kopfe und andere mit den Beinen zuerst. Ich schlug den Deckel zu und setzte mich oben auf den Kasten. Es war ein Bild zum Malen! Können Sie es sehen? Ich kann es sehen. ›Nun sollt ihr drinbleiben‹, sagte ich, ›und nie will ich mehr wünschen, daß ihr Fleisch und Blut erhaltet!‹ Ich geriet in die heiterste Laune und war der glücklichste Mensch. Der Polytechniker hatte mich kuriert. Ich saß in reiner Glückseligkeit auf dem Kasten und fiel auf ihm in Schlaf, und am Morgen – es war eigentlich schon Mittag, aber ich schlief den Morgen merkwürdig lange –, da saß ich noch immer auf ihm, glücklich und selig, weil ich gelernt hatte, daß mein ehemaliger einziger Wunsch dumm gewesen war. Ich erkundigte mich nach dem Polytechniker, aber er war fort, verschwunden, wie die griechischen und römischen Götter. Und seit der Zeit bin ich der glücklichste Mensch gewesen. Ich bin ein glücklicher Direktor, mein Personal räsoniert nicht, das Publikum auch nicht, es ergötzt sich aus Herzensgrunde. Frei kann ich mir alle meine Stücke zusammenbrauen. Aus allen Komödien nehme ich mir das Beste heraus, das mir gefällt, und niemand ärgert sich darüber. Stücke, die auf den großen Theatern jetzt verachtet sind, aber denen das Publikum vor dreißig Jahren nachlief und voller Rührung ihnen lauschte und jämmerlich dabei weinte, deren nehme ich mich jetzt an. Ich spiele sie den Kleinen vor, und die Kleinen weinen, wie einst Vater und Mutter dabei weinten. Ich gebe ›Johanna Montfaucon‹ und ähnliche Rührstücke, aber in Verkürzung, denn die Kleinen halten nicht viel von langem Liebesgeschwätz, sie wollen: unglücklich, aber geschwind. Nun habe ich Dänemark kreuz und quer durchreist, kenne alle Menschen und bin meinerseits bekannt. Jetzt bin ich nach Schweden hinübergegangen, und mache ich hier Glück und verdiene ich bar Geld, dann schließe ich mich mit Leib und Seele der skandinavischen Partei an, sonst nicht, das sage ich Ihnen, da Sie mein Landsmann sind.«

Und ich als Landsmann erzähle es natürlich sofort wieder, bloß um zu erzählen.

Die Hirtin und der Schornsteinfeger

Hast du schon je ein recht altmodisches Holzspind gesehen, ganz schwarz vor Alter und mit ausgeschnitzten Schnörkeln und Laubwerk? Genau ein solches stand in einer Wohnstube. Es war ein Erbstück aus den Zeiten der Urgroßmutter, und das Schnitzwerk, mit dem es von oben bis unten bedeckt war, bildete Rosen und Tulpen. Die seltsamsten Schnörkel befanden sich daran, und aus denselben ragten kleine Hirschköpfe mit vielendigen Geweihen hervor. Aber mitten auf dem Spinde stand ein ganzer Mann ausgeschnitzt; er bot allerdings einen lächerlichen Anblick dar, und er lachte wirklich, oder vielmehr er grinste, denn lachen konnte man es unmöglich nennen. Dazu hatte er Bocksbeine, kleine Hörner vor der Stirn und einen langen Bart. Die Kinder, die im Zimmer zu spielen pflegten, nannten ihn immer den bockbeinigen Ober- und Untergeneralkriegsbefehlshaber. Sein Name entsprach seiner Gestalt; war diese schwer auszuschnitzen gewesen, so war dafür auch sein Name schwer auszusprechen, und es gibt nicht viele, die sich dieses Titels rühmen können. Nach vielem Aufwand von Kunst und Mühe stand er nun aber da. Fortwährend starrte er auf den Spiegeltisch hinab, denn dort stand eine anmutige kleine Hirtin von Porzellan. Ihre Schuhe waren vergoldet, ihr Rock mit einer Rose niedlich aufgesteckt, und außerdem hatte sie einen goldenen Hut und einen Hirtenstab; sie war eine reizende Erscheinung. Dicht neben ihr stand ein kleiner Schornsteinfeger, kohlschwarz, aber ebenfalls von Porzellan. Er war ebenso fein und rein wie jeder andere; daß er einen Schornsteinfeger vorstellte, kam nur aus einer Laune des Porzellanfabrikanten; derselbe hätte ebensogut einen Prinzen aus ihm machen können, denn das war einerlei.

Gar niedlich stand er mit seiner Leiter da und mit einem wahren Mädchenantlitz wie Milch und Blut, und das war eigentlich ein Fehler, denn etwas schwarz hätte er doch wohl sein können. Er stand der Hirtin am allernächsten. Beide waren sie hingestellt, wo sie standen, und da sie doch einmal dahingestellt waren, hatten sie sich verlobt. Auch war es in der Tat eine ganz passende Partie, beide waren junge Leute, beide waren von demselben Porzellan und gleich zerbrechlich.

Dicht neben ihnen stand noch eine andere Figur von dreifacher Größe. Sie stellte einen alten Chinesen vor, der nicken konnte; er war gleichfalls von Porzellan und gab sich für den Großvater der kleinen Hirtin aus, was er freilich nicht beweisen konnte. Er behauptete, daß er Gewalt über sie besäße, und deshalb hatte er dem bockbeinigen Ober- und Untergeneralkriegsbefehlshaber, der sich um die kleine Hirtin bewarb, sein Jawort zugenickt.

»Da bekommst du einen Mann«, sagte der alte Chinese, »einen Mann, der, wie ich beinahe glaube, von Mahagoniholz ist; er kann dich zur bockbeinigen Ober- und Untergeneralkriegsbefehlshaberin machen. Er hat das ganze Spind voll Silberzeug, ohne den Inhalt der geheimen Fächer in Anschlag zu bringen.«

»Ich will aber nicht in das finstre Spind hinein!« sagte die kleine Hirtin. »Ich habe mir sagen lassen, daß er darin elf Porzellanfrauen hat!«

»Dann sollst du die zwölfte sein!« sagte der Chinese. »Sobald es heute nacht in dem alten Spind knackt, sollt ihr Hochzeit feiern, so wahr wie ich ein Chinese bin!« Darauf nickte er mit dem Kopfe und schlief ein.

Aber die Hirtin weinte und sah ihren Herzallerliebsten, den Porzellanschornsteinfeger, an.

»Ich bitte dich inständigst«, sagte sie, »geh mit mir in die weite Welt, denn hier können wir nicht bleiben!«

»Ich will alles, was du willst!« sagte der kleine Schornsteinfeger.

»Laß uns gleich gehen; ich bin überzeugt, daß ich dich mit meiner Profession ernähren kann!«

»Wären wir nur erst von dem Tische hinunter!« versetzte sie. »Ich werde nicht eher froh, bis wir draußen in der weiten Welt sind!«

Er tröstete sie und zeigte ihr, wie sie ihr Füßchen auf die ausgeschnitzten Kanten und das vergoldete Laubwerk rings um den Tischfuß hinabsetzen sollte; seine Leiter nahm er gleichfalls zu Hilfe, und so waren sie bald unten auf dem Fußboden. Als sie aber nach dem alten Spinde hinblickten, gewahrten sie darin eine eigentümliche Unruhe. Alle die ausgeschnitzten Hirsche reckten ihre Köpfe weiter vor, erhoben die Geweihe und drehten die Hälse. Der bockbeinige Ober- und Untergeneralkriegsbefehlshaber sprang ungestüm in die Höhe und rief zu dem alten Chinesen hinüber: »Da laufen sie! Da laufen sie!«

Ein gewaltiger Schreck bemächtigte sich ihrer, und hurtig sprangen sie in das Schubfach des Fenstertritts.

Hier lagen drei oder vier Spiele Karten, die unvollständig waren, und ein kleines Puppentheater, das, so gut es die Umstände erlaubten, aufgebaut war. Da wurde gerade Komödie gespielt, und alle Damen, Karo- wie Herz-, Treff- und Pikdame, saßen in der ersten Reihe und fächelten sich mit ihren Tulpen, und hinter ihnen standen alle Buben und zeigten, daß sie Kopf hätten und gleich oben und unten, wie die Spielkarten es ja haben. Das Stück handelte von zwei Liebenden, die sich nicht bekommen sollten, und die Hirtin weinte darüber, denn es war wie ihre eigene Geschichte.

»Das kann ich nicht aushalten!« rief sie aus. »Ich muß aus dem Schubfache hinaus.« Als sie aber wieder auf dem Boden standen und nach dem Tische hinaufschauten, da war der alte Chinese erwacht und schwankte mit dem ganzen Körper, unten war er ja nur ein Klumpen.

»Nun kommt der alte Chinese!« schrie die kleine Hirtin und sank vor Gram auf ihre Porzellanknie.

»Mir kommt ein Gedanke!« sagte der Schornsteinfeger. »Wir wollen in das Gefäß kriechen, das in jener Ecke steht; dort können wir auf Rosen und Lavendel liegen und ihm, sobald er naht, Salz in die Augen streuen!«

»Das kann uns nicht für immer retten!« entgegnete sie. »Außerdem weiß ich, daß der alte Chinese und jenes Gefäß einmal miteinander verlobt gewesen sind, und alte Liebe, sagt man, rostet nicht. Nein, es bleibt kein anderes Mittel übrig, als in die weite Welt zu gehen!«

»Hast du wirklich Mut, mit mir in die weite Welt zu gehen?«

fragte der Schornsteinfeger. »Hast du bedacht, wie groß sie ist und daß wir nie mehr hierher zurückkommen können?«

»Das habe ich!« sagte sie bestimmt.

Der Schornsteinfeger fixierte sie und sagte dann: »Mein Weg geht durch den Schornstein! Hast du wirklich Mut, mit mir durch den Kachelofen, sowohl durch das Innere als auch durch die Röhre zu kriechen? Auf diesem Wege gelangen wir in den Schornstein hinaus, und dort bin ich in meinem Element. Wir steigen so hoch, daß sie uns nicht erreichen können, und ganz oben führt uns dort ein Loch in die weite Welt hinaus.«

Und er führte sie an die Ofentür.

»Hu, wie schwarz es dort aussieht!« sagte sie, ging aber doch mit ihm durch das Innere wie durch die Röhre, wo stockpechfinstre Nacht sie umgab.

»Jetzt sind wir im Schornsteine«, sagte er, »und sieh, über uns funkelt der herrlichste Stern!«

Und wirklich war es ein Stern am Himmel, der gerade auf sie herabschien, als ob er ihnen den Weg zeigen wollte. Und sie krochen und krochen auf einem abscheulichen Wege so hoch, so hoch! Aber er hob und schob, er hielt sie und zeigte ihr die besten Stellen, wohin sie ihre Porzellanfüßchen setzen sollte. So arbeiteten sie sich allmählich bis zum Schornsteinrande empor und setzten sich auf denselben, denn sie waren gründlich müde, worüber sich wohl niemand wundern wird.

Hoch über ihnen wölbte sich der Himmel mit allen seinen Sternen, und unter ihnen ragten die Dächer der Stadt empor. Ein weiter Rundblick bot sich ihnen dar, ein weiter Blick in die große Welt. So hatte es sich die arme Hirtin nie gedacht; sie legte ihr Köpfchen gegen ihren Schornsteinfeger und weinte dann so bitterlich, daß ihr das Gold vom Gürtel absprang.

»Das ist allzuviel!« sagte sie. »Das kann ich nicht aushalten! Die Welt ist allzugroß! Oh, wäre ich doch wieder auf dem kleinen Tische unter dem Spiegel! Nie werde ich wieder froh, ehe ich dort bin. Bin ich dir jetzt in die weite Welt hinausgefolgt, so kannst du mir nun wohl wieder nach Hause folgen, falls du mich wirklich lieb hast.«

Der Schornsteinfeger redete ihr vernünftig zu, lenkte das Gespräch auf den alten Chinesen und den bockbeinigen Ober- und Untergeneralkriegsbefehlshaber, aber sie schluchzte zum Stein- oder vielmehr Porzellanerweichen und küßte ihren kleinen Schornsteinfeger so innig, daß er nicht umhin konnte, sich ihr zu fügen, so töricht es auch war.

So kletterten sie denn wieder mit vieler Beschwerde den Schornstein hinunter und krochen durch das Innere und das Rohr, was fürwahr nichts Angenehmes an sich hatte, und dann standen sie in dem finstren Kachelofen. Dort lauschten sie hinter der Tür, um zu erfahren, wie es in der Stube stände. Es war in derselben ganz still; sie guckten hinaus – ach, da lag der Chinese mitten auf dem Fußboden, er war vom Tische hinuntergefallen, als er ihnen nachsetzen wollte, und lag in drei Stücke zerschlagen da. Der ganze Rücken hatte sich in einem einzigen Stücke abgelöst, und der Kopf war in eine Ecke gerollt; der bockbeinige Ober- und Untergeneralkriegsbefehlshaber stand, wo er immer gestanden hatte, und dachte nach.

»Das ist gräßlich!« sagte die kleine Hirtin. »Der alte Großvater ist in Stücke zerschlagen, und wir tragen die Schuld daran. Das kann ich nicht überleben!« Und dabei rang sie ihre kleinen Händchen.

»Er läßt sich wohl noch zusammennieten!« sagte der Schornsteinfeger. »O ja, er kann sehr gut genietet werden. – Sei nur nicht gleich so heftig. Wenn sie ihn im Rücken kitten und ihm eine tüchtige Niete im Nacken geben, dann wird er wieder so gut wie neu sein und kann uns noch genug ausschelten.«

»Meinst du?« fragte sie. Und dann kletterten sie wieder auf den Tisch hinauf und stellten sich an ihren früheren Platz.

»So weit sind wir also gekommen!« sprach spöttisch der Schornsteinfeger. »Die Mühe hätten wir uns ersparen können!«

»Hätten wir den alten Großvater nur erst genietet!« sagte die Hirtin. »Wird es wohl sehr teuer sein?«

Und genietet wurde er. Die Eigentümer ließen ihn im Rücken kitten, eine gute Niete wurde ihm durch den Hals gezogen, und er war wieder so gut wie neu, nur konnte er nicht mehr nicken.

»Sie sind wohl hochmütig geworden, seitdem Sie zerschlagen sind?« sagte der bockbeinige Ober- und Untergeneralkriegsbefehlshaber. »Das scheint mir gerade keine geeignete Ursache zur Überhebung zu sein! Soll ich sie haben, oder soll ich sie nicht haben?«

Der Schornsteinfeger und die kleine Hirtin sahen den alten Chinesen flehend an; sie befürchteten, er möchte nicken, allein er konnte nicht, und es verdroß ihn, einem Fremden zu erzählen, daß er beständig eine Niete im Nacken hätte. Deshalb blieben die Porzellanleute beisammen, segneten des Großvaters Niete und liebten einander, bis sie in Stücke gingen.

Die Blumen der kleinen Ida

»Meine armen Blumen sind ganz welk!« sagte die kleine Ida. »Gestern abend waren sie noch so schön, und nun hängen alle Blumen vertrocknet da! Warum tun sie es?« fragte sie den Studenten, der auf dem Sofa saß. Sie hielt große Stücke auf ihn; er wußte die prächtigsten Geschichtchen und schnitt die drolligsten Bilder aus: Herzen mit kleinen Mädchen darin, welche tanzten; Blumen und große Schlösser, deren Türen sich öffnen ließen. Ja, es war ein lustiger Student! »Warum sehen die Blumen heute so farblos aus?« fragte sie wieder und zeigte ihm einen ganzen Strauß, der völlig verwelkt war.

»Ja, weißt du, was ihnen fehlt?« sagte der Student. »Die Blumen sind heute nacht auf dem Ball gewesen, und deshalb lassen sie die Köpfe hängen.«

»Aber die Blumen können ja nicht tanzen?« sagte die kleine Ida.

»O ja!« sagte der Student. »Sobald es dunkel wird und wir anderen schlafen, dann springen sie lustig umher; fast jede Nacht haben sie Ball.«

»Kann denn kein Kind mit auf den Ball kommen?«

»Ja«, sagte der Student, »die kleinen niedlichen Gänseblümchen und Maiblümchen.«

»Wo tanzen die schönen Blumen?« fragte die kleine Ida.

»Bist du nicht öfters vor dem Tore bei dem großen Schlosse gewesen, wo der König im Sommer wohnt und der schöne Garten mit den vielen Blumen ist? Du hast ja die Schwäne gesehen, die auf dich zuschwimmen, wenn du ihnen Brotkrümchen geben willst. Dort findet wirklich Ball statt, das kannst du mir glauben!«

»Erst gestern war ich mit meiner Mutter draußen im Garten«, sagte Ida, »aber alle Blätter waren von den Bäumen, und es waren gar keine Blumen mehr da! Wo sind sie? Im Sommer sah ich so viele!«

»Die sind drinnen im Schlosse!« sagte der Student. »Du mußt wissen, sobald der König und alle Hofleute wieder in die Stadt ziehen, dann laufen die Blumen sofort aus dem Garten auf das Schloß und sind lustig. Das sollst du einmal sehen. Die beiden reizendsten Rosen setzen sich auf den Thron und sind dann König und Königin. Die großen Hahnenkämme stellen sich alle an der Seite auf und stehen und verneigen sich. Das sind Kammerjunker. Nun kommen die niedlichsten Blumen, und dann ist da großer Ball. Die blauen Veilchen stellen kleine Seekadetten vor, sie tanzen mit Hyazinthen und Krokus, die sie Fräulein anreden. Die Tulpen und Feuerlilien, das sind Matrosen, die passen auf, daß recht schön getanzt wird und alles fein ordentlich hergeht.«

»Aber«, fragte die kleine Ida, »ist denn niemand da, der die Blumen dafür bestraft, daß sie in des Königs Schlosse tanzen?«

»Es ist niemand da, der darüber etwas Genaues wüßte!« sagte der Student. »Mitunter kommt des Nachts freilich der alte Schloßverwalter, der da draußen die Aufsicht zu führen hat. Sobald aber die Blumen seinen großen Schlüsselbund rasseln hören, verhalten sie sich ganz still, verstecken sich hinter den langen Vorhängen und stecken den Kopf hervor. ›Mein Geruch sagt es mir, es sind hier Blumen im Saale!‹ sagte der alte Schloßverwalter, aber sehen kann er sie nicht.«

»Das ist drollig«, sagte die kleine Ida und klatschte in die Hände. »Aber könnte ich denn die Blumen auch nicht sehen?«

»O ja!« sagte der Student. »Vergiß nur nicht, sobald du wieder hinauskommst, durch das Fenster zu schauen, dann siehst du sie sicher. Das tat ich heute, da lag eine lange Narzisse auf dem Sofa und dehnte sich; das war eine Hofdame.«

»Kommen auch die Blumen aus dem Botanischen Garten da hinaus? Können sie den weiten Weg machen?«

»Jawohl«, sagte der Student, »denn sobald sie wollen, können sie fliegen. Hast du nicht schon die herrlichen Schmetterlinge gesehen, die roten, gelben und weißen? Sie sehen fast wie Blumen aus und sind es auch gewesen. Sie sind vom Stengel hoch hinauf in die Luft gesprungen und haben dann mit ihren Blättern wie mit kleinen Flügeln geschlagen, und nun flogen sie. Da sie sich gut aufführten, durften sie auch am Tage fliegen, brauchten nicht wieder nach Hause zu kommen und still auf dem Stengel zu sitzen, und so wurden diese

Blätter schließlich wirkliche Flügel. Das hast du ja selbst gesehen! Möglich wäre es indes, daß die Blumen im Botanischen Garten noch nie draußen im Schlosse des Königs gewesen wären, oder auch nicht wüßten, daß es dort nachts so lustig zugeht. Darum will ich dir jetzt etwas sagen, worüber der Professor der Botanik, der hier gleich nebenan wohnt – du kennst ihn ja wohl? –, in nicht geringe Verwunderung geraten würde. Wenn du in seinen Garten kommst, mußt du einer der Blumen erzählen, daß draußen auf dem Schlosse großer Ball ist. Dann sagt sie es allen anderen wieder, und sie fliegen von dannen. Kommt dann der Professor in seinen Garten hinaus, so ist nicht eine einzige Blume darin, und es ist ihm unfaßbar, was aus ihnen geworden ist.«

»Wie kann denn aber die Blume es den anderen erzählen? Die Blumen können ja nicht sprechen!«

»Nein, genau genommen können sie es nicht«, antwortete der Student, »aber sie verständigen sich durch Zeichen! Hast du nicht schon gesehen, daß sich die Blumen, sobald ein linder Windhauch weht, verneigen und alle die grünen Blätter sich bewegen? Das ist ebenso deutlich, als ob sie sprächen.«

»Versteht denn der Professor diese Zeichensprache?« fragte Ida.

»O gewiß! Eines Morgens ging der Professor in seinen Garten hinunter und bemerkte, wie eine große Brennessel einer prächtigen roten Nelke mit den Blättern Zeichen machte; sie sagte: ›Du bist sehr niedlich und ich habe dich von Herzen lieb!‹ Aber dergleichen kann der Professor durchaus nicht leiden. Deshalb schlug er der Brennessel über die Blätter, denn das sind ihre Finger, aber da verbrannte er sich, und seit der Zeit rührt er keine Brennessel mehr an!«

»Das ist drollig!« sagte die kleine Ida und lachte.

»Wie kann man einem Kinde dergleichen vorreden!« sagte der mürrische Kanzleirat, der zu Besuch gekommen war und auf dem Sofa saß. Er konnte den Studenten gar nicht leiden und brummte stets, wenn er ihn die komischen lustigen Bilder ausschneiden sah – bald einen Mann, der an einem Galgen hing und ein Herz in der Hand hielt, denn er war ein Herzensdieb; bald eine alte Hexe, die auf einem Besen ritt und ihren Mann auf der Nase hatte. Das konnte der Kanzleirat nicht leiden, und dann sagte er immer wie in diesem Augenblick: »Wie kann man einem Kinde dergleichen vorreden! Das ist dummes Zeug!«

Aber der kleinen Ida kam es doch ganz lustig vor, was ihr der Student von ihren Blumen erzählte, und sie dachte viel daran. Die Blumen ließen die Köpfe hängen, weil sie vom nächtlichen Tanze müde waren; sie waren gewiß krank. Da ging sie mit ihren Blumen zu all ihrem anderen Spielzeug hin, das auf einem hübschen kleinen Tische stand, und das ganze Schubfach war voll Puppenstaat. Im Puppenbette lag ihre Puppe Sophie und schlief, aber die kleine Ida sagte zu ihr: »Du mußt leider aufstehen, Sophie, und damit fürliebnehmen, heute nacht im Schubfache zu liegen; die armen Blumen sind krank, und da müssen sie in deinem Bette liegen; vielleicht werden sie dann wieder frisch und wohl!« Damit nahm sie die Puppe heraus, die sehr ärgerlich aussah und kein einziges Wort sagte, denn es verdroß sie, daß sie nicht ihr Bett behalten durfte.

Dann legte Ida die Blumen in das Puppenbett, zog die kleine Decke ganz über sie fort und sagte, sie sollten nun hübsch stille liegen, sie würde ihnen dann Tee kochen, damit sie wieder wohl und frisch werden und morgen wieder aufstehen könnten. Die Vorhänge zog sie dicht um das kleine Bett, damit die Sonne ihnen nicht in die Augen scheinen sollte.

Den ganzen Abend hindurch konnte sie sich nicht enthalten, an das zu denken, was ihr der Student erzählt hatte. Als sie nun selbst zu Bett sollte, huschte sie erst hinter die Gardinen vor den Fenstern, wo die prächtigen Blumen ihrer Mutter, Hyazinthen und Tulpen, standen, und flüsterte ihnen ganz leise zu: »Ich weiß es nun, ihr sollt heute nacht auf den Ball!« Aber die Blumen taten, als verständen sie nichts, und rührten kein Blatt, allein die kleine Ida wußte doch, was sie wußte.

Als sie nun zu Bett gegangen war, lag sie noch lange und dachte, wie hübsch es doch sein müßte, die herrlichen Blumen draußen auf dem Schlosse des Königs tanzen zu sehen. »Ob meine Blumen wohl wirklich mit dabei gewesen sind?« Dann fiel sie aber in Schlaf. In der Nacht erwachte sie wieder. Sie hatte von den Blumen und dem Studenten geträumt, den der Kanzleirat ausgezankt und dabei gesagt hatte, er wollte ihr bloß etwas weismachen. In der Schlafkammer, wo Ida lag, war es ganz still; die Nachtlampe brannte auf dem Tische, und ihr Vater und ihre Mutter schliefen.

Ob meine Blumen jetzt wohl in Sophiens Bett liegen? sagte sie bei sich selbst; ich möchte es doch gar zu gern wissen! Sie richtete sich ein wenig auf und blickte nach der Tür. Sie war nur angelehnt, und drinnen lagen die Blumen und all ihr Spielzeug. Sie lauschte, und da war es ihr, als hörte sie drinnen in der Stube auf dem Klavier spielen, aber ganz leise und so hübsch, wie sie nie zuvor gehört hatte.

»Jetzt tanzen gewiß alle Blumen drinnen!« sagte sie. »Ach, wie gern möchte ich es doch sehen!« aber sie durfte nicht aufstehen, weil sie sonst Vater und Mutter geweckt hätte. »Wenn sie doch nur hereinkommen wollten!« sagte sie; aber die Blumen kamen nicht. Als nun die hübsche Musik immer weiterspielte, konnte sie es nicht länger mehr aushalten, denn es war zu herrlich. Unhörbar kletterte sie aus ihrem kleinen Bette, ging ganz leise nach der Tür und sah in die Stube hinein. Nein, war das drollig, was sie nun zu sehen bekam!

Eine Nachtlampe brannte nicht darin, aber gleichwohl war es ganz hell; der Mond schien durch das Fenster mitten auf den Fußboden, so daß es fast tageshell war. Alle Hyazinthen und Tulpen standen in zwei langen Reihen auf dem Boden, am Fenster waren keine mehr zu sehen, da standen die leeren Töpfe. Auf dem Boden tanzten die Blumen ganz niedlich umeinander herum, bildeten ordentliche Ketten und hielten einander an den langen grünen Blättern, wenn sie sich herumschwenkten. Am Klavier saß eine große Feuerlilie, welche die kleine Ida bestimmt im Sommer gesehen hatte, denn sie erinnerte sich noch ganz wohl, daß der Student gesagt hatte: »Seht nur, wie sie dem Fräulein Lina ähnelt!« Damals hatten ihn alle ausgelacht, aber jetzt kam es Ida wirklich auch so vor, als ob die lange gelbe Blume dem Fräulein gliche. Sie war selbst beim Spielen ihr treues Ebenbild, bald neigte sie ihr langes gelbes Gesicht auf die eine Seite, bald auf die andere, und nickte den Takt zu der schönen Musik. Die kleine Ida blieb völlig unbemerkt. Nun sah sie einen großen blauen Krokus mitten auf den Tisch springen, auf dem das Spielzeug stand, direkt auf das Puppenbett zugehen und die Vorhänge auf die Seite schieben. Da lagen die kranken Blumen, aber sie richteten sich sofort empor und nickten den anderen auf dem Fußboden zu, daß sie auch mittanzen wollten. Der alte Herr auf dem Räucherkästchen, dem die Unterlippe abgebrochen war, stand auf und verneigte sich vor den hübschen Blumen. Sie sahen gar nicht mehr krank aus, hüpften unter die anderen hinunter und waren recht vergnügt.

Horch! War es nicht, als ob etwas vom Tische herunterfiel? Ida schaute hin. Es war die Fastnachtsrute, die heruntersprang. Sie schien ebenfalls mit zu den Blumen zu gehören. Sie war auch sehr niedlich, und oben in der Spitze saß eine kleine Wachspuppe, die einen genau ebenso breiten Hut auf dem Kopfe hatte, wie ihn der Kanzleirat trug. Die Fastnachtsrute hüpfte auf ihren drei roten Stelzfüßen mitten unter die Blumen und stampfte, weil sie Mazurka tanzte, laut den Boden. Den Tanz verstanden die anderen Blumen nicht, denn sie waren gar leicht und konnten nicht aufstampfen.

Die Wachspuppe auf der Fastnachtsrute wurde plötzlich groß und lang, schwang sich hoch über die Papierblumen empor und rief ganz laut: »Wie kann man einem Kinde dergleichen vorreden! Das ist dummes Zeug!« und da ähnelte die Wachspuppe dem Kanzleirate mit seinem breiten Hute auf das täuschendste; sie sah gerade ebenso gelb und brummig aus. Aber die Papierblumen schlugen ihn an die dünnen Beine, und da schrumpfte er wieder zusammen und wurde eine winzige kleine Wachspuppe. Das war ein zu komischer Anblick! Die kleine Ida konnte sich des Lachens nicht enthalten. Die Fastnachtsrute hörte nicht auf zu tanzen, und der Kanzleirat mußte mittanzen, es half ihm nichts, ob er sich groß und lang machte oder die kleine gelbe Wachspuppe mit dem großen, schwarzen Hute wurde. Da baten die anderen Blumen für ihn, besonders die, welche im Puppenbette geschlafen hatten, und da ließ ihn die Fastnachtsrute endlich in Ruhe. In demselben Augenblicke klopfte es ganz laut inwendig in dem Schubfache, wo Idas Puppe, Sophie, bei vielem anderen Spielzeuge lag. Das Männchen auf dem Räucherkästchen lief bis an die Kante des Tisches, legte sich der Länge nach auf den Bauch und fing an, den Schubkasten ein wenig herauszuziehen. Da richtete sich Sophie empor und sah sich ganz verwundert um. »Hier ist ja Ball!« sagte sie. »Warum hat mir es denn niemand gesagt?«

»Willst du mit mir tanzen?« sagte das Räuchermännchen.

»Fürwahr, das stände mir gerade an, mit dir zu tanzen!« sagte sie und wandte ihm den Rücken. Hierauf setzte sie sich auf das Schubfach und dachte, es würde schon eine oder die andere Blume kommen und sie engagieren, aber es kam keine. Nun hustete sie, hm, hm, hm, aber gleichwohl kam keine. Das Räuchermännchen tanzte ganz allein und gar nicht so übel.

Da nun keine der Blumen Sophie zu sehen schien, ließ sie sich vom Schubfach gerade auf den Boden herabgleiten, so daß ein großer Lärm entstand. Alle Blumen umringten sie auch gleich und fragten, ob sie sich keinen Schaden getan hätte, und sie benahmen sich alle sehr zuvorkommend gegen sie, besonders die Blumen, die in ihrem Bette gelegen hatten. Aber sie hatte keinen Schaden genommen, und alle Blumen Idas dankten ihr für das prächtige Bett und bewiesen ihr große Zuneigung. Sie zogen sie mit sich bis mitten auf den Boden, wo der Mond schien, tanzten mit ihr, und alle anderen Blumen schlossen einen Kreis um sie. Nun war Sophie fröhlich und sagte, sie möchten getrost ihr Bett behalten, sie läge ebensogern im Schubfache.

Aber die Blumen sagten: »Empfange unseren besten Dank, allein wir können nicht mehr lange leben; morgen sind wir tot; sage aber der kleinen Ida, sie möchte uns draußen im Garten, dort, wo der Kanarienvogel liegt, begraben. Dann erhalten wir im Sommer neues Wachstum und werden noch weit schöner!«

»Nein, ihr dürft nicht sterben!« sagte Sophie und küßte dann die Blumen. In dem Augenblick ging die Saaltür auf, und eine große Menge prachtvoller Blumen tanzte herein. Ida konnte sich gar nicht denken, woher sie gekommen waren; es waren gewiß die Blumen draußen vom Schlosse des Königs. An der Spitze gingen zwei herrliche Rosen und trugen kleine Goldkronen, das war ein König und eine Königin. Darauf folgten die niedlichsten Levkojen und Nelken, die nach allen Seiten hin grüßten. Sie hatten Musik mit sich, große Mohnblüten und Päonien bliesen auf Erbsenschoten, so daß sie ganz rot im Gesicht waren. Die blauen Glockenblumen und die kleinen weißen Schneeglöckchen klingelten, als ob sie Schellen trügen. Das war eine komische Musik. Dann kamen gar viele andere Blumen und tanzten allesamt, die blauen Veilchen und die roten Tausendschön, die Gänseblümchen und Maiblümchen. Und alle Blumen küßten einander, was sehr niedlich anzusehen war.

Schließlich sagten die Blumen einander gute Nacht. Da schlich sich denn auch die kleine Ida in ihr Bett, wo sie von allem, was sie gesehen hatte, träumte.

Als sie am nächsten Morgen aufstand, ging sie sogleich zu dem kleinen Tische, um zu sehen, ob die Blumen noch dort wären. Sie zog den Vorhang vor dem kleinen Bett zur Seite, ja, da lagen sie sämtlich, aber sie waren ganz welk, weit mehr als gestern. Sophie lag im Schubfache, wohin sie sie gelegt hatte; sie sah sehr schläfrig aus.

»Kannst du dich auf das besinnen, was du mir sagen solltest?« fragte die kleine Ida, allein Sophie sah ganz dumm aus und sagte auch nicht ein einziges Wort.

»Du bist gar nicht artig«, sagte Ida, »und doch tanzten sie sämtlich mit dir.« Dann nahm sie ein Papierschächtelchen, das mit niedlichen Vögeln bemalt war, öffnete es und legte die toten Blumen hinein. »Das soll euer hübscher Sarg sein«, sagte sie, »und wenn später die nordischen Vettern kommen, da sollen sie bei dem Begräbnisse draußen im Garten mit zugegen sein, damit ihr im Sommer wieder wachsen könnt und noch weit schöner werdet!«

Die nordischen Vettern waren zwei frische Knaben, sie hießen Jonas und Adolf, ihr Vater hatte ihnen zwei neue Flitzbogen geschenkt, die sie bei sich hatten, um sie Ida zu zeigen. Sie erzählte ihnen von den armen Blumen, die gestorben waren, und dann durften sie dieselben begraben. Beide gingen mit den Flitzbogen auf den Schultern voran, und die kleine Ida folgte ihnen mit den toten Blumen in der niedlichen Schachtel. Draußen im Garten wurde ein kleines Grab gegraben. Ida küßte erst die Blumen, setzte sie dann mit der Schachtel in die Erde, und Adolf und Jonas schossen mit den Flitzbogen über das Grab, denn sie hatten keine Gewehre oder Kanonen.

Däumelieschen

Es war einmal eine Frau, die gar zu gern ein kleines Kind haben wollte, aber sie wußte gar nicht, wo sie es herbekommen sollte. Da ging sie zu einer alten Hexe und sagte zu ihr: »Ich möchte doch gar zu gern ein kleines Kind haben; kannst du mir nicht sagen, wo ich eins herbekommen soll?«

»O ja, das soll nicht schwerhalten!« sagte die Hexe. »Da hast du ein Gerstenkorn; das ist nicht etwa von der Art, wie es auf einem Bauernfelde wächst, oder womit die Hühner gefüttert werden. Lege es in einen Blumentopf, dann wirst du etwas zu sehen bekommen!«

»Besten Dank!« sagte die Frau und gab der Hexe ein Silberstück, ging dann heim, pflanzte das Gerstenkorn, und sogleich wuchs eine große, herrliche Blume hervor, die vollkommen einer Tulpe glich, aber die Blätter schlossen sich fest zusammen, als ob sie noch in der Knospe wären.

»Das ist eine schöne Blume!« sagte die Frau und küßte sie auf die herrlichen roten und gelben Blätter, aber wie sie sie noch küßte, tat die Blume einen großen Knall und öffnete sich. Es war, wie man nun sehen konnte, eine wirkliche Tulpe, aber mitten in der Blüte, auf dem grünen Blumengriffel, saß ein winzig kleines Mädchen, fein und lieblich. Es war nicht größer als ein Daumen, und deswegen wurde es Däumelieschen genannt.

Eine prächtige, lackierte Walnußschale erhielt sie zur Wiege, blaue Veilchenblätter waren ihre Matratze und ein Rosenblatt ihr Deckbett. Darin schlief sie des Nachts, aber am Tage spielte sie auf dem Tische. Die Frau hatte einen Teller darauf gestellt, um den sie einen ganzen Kranz Blumen gelegt hatte, deren Stengel in das Wasser reichten. Hier schwamm ein großes Tulpenblatt, und auf diesem durfte Däumelieschen sitzen und von der einen Seite des Tellers bis zur anderen schwimmen. Zum Rudern hatte sie zwei weiße Pferdehaare. Das sah unbeschreiblich niedlich aus. Sie konnte auch singen, o so fein und lieblich, wie man nie zuvor gehört hatte.

Eines Nachts, als sie in ihrem hübschen Bettchen lag, kam durch das Fenster, in dem eine Scheibe zerbrochen war, eine häßliche Kröte hereingeschlüpft. Die Kröte war entsetzlich garstig, groß und naß; sie hüpfte gerade auf den Tisch hernieder, wo Däumelieschen lag und unter dem roten Rosenblatte schlief.

»Das wäre eine schöne Frau für meinen Sohn!« sagte die Kröte, und dann ergriff sie die Walnußschale, in der Däumelieschen schlief, und hüpfte mit ihr durch die Scheibe in den Garten hinunter.

Da floß ein großer, breiter Bach; aber dicht am Ufer war es sumpfig und morastig; hier wohnte die Kröte mit ihrem Sohne. Hu, der war ebenso garstig und häßlich, das ganze Ebenbild seiner Mutter. »Koax, koax, breckekekex«, war alles, was er sagen konnte, als er das hübsche kleine Mädchen sah.

»Schwatz nicht so laut, sonst wacht sie auf!« sagte die alte Kröte. »Sie könnte uns sonst noch entlaufen, denn sie ist so leicht wie ein Eiderflaum! Wir wollen sie in den Bach hinaus auf eins der breiten Wasserlilienblätter setzen, das ist für sie, die so leicht und klein ist, wie eine Insel. Da kann sie nicht entlaufen, während wir den Festsaal unten tief unter dem Sumpfe, wo ihr wohnen und leben sollt, instand setzen.«

Nach der Mitte des Baches zu wuchsen gar viele Wasserlilien mit ihren breiten grünen Blättern. Sie gewährten einen Anblick, als ob sie auf dem Wasser schwämmen. Das Blatt, das am weitesten hinausragte, war auch das allergrößte. Zu ihm schwamm die alte Kröte hinaus und setzte die Walnußschale mit Däumelieschen darauf.

Das arme kleine Mädchen erwachte beim ersten Morgengrauen, und da es wahrnahm, wo es war, fing es gar bitterlich an zu weinen, denn Wasser umgab von allen Seiten das große grüne Blatt; es war ihr unmöglich, an das Land zu kommen.

Die alte Kröte saß unten im Sumpfe und schmückte ihr Zimmer mit Schilf und gelben Wasserlilien, denn für die neue Schwiegertochter sollte alles auf das feinste hergerichtet werden. Darauf schwamm sie mit dem garstigen Sohn zu dem Blatt hinaus, wo Däumelieschen stand. Sie wollten ihr niedliches Bett holen, welches in das Brautgemach gesetzt werden sollte, ehe sie selbst dessen Schwelle übertrat.

Die alte Kröte verneigte sich vor ihr bis tief ins Wasser hinein und sagte: »Hier stell' ich dir meinen Sohn vor, der dein Mann sein soll. Ihr werdet unten im Sumpfe ganz prächtig wohnen.«

»Koax, koax, Breckekekex!« war alles, was der Sohn sagen konnte.

Nun nahmen sie das stattliche kleine Bett und schwammen damit fort; Däumelieschen aber saß ganz allein und weinte heiße Tränen auf das grüne Blatt hinab, denn sie wollte weder bei der häßlichen Kröte wohnen noch ihren häßlichen Sohn zum Manne haben. Die kleinen Fische, die unten im Wasser schwammen, hatten die Kröte recht wohl gesehen und gehört, was sie sagte. Sie streckten deshalb alle die Köpfe in die Höhe, sie wollten doch auch das kleine Mädchen sehen. Kaum hatten sie es gesehen, so fanden sie dasselbe so allerliebst, daß es ihnen leid tat, daß es zur häßlichen Kröte hinunter sollte. Nein, das durfte nie geschehen! Sie versammelten sich unten im Wasser, rings um den grünen Stengel, der das Blatt hielt, worauf es stand, nagten mit den Zähnen den Stiel ab, und nun schwamm das Blatt mit Däumelieschen hinab, weit, weit fort, wohin die Kröte nicht gelangen konnte.

Däumelieschen segelte an gar vielen Städten vorüber, und die kleinen Vögel saßen in den Büschen, sahen sie und sangen: »Welch niedliches kleines Mädchen!« Weiter und immer weiter schwamm das Blatt mit ihr; so reiste denn Däumelieschen ins Ausland.

Ein allerliebster kleiner weißer Schmetterling wurde nicht müde, sie zu umflattern, und schwebte endlich auf das Blatt hernieder, denn er konnte Däumelieschen gar wohl leiden. Diese war hoch erfreut, denn die Kröte konnte sie jetzt nicht mehr erreichen, und es war so köstlich, wo sie segelte. Die Sonne schien auf das Wasser, und dieses glänzte wie schimmerndes Gold. Da nahm sie ihren Gürtel, schlang das eine Ende desselben um den Schmetterling und befestigte das andere am Blatte. Das glitt jetzt weit schneller das Wasser hinunter und sie mit, denn sie stand ja auf dem Blatte.

Plötzlich kam ein großer Maikäfer angeflogen, der sie gewahrte und augenblicklich seine Klauen um ihren schlanken Leib schlug und mit ihr auf einen Baum flog. Aber das grüne Blatt schwamm den Bach hinab, und der Schmetterling flog mit, denn er war an das Blatt gebunden und konnte sich auch nicht befreien.

Gott, wie sehr erschrak das arme Däumelieschen, als der Maikäfer mit ihr auf den Baum hinaufflog! Am meisten betrübte sie jedoch der Gedanke an den schönen weißen Schmetterling, den sie an das Blatt gebunden hatte. Konnte er nicht loskommen, mußte er ja rettungslos verhungern. Aber das rührte den Maikäfer durchaus nicht. Er setzte sich mit ihr auf das größte grüne Blatt des Baumes, speiste sie mit dem Blütenhonig und sagte, sie wäre sehr schön, obgleich sie einem Maikäfer in keinem Stücke ähnelte. Später kamen alle die anderen Maikäfer, die den Baum bewohnten, zu Besuch; sie beguckten Däumelieschen von allen Seiten, und die Maikäferfräulein rümpften die Fühlhörner und sagten: »Sie hat ja nur zwei Füße; das sieht doch zu jämmerlich aus!« – »Sie hat keine Fühlhörner!« spotteten andere. – »Wie schlank sie um die Hüften ist! Pfui, sie sieht einem Menschen sprechend ähnlich! Wie häßlich sie ist!« sagten alle Maikäferfrauen, und trotzdem war Däumelieschen so schön. So kam sie auch dem Maikäfer vor, der sie entführt hatte, da aber alle anderen darin übereinstimmten, sie wäre häßlich, so glaubte er es zuletzt ebenfalls und wollte sie nun gar nicht haben; sie konnte gehen, wohin sie wollte. Sie flogen mit ihr vom Baume hinunter und setzten sie auf ein Gänseblümchen. Da weinte sie, weil sie so häßlich wäre, daß sie nicht einmal die Maikäfer unter sich dulden wollten, und doch war sie über alle Vorstellung schön, fein und klar, wie das herrlichste Rosenblatt.

Während des ganzen Sommers lebte Däumelieschen ganz allein in dem großen Walde. Sie flocht sich ein Bett aus Grashalmen und hing es unter einem großen Klettenblatte auf, so daß sie gegen den Regen geschützt war. Blütenhonig war ihre Speise, und ihren Durst stillte sie an dem Tau, der morgens auf den Blättern stand. So verstrich Sommer und Herbst, aber nun kam der Winter, der kalte, lange Winter. Alle Vögel, die ihr so schön vorgesungen hatten, flogen ihrer Wege, die Bäume und Blumen welkten dahin; das große Klettenblatt, unter dem sie gewohnt hatte, schrumpfte zusammen, und es blieb nur ein gelber vertrockneter Stengel. Sie fror bitterlich, ihre Kleider waren zerrissen, und sie selbst war gar fein und klein; das arme Däumelieschen mußte erfrieren. Es begann zu schneien, und jede Schneeflocke, die auf sie fiel, tat dieselbe Wirkung, als wenn man auf uns eine ganze Schaufel voll wirft, denn wir sind groß, sie war aber nur einen Daumen lang. Da hüllte sie sich in ein verwelktes Blatt, aber das erwärmte sie nicht; sie zitterte vor Kälte.

Hart am Saume des Waldes, wohin sie jetzt gelangt war, lag ein großes Kornfeld, allein das Korn war längst eingeerntet, nur die nackten, trockenen Stoppeln ragten aus der gefrorenen Erde hervor. Ihr kamen sie wie ein großer Wald vor, den sie zu durchwandern hatte, und sie klapperte nur so vor Kälte. Da kam sie vor die Tür der Feldmaus. Ihr ganzes Reich bestand in einer kleinen Höhle unter den Kornstoppeln. Dort wohnte die Feldmaus geschützt und behaglich, hatte die ganze Stube voll Korn und eine prächtige Küche und Speisekammer. Das arme Däumelieschen stellte sich an die Tür, gerade wie jedes andere arme Bettelmädchen, und bat um ein kleines Stückchen Gerstenkorn, denn sie hatte seit zwei Tagen nicht das geringste zu essen bekommen.

»Du arme Kleine!« sagte die Feldmaus, denn es war im Grunde genommen eine gute alte Feldmaus. »Komm in meine warme Stube herein und iß mit mir!«

Da sie nun Gefallen an Däumelieschen fand, sagte sie: »Du kannst getrost den Winter über bei mir bleiben, aber du mußt mir die Stube hübsch sauber halten und mir Geschichten erzählen, denn das ist meine Lust!« Däumelieschen tat, was die gute alte Feldmaus verlangte, und hatte es ganz vortrefflich bei ihr.

»Nun bekommen wir gewiß bald Besuch!« sagte die Feldmaus. »Mein Nachbar pflegt mich täglich zu besuchen. Der hat noch mehr vor sich gebracht als ich, hat große Säle und geht in einem herrlichen, schwarzen Samtpelze einher. Könntest du den zum Manne bekommen, dann wärest du gut versorgt. Er kann aber nicht sehen. Du mußt ihm die allerschönsten Geschichten erzählen, die du weißt!«

Aber darum kümmerte sich Däumelieschen nicht, sie mochte den Nachbar gar nicht haben, denn er war ein Maulwurf. Er kam und machte in seinem schwarzen Samtpelze seine Aufwartung. Er wäre sehr reich und sehr gelehrt, sagte die Feldmaus. Seine Wohnung war auch in der Tat zwanzigmal größer als die der Feldmaus, und Gelehrsamkeit besaß er, aber die Sonne und die herrlichen Blumen konnte er gar nicht leiden; über sie wußte er nur Schlimmes zu erzählen, weil er sie nie gesehen hatte. Däumelieschen mußte singen, und sie sang sowohl: »Maikäfer fliege!« als auch: »Der Pfarrer geht ins Heu!« Wegen ihrer schönen Stimme verliebte sich der Maulwurf in sie, sagte aber noch nichts; oh, er war ein sehr besonnener Mann!

Er hatte sich vor kurzem einen langen Gang von seinem bis zu ihrem Hause durch die Erde gegraben; in ihm durfte die Feldmaus und Däumelieschen mit seiner Erlaubnis nach Herzenslust spazieren. Er bat sie aber, sich nicht vor dem toten Vogel zu erschrecken, der im Gange läge. Es war ein ganzer Vogel mit Federn und Schnabel, der erst ganz kürzlich beim Beginn des Winters gestorben sein konnte und nun gerade da begraben war, wo er seinen Gang angelegt hatte.

Der Maulwurf nahm ein faules Stück Holz in das Maul, weil es im Dunkeln wie Feuer schimmert, ging dann voran und leuchtete ihnen in dem langen, finsteren Gange. Als sie zu der Stelle gelangten, wo der tote Vogel lag, drückte der Maulwurf mit seiner breiten Nase gegen das Gewölbe und stieß die Erde auf, so daß ein großes Loch entstand, durch welches das Licht hereinschimmerte. Mitten auf dem Boden lag eine tote Schwalbe, die schönen Flügel fest an die Seite gedrückt, die Beine und den Kopf unter die Federn gezogen. Der arme Vogel war sicher vor Kälte gestorben. Däumelieschen hatte inniges Mitleid mit ihr, sie liebte alle die kleinen Vögel, hatten sie ihr doch den ganzen Sommer hindurch so schön etwas vorgesungen und vorgezwitschert, aber der Maulwurf stieß ihn mit seinen kurzen Beinen und sagte: »Nun pfeift er nicht mehr! Es muß doch jämmerlich sein, als kleiner Vogel geboren zu werden! Gott sei Lob, daß es keines meiner Kinder wird. Außer seinem ›Quivit‹ hat ja ein solcher Vogel durchaus nichts und muß im Winter elendiglich verhungern!«

»Ja, das könnt ihr als vernünftiger Mann wohl sagen!« entgegnete die Feldmaus. »Was hat ein Vogel für all sein Quivit, wenn der Winter kommt? Er muß hungern und frieren, doch das wird wohl etwas vorstellen sollen.«

Däumelieschen sagte nichts, als aber die beiden anderen dem Vogel den Rücken wandten, neigte sie sich hinab, schob die Federn, die über seinem Kopfe lagen, zur Seite und küßte ihn auf die geschlossenen Augen. Vielleicht war er es, der mir im Sommer so schön etwas vorsang, dachte sie, wieviel Freude hat er mir verschafft, der liebe, schöne Vogel.

Der Maulwurf stopfte nun das Loch, durch welches das Tageslicht hineinschien, wieder zu und begleitete die Damen nach Hause. Aber in der Nacht konnte Däumelieschen schlechterdings nicht schlafen. Da erhob sie sich von ihrem Bette und flocht aus Heu einen großen, schönen Teppich, trug ihn hinunter, breitete ihn über den toten Vogel aus und legte weiche Baumwolle, die sie im Zimmer der Feldmaus gefunden hatte, dem Vogel zur Seite, damit er warm liegen möchte in der kalten Erde.

»Lebe wohl, du schöner, lieber Vogel!« sagte sie. »Lebe wohl und Dank für deinen herrlichen Gesang im Sommer, als alle Bäume grün waren und die Sonne auf uns so warm herniederschien! Dann legte sie ihr Köpfchen an des Vogels Brust, fuhr aber sogleich erschrocken zusammen, denn es war fast, als ob etwas in derselben klopfte. Das war des Vogels Herz. Der Vogel war nicht tot, er lag nur in Betäubung, war jetzt erwärmt worden und bekam wieder Leben.

Im Herbst fliegen alle Schwalben nach den warmen Ländern, verspätet sich aber eine, so friert sie so, daß sie wie tot zur Erde fällt und liegenbleibt, wohin sie fällt, und der kalte Schnee seine Decke über sie breitet.

Däumelieschen schauderte ordentlich, so war sie erschreckt worden, denn der Vogel war ihr gegenüber, die kaum Daumeslänge hatte, ja so erschrecklich groß, aber sie faßte doch wieder Mut, legte die Baumwolle dichter um die Schwalbe und holte ein Krauseminzblatt, dessen sie sich selbst als Deckbett bedient hatte, und legte es über den Kopf des Vogels.

In der nächsten Nacht schlich sie sich wieder zu ihm hinunter, und nun war er lebendig, aber so matt, daß er nur einen kurzen Augenblick seine Augen öffnen und Däumelieschen anzusehen vermochte, die, weil sie kein anderes Lämpchen haben konnte, mit einem Stückchen faulen Holzes in der Hand neben ihm stand.

»Herzlichen Dank, du niedliches kleines Kind!« sagte die kranke Schwalbe zu ihr. »Ich bin vortrefflich erwärmt! Bald erhalte ich meine Kräfte wieder und kann dann draußen im warmen Sonnenschein umherfliegen.«

»Ach«, sagte sie, »es ist draußen gar kalt, es schneit und friert! Bleib du in deinem warmen Bettchen, ich werde dich schon pflegen!«

Darauf brachte sie der Schwalbe Wasser in einem Blumenblatte, und diese trank und erzählte ihr, wie sie sich an einem Dornbusche ihren einen Flügel verletzt hätte, was sie verhinderte, so schnell wie die anderen Schwalben zu fliegen, als dieselben weit, weit fort nach den warmen Ländern flogen. Endlich war sie auf die Erde gefallen, aber an Weiteres konnte sie sich nicht mehr erinnern, und sie war völlig unwissend darüber, wie sie hierher gekommen war.

Den ganzen Winter blieb sie nun da unten, und Däumelieschen nahm sich ihrer auf das beste an und hatte sie lieb. Weder der Maulwurf noch die Feldmaus erfuhr das geringste davon, weil sie die arme Schwalbe nicht mochten.

Sobald der Frühling kam und die Sonne die Erde erwärmte, sagte die Schwalbe Däumelieschen Lebewohl, die nun das Loch öffnete, welches der Maulwurf in der Decke gemacht hatte. Die Sonne schien herrlich auf sie hernieder, und die Schwalbe fragte, ob sie sie begleiten wollte, sie könnte auf ihrem Rücken sitzen, und dann wollten sie weit hinaus in den grünen Wald fliegen. Aber Däumelieschen wußte, daß es die alte Feldmaus betrüben würde, wenn sie sie auf solche Art verließ.

»Nein, ich kann nicht!« sagte Däumelieschen. – »Lebe wohl, lebe wohl, du gutes, schönes Mädchen!« sagte die Schwalbe und flog hinaus in den Sonnenschein. Däumelieschen sah ihr nach, und die Tränen traten ihr in die Augen, denn sie hatte die Schwalbe gar lieb.

»Quivit, quivit!« sang der Vogel und flog hinein in den grünen Wald.

Däumelieschen war sehr betrübt. Sie erhielt nie Erlaubnis, in den warmen Sonnenschein hinauszugehen. Das Korn, das auf dem Acker über dem Hause der Feldmaus ausgesät war, wuchs auch hoch in die Luft empor; für das arme kleine Mädchen, das kaum Daumeslänge hatte, war es ein völlig undurchdringlicher Wald.

»Während des Sommers sollst du nun an deiner Aussteuer nähen!« sagte die Feldmaus zu ihr, denn nun hatte der Nachbar, der langweilige Maulwurf in dem schwarzen Samtpelze, sich um sie beworben. »Du sollst sowohl Wollen- wie Leinenzeug haben. Ich will dir Tisch- und Bettzeug mitgeben, wenn du nun die Frau des Maulwurfs wirst!«

Däumelieschen mußte nun die Spindel drehen, und die Feldmaus nahm vier Spinnen in Lohn, die Tag und Nacht spinnen und weben mußten. Jeden Abend kam der Maulwurf auf Besuch und sprach nur immer davon, daß, wenn der Sommer vergangen, die Sonne nicht mehr so warm scheinen würde – jetzt brannte sie ja die Erde fest wie einen Stein –, ja, wenn der Sommer endlich vorbei wäre, dann wollte er mit Däumelieschen Hochzeit feiern. Sie war aber gar nicht vergnügt, denn sie hatte den langweiligen Maulwurf keineswegs lieb. Jeden Morgen, wenn die Sonne aufging, und jeden Abend, wenn sie unterging, schlich sie sich zur Tür hinaus, und sobald der Wind die Kornähren auseinanderwehte, daß sie den blauen Himmel sehen konnte, dachte sie daran, wie hell und schön es hier draußen wäre, und wünschte so sehr, die liebe Schwalbe wiederzusehen; aber die kam nie wieder, die war gewiß weit fort in den schönen grünen Wald geflogen.

Als es nun Herbst wurde, hatte Däumelieschen ihre ganze Aussteuer fertig.

»In vier Wochen sollst du Hochzeit halten!« sagte die Feldmaus zu ihr. Aber Däumelieschen weinte und sagte, sie wolle den langweiligen Maulwurf nicht haben.

»Schnick schnack!« sagte die Feldmaus. »Sei nur nicht widerspenstig, sonst muß ich dich mit meinen weißen Zähnen beißen. Es ist ja ein ganz vortrefflicher Mann, den du erhältst. Solchen schwarzen Samtpelz hat selbst die Königin nicht. Seine Küche und sein Keller sind wohl bestellt. Sage du Gott Dank für ihn!«

Nun sollte Hochzeit sein. Der Maulwurf war schon gekommen, Däumelieschen zu holen. Sie sollte bei ihm tief unten unter der Erde wohnen, sollte nie in die warme Sonne hinauskommen, weil er sie nicht ausstehen konnte. Das arme Kind war sehr betrübt, sie sollte nun der schönen Sonne Lebewohl sagen, die sie bei der Feldmaus doch wenigstens von der Tür aus hatte sehen dürfen.

»Lebe wohl, du klarer Sonnenstrahl!« sagte sie und streckte die Ärmchen hoch empor und ging auch eine kurze Strecke vom Hause der Feldmaus fort, denn nun war das Korn geerntet und nur die dürren Stoppeln standen noch da. »Lebe wohl, lebe wohl!« sagte sie und schlang ihre Ärmchen um eine kleine rote Blume, die daneben stand. »Grüße die liebe Schwalbe von mir, wenn du sie zu sehen bekommst!«

»Quivit, quivit!« ertönte es in demselben Augenblicke über ihrem Kopfe. Sie blickte auf, es war die Schwalbe, die gerade vorüberflog. Sobald Däumelieschen sie gewahrte, wurde sie sehr froh. Sie erzählte derselben, wie ungern sie den garstigen Maulwurf zum Manne nähme, und daß sie nun tief unter der Erde wohnen sollte, wo das Sonnenlicht nie hineinschiene. Sie konnte ihrer Tränen dabei sich nicht erwehren.

»Nun kommt der kalte Winter«, sagte die Schwalbe, »ich fliege mit nach den warmen Ländern fort. Willst du mich begleiten? Du kannst auf meinem Rücken sitzen! Binde dich nur mit deinem Gürtel fest, dann fliegen wir fort von dem garstigen Maulwurf und seiner finstern Stube, weit fort über die Berge nach den warmen Ländern, wo die Sonne schöner scheint als hier, wo es immer Sommer ist, wo immer schöne Blumen blühen. Fliege nur mit mir, du süßes, kleines Däumelieschen, die du mir das Leben gerettet hast, als ich erfroren in dem finstern Schoße der Erde lag!«

»Ja, ich ziehe mit dir«, sagte Däumelieschen und setzte sich auf des Vogels Rücken, mit den Füßen auf seine ausgebreiteten Flügel, band ihren Gürtel an einer der stärksten Federn fest, und nun erhob sich die Schwalbe hoch in die Lüfte, über Wälder und Seen, hoch hinauf über die großen Gebirge, wo immer Schnee liegt. Däumelieschen fror in der kalten Luft, verbarg sich aber unter den warmen Federn des Vogels und hielt nur das Köpfchen hervor, um die herrliche Gegend unter sich zu betrachten.

Endlich kamen sie nach den warmen Ländern. Dort schien die

Sonne weit heller als hier, der Himmel war doppelt so hoch, und an Gräben und Hecken wuchsen die herrlichsten grünen und blauen Weintrauben. In den Wäldern hingen Zitronen und Apfelsinen, Myrten und Krauseminze erfüllten alles mit ihrem Duft, und auf den Landstraßen sprangen die hübschesten Kinder und spielten mit großen, bunten Schmetterlingen. Aber die Schwalbe flog immer noch weiter, und es wurde schöner und schöner. Unter den prachtvollsten grünen Bäumen an dem blauen See stand seit alten Zeiten ein weißes Marmorschloß. Weinreben rankten sich um hohe Säulen; an der äußersten Spitze waren viele Schwalbennester und in einem derselben wohnte die Schwalbe, welche Däumelieschen trug.

»Hier ist mein Haus!« sagte die Schwalbe. »Suche du dir aber selbst eine der prächtigsten Blumen aus, die da unten wachsen, und ich will dich dann hinaufsetzen, und dein Los wird so glücklich sein, als du nur irgend wünschen kannst!«

»O wie herrlich!« sagte sie und klatschte in die kleinen Händchen.

Da lag eine große, weiße Marmorsäule, die zur Erde gesunken und in drei Stücke zerborsten war, zwischen ihnen aber wuchsen die schönsten großen, weißen Blumen. Die Schwalbe flog mit Däumelieschen hinunter und setzte sie auf eines der breiten Blätter. Aber wer malt ihr Erstaunen – mitten in der Blume saß ein kleiner Mann, so weiß und durchsichtig, wie wenn er von Glas wäre. Die niedlichste goldene Krone hatte er auf dem Kopfe und die prächtigsten hellen Flügel an den Schultern. Er selbst war nicht größer als Däumelieschen. Es war der Engel der Blumen. In jeder Blume wohnte so ein kleiner Mann oder eine Frau, dieser aber war der König über alle.

»Gott, wie schön er ist!« raunte Däumelieschen der Schwalbe zu.

Der kleine Prinz erschrak gewaltig vor der Schwalbe, denn gegen ihn, der so klein und fein war, schien sie ein wahrer Riesenvogel zu sein. Als er aber Däumelieschen gewahrte, ward er gar froh, war sie doch das allerschönste Mädchen, das er bis jetzt gesehen hatte. Deshalb nahm er die Goldkrone von seinem Haupte und setzte sie ihr auf, fragte, wie sie hieße und ob sie seine Gemahlin sein wollte, dann sollte sie Königin über alle Blumen werden. Potztausend! Das war doch ein anderer Mann als der Sohn der Kröte und der Maulwurf mit dem schwarzen Samtpelz. Sie gab deshalb dem schönen Prinzen das Jawort, und von jeder Blume kam eine Dame oder ein Herr, so allerliebst, daß es eine Lust war. Jedes brachte Däumelieschen ein Geschenk, aber das beste von allen waren ein Paar schöne Flügel von einer großen weißen Fliege. Sie wurden Däumeliesdchen am Rücken befestigt und nun konnte auch sie von Blume zu Blume fliegen. Überall herrschte darüber Freude, und die Schwalbe saß oben in ihrem Neste und sang ihnen etwas vor, so gut sie vermochte, aber im Herzen war sie gleichwohl betrübt, denn sie hatte Däumeliesdchen gar lieb und würde sich nie von ihr getrennt haben.

»Du sollst fortan nicht mehr Däumeliesdchen heißen!« sagte der Engel der Blumen zu ihr. »Das ist ein häßlicher Name, und du bist so schön. Wir wollen dich Maja nennen!«

»Lebe wohl, lebe wohl!« sagte die Schwalbe, und zog wieder fort aus den warmen Ländern, weit fort nach unserem kalten Himmelsstriche. Dort hatte sie ein kleines Nest oben an dem Fenster, wo der Mann wohnt, der Märchen erzählen kann. Dem sang sie ihr »Quivit, quivit« vor. Davon haben wir die ganze Geschichte.

Die roten Schuhe

Es war einmal ein kleines Mädchen, gar fein und niedlich, aber im Sommer mußte es stets barfuß gehen, denn es war arm, und im Winter mit großen Holzschuhen, so daß der Spann an seinem kleinen Füßchen ganz rot wurde, was recht jämmerlich aussah.

Mitten im Dorfe wohnte die alte Mutter Schuhmacherin. Sie saß und nähte, so gut sie vermochte, von roten alten Tuchlappen ein Paar kleine Schuhe. Plump genug waren sie, aber nichtsdestoweniger hatte die Alte es sehr gut gemeint, als sie die Arbeit für das kleine Mädchen unternahm. Die Kleine hieß Karen.

Gerade am Begräbnistage ihrer Mutter erhielt sie die roten Schuhe und trug sie zum erstenmal. Zum Trauern waren sie freilich nicht recht geeignet, aber sie hatte ja keine anderen, und darum zog sie dieselben über ihre nackten Füßchen und schritt so hinter dem ärmlichen Sarge her.

Da kam auf einmal ein großer altmodischer Wagen angefahren, in dem eine hohe alte Frau saß. Sie betrachtete das kleine Mädchen und fühlte Mitleid mit demselben. Deshalb sagte sie zu dem Geistlichen: »Hört, gebt mir das kleine Mädchen, dann will ich getreulich für dasselbe sorgen!«

Karen bildete sich ein, sie hätte das alles nur den roten Schuhen zu verdanken, aber die alte Frau sagte, sie wären schrecklich, und ließ sie verbrennen. Karen selbst wurde rein und kleidsam angezogen; sie mußte den Unterricht besuchen und Nähen lernen, und die Leute sagten, sie wäre niedlich, aber der Spiegel sagte: »Du bist mehr als niedlich, du bist schön!«

Da reiste einmal die Königin durch das Land und hatte ihre kleine Tochter, die eine Prinzessin war, bei sich. Die Leute strömten vor das Schloß, und auch Karen fand sich da ein. Die kleine Prinzessin stand weißgekleidet an einer Balkontür und ließ sich bewundern; Schleppe oder Goldkrone hatte sie nicht, aber herrliche rote Saffianschuhe, die freilich weit zierlicher waren als die, welche Mutter Schuhmacherin der kleinen Karen genäht hatte. Nichts in der Welt kann doch den Vergleich mit roten Schuhen aufnehmen!

Jetzt war Karen so alt, daß sie eingesegnet werden sollte; sie erhielt neue Kleider, und neue Schuhe sollte sie auch haben. Der reiche Schuhmacher in der Stadt nahm zu ihrem kleinen Fuße Maß. Es geschah zu Hause in seinem eigenen Zimmer, in dem große Glasschränke mit prächtigen Schuhen und glanzledernen Stiefeln standen. Schön nahm es sich aus, aber die alte Frau sah leider nicht gut und hatte darum auch kein Vergnügen daran. Mitten unter den Schuhen standen ein Paar rote, genau wie sie die Prinzessin getragen hatte; wie schön waren die! Der Schuhmacher sagte auch, sie wären für ein Grafenkind gearbeitet, hätten aber nicht gepaßt.

»Das ist wohl Glanzleder?« fragte die alte Frau. »Sie glänzen so!«

»Ja, sie glänzen!« sagte Karen; und sie paßten und wurden gekauft; aber die alte Frau wußte nicht, daß sie rot waren, denn nie würde sie sonst Karen erlaubt haben, mit roten Schuhen zur Einsegnung zu gehen, aber nun tat sie es. Alle Menschen sahen ihr nach den Füßen, und als sie über die Kirchenschwelle zur Chortür hineintrat, kam es ihr vor, als ob selbst die alten Bilder auf den Grabsteinen, die Porträts der Prediger und Predigerfrauen, mit steifen Kragen und langen schwarzen Kleidern, die Augen auf ihre roten Schuhe hefteten; und nur an diese dachte sie auch, als ihr der Prediger die Hand auf das Haupt legte und von der heiligen Taufe redete, vom Bunde mit Gott, und daß sie sich nun wie eine erwachsene Christin aufführen sollte. Die Orgel spielte so feierlich, die lieblichen Kinderstimmen sangen, und der alte Kantor sang, aber Karen dachte nur an die roten Schuhe.

Am Nachmittage erfuhr dann die alte Frau von allen Seiten, daß die Schuhe rot gewesen wären, und sie sagte, das wäre häßlich, es schickte sich nicht, und in Zukunft sollte Karen, so oft sie zur Kirche ginge, stets schwarze Schuhe anziehen, selbst wenn sie alt wären.

Am folgenden Sonntage war die erste Abendmahlsfeier der Konfirmanden; Karen sah erst die schwarzen Schuhe an, dann sah sie die roten an – und dann sah sie noch einmal die roten an und zog sie an. Es war herrlicher Sonnenschein; Karen und die alte Frau schlugen einen Fußsteig durch das Korn ein, auf dem es etwas stäubte.

An der Kirchtür stand ein alter Soldat mit einem Krückstock und mit einem merkwürdig langen Barte, der mehr rot als weiß war; ja, rot war er sicher. Er verneigte sich bis zur Erde und fragte die alte Frau, ob er ihr vielleicht die Schuhe abstäuben sollte. Karen streckte gleichfalls ihren kleinen Fuß vor. »Sieh, welch prächtige Tanzschuhe!« sagte der Soldat. »Sitzt fest, wenn ihr tanzt!« und dann schlug er mit der Hand gegen die Sohlen.

Die alte Frau reichte dem Soldaten ein Geldstück und trat dann mit Karen in die Kirche ein.

Alle Menschen drinnen sahen nach Karens roten Schuhen, und alle Bilder sahen nach ihnen, und als Karen vor dem Altare niederkniete und den goldenen Kelch an die Lippen setzte, dachte sie nur an die roten Schuhe. Es war, als ob sie vor ihr im Kelche schwämmen; und sie vergaß das Lied mitzusingen, sie vergaß ihr Vaterunser zu beten.

Alle Leute verließen jetzt die Kirche, und die alte Frau stieg in ihren Wagen. Schon erhob Karen den Fuß, um hinter ihr einzusteigen, als der alte Soldat, der dicht dabeistand, sagte: »Sieh, welch herrliche Tanzschuhe!« Karen konnte sich nicht enthalten, einige Tanzschritte zu tun, sowie sie aber begann, tanzten die Beine unaufhaltsam fort. Es war, als hätten die Schuhe Macht über sie erhalten. Sie tanzte um die Kirchenecke, denn sie vermochte nicht innezuhalten. Der Kutscher mußte hinterherlaufen und sie greifen; er hob sie in den Wagen, aber auch jetzt setzten die Füße ihren Tanz rastlos fort, daß sie die alte gute Frau empfindlich trat. Erst als sie die Schuhe auszog, erhielten die Beine Ruhe.

Daheim wurden die Schuhe in einen Schrank gestellt, aber Karen wurde nicht müde, sie immer wieder zu betrachten.

Nun erkrankte die alte Frau, und wie das Gerücht sagte, lebensgefährlich. Pflege und Wartung waren unumgänglich nötig, und niemand stand ihr näher als Karen. Aber in der Stadt war ein großer Ball, zu dem Karen eingeladen war. Sie sah die alte Frau an, die ja doch rettungslos verloren war, sie sah die roten Schuhe an, und es kam ihr vor, als ob keine Sünde dabei wäre. – Sie zog die roten Schuhe an, und das konnte sie ja auch wohl – aber dann ging sie auf den Ball und begann zu tanzen, und das mußte sie nicht tun.

Als sie aber nach rechts wollte, tanzten die Schuhe nach links, und als sie den Saal hinauf wollte, tanzten die Schuhe den Saal hinunter, die Treppe hinab, durch die Straße und zum Stadttor hinaus. Tanzen tat sie, und tanzen mußte sie, gerade hinaus in den finstern Wald.

Da leuchtete es zwischen den Bäumen, und sie glaubte, es wäre der Mond, denn es war ein Gesicht, aber es war der alte Soldat mit dem roten Barte; er saß und nickte und sagte: »Sieh, welch herrliche Tanzschuhe!«

Da erschrak sie und wollte die roten Schuhe abwerfen, aber sie hingen fest, sie schleuderte ihre Strümpfe von sich, aber die Schuhe waren an den Füßen festgewachsen, und tanzen tat sie, und tanzen mußte sie über Feld und Wiese, in Regen und Sonnenschein, bei Tag und bei Nacht, aber nachts war es am entsetzlichsten.

Sie tanzte auf den offenen Kirchhof hinauf, aber die Toten, die dort ruhten, tanzten nicht, sie hatten viel Besseres zu tun als zu tanzen. Sie wollte sich auf das Grab des Armen setzen, wo das bittre Wurmkraut blühte, aber für sie war keine Ruh' noch Rast, und als sie auf die offene Kirchtür zutanzte, erblickte sie neben derselben einen Engel in langen weißen Kleidern, mit Flügeln, die von den Schultern bis auf die Erde hinabreichten; sein Antlitz war streng und ernst, und in der Hand hielt er ein breites und leuchtendes Schwert.

»Tanzen sollst du!« sagte er. »Tanzen auf deinen roten Schuhen, bis du bleich und kalt wirst, bis deine Haut nur noch ein Knochengerippe umgibt! Tanzen sollst du von Tür zu Tür, und wo stolze, eitle Kinder wohnen, sollst du anklopfen, daß sie dich hören und sich vor dir fürchten! Tanzen sollst du, tanzen ...«

»Gnade!« rief Karen. Aber sie vernahm nicht, was der Engel antwortete, denn die Schuhe trugen sie durch die Pforte auf das Feld hinaus, über Weg und Steg, und immer mußte sie tanzen.

Eines Morgens tanzte sie vor einer Tür vorüber, die ihr sehr wohl bekannt war. Drinnen tönte Choralgesang, man trug einen blumenbekränzten Sarg hinaus. Da wußte sie, daß die alte Frau gestorben war, und es überschlich sie das Gefühl, als ob sie von allen verlassen und von Gottes Engel verdammt wäre.

Tanzen tat sie, und tanzen mußte sie, tanzen in der dunklen Nacht. Die Schuhe trugen sie über Dornen und Baumstümpfe, und sie riß sich bis aufs Blut; sie tanzte über die Heide nach einem kleinen einsamen Hause. Hier wohnte, wie sie wußte, der Scharfrichter, und sie klopfte an die Scheiben und sagte: »Kommt heraus! Kommt heraus! Ich kann nicht hineinkommen, denn ich muß tanzen!«

Der Scharfrichter entgegnete: »Du weißt wahrscheinlich nicht, wer ich bin! Ich schlage den bösen Menschen den Kopf ab, und jetzt höre ich, daß meine Axt klirrt!«

»Schlagt mir nicht den Kopf ab«, sagte Karen, »denn sonst kann ich meine Sünde nicht bereuen! Aber schlagt mir meine Füße mit den roten Schuhen ab.«

Darauf beichtete sie ihre schwere Verschuldung, und der Scharfrichter schlug ihr die Füße mit den roten Schuhen ab, aber die Schuhe tanzten mit den kleinen Füßen hin über das Feld in den tiefen Wald hinein.

Er verfertigte ihr Stelzfüße und Krücken, lehrte sie ein Sterbelied, das die armen Sünder zu singen pflegen, und sie küßte die Hand, welche die Axt geführt hatte, und schritt weiter über die Heide.

»Nun habe ich genug um der roten Schuhe willen gelitten!« sagte sie. »Nun will ich in die Kirche gehen, damit man mich sehen kann!« Schnell ging sie auf die Kirchentür zu, als sie sich ihr aber näherte, tanzten die roten Schuhe vor ihr her, und sie erschrak und kehrte um.

Die ganze Woche war sie traurig und weinte viel heiße Tränen, als aber der Sonntag erschien, sagte sie: »Fürwahr, nun habe ich genug gelitten und gestritten! Jetzt möchte ich glauben, daß ich ebenso gut bin wie viele von denen, die in der Kirche sitzen und hochmütig auf die anderen hinabschauen. Mutig trat sie den Weg an; aber sie war erst bis zur Eingangstür zum Friedhofe gelangt, als sie plötzlich die roten Schuhe vor sich her tanzen sah. Sie erschrak, wandte um und bereute von ganzem Herzen ihre Sünde.

Sie ging zur Pfarre und bot sich als Magd an, sie versprach, fleißig zu sein und alles zu tun, was in ihren Kräften stände, auf Lohn sähe sie nicht, sie wünschte nur, wieder ein Obdach zu erhalten und bei guten Menschen zu sein. Die Frau Pfarrerin fühlte Mitleid mit ihr und nahm sie in Dienst. Sie war stets fleißig und in sich gekehrt. Still saß sie da und lauschte aufmerksam, wenn der Pfarrer des Abends laut aus der Bibel vorlas. Alle Kinder gewannen sie lieb, sobald dieselben aber von Putz und Staat und davon sprachen, wie schön es sein müßte, eine Prinzessin zu sein, schüttelte sie den Kopf.

Am folgenden Sonntage gingen alle zur Kirche und fragten sie, ob sie sie begleiten wollte, aber traurig und mit Tränen in den Augen sah sie auf ihre Krücken, und nun gingen die anderen hin, Gottes Wort zu hören, sie aber ging allein in ihr kleines Kämmerlein, das nur so groß war, um einem Bette und einem Stuhle Platz zu gewähren. Hier setzte sie sich mit ihrem Gesangbuche hin, und während sie frommen Sinnes darin las, trug der Wind die Orgeltöne von der Kirche zu ihr herüber, und sie erhob ihr mit Tränen benetztes Antlitz und sagte: »Gott sei mir Sünderin gnädig!«

Da schien die Sonne hell und klar, und dicht vor ihr stand der Engel Gottes in den weißen Kleidern, derselbe, den sie in jener verhängnisvollen Nacht an der Kirchtür gesehen hatte, aber er hielt nicht länger das scharfe Schwert, sondern einen herrlichen grünen Zweig voller Rosen. Er berührte mit demselben die Decke, die sich höher und höher dehnte und dort, wo sie berührt war, einen goldenen Stern hervorleuchten ließ, und er berührte die Wände, und sie erweiterten sich, bis sie die Orgel erblickte, die gespielt wurde, und die alten Bilder der früheren Pfarrer und Pfarrfrauen sah. Die Gemeinde saß in den festlich geschmückten Stühlen und sang aus dem Gesangbuche. So war die Kirche selbst zu der armen Magd in ihre kleine, enge Kammer gekommen; oder auch war sie dahingekommen. Sie saß in dem Kirchstuhle bei den übrigen Leuten des Pfarrers, und als sie nach Beendigung des Chorals aufblickte, nickten sie ihr zu und sagten: »Das war recht, daß du kamst, Karen!«

»Das war Gnade!« erwiderte sie.

Und die Orgel klang, und der Chor der Kinderstimmen tönte mild und lieblich. Der klare Sonnenschein strömte warm durch das Fenster in den Kirchenstuhl, in dem Karen saß, hinein. Ihr Herz ward so voller Sonnenschein, Friede und Freude, daß es brach. Auf den Sonnenstrahlen flog ihre Seele zu Gott, und vor seinem Thron war niemand, der nach den roten Schuhen fragte.

Die Brautleute

Kreisel und Bällchen lagen zwischen anderem Spielzeug zusammen in einem Schubkasten, und da sagte der Kreisel zum Balle: »Wollen wir wir nicht Brautleute sein, da wir doch in einem Schubfache beieinander liegen?« Doch der Ball, der aus Saffianleder genäht war und sich ebensoviel wie ein feines Fräulein einbildete, wollte auf dergleichen gar keine Antwort erteilen.

Am nächsten Tage kam der Besitzer des Spielzeugs, ein kleiner Knabe, und bemalte den Kreisel auf der Oberfläche rot und golden und schlug einen Messingnagel mitten hinein. Das nahm sich gerade sehr prächtig aus, wenn der Kreisel sich herumdrehte.

»Sehen Sie mich an!« sagte er zum Balle. »Was sagen Sie nun? Wollen wir nun nicht Brautleute sein? Wir passen gar gut zueinander, Sie springen und ich tanze. Glücklicher als wir beide könnten andere niemals werden!«

»So, meinen Sie wirklich?« entgegnete der Ball, »Sie wissen wohl nicht, daß mein Vater und meine Mutter Saffianpantoffeln gewesen sind, und daß ich einen Kork im Leibe habe?«

»Ja, aber ich bin von Mahagoniholz!« sagte der Kreisel, »und der Bürgermeister hat mich selbst gedreht, er besitzt eine eigene Drehbank, und es hat ihm viel Vergnügen gewährt!«

»Kann ich mich darauf verlassen?« fragte der Ball.

»Nie will ich die Peitsche bekommen, wenn ich lüge!« beteuerte der Kreisel.

»Sie verstehen für sich zu reden!« sagte der Ball, »aber ich kann gleichwohl nicht einwilligen. Ich bin mit einer Schwalbe so gut wie halb verlobt. Sooft ich mich in die Luft erhebe, steckt sie den Kopf aus ihrem Neste und fragt: ›Wollen Sie? Wollen Sie?‹ Innerlich habe ich nun bereits ja gesagt, und es ist demnach so gut wie eine halbe Verlobung. Aber ich verspreche Ihnen, Sie nie zu vergessen!«

»Das wird mir großen Nutzen bringen!« meinte der Kreisel, und dann sprachen sie nicht mehr miteinander.

Am nächsten Tage wurde der Ball hervorgeholt. Der Kreisel sah, wie er gleich einem Vogel hoch in die Luft flog, bis er zuletzt dem Auge ganz entschwand. Er kehrte jedesmal wieder zurück, machte aber, sobald er die Erde berührte, immer von neuem einen Sprung, sei es nun, daß es aus Sehnsucht geschah, oder weil er einen Kork im Leibe hatte. Das neunte Mal blieb aber der Ball ganz fort und kam nicht mehr wieder. Der Knabe suchte und suchte, aber fort war er und blieb er.

»Ich weiß wohl, wo er ist!« seufzte der Kreisel, »er ist im Schwalbenneste und ist nun mit der Schwalbe verheiratet!«

Je mehr der Kreisel darüber nachdachte, desto mehr fühlte er sich zu dem Balle hingezogen. Gerade weil er ihn nicht bekommen konnte, darum wuchs seine Liebe. Daß er einen anderen vorgezogen hatte, das war das Eigentümliche dabei. Der Kreisel drehte sich fortwährend um sich selbst und schnurrte, aber immer gedachte er dabei des Balles, der in seinen Gedanken schöner und schöner wurde. Darüber verging manches Jahr – – und da war es eine alte Liebe.

Der Kreisel war nicht mehr jung – –! aber da wurde er eines Tages über und über vergoldet. Nie hatte er so herrlich ausgesehen! Er war nun ein richtiger Goldkreisel und sprang, daß es nur so schnurrte. Ja, das lasse ich mir gefallen! Aber auf einmal sprang er zu hoch und – – fort war er.

Man suchte und suchte, sogar unten im Keller, aber er war gleichwohl nicht zu finden. – Wo war er?

Er war in ein Kehrichtfaß gesprungen, in dem allerlei Abfälle lagen: Kohlstrünke, Kehricht, auch Moos und Schutt, die von der Dachrinne hinuntergefallen waren.

»Ein schöner Platz für mich! Hier wird meine Vergoldung bald abgehen. Welchem Lumpenpack muß ich hier Gesellschaft leisten!« Dabei schielte er nach einem Kohlstrunk, der ihm allzu nahe lag und nach einem seltsamen runden Dinge, das fast wie ein alter Apfel aussah. Aber es war kein Apfel, es war ein alter Ball, der viele Jahre oben in der Dachrinne gelegen hatte und von dem eingedrungenen Wasser halb aufgelöst war.

»Gott sei Dank, da kommt doch einer unsersgleichen, mit dem man reden kann!« sagte der Ball und betrachtete den vergoldeten

Kreisel. »Ich bin eigentlich von Saffianleder, von den Händen einer zarten Jungfrau genäht und habe einen Korken im Leibe, aber das wird mir jetzt wohl niemand mehr ansehen. Ich stand im Begriff, mich mit einer Schwalbe zu verheiraten, allein da fiel ich leider in die Dachrinne, wo ich fünf Jahre gelegen habe und vom Wasser aufgeweicht bin! Das ist freilich eine lange Zeit für ein junges Mädchen!«

Aber der Kreisel sagte nichts, er gedachte seiner alten Braut, und je mehr er hörte, desto klarer wurde es, daß sie es war.

Da kam das Dienstmädchen und wollte das Faß umkehren. »Heisa!« rief sie, »da ist der Goldkreisel!«

Der Kreisel kam wieder in die Stube und zu hohen Ehren, aber von dem Balle hörte man nichts weiter. Von seiner alten Liebe sprach der Kreisel nicht wieder. Die geht vorüber, wenn die Geliebte fünf Jahre in einer Dachrinne gelegen hat und aufgeweicht ist, ja, man erkennt sie nie wieder, wenn man ihr in dem Kehrichtfasse begegnet.

Das Meerweibchen

Weit draußen im Meere ist das Wasser so blau wie die Blätter der prächtigsten Kornblume, und so klar wie das reinste Glas, aber es ist außerordentlich tief, tiefer als irgendein Ankertau reicht; viele Kirchtürme müßten übereinandergestellt werden, um vom Grunde bis über das Wasser emporzureichen. Dort wohnt das Meervolk.

Nun muß man aber nicht etwa glauben, daß dort der nackte, weiße Sandboden sei; o nein, da wachsen die wunderbarsten Bäume und Pflanzen, die im Stengel und in den Blättern so biegsam und geschmeidig sind, daß sie sich bei der geringsten Wasserströmung wie lebendige Wesen bewegen. Alle Fische, kleine und große, schlüpfen zwischen den Zweigen hindurch, gerade wie hier oben die Vögel in der Luft. An der allertiefsten Stelle liegt das Schloß des Meerkönigs; die Wände sind von Korallen und die hohen, spitzen Fenster von dem allerdurchsichtigsten Bernstein, das Dach besteht aus Muschelschalen, die sich nach der Strömung des Wassers öffnen und schließen. Das gewährt einen prachtvollen Anblick, denn in jeder liegen strahlende Perlen, schon eine einzige würde ein herrlicher Schmuck in der Krone einer Königin sein.

Der Meerkönig dort unten war seit vielen Jahren verwitwet, aber seine alte Mutter leitete den Haushalt. Sie war eine kluge Frau, jedoch sehr stolz auf ihren Adel, weshalb sie als Ordensschmuck zwölf Austern auf dem Schwanze trug, während sich andere Vornehme mit sechs begnügen mußten. Sonst verdiente sie alles Lob, vorzüglich weil sie die größte Sorgsamkeit und Liebe für die kleinen Meerprinzessinnen, ihre Enkelinnen, an den Tag legte. Es waren sechs bildschöne Kinder, aber die jüngste war doch die schönste von allen, ihre Haut war so durchsichtig und fein wie ein Rosenblatt, ihre Augen so blau wie das tiefste Meer, aber wie alle die anderen hatte sie keine Füße, der Körper ging in einen Fischschwanz aus.

Den ganzen lieben Tag konnten sie unten im Schlosse, in den großen Sälen spielen, wo lebendige Blumen aus den Wänden hervorwuchsen. Die großen Bernsteinfenster wurden geöffnet, und dann schwammen die Fische zu ihnen herein, gerade wie bei uns die Schwalben hereinfliegen, wenn wir die Fenster aufmachen. Allein die Fische schwammen zu den kleinen Prinzessinnen hin, fraßen ihnen aus der Hand und ließen sich streicheln.

Draußen vor dem Schlosse war ein großer Garten mit feuerroten und dunkelblauen Bäumen, die Früchte strahlten wie Gold und die Blumen wie glühendes Feuer, während sich Stengel und Blätter unaufhörlich bewegten. Die Erde selbst war der feinste Sand, aber blau wie eine Schwefelflamme. Über dem Ganzen ruhte ein eigentümlicher blauer Schimmer. Eher hätte man vermuten können, man stände hoch droben in der Luft und hätte nur Himmel über und unter sich, als daß man sich auf dem Meeresgrunde befände. Bei Windstille konnte man die Sonne gewahren, die wie eine Purpurblume aussah, aus deren Kelch alles Licht ausströmte.

Jede der kleinen Prinzessinnen hatte ihr besonderes Plätzchen im Garten, wo sie nach Herzenslust und eigenem Gutdünken graben und pflanzen konnte. Die eine gab ihrem Blumenbeete die Gestalt eines Walfisches; eine andere zog es vor, daß das ihrige einem Meerweibchen gliche; aber die jüngste machte das ihrige rund wie die Sonne und hatte nur Blumen, die rot wie diese schimmerten. Sie war überhaupt ein eigentümliches Kind, still und sinnend, und als die anderen Schwestern sich mit den merkwürdigen Sachen putzten, die sie aus gestrandeten Schiffen erhalten hatten, wollte sie außer den rosenroten Blumen, die der Sonne da droben glichen, nur eine schöne Bildsäule haben, die einen wunderhübschen Knaben darstellte. Sie war aus weißem klarem Marmor gehauen und beim Stranden auf den Meeresgrund gesunken. Sie pflanzte neben die Bildsäule eine rosenrote Trauerweide; sie wuchs herrlich und hing mit ihren frischen Zweigen weit über dieselbe hinweg bis auf den blauen Sandboden hinunter, wo der Schatten violett erschien und sich wie die Zweige unablässig bewegte. Es sah aus, als ob der Wipfel und die Wurzeln miteinander spielten und sich küßten.

Keine größere Freude gab es für sie, als von der Menschenwelt dort droben zu hören. Die alte Großmutter mußte alles, was sie von Schiffen und Städten, Menschen und Tieren wußte, erzählen. Am wunderbarsten und herrlichsten erschien es ihr aber, daß die Blumen oben auf der Erde dufteten, was sie auf dem Meeresgrunde nicht taten, und daß die Wälder grün wären und die Fische, die sich dort zwischen den Zweigen blicken ließen, so laut und lieblich singen könnten, daß es eine Lust wäre. Es waren die kleinen Vögel, welche die Großmutter Fische nannte, denn sonst konnte sie sich ihren Enkelinnen, da dieselben noch keinen Vogel gesehen hatten, nicht verständlich machen.

»Sobald ihr euer fünfzehntes Jahr erreicht habt«, sagte die Großmutter, »werdet ihr Erlaubnis bekommen, aus dem Meere emporzutauchen, im Mondscheine auf den Klippen zu sitzen und die großen Schiffe euch anzusehen, die vorbeisegeln; Wälder und Städte werdet ihr erblicken!«

Im nächsten Jahre wurde die eine der Schwestern fünfzehn Jahre, aber die anderen – ja da war die eine immer ein Jahr jünger als die andere, so daß der jüngsten noch volle fünf Jahre fehlten, ehe sie vom Meeresgrunde aufsteigen und sehen durfte, wie es bei uns aussieht. Aber die eine gelobte der anderen, ihr zu erzählen, was sie erblickt und ihr am ersten Tage am herrlichsten gefallen hätte; denn ihre Großmutter erzählte ihnen lange nicht genug, es gab noch so vieles, worüber sie gern Aufschluß gehabt hätten.

Keine aber war so voller Sehnsucht wie die Jüngste, gerade sie, die noch am längsten zu warten hatte und die so still und gedankenvoll war. Manche Nacht stand sie am offnen Fenster und schaute empor durch das dunkelblaue Wasser, wie die Fische mit ihren Flossen und Schwänzen dasselbe peitschten. Mond und Sterne konnte sie sehen; allerdings schienen sie ganz bleich, sahen aber dafür durch das Wasser ungleich größer aus als vor unseren Augen. Glitt dann etwas unter ihnen wie eine schwarze Wolke hin, so wußte sie, daß es entweder ein Walfisch war, der über ihr schwamm, oder auch ein Schiff mit vielen Menschen. Sie dachten schwerlich daran, daß ein schönes Meerweibchen auf dem Grunde stünde und seine weißen Hände gegen den Kiel emporstreckte.

Nun war die älteste Prinzessin fünfzehn Jahre alt und durfte über den Meeresspiegel emporsteigen.

Als sie zurückkam, hatte sie hunderterlei Dinge zu erzählen; das Schönste aber, sagte sie, wäre doch: im Mondschein auf einer Sandbank an der ruhigen See zu liegen und die unmittelbar an der Küste gelegene große Stadt zu betrachten, wo die Lichter wie Hunderte von Sternen funkelten, die Musik und den Lärm und das Geräusch von Wagen und Menschen zu hören, die vielen Kirchtürme und Türmchen zu sehen und auf das Glockengeläute zu lauschen. Gerade weil die Jüngste noch nicht hinaufkommen konnte, war sie am meisten von Sehnsucht nach all diesem erfüllt.

Mit welcher Aufmerksamkeit lauschte sie auf diese Erzählungen, und wenn sie später des Abends am offenen Fenster stand und durch das dunkelblaue Wasser emporschaute, waren alle ihre Gedanken nur auf die große Stadt mit all dem Lärm und Geräusch gerichtet, und dann kam es ihr vor, als hörte sie das Läuten der Kirchenglocken bis zu sich heruntertönen.

Ein Jahr darauf erhielt die andere Schwester Erlaubnis, durch das Wasser emporzusteigen und zu schwimmen, wohin sie wollte. Gerade bei Sonnenuntergang tauchte sie auf, und dieser Anblick war ihrer Ansicht nach das Schönste. Der ganze Himmel hätte wie Gold ausgesehen, sagte sie, und die Wolken, ja deren Pracht könnte sie nicht genug beschreiben! Rot und veilchenblau wären sie über ihr dahingesegelt, aber weit geschwinder als sie, flog gleich einem langen, weißen Schleier ein Zug wilder Schwäne über das Wasser hin der scheidenden Sonne nach. Sie schwammen ihr entgegen, diese aber sank, und der Rosenschimmer erlosch auf dem Meeresspiegel und den Wolken.

Im nächsten Jahre stieg die dritte Schwester hinauf; sie war die beherzteste von allen und schwamm deshalb einen breiten Fluß aufwärts, der sich in das Meer ergoß. Herrliche grüne Hügel, mit Weinreben bedeckt, erblickte sie; Schlösser und Meierhöfe schauten durch prächtige Wälder hervor. Sie hörte, wie alle Vögel sangen, und die Sonne schien so warm, daß sie oftmals untertauchen mußte, um ihr brennendheißes Antlitz zu kühlen. In einer kleinen Bucht traf sie einen ganzen Schwarm niedlicher Menschenkinder; ganz nackt liefen sie umher und plätscherten im Wasser. Sie wollte mit ihnen spielen, aber erschrocken liefen sie fort, und da kam ein kleines schwarzes Tier, das war ein Hund, aber sie hatte vorher nie einen Hund gesehen; der bellte sie so wütend an, daß ihr ganz ängstlich zumute wurde, und sie wieder die offene See aufsuchte. Aber nimmer konnte sie die prächtigen Wälder, die grünen Hügel und die kleinen Kinder vergessen, die schwimmen konnten, obgleich sie keinen Fischschwanz hatten.

Die vierte Schwester war nicht so mutig, sie blieb draußen mitten auf dem wilden Meere und erzählte, daß es gerade dort am schönsten wäre. Man könnte viele Meilen ringsumher überschauen und der Himmel stände wie eine Glasglocke darüber. Schiffe hatte sie gesehen, aber nur weit entfernt, sie sahen wie Strandmöwen aus; die drolligen Delphine hatten Purzelbäume geschlagen und die großen Walfische Wasser aus ihren Nasenlöchern in die Höhe gespritzt, daß es ausgesehen hätte, wie Hunderte von Wasserkünsten ringsumher.

Nun kam die fünfte Schwester an die Reihe. Ihr Geburtstag war gerade mitten im Winter, und deshalb sah sie, was die anderen das erstemal nicht gesehen hatten. Die See nahm sich ganz grün aus und ringsumher schwammen da große Eisberge, von denen ihrer Erzählung nach jeder wie eine Perle aussah und doch weit größer war a's die Kirchtürme, welche die Menschen bauen. In den merkwürdigsten Gestalten zeigten sie sich und schimmerten wie Diamanten. Sie hatte sich auf einen der größten gesetzt, und alle Segler kreuzten erschrocken draußen herum, wo sie saß und den Wind mit ihrem langen Haare spielen ließ. Allein gegen Abend überzog sich der Himmel mit Wolken, es blitzte und donnerte, während die schwarze See die großen Eisblöcke hoch in die Höhe hob und sie bei dem starken Wetterleuchten erglänzen ließ. Auf allen Schiffen zog man die Segel ein, da war eine Angst, ein Entsetzen, sie aber saß ruhig auf ihrem schwimmenden Eisberge und sah, wie die blauen Blitzstrahlen im Zickzack in die weißschäumende See hinunterfuhren.

Sobald eine der Schwestern zum erstenmal über das Wasser kam, war eine jede über das Neue und Schöne, das sie wahrnahm, entzückt; da sie jetzt aber als erwachsene Mädchen die Erlaubnis hatten, nach eigenem Belieben emporzusteigen, wurde es ihnen gleichgültig, sie sehnten sich wieder nach der Heimat, und nach Verlauf eines Monats sagten sie, daß es bei ihnen da unten doch am allerschönsten wäre, und da wäre man hübsch zu Hause.

In mancher Abendstunde schlangen die fünf Schwestern die Arme umeinander und stiegen in einer Reihe über das Wasser empor. Herrliche Stimmen hatten sie, schöner als irgendein Menschenkind, und wenn ein Sturm heraufzog, so daß sie vermuten durften, es würden Schiffe untergehen, dann schwammen sie vor den Schiffen her und sangen lieblich von den Schönheiten auf dem Meeresgrunde, und baten die Seeleute, sich nicht zu fürchten, dort hinunterzukommen. Diese konnten aber die Worte nicht verstehen, sie dachten, es wäre der Sturm, und sie bekamen auch die Herrlichkeiten da unten nicht zu sehen, denn wenn das Schiff sank, ertranken die Menschen und kamen nur als Leichen zu dem Schlosse des Meerkönigs.

Wenn am Abend so die Schwestern Arm in Arm durch das Meer hoch emporstiegen, dann blieb die kleine Schwester ganz allein zurück und schaute ihnen nach, und es war ihr, als ob sie weinen müßte, aber ein Meerweib hat keine Tränen, und so leidet es ungleich mehr.

»Ach, wäre ich doch erst fünfzehn Jahre alt!« sagte sie, »ich weiß, daß gerade ich die Welt dort oben und die Menschen, die darauf bauen und wohnen, recht liebhaben werde!«

Endlich war sie fünfzehn Jahre alt.

»Sieh, nun bist du uns entwachsen«, sagte ihre Großmutter, die alte Königin-Witwe. »Komm nun und laß mich dich schmücken wie deine anderen Schwestern!« Nun setzte sie ihr einen Kranz von weißen Lilien auf das Haar, aber jedes Blumenblatt war die Hälfte einer Perle; und die alte Mutter ließ acht große Austern sich im Schwanze der Prinzessin festklemmen, um ihren hohen Stand kundzutun.

»Das tut weh!« sagte das Meerweibchen.

»Ja, Hoffart will Zwang haben!« sagte die Großmutter.

Oh, sie würde gern auf alle diese Pracht verzichtet und den schweren Kranz abgelegt haben! Ihre roten Gartenblumen kleideten sie ungleich besser, aber das half nun weiter nichts. »Lebe wohl!« sagte sie und stieg leicht und klar durch das Wasser empor.

Eben war die Sonne untergegangen, als sie den Kopf über den Meeresspiegel erhob, aber alle Wolken schimmerten noch wie Rosen und Gold, und mitten in der blaßroten Luft strahlte der Abendstern hell und herrlich, die Luft war mild und frisch, und kein Windhauch kräuselte das Meer. Dort lag ein großer Dreimaster, nur ein einziges Segel war aufgezogen, denn kein Lüftchen rührte sich, und ringsumher saßen im Tauwerk und auf dem Topmast Matrosen. Da war Musik und Gesang, und als die Dunkelheit des Abends zunahm, wurden Hunderte von farbigen Laternen angezündet; sie sahen aus, als ob die Flaggen aller Nationen in der Luft wehten. Das Meerweibchen schwamm bis an das Kajütenfenster, und jedesmal, wenn das Wasser sie emporhob, konnte sie durch die spiegelhellen Fensterscheiben hineinschauen, wo viele geputzte Menschen standen, aber der Schönste war doch der junge Prinz mit den großen, schwarzen Augen. Er war gewiß nicht viel über sechzehn Jahre alt, sein Geburtstag wurde gerade gefeiert und deshalb herrschte all diese Pracht. Die Matrosen tanzten auf dem Verdecke, und als der Prinz zu ihnen hinaustrat, stiegen über hundert Raketen in die Luft empor. Sie leuchteten wie der helle Tag, so daß sich das Meerweibchen entsetzte und aus Furcht unter das Wasser tauchte. Aber sie streckte den Kopf bald wieder hervor, und da war es ihr, als ob alle Sterne des Himmels zu ihr herniederfielen. Nie hatte sie ein solches Feuerwerk gesehen. Große Sonnen drehten sich zischend im Kreise, prächtige Feuerfische schwangen sich in die blaue Luft empor, und von allem zeigte sich ein flimmernder Widerschein in der klaren, stillen See. Auf dem Schiffe selbst war es so hell, daß man auch das kleinste Tau bemerken konnte, geschweige die Menschen. Wie schön der junge Prinz doch war, und er drückte den Leuten die Hände unter freundlichem Lächeln, während die Musik durch die herrliche Nacht erklang.

Es wurde spät, aber das Meerweibchen konnte die Augen nicht von dem Schiffe und dem schönen Prinzen abwenden. Die farbigen Laternen erloschen, die Raketen stiegen nicht mehr in die Luft, keine Kanonenschüsse donnerten mehr, aber tief unten im Meere summte und brummte es. Mittlerweile saß das Meerweibchen auf dem Wasser und schaukelte auf und nieder, so daß es in die Kajüte hineinschauen konnte. Aber hurtiger schoß das Schiff durch die Wellen, ein Segel nach dem anderen breitete sich aus, stärker schlugen die Wogen, ein schwarzes Gewölk zog sich zusammen, es wetterleuchtete in der Ferne. Oh, ein entsetzliches Unwetter sollte losbrechen! Deshalb refften die Matrosen die Segel. Das große Schiff schaukelte in fliegender Fahrt auf der wilden See; großen schwarzen Bergen gleich schäumte das Wasser empor, das sich über die Masten zu wälzen drohte, aber das Schiff tauchte wie ein Schwan zwischen den hohen Wogen hinunter und ließ sich wieder auf die aufgetürmten Wasser heben. Dem Meerweibchen kam es gerade wie eine Lustfahrt vor, aber als eine solche betrachteten es die Seeleute nicht, das Schiff stöhnte und krachte, die dicken Planken bogen sich bei den heftigen Stößen, welche die See gegen das Schiff führte, der Hauptmast brach mitten durch, als wenn er ein Rohr wäre, und das Schiff legte sich auf die Seite, während das Wasser in den Raum eindrang. Nun sah das Meerweibchen, daß die Seeleute in Gefahr schwebten, es mußte sich selbst vor den Balken und Schiffstrümmern, die auf dem Wasser trieben, in acht nehmen. Einen Augenblick war es so stockfinster, daß es nicht das geringste wahrnehmen konnte, wenn es dann aber blitzte, wurde es wieder so hell, daß das Meerweibchen alle auf dem Schiffe erkannte. Jeder tummelte sich, so gut er konnte. Vorzüglich schaute es sich nach dem jungen Prinzen um und sah ihn, als das Schiff barst, in die tiefe See versinken. Im ersten Augenblicke war es sehr froh, denn nun kam er zu ihm hinunter, dann aber fiel ihm ein, daß ja die Menschen im Wasser nicht leben können und daß er also nur tot zum Schlosse des Meerkönigs gelangen könnte. Nein, sterben durfte er nicht! Deshalb schwamm die kleine Seejungfrau zwischen den Balken und Planken, die auf dem Meere trieben, hindurch, vergaß völlig die eigene Gefahr, tauchte tief unter das Wasser und stieg wieder hoch zwischen den Wogen empor. Zuletzt erreichte sie so den jungen Prinzen, der kaum noch länger in der erregten See schwimmen konnte. Seine Arme und Beine begannen zu ermatten, die schönen Augen schlossen sich, er hätte sterben müssen, wäre sie nicht hinzugekommen. Sie hielt seinen Kopf über das Wasser empor und ließ sich dann mit ihm von den Wogen treiben, wohin sie wollten.

Gegen Morgen war das Unwetter vorüber. Vom Schiffe war auch nicht ein Span mehr zu sehen. Rot und glühend erhob sich die Sonne aus dem Wasser; es war gerade, als ob des Prinzen Wangen dadurch Leben bekämen, doch blieben seine Augen geschlossen. Das Meerweibchen küßte seine hohe, schöne Stirn und strich sein nasses Haar zurück. Es kam ihm fast vor, als gliche er dem Marmorbilde dort unten in dem kleinen Garten. Es küßte ihn wieder und wieder und wünschte, er möchte doch leben bleiben.

Nun tauchte das feste Land auf; hohe, blaue Berge, auf deren Gipfeln der weiße Schnee flimmerte, als wären es Schwäne, die dort lägen. Unten an der Küste waren prächtige grüne Wälder, und im Vordergrunde lag eine Kirche oder ein Kloster, man konnte es noch nicht recht unterscheiden, aber ein Gebäude war es. Zitronen- und Apfelsinenbäume wuchsen da im Garten, und vor dem Eingang standen hohe Palmbäume. Das Meer bildete hier eine kleine Bucht, in der das Wasser ganz still, aber sehr tief war, und die von einer Klippe begrenzt wurde, wo der feine weiße Sand angespült war. Hierher schwamm die kleine Seejungfrau mit dem schönen Prinzen, legte ihn in den Sand und trug dabei hauptsächlich Sorge, daß sein Haupt hoch im warmen Sonnenscheine lag.

Da läuteten die Glocken in dem großen, weißen Gebäude, und darauf wandelten viele junge Mädchen durch den Garten. Da schwamm das Meerweibchen weiter hinaus hinter einige hohe Steine, die aus dem Wasser hervorragten, bedeckte Haar und Busen mit Schaum des Meeres, so daß niemand sein liebliches Gesicht bemerken konnte, und gab nun acht, wer zu dem armen Prinzen kommen würde.

Es währte nicht lange, bis ein junges Mädchen dorthin kam. Es erschrak, wie es schien, heftig, aber nur einen Augenblick, dann holte es mehrere Menschen, und das Meerweibchen sah, daß der Prinz wieder zu sich kam und alle ringsumher anlächelte, aber zu seiner Retterin lächelte er nicht hinaus, er wußte ja auch nicht, daß er ihr das Leben zu verdanken hatte. Sie fühlte sich so betrübt, daß sie, als er in das große Gebäude geführt wurde, traurig unter das Wasser tauchte und zum Schlosse ihres Vaters zurückkehrte.

Sie war immer still und sinnend gewesen, aber nun wurde sie es noch mehr. Die Schwestern fragten sie, was sie das erstemal dort oben gesehen hätte, aber sie erzählte ihnen nichts.

Manchen Abend und Morgen stieg sie zu der Stelle empor, wo sie den Prinzen verlassen hatte. Sie sah, wie die Früchte des Gartens reiften und abgepflückt wurden, sie sah, wie der Schnee auf den hohen Bergen schmolz, aber den Prinzen sah sie nicht, und immer trauriger kehrte sie deshalb wieder heim. Ihr einziger Trost war es, in ihrem Gärtchen zu sitzen und ihre Arme um das schöne Marmorbild zu schlingen, das dem Prinzen ähnelte, aber ihre Blumen pflegte sie nicht, sie wuchsen wie in einer Wildnis über die Steige hinaus und ihre langen Stengel und Blätter verflochten sich mit den Zweigen der Bäume, so daß es dort ganz dunkel war.

Endlich konnte sie es nicht länger aushalten, sondern erzählte es einer ihrer Schwestern, und da erfuhren es gleich alle anderen, aber beileibe niemand weiter als diese und ein paar andere Meerweibchen, die es aber nur ihren nächsten Freundinnen erzählten. Eine von ihnen konnte über den Prinzen Auskunft geben, sie hatte auch die Geburtstagsfeier auf dem Schiffe mit angesehen, wußte, woher er war und wo sein Königreich lag.

»Komm, Schwesterchen!« sagten die anderen Prinzessinnen, und einander die Arme um die Schultern schlingend, stiegen sie in einer langen Reihe aus dem Meer empor, dort wo das Schloß des Prinzen lag.

Dieses war aus einer hellgelben, glänzenden Steinart aufgeführt, mit großen Marmortreppen, deren eine gerade in das Meer hinabführte. Prächtige vergoldete Kuppeln erhoben sich über dem Dache, und zwischen den Säulen, welche das ganze Gebäude umgaben, standen Marmorbilder, die wie lebende Wesen aussahen. Durch das helle Glas in den hohen Fenstern sah man in die prächtigsten Säle hinein, wo kostbare seidene Vorhänge und Tapeten aufgehängt und alle Wände mit großen Gemälden geschmückt waren, daß es eine wahre Lust war, das alles anzuschauen. Mitten in dem größten Saale plätscherte ein hoher Springbrunnen, seine Strahlen erhoben sich bis zur Glaskuppel an der Decke, durch welche die Sonne auf das Wasser und die schönen Pflanzen herabschien, die in dem großen Becken wuchsen.

Nun wußte sie, wo er wohnte, und dort zeigte sie sich manchen Abend und manche Nacht auf dem Wasser; sie schwamm weit näher an das Land heran, als irgendeine andere gewagt hatte, ja sie ging den schmalen Kanal ganz hinauf, bis unter den prächtigen Marmoraltan, der einen langen Schatten über das Wasser warf. Hier saß sie und betrachtete den jungen Prinzen, der allein in dem klaren Mondschein zu weilen glaubte.

Sie sah ihn manchen Abend in seinem prächtigen, mit Flaggen geschmückten Boote unter Musik dahinsegeln; sie schaute zwischen dem grünen Schilf hervor, und wenn der Wind ihren langen, silberweißen Schleier erfaßte und es jemand sah, so dachte er, es wäre ein Schwan, welcher die Flügel ausbreitete.

Sie hörte manche Nacht, wenn die Fischer bei Fackelschein auf der See fischten, daß sie viel Gutes von dem jungen Prinzen erzählten, und es freute sie, daß sie ihm das Leben gerettet hatte, als er halbtot auf den Wogen umhertrieb, und sie dachte daran, wie fest sein Haupt an ihrer Brust geruht und wie innig sie ihn da geküßt hatte. Davon wußte er gar nichts, konnte von ihr nicht einmal träumen.

Mehr und mehr begann sie die Menschen zu lieben, mehr und mehr wünschte sie zu ihnen emporsteigen und unter ihnen wandeln zu dürfen, deren Welt ihr weit größer als die ihrige zu sein schien. Sie konnten ja auf Schiffen über das Meer fliegen, auf den hohen Bergen hoch über die Wolken emporsteigen, und die Länder, die sie besaßen, erstreckten sich mit ihren Wäldern und Feldern weiter, als sie zu überblicken vermochte. Da war so vieles, was sie zu wissen wünschte, doch waren die Schwestern nicht imstande, ihr auf alles Antwort zu geben, weshalb sie die alte Großmutter danach fragte, welche die höhere Welt, wie sie die Länder über dem Meere sehr richtig nannte, gar wohl kannte.

»Wenn die Menschen nicht ertrinken«, fragte das Meerweibchen, »können sie dann ewig leben, sterben sie nicht, wie wir hier unten auf dem Meeresgrunde?«

»O ja«, sagte die Alte, »sie müssen ebenfalls sterben, und ihre Lebenszeit ist sogar noch kürzer als die unsrige. Wir können dreihundert Jahre alt werden, aber wenn wir zu sein aufhören, verwandeln wir uns nur in Schaum und haben hier unten nicht einmal ein Grab unter unseren Lieben. Wir haben keine unsterbliche Seele, werden nie mehr zum Leben erweckt, wir gleichen dem grünen Schilf, das, einmal abgeschnitten, nie wieder grünen kann! Die Menschen dagegen haben eine Seele, die ewig lebt, lebt, nachdem der Körper wieder zur Erde geworden. Sie schwingt sich durch den Äther empor, hinauf zu all den glänzenden Sternen! Gerade wie wir aus dem Meere emportauchen und der Menschen Länder schauen, so erheben auch sie sich zu unbekannten herrlichen Stätten, die wir nie zu sehen bekommen.«

»Weshalb erhielten wir keine unsterbliche Seele?« fragte betrübt das Meerweibchen. »Gern wollte ich alle meine Hunderte von Jahren, die ich zu leben habe, dahingeben, um nur einen Tag Mensch zu sein und dann an der himmlischen Welt Anteil zu erhalten!«

»Daran darfst du nicht denken!« sagte die Alte, »wir haben es viel glücklicher und besser als die Menschen da droben!«

»Ich werde also sterben und als Schaum auf dem Meere dahinfließen, werde der Wogen Musik nicht mehr hören, die schönen Blumen und die rote Sonne nicht mehr sehen! Kann ich denn gar nichts tun, um eine ewige Seele zu gewinnen?«

»Nein!« sagte die Alte, »nur wenn dich ein Mensch so liebgewönne, daß du ihm mehr als Vater und Mutter wärest, wenn er mit all seinen Gedanken und seiner Liebe an dir hinge und begehrte, daß der Geistliche seine rechte Hand an die deinige legte mit dem Gelübde der Treue hier und in alle Ewigkeit, dann flösse seine Seele in deinen Körper über und auch du erhieltest Anteil an dem Glücke der Menschen. Er gäbe dir Seele und behielte doch seine eigene. Aber das kann nie geschehen! Was gerade hier im Meere für schön gilt, dein Fischschwanz, finden sie oben auf der Erde häßlich! Es fehlt ihnen nun einmal das richtige Verständnis, dort muß man ein paar unbeholfene Säulen haben, die sie Beine nennen, um für schön zu gelten!«

Da seufzte das Meerweibchen und sah betrübt auf seinen Fischschwanz.

»Laß uns fröhlich sein!« sagte die Alte, »hüpfen und springen wollen wir in den uns vergönnten dreihundert Jahren, das ist fürwahr hinlängliche Zeit, nachher kann man um so unbekümmerter ausruhen. Heute abend werden wir Hofball haben!«

Es war auch eine Pracht, wie man sie auf Erden nie erblickt. Wände und Decke des großen Tanzsaales waren von dickem, aber durchsichtigem Glase. Mehrere hundert kolossale Muschelschalen, rosenrote und grasgrüne, standen reihenweise an jeder Seite mit einer blau brennenden Flamme, die den ganzen Saal erleuchtete und selbst durch die Wände hindurchschien, so daß die See ringsumher in einem Lichtmeere schwamm. Man konnte alle die unzähligen Fische, große und kleine, wahrnehmen, wie sie auf die Glasmauern zuschwammen; auf einigen blinkten purpurrote Schuppen, auf anderen glänzten sie goldig und silbern.

Mitten durch den Saal floß ein breiter, sanft dahinrieselnder Strom, und auf diesem tanzten die Meermänner und Meerweibchen nach ihrem eigenen lieblichen Gesange. So schöne Stimmen haben die Menschen auf Erden nicht. Die jüngste Prinzessin sang am schönsten von allen, man klatschte ihr Beifall, und für einen Augenblick fühlte sie Freude in ihrem Herzen, denn sie wußte, daß sie die schönste Stimme von allen auf Erden und im Meere hatte. Aber bald begann sie wieder der Welt über sich zu gedenken. Sie konnte den schönen Prinzen und ihren Schmerz, keine unsterbliche Seele, wie er, zu besitzen, nicht vergessen. Deshalb schlich sie sich aus dem Schlosse ihres Vaters hinaus, und während drinnen alles Gesang und Jubel war, saß sie betrübt in ihrem Gärtchen. Da hörte sie plötzlich ein Waldhorn durch das Wasser zu ihr herniedertönen, und sie dachte: Jetzt segelt er gewiß dort oben, er, den ich mehr als Vater und Mutter liebe, er, an dem ich mit allen Gedanken hänge und in dessen Hand ich so gern mein Lebensglück legen möchte. Alles will ich wagen, um ihn und eine unsterbliche Seele zu gewinnen! Während meine Schwestern drinnen im Schlosse meines Vaters tanzen, will ich zur Meerhexe gehen. Bisher habe ich immer ein Grausen vor ihr gehabt, aber vielleicht kann sie mir Rat und Hilfe gewähren.

Nun trat die Prinzessin aus ihrem Garten hinaus und eilte zu dem brausenden Strudel, hinter dem die Hexe wohnte. Den Weg hatte sie nie zuvor betreten; hier wuchs keine Blume, kein Seegras, nur der nackte graue Sandboden erstreckte sich bis zu dem Strudel, wo das Wasser wie brausende Mühlräder schäumend wirbelte und alles, was es ergriff, mit sich in die Tiefe hinunterriß. Mitten zwischen diesen alles zerschmetternden Wirbeln mußte sie hindurchschreiten, um das Gebiet der Meerhexe zu erreichen, und hier gab es eine große Strecke lang keinen anderen Weg als über warmen, schwankenden Schlamm, den die Hexe ihr Tiefmoor nannte. Dahinter lag ihr Haus mitten in einem seltsamen Walde. Alle Bäume und Büsche waren Polypen, halb Tier und halb Pflanze, sie sahen aus wie hundertköpfige Schlangen, die aus der Erde hervorwuchsen; alle Zweige waren lange, schlammige Arme, mit Fingern gleich gelenkigen Würmern, und Glied für Glied bewegte sich von der Wurzel bis zum äußersten Gipfel. Alles, was sie im Meere ergreifen konnten, umschlangen sie unlösbar und ließen es nie wieder los. Die kleine Prinzessin blieb erschrocken vor diesem Walde stehen; ihr Herz klopfte vor Angst; beinahe wäre sie umgekehrt, aber da dachte sie an den Prinzen und die zu gewinnende Menschenseele und faßte wieder Mut. Ihr langes, frei hinabwallendes Haar band sie fest um den Kopf, damit sie die Polypen nicht daran ergreifen konnten, beide Hände kreuzte sie über die Brust und eilte dann vorwärts, wie der Fisch nur immer durch das Wasser schießen kann, zwischen den widrigen Polypen hindurch, die ihre gelenkigen Arme und Finger hinter ihr herstreckten. Sie bemerkte, wie jeder von ihnen einen Gegenstand, den er ergriffen hatte, mit Hunderten von kleinen Armen, wie mit starken Eisenbanden, gepackt hielt. Menschen, die in der See umgekommen und hinabgesunken waren, schauten als weiße Gerippe aus den Armen der Polypen hervor. Schiffsruder und Kisten hielten sie umklammert, Gerippe von Landtieren, und was ihr fast das Schrecklichste war, ein Meerweibchen, das sie gefangen und erstickt hatten.

Nun kam sie zu einem großen, fast überall mit Schleim überzogenen Platz im Walde, wo große, fette Wasserschlangen sich ringelten und ihren garstigen weißgelben Bauch zeigten. Mitten auf dem Platze war ein Haus aus den weißen Knochen schiffbrüchiger Menschen errichtet; dort saß die Meerhexe und ließ eine Kröte aus ihrem Munde fressen, wie die Menschen ein Kanarienvögelchen Zucker naschen lassen. Die häßlichen fetten Wasserschlangen nannte sie ihre Kügelchen und ließ dieselben sich auf ihrem großen, schwammigen Busen umherwälzen.

»Ich weiß schon, was du willst!« sagte die Meerhexe, »dumm genug! Indes sollst du deinen Willen bekommen, denn er wird dich ins Unglück stürzen, mein holdes Prinzeßchen. Du möchtest deinen Fischschwanz loswerden und dafür zwei Stummel wie die Menschen zum Gehen haben, damit sich der junge Prinz in dich verliebt und du ihn und eine unsterbliche Seele erhalten kannst!« Dabei lachte die Hexe so laut und häßlich, daß die Kröte und die Schlangen auf die Erde fielen und sich dort umherwälzten. »Du konntest zu keiner besseren Zeit eintreffen. Morgen, wenn die Sonne aufgeht, könnte ich dir nicht helfen, bis wieder ein Jahr verstrichen ist. Ich werde dir einen Trank kochen, mit dem du noch vor Sonnenaufgang an das Land schwimmen, dich an das Ufer setzen und ihn austrinken mußt; dann schrumpft dein Schwanz zu dem zusammen, was die Menschen niedliche Beine nennen, aber es tut weh, es ist, als wenn ein scharfes Schwert dich durchbohrte. Alle, die dich erblicken, werden sagen, du seist das schönste Menschenkind, das sie gesehen! Du behältst deinen schwebenden Gang, keine Tänzerin kann einherschweben wie du, aber bei jedem Schritt, den du tust, ist es, als ob du auf ein scharfes Messer trätest, daß dein Blut fließen möchte. Willst du dies alles aushalten, dann will ich dir helfen!«

»Ja!« sagte das Meerweibchen mit bebender Stimme und dachte an den Prinzen und die zu gewinnende Seele.

»Aber merk wohl«, sagte die Hexe, »wenn du einmal menschliche Gestalt erhalten hast, kannst du nie wieder ein Meerweib werden! Du kannst nie wieder durch das Wasser zu deinen Schwestern und dem Schlosse deines Vaters hinuntersteigen, und gewinnst du nicht die Liebe des Prinzen, so daß er Vater und Mutter um deinetwillen vergißt, mit all seinen Sinnen an dir hängt und dem Geistlichen befiehlt, daß derselbe eure Hände ineinanderlege, so daß ihr Mann und Frau werdet, dann bekommst du keine unsterbliche Seele! Am ersten Morgen nach seiner Verheiratung mit einer anderen wird dir das Herz brechen, und du wirst zu Schaum auf dem Wasser.«

»Ich will es!« sagte das Meerweibchen und war bleich wie der Tod.

»Du mußt mich aber auch bezahlen!« sagte die Hexe, »und es ist nicht wenig, was ich verlange. Du hast die schönste Stimme von allen hier unten auf dem Meeresboden, mit der hoffst du ihn zu bezaubern, aber die Stimme mußt du mir geben. Das Beste, was du besitzest, will ich für meinen köstlichen Trank! Mein eigen Blut muß ich ja dazu geben, damit der Trank scharf wird wie ein zweischneidig Schwert!«

»Aber wenn du mir meine Stimme nimmst«, sagte das Meerweibchen, »was behalte ich denn übrig?«

»Deine schöne Gestalt«, sagte die Hexe, »deinen schwebenden Gang und deine sprechenden Augen, womit du schon ein Menschenherz betören kannst. Nun, hast du den Mut verloren? Streck deine kleine Zunge heraus, dann schneide ich sie für meine Bemühung ab, und du bekommst den kräftigen Trank!«

»Es geschehe!« sagte das Meerweibchen, und die Hexe setzte den Kessel auf, um den Zaubertrank zu kochen. »Reinlichkeit ist das halbe Leben!« sagte sie und scheuerte den Kessel mit den Schlangen aus, die sie in einen Knoten gebunden hatte. Nun ritzte sie sich selber die Brust und ließ ihr schwarzes Blut hineintröpfeln. Der Dampf bildete die seltsamsten Gestalten, so daß einem angst und bange werden mußte. Jeden Augenblick tat die Hexe neue Sachen in den Kessel, und als es recht kochte, war es gerade, als wenn ein Krokodil weinte. Endlich war der Trank fertig; er sah aus wie das klarste Wasser.

»Da hast du ihn!« sagte die Hexe und schnitt dem Meerweibchen die Zunge ab; das war stumm, konnte weder singen noch sprechen.

»Falls dich die Polypen ergreifen sollten, wenn du wieder durch meinen Wald zurückkehrst«, sagte die Hexe, »so besprenge sie nur mit einem einzigen Tropfen dieses Trankes, dann zerspringen ihre Arme und Finger in tausend Stücke!« Aber das hatte die Prinzessin nicht nötig, die Polypen zogen sich erschreckt vor ihr zurück, als sie den funkelnden Trank sahen, der in ihrer Hand wie ein strahlender Stern leuchtete. So kam sie bald durch den Wald, das Moor und den Strudel.

Sie konnte das Schloß ihres Vaters erblicken; die Fackeln im großen Tanzsaale waren erloschen; sie schliefen drinnen sicher schon alle, aber sie wagte gleichwohl nicht, sie aufzusuchen, jetzt, wo sie stumm war und auf immer von ihnen scheiden wollte. Es war, als ob ihr das Herz vor Trauer brechen sollte. Sie schlich sich in den Garten hinein, brach eine Blume von jedem Beete ihrer Schwestern, warf dem Schlosse Tausende von Kußfingern zu und stieg durch die dunkelblaue See empor.

Die Sonne war noch nicht aufgegangen, als sie das Schloß des Prinzen gewahrte und die prächtige Marmortreppe hinaufschritt. Der Mond schien wunderbar klar. Die kleine Seejungfrau trank den brennend scharfen Trank, und es war, als ob ein zweischneidig Schwert ihren feinen Körper durchdrang, sie verlor die Besinnung und lag wie tot da. Als die Sonne über die See hin schien, erwachte sie und fühlte einen heftigen Schmerz, aber dicht vor ihr stand der holde junge Prinz, der seine kohlschwarzen Augen auf sie heftete, so daß sie die ihrigen niederschlagen mußte, wobei sie bemerkte, daß ihr Fischschwanz verschwunden war und sie die niedlichsten, kleinen weißen Beinchen hatte, die ein hübsches Mädchen nur haben kann. Sie war aber ganz nackend, weshalb sie sich in ihr starkes, langes Haar einhüllte. Der Prinz fragte, wer sie wäre und wie sie hierhergekommen, und sie sah ihn mit ihren dunkelblauen Augen gar mild und doch so traurig an, denn sprechen konnte sie ja nicht. Da nahm er sie bei der Hand und führte sie in das Schloß. Bei jedem Schritt, den sie tat, war es ihr, wie ihr ja die Hexe vorausgesagt hatte, als wenn sie auf spitze Nadeln und scharfe Messer träte, aber das ertrug sie gern. An der Hand des Prinzen stieg sie so leicht wie eine Wasserblase die Treppe hinauf, und er sowohl wie alle anderen bewunderten ihren anmutigen, schwebenden Gang.

Kostbare Kleider von Seide und Musselin wurden ihr nun gereicht, im Schlosse war sie die Schönste von allen, aber sie war stumm, konnte weder singen noch reden. Schöne Sklavinnen, in Seide und Gold gekleidet, kamen hervor und sangen vor dem Prinzen und seinen königlichen Eltern. Eine sang lieblicher als alle die anderen, und der Prinz klatschte Beifall und lächelte sie an; da wurde das Meerweibchen betrübt, es wußte, daß es selbst weit schöner gesungen hätte. Oh! sprach es bei sich selbst, wenn er nur wüßte, daß ich, um bei ihm zu sein, meine Stimme für alle Ewigkeit dahingegeben habe!

Nun tanzten die Sklavinnen reizende, schwebende Tänze zur herrlichsten Musik; da erhob das Meerweibchen seine schönen weißen Arme, stellte sich auf die Fußspitzen und schwebte über den Fußboden, tanzend, wie noch keine getanzt hatte. Bei jeder Bewegung trat seine Schönheit mehr hervor, und seine Augen redeten inniger und tiefer zum Herzen als der Sklavinnen Gesang.

Alle waren davon bezaubert, besonders der Prinz, der die Prinzessin sein liebes Findelkind nannte; und sie tanzte ununterbrochen, obgleich es ihr, so oft ihr Fuß die Erde berührte, vorkam, als ob sie auf scharfe Messer träte. Der Prinz sagte, sie sollte immer um ihn sein, und sie erhielt sogar die Erlaubnis, vor seiner Tür auf einem Samtkissen zu schlafen.

Er ließ ihr eine Männertracht anfertigen, damit sie ihn auch zu Pferde begleiten könnte. Sie ritten durch die duftenden Wälder, wo die grünen Zweige ihre Schultern streiften und die Vöglein hinter den frischen Blättern sangen. Sie erkletterte mit dem Prinzen die hohen Berge, und obgleich ihre zierlichen Füßchen sichtlich bluteten, lachte sie doch darüber und folgte ihm, bis sie die Wolken tief unter sich segeln sahen, als ob es ein Vogelschwarm wäre, der nach fremden Ländern zöge.

Daheim im Schlosse des Prinzen ging sie, wenn in der Nacht die anderen schliefen, auf die breite Marmortreppe hinaus und kühlte ihre brennenden Füße im kalten Seewasser, und dabei gedachte sie der Ihrigen in der Tiefe.

In einer Nacht kamen ihre Schwestern Arm in Arm; sie sangen, während sie über das Wasser dahinschwammen, gar traurige Weisen. Sie winkte ihnen und sie erkannten sie und erzählten, wie tief sie sie alle betrübt hätte. Seitdem besuchten sie sie jede Nacht, und in einer Nacht gewahrte sie in weiter Ferne die alte Großmutter, die schon seit vielen Jahren nicht zur Oberfläche emporgestiegen war, und den Meerkönig mit seiner Krone auf dem Haupte. Sie streckten die Hände nach ihr aus, wagten sich aber beide nicht so nahe an das Land wie die Schwestern.

Tag für Tag gewann sie der Prinz lieber, er liebte sie, wie man nur ein gutes, holdes Kind lieben kann, aber sie zur Königin zu machen, das fiel ihm nicht im entferntesten ein, und seine Gemahlin mußte sie doch werden, sonst bekam sie keine unsterbliche Seele, sondern mußte an seinem Hochzeitsmorgen zu Schaum auf dem Meere werden.

»Hast du mich nicht am liebsten von allen?« schienen die Augen der kleinen Prinzessin zu sagen, wenn er sie in seine Arme nahm und auf die schöne Stirn küßte.

»Ja, du bist mir die Liebste!« sagte der Prinz, »denn du hast das beste Herz von allen, du bist mir am meisten ergeben und ähnelst einem jungen Mädchen, das ich einmal sah, aber wohl schwerlich wiederfinden werde. Ich war auf einem Schiffe, welches scheiterte; die Wogen trieben mich in der Nähe eines heiligen Tempels, in dem mehrere junge Mädchen den Dienst verrichteten, an das Land. Das jüngste derselben fand mich dort am Ufer und rettete mir das Leben; nur zweimal sah ich dasselbe. Es wäre die einzige Jungfrau, die ich in dieser Welt lieben könnte, aber du ähnelst ihr, du verdrängst fast ihr Bild in meiner Seele. Sie gehört dem heiligen Tempel an, und deshalb hat dich mir mein gutes Glück gesandt; niemals wollen wir uns voneinander trennen!«

Ach, er weiß es nicht, daß ich ihm das Leben gerettet habe! dachte die kleine Prinzessin, ich trug ihn über die See zu dem Walde hin, wo der Tempel steht; ich sah ihn hinter dem Schaume und schaute aus, ob kein Mensch ihm nahen würde. Ich sah das schöne Mädchen, das er mehr liebt als mich! Das Meerweibchen seufzte tief, weinen konnte es nicht. Das Mädchen gehört dem heiligen Tempel an, hat er gesagt; nie kommt es in die Welt hinaus, sie begegnen einander nicht mehr, ich bin bei ihm, sehe ihn jeden Tag, ich will ihn pflegen, ihn lieben, ihm mein Leben opfern!

Aber nun sollte der Prinz sich verheiraten und die Tochter des Nachbarkönigs zur Frau bekommen; deshalb rüstete man ein Schiff so prächtig aus. Der Prinz reist, um die Länder des Nachbarkönigs kennenzulernen, heißt es zwar, aber eigentlich geschieht es, um sich die Tochter des Nachbarkönigs anzusehen; ein großes Gefolge soll er mitnehmen. Das Meerweibchen schüttelte das Köpfchen und lächelte; es kannte die Gedanken des Prinzen weit besser als alle anderen. »Ich muß reisen!« hatte er zu ihr gesagt, »ich muß mir die schöne Prinzessin ansehen; meine Eltern verlangen es, aber sie als meine Braut heimzuführen, dazu wollen sie mich nicht zwingen. Ich kann sie nicht lieben! Sie ähnelt nicht dem schönen Mädchen im Tempel, dem du ähnelst. Sollte ich einmal eine Braut wählen, so würde die Wahl eher auf dich fallen, mein stummes Findelkindchen mit den redenden Augen!« Dabei küßte er sie auf ihren roten Mund, spielte mit ihrem langen Haar und legte sein Haupt an ihr Herz, daß es lebhafter von Menschenglück und einer unsterblichen Seele träumte.

»Du fürchtest dich doch nicht vor dem Meere, du stummes Kind?« fragte er, als sie auf dem prächtigen Schiffe standen, das ihn nach dem Lande des Nachbarkönigs führen sollte, und er erzählte ihr von Stürmen und von Windstille, von merkwürdigen Fischen in der Tiefe und was die Taucher dort erblickt hätten, und sie lächelte bei seiner Erzählung, denn sie wußte ja besser als irgendein anderer auf dem Meeresgrunde Bescheid.

In der mondhellen Nacht, als alle schliefen, nur der Steuermann an seinem Ruder nicht, da saß sie am Rande des Schiffes und starrte durch das klare Wasser hinunter, und es kam ihr vor, als erblickte sie das Schloß ihres Vaters; auf dem höchsten Turme desselben stand die alte Großmutter mit der Silberkrone auf dem Haupte und schaute unverwandt durch den reißenden Strom zum Kiele des

Schiffes empor. Da tauchten ihre Schwestern aus dem Wasser hervor, sahen sie wehmütig an und rangen ihre weißen Hände. Sie winkte ihnen zu, lächelte und wollte erzählen, daß alles gut und glücklich ginge, aber der Schiffsjunge näherte sich ihr, und die Schwestern tauchten unter, so daß er wähnte, das Weiße, was er gesehen hatte, wäre nur Schaum auf der See.

Am folgenden Morgen segelte das Schiff in den Hafen der prächtigen Hauptstadt des Nachbarkönigs. Alle Kirchenglocken läuteten, und von den hohen Türmen erklangen Posaunen, während die Soldaten mit wehenden Fahnen und blitzenden Bajonetten in Parade aufmarschiert standen. Jeder Tag wurde festlich begangen. Bälle und Gesellschaften folgten einander, aber die Prinzessin war noch nicht da, sie würde weit entfernt in einem heiligen Tempel erzogen, hieß es, wo sie alle königlichen Tugenden erlernte. Endlich traf sie ein.

Das Meerweibchen brannte vor Begierde, ihre Schönheit zu sehen, und mußte eingestehen, daß sie eine liebreizendere Gestalt nie erblickt hätte. Ihre Haut war fein und durchsichtig, und hinter den langen, dunklen Augenwimpern lächelten ein Paar schwarzblaue, treue Augen.

»Du bist es!« rief der Prinz freudig, »du, die mich gerettet hat, als ich wie tot am Strande lag!« und er drückte sie als seine errötende Braut in seine Arme. »Oh, ich bin zu glücklich!« sagte er zum Meerweibchen. »Das Beste, das ich nie zu erlangen glaubte, ist mir erfüllt. Du wirst dich über mein Glück freuen, denn du hast mich am liebsten von allen!« Das Meerweibchen küßte ihm die Hand, und es war ihm jetzt schon, als fühlte es sein Herz brechen. Des Prinzen Hochzeitsmorgen sollte ihm ja den Tod geben und es in Schaum auf dem Meere verwandeln.

Alle Kirchenglocken läuteten, die Herolde ritten in der Stadt umher und verkündeten die Verlobung. Auf allen Altaren brannte duftendes Öl in kostbaren Silberlampen. Die Priester schwangen die Rauchfässer, und Braut und Bräutigam reichten einander die Hand und empfingen den Segen des Bischofs. Die kleine Seejungfrau stand in Seide und Gold und hielt die Schleppe der Braut, aber ihr Ohr hörte nicht die festliche Musik, ihr Auge sah nicht die heilige Handlung, sie gedachte ihrer Todesnacht, dachte an alles, was sie in dieser Welt verloren hatte.

Noch an demselben Abende gingen Braut und Bräutigam an Bord des Schiffes; die Kanonen donnerten, alle Flaggen wehten, und mitten auf dem Schiffe war ein königliches Zelt von Gold und Purpur errichtet und mit den herrlichsten Polsterkissen ausgestattet, wo das Brautpaar in der stillen, kühlen Nacht ruhen sollte.

Der Wind schwellte die Segel, und das Schiff glitt leicht und ohne heftiges Schwanken über die klare See dahin.

Als die Dämmerung hereinbrach, wurden farbige Lampen angezündet, und die Seeleute tanzten lustige Tänze auf dem Verdeck. Die kleine Meerprinzessin erinnerte sich dabei jenes Abends, als sie zum erstenmal aus dem Meere aufgetaucht war und dieselbe Pracht und Freude gesehen hatte, und nun wirbelte sie mit im Tanze, schwebend, wie die Schwalbe schwebt, wenn sie verfolgt wird, und alle jubelten ihr Bewunderung zu, nie hatte sie so herrlich getanzt. Wie scharfe Messer schnitt es ihre zarten Füße, aber sie fühlte es nicht, schmerzlicher schnitt es ihr noch durch das Herz. Sie wußte, daß es der letzte Abend war, wo sie ihn sah, für den sie Freundschaft und Heimat verlassen, ihre herrliche Stimme dahingegeben und täglich unendliche Schmerzen erlitten hatte, ohne daß er auch nur eine Ahnung davon hatte. Es war die letzte Nacht, wo sie dieselbe Luft wie er einatmete, das tiefe Meer und den sternblauen Himmel sah. Eine ewige Nacht ohne Denken und Träumen wartete ihrer, die keine Seele hatte und nimmer eine gewinnen konnte. Alles war Freude und Lustbarkeit auf dem Schiffe, weit über Mitternacht hinaus; sie lächelte und tanzte mit Todesgedanken in ihrem Herzen. Der Prinz küßte seine schöne Braut, und sie spielte mit seinem schwarzen Haare, und Arm in Arm gingen sie in das prächtige Zelt zur Ruhe.

Es wurde ruhig und still auf dem Schiffe, nur der Steuermann stand am Ruder; die kleine Seejungfrau legte ihre weißen Arme auf den Schiffsrand und schaute gegen Osten nach der Morgenröte aus. Der erste Sonnenstrahl war, wie sie wußte, ihr Todesbote. Da sah sie ihre Schwestern aus dem Meere emporsteigen, sie waren bleich wie sie selber, ihr langes schönes Haar flatterte nicht mehr im Winde, es war abgeschnitten.

»Wir haben es der Hexe gegeben, damit sie Hilfe bringe und du diese Nacht nicht sterben mußt! Sie hat uns ein Messer gegeben, hier ist es! Siehst du, wie scharf es ist? Bevor noch die Sonne aufgeht, mußt du es dem Prinzen in das Herz stoßen, und wenn sein warmes Blut auf deine Füße spritzt, dann wachsen deine Füße zu einem Fischschwanze zusammen, und du wirst wieder ein Meerweib, kannst in das Wasser zu uns herniedersteigen und deine dreihundert Jahre leben, ehe du der tote salzige Seeschaum wirst. Eile, eile! Er oder du mußt vor Sonnenaufgang sterben. Unsere alte Großmutter trauert, so daß ihr ihr weißes Haar ausgefallen ist, wie das unsrige vor der Schere der Hexe gefallen. Töte den Prinzen und komm zurück! Beeile dich, siehst du den roten Streifen am Himmel? In wenigen Minuten erhebt sich die Sonne, und du mußt sterben!« Und sie stießen einen eigentümlichen, tiefen Seufzer aus und sanken in die Wogen zurück.

Die kleine Meerprinzessin zog den Purpurvorhang vor dem Zelte fort, und sie sah die schöne Braut mit ihrem Haupte an der Brust des Prinzen ruhen, und sie neigte sich hinab, küßte ihn auf seine schöne Stirn, schaute zum Himmel empor, wo die Morgenröte immer glühendere Farben annahm, sah das scharfe Messer an und heftete dann wieder ihre Blicke auf den Prinzen, der im Traum den Namen seiner Braut rief, sie allein lebte in seinen Gedanken, und das Messer zitterte in der Hand der Seejungfrau – – aber dann warf sie es weit hinaus in die Wogen, die, wo es hinfiel, rot aufleuchteten; es sah aus, als spritzten Blutstropfen aus dem Wasser in die Höhe. Noch einmal schaute sie den Prinzen mit halbgebrochenem Blick an, stürzte sich vom Schiff in das Meer hinunter und merkte, wie ihr Körper sich in Schaum auflöste.

Jetzt stieg die Sonne aus dem Meere empor, mild und warm fielen ihre Strahlen auf den todeskalten Meeresschaum, und die kleine Meerprinzessin fühlte nichts vom Tode. Sie erblickte die Sonne, und dicht über ihr schwebten Hunderte von durchsichtigen, herrlichen Wesen; sie vermochte durch sie hindurch die weißen Segel des Schiffes und die roten Wolken am Himmel wahrzunehmen. Ihre Stimme war wie Sphärenklang, aber so geistig, daß kein menschliches Ohr sie vernehmen, wie auch kein irdisches Auge diese himmlischen Wesen erblicken konnte. Ohne Flügel schwebten sie vermöge ihrer eigenen Leichtigkeit durch die Luft. Das Meerweibchen sah, daß es einen Körper, wie sie hatte, der sich mehr und mehr aus dem Schaume erhob.

»Zu wem komme ich?« fragte es, und seine Stimme klang wie die der anderen Wesen, so geistig, daß keine irdische Musik sie wiedergeben kann.

»Zu den Töchtern der Luft!« antworteten die anderen. »Das Meerweib hat keine unsterbliche Seele, kann sie nie erhalten, wenn es ihm nicht gelingt, eines Menschen Liebe zu gewinnen! Von einer fremden Macht hängt ihr ewiges Dasein ab. Die Töchter der Luft haben auch keine unsterbliche Seele, aber sie können sich selbst eine durch gute Handlungen verschaffen. Wir fliegen nach den warmen Ländern, wo der brodelnde Atem der Pestluft die Menschen tötet; dort fächeln wir Kühlung. Wir breiten den Duft der Blumen durch die Luft aus und senden Erquickung und Genesung. Haben wir dreihundert Jahre lang gestrebt, das Gute zu tun, was wir vermochten, dann empfangen wir eine unsterbliche Seele und nehmen an dem ewigen Glücke der Menschen teil. Du armes Meerweibchen, du hast von ganzem Herzen nach demselben Ziele wie wir gestrebt, hast gelitten und geduldet, hast dich nun zur Welt der Luftgeister erhoben, jetzt kannst du dir selbst nach drei Jahrhunderten eine unsterbliche Seele durch gute Taten schaffen!«

Die kleine Seejungfrau hob ihre lichten Arme zu Gottes Sonne empor, und zum erstenmal fühlte sie Tränen. – Auf dem Schiffe herrschte wieder Lärm und Leben; sie bemerkte, wie der Prinz mit seiner schönen Braut nach ihr suchten, wehmütig hefteten sie ihre Blicke auf den wallenden Schaum, als ob sie wüßten, daß sie sich in die Wogen gestürzt hätte. Unsichtbar küßte sie die Stirn der Braut, lächelte ihn an und stieg mit den anderen Kindern der Luft zu der rosenroten Wolke empor, die in der Luft einherschwamm.

»Nach dreihundert Jahren schweben wir so in Gottes Reich hinüber!«

»Sogar noch früher können wir hineingelangen!« flüsterte einer der Luftgeister. »Unsichtbar schweben wir in die Häuser der Menschen hinein, wo es Kinder gibt, und für jeden Tag, an dem wir ein gutes Kind finden, das seinen Eltern Freude macht und ihre Liebe verdient, verkürzt uns Gott unsere Prüfungszeit. Das Kind weiß nicht, wann wir durch das Zimmer fliegen, und sobald wir aus Freude über dasselbe lächeln, werden die dreihundert Jahre um eins vermindert, sehen wir aber ein unartiges und böses Kind, so müssen wir Tränen der Trauer weinen, und jede Träne legt unserer Prüfungszeit einen Tag zu!«

Die Frau des Trommlers ging in die Kirche, sie sah den neuen Altar mit den gemalten Bildern und den ausgeschnitzten Engeln. Alle waren sehr schön, sowohl die auf der Leinwand in Farben und mit Glorienschein, als auch die in Holz geschnitzten, die noch dazu angestrichen und vergoldet waren. Wie Gold und Sonnenschein strahlte das Haar, ein prächtiger Anblick. Aber Gottes Sonnenschein war doch noch schöner; heller, röter, goldiger leuchtete es zwischen den dunklen Bäumen hindurch, wenn die Sonne unterging. Herrlich ist's, in Gottes Antlitz zu schauen! Und sie schaute in die glühende Sonne, und innige Gedanken bewegten ihre Seele. Sie dachte an das Kleine, welches der Storch bald bringen sollte, und die Frau des Trommlers wurde dabei gar fröhlich; sie sah und sah und wünschte, das Kind möchte etwas von dem Glanze, der vor ihren Blicken ausgebreitet lag, erhalten, wenigstens einem der strahlenden Engel auf dem Altargemälde ähneln.

Und als sie nun wirklich in ihren Armen ihr kleines Kind hielt und es dem Vater entgegenhielt, da war es in der Tat wie einer der Engel in der Kirche anzuschauen, goldig das Haar, der Glanz der untergehenden Sonne hatte sich gleichsam auf dasselbe gelagert.

»Mein Goldschatz, mein Reichtum, mein Sonnenschein!« rief die Mutter und küßte die strahlenden Locken; und es klang wie Musik und Gesang in der Trommlerstube; Freude, Leben und Bewegung herrschte darin. Der Trommler schlug einen Wirbel, einen Freudenwirbel. Die Trommel ging, die Lärmtrommel ging: »Rote Haare! Der Junge hat rote Haare! Trau dem Trommelfell und nicht, was deine Mutter sagt! Trum, trum, trummelum!«

Und die Stadt redete, wie die Lärmtrommel redete.

Der Knabe wurde in die Kirche gebracht; der Knabe wurde getauft. Gegen den Namen war nichts einzuwenden; Peter wurde er genannt. Die ganze Stadt, die Trommel nicht ausgenommen, nannte ihn: Peter, der rotköpfige Trommlerjunge. Aber seine Mutter küßte ihn auf sein rotes Haar und nannte ihn ihren Goldschatz.

An der Lehmwand im Hohlwege hatte mancher zur Erinnerung seinen Namen eingeritzt.

»Ruhm«, sagte der Trommler, »ist doch immer etwas«, und deshalb ritzte er auch seinen und seines Sohnes Namen hinein.

Und die Schwalben kamen; sie hatten auf ihren langen Reisen dauerhaftere Schrift in Hindostans Felsenwände und Tempelmauern eingehauen gesehen: große Taten mächtiger Könige, unsterbliche Namen, so alt, daß sie niemand mehr lesen oder nennen konnte.

»Namenswert! Berühmtheit!«

Im Hohlwege bauten die Erdschwalben; sie bohrten sich Löcher in die Lehmwand, Wind und Regen zerbröckelten die Namen und spülten sie fort, auch die des Trommlers und seines kleinen Sohnes.

»Peters Name blieb doch anderthalb Jahr stehen!« sagte der Vater.

Narr! dachte die Lärmtrommel, aber sie sagte nur: »Trumm, trum, trummelum!«

Es war ein Knabe voll Lust und Leben, der rotköpfige Trommlerjunge. Eine schöne Stimme hatte er; singen konnte er und singen tat er wie der Vogel im Walde. Es war Melodie und doch wieder keine Melodie.

»Er muß Chorknabe werden!« sagte die Mutter, »in der Kirche singen, unter den schönen vergoldeten Engeln stehen, denen er so ähnelt!«

»Feuerkater!« sagten die Witzbolde in der Stadt. Die Trommel hörte es von den Nachbarsfrauen.

»Geh nicht nach Hause, Peter!« riefen die Straßenjungen. »Schläfst du in der Dachstube, dann bricht Feuer im obersten Stockwerke aus, und die Lärmtrommel geht!«

»Nehmt euch vor den Trommelstöcken in acht!« erwiderte Peter, und so klein er war, ging er doch kühn auf sie los und stieß den nächsten mit der Faust vor den Magen, daß er hinstürzte und mit den Beinen in die Luft schlug, während die anderen die Beine in die Hand nahmen, ihre eigenen Beine.

Der Stadtmusikant war ein vornehmer und feiner Mann, er war der Sohn eines königlichen Silberkämmerers. Ihm gefiel Peter, er nahm ihn hin und wieder mit nach Hause, schenkte ihm eine Violine und lehrte ihn sie spielen. Es war, als ob es dem Knaben in den Fingern läge, er wollte mehr als Trommelschläger, er wollte Stadtmusikant werden.

»Soldat will ich werden!« sagte Peter. Er war noch ein ganz

junges Bürschchen und hielt es deshalb noch für das Reizendste in der Welt, ein Gewehr zu tragen, nach dem Takte »eins, zwei! eins, zwei!« marschieren zu können und Uniform und Säbel zu tragen.

»Du sollst dem Trommelfell gehorchen lernen! Trummelom, komm, komm!« sagte die Trommel.

»Ja, wenn er sich zum General empordienen könnte!« meinte der Vater, »aber dann muß es Krieg geben!«

»Gott behüte uns davor!« erwiderte Mutter.

»Wir haben nichts zu verlieren!« entgegnete Vater.

»Doch, wir haben da meinen Jungen!« versetzte sie.

»Aber wenn er nun als General wieder nach Hause kommt!« sagte Vater.

»Ohne Arme und Beine!« antwortete die Mutter; »nein, ich muß meinen Goldschatz ganz behalten!«

»Trum, trum, trum!« die Lärmtrommel ging, alle Trommeln gingen. Es war Krieg. Die Soldaten zogen aus, und der Trommlerjunge zog mit. »Rotkopf! Goldschatz!« Die Mutter weinte; der Vater sah ihn in Gedanken »berühmt«, der Stadtmusikant meinte, er sollte nicht in den Krieg ziehen, sondern bei der Stadtmusik bleiben.

»Rotkopf!« sagten die Soldaten, und Peter lachte; sagte aber einer oder der andere: »Fuchspelz!« dann biß er die Zähne zusammen und sah zornig vor sich hin. Jenes Schimpfwort kümmerte ihn nicht.

Flink war der junge Bursche; keck sein Sinn, heiter seine Laune und das, sagten die alten Kameraden, ist die beste Feldflasche.

In Regen und Unwetter, bis auf die Haut durchnäßt, mußte er manche Nacht draußen unter freiem Himmel liegen, aber seine gute Laune verlor er nicht, die Trommelstöcke schlugen: Trum, tum, tum! Alle Mann auf! Er war wahrlich ein geborener Trommelschläger.

Eine Schlacht wurde geliefert; die Sonne war noch nicht aufgegangen, aber Morgen war es, die Luft kalt, der Kampf heiß. Die Luft war voller Nebel, aber noch mehr voller Pulverdampf. Die Kugeln und Granaten flogen über die Köpfe und in die Köpfe, schlugen in Körper und Glieder, aber vorwärts ging es. Einer und der andere sank in die Knie, blutig um die Schläfe, kreideweiß im

Antlitz. Der kleine Tambour hatte noch seine gesunde Farbe, er war noch ohne allen Schaden fortgekommen. Er schaute mit immer gleich fröhlichem Gesicht den Regimentshund an, der lustig vor ihm her sprang, als ob alles nur Spaß wäre, als schlügen die Kugeln nur hinunter, um mit ihnen zu spielen.

»Vorwärts, marsch!« lautete der Kommandoruf, wirbelten die Trommeln; der Befehl war nicht gegeben, um ihn zurückzunehmen, aber er kann zurückgenommen werden, und oft liegt großer Verstand darin. Und nun hieß es: »Zurück!« Aber der kleine Tambour schlug: Vorwärts, marsch, marsch! Einen anderen Befehl konnte er sich nicht denken, und die Soldaten gehorchten dem Kalbfell. Es waren gute Trommelschläge, sie wurden denen, die schon im Begriffe standen zu weichen, zu Siegesschlägen.

Viele Opfer hatte die Schlacht gekostet. Die Granate zerreißt das Fleisch in blutige Stücke, die Granate entzündet den Strohhaufen, zu dem sich der Verwundete hingeschleppt hat, um stundenlang verlassen dazuliegen, verlassen vielleicht in diesem Leben. Es hilft nichts, daran zu denken, und doch denkt man daran, selbst weit davon entfernt in dem friedlichen Städtchen. Dort dachte der Tambour und sein Weib daran; Peter war ja im Kriege.

»Nun habe ich das Gewinsel satt!« sagte die Lärmtrommel.

Eine neue Schlacht wurde geschlagen; die Sonne war noch nicht aufgegangen, aber der Morgen war angebrochen. Der Tambour und sein Weib schliefen; fast die ganze Nacht hatten sie schlaflos zugebracht. Vom Sohne hatten sie geredet, er war ja draußen – »unter Gottes Hand«. Und Vater träumte, der Krieg wäre zu Ende, die Soldaten kehrten heim, und Peter trüge das Eiserne Kreuz auf der Brust. Mutter dagegen träumte, sie träte in die Kirche hinein, betrachtete die Gemälde und ausgeschnitzten Engel mit den vergoldeten Haaren, und ihr eigener lieber Junge, ihres Herzens Goldschatz, stünde in weißen Kleidern mitten unter den Engeln und sänge so lieblich, wie nur Engel singen können, und mit ihnen erhöbe er sich in lichtem Sonnenscheine und nickte seiner Mutter so freundlich zu.

»Mein Goldschatz!« rief sie und erwachte in demselben Augenblicke. »Nun hat ihn Gott zu sich genommen!« sagte sie, faltete ihre Hände, vergrub ihr Haupt in den kattunenen Bettvorhang und weinte. »Wo ruht er nun unter der großen Menge in dem weiten

Grabe, das sie für die Toten graben? Vielleicht in tiefem Sumpfwasser! Niemand weiß sein Grab, keine Leichenrede wurde ihm gehalten!« Ein Vaterunser ging lautlos über ihre Lippen, ihr Haupt neigte sich, sie war so müde, sie entschlummerte.

Die Tage fahren dahin im Leben und in den Träumen!

Es war gegen Abend; ein Regenbogen wölbte sich über der Walstätte, die von einem Walde und einem tiefen Sumpfe begrenzt wurde. Im Volksglauben gilt es als unumstößliche Wahrheit: Wo der Regenbogen die Erde berührt, liegt ein Schatz begraben, ein Goldschatz. Auch hier lag einer; niemand dachte an den kleinen Tambour außer seiner Mutter, und deshalb träumte sie von ihm.

Und die Tage fahren dahin im Leben und in den Träumen!

Nicht ein Haar auf seinem Haupte war gekrümmt, nicht ein einziges Goldhaar. »Trammeram, trammeram, er ist's, er ist's!« hätte die Trommel sagen und die Mutter singen können, hätte sie ihn gesehen oder von ihm geträumt!

Unter Gesang und Hurrarufen, mit dem Grün des Sieges ging es heimwärts, als der Krieg beendet, als der Friede geschlossen war. In großen Kreisen sprang der Regimentshund voran, als wollte er sich den Weg dreimal so lang machen, als er war.

Und Wochen vergingen und Tage, und Peter trat in die Stube seiner Eltern. Er war braun wie ein Zigeuner, seine Augen blitzten, sein Antlitz strahlte wie Sonnenschein. Und die Mutter hielt ihn in ihren Armen und küßte ihn auf Mund, auf Augen, auf sein rotes Haar; sie hatte ihren Knaben wieder; er trug nicht das Eiserne Kreuz auf der Brust, wie Vater geträumt, aber er hatte seine ganzen Glieder, wie Mutter nicht geträumt hatte. Was war das für eine Freude! Sie lachten und sie weinten, und Peter umarmte die alte Lärmtrommel. »Da steht das alte Gerümpel ja noch immer!« sagte er, und Vater schlug einen Wirbel auf ihr.

»Es ist gerade, als ob hier großes Feuer ausgebrochen wäre!« sagte die Lärmtrommel. »Feuer im Dache, Feuer in den Herzen, Goldschatz! Schnarr, schnarr, schnarr!«

Ja was nun? Frage nur den Stadtmusikanten!

»Peter wird noch wahrhaftig der Trommel entwachsen«, sagte er; »Peter wird größer als ich!« und er war doch der Sohn eines königlichen Silberkämmerers; aber alles, was er in einem ganzen Leben gelernt hatte, lernte Peter in einem halben Jahre.

Es lag etwas Kühnes, etwas wahrhaft Gutes in ihm. Seine Augen leuchteten, und sein Haar leuchtete – das läßt sich nicht leugnen.

»Er sollte sich das Haar färben lassen!« sagte die Nachbarin. »Bei der Tochter des Polizeidieners glückte es vollkommen, und sie verlobte sich.«

»Aber ihr Haar wurde ja bald darauf grün wie Entengrün und muß immer wieder von neuem gefärbt werden!«

»Das erlauben ihr ihre Mittel«, sagte die Nachbarin, »und die hat Peter ebenfalls. Er kommt in die vornehmsten Häuser, sogar zu Bürgermeisters, und gibt Fräulein Lottchen Unterricht auf dem Klavier!«

Ja, Klavierspielen konnte er, spielen so recht aus dem innersten Herzen heraus das schönste Stück, das noch auf keinem Notenblatt aufgeschrieben stand. Er spielte in den hellen Nächten und nicht weniger in den dunklen. Es war nicht zum Aushalten, wie die Nachbarn und die Lärmtrommel behaupteten.

Er spielte, bis seine Gedanken einen höheren Flug nahmen und große Zukunftspläne: Berühmtheit, aufwirbelten.

Und Bürgermeisters Lottchen saß am Klavier; ihre feinen Finger tanzten über die Tasten hin, daß die Töne Petern zu Herzen drangen. Es war ihm, als ob es zu groß würde, und das ereignete sich nicht einmal, sondern mehreremal. Deshalb ergriff er eines Tages ihre feinen Finger und die schöngeformte Hand, und er küßte dieselbe und schaute ihr in ihre großen braunen Augen. Gott mag wissen, was er sagte; wir anderen dürfen es erraten. Lottchen wurde bis über Hals und Schulter rot. Nicht ein einziges Wort antwortete sie; – es trat gerade ein Fremder in die Stube, der Sohn des Etatsrats; er hatte eine hohe reine Stirn und trug den Kopf stolz im Nacken. Peter saß lange bei ihnen, und Lottchens sanfte Augen ruhten auf ihm.

Am Abend redete er zu Hause von der weiten Welt und von dem goldnen Schatze, der für ihn in der Violine läge.

Berühmtheit!

»Tumelum, tumelum, tumelum bum bum!« sagte die Lärmtrommel. »Nun ist es rein zum Tollwerden mit dem Peter! Es brennt bei ihm im Oberstübchen, glaube ich.«

Mutter ging am nächsten Tage auf den Markt. »Weißt du schon das Neueste, Peter?« sagte sie, als sie zurückkam; »einmal wieder etwas Neues, was auch dir aufrichtige Freude bereiten wird. Bürgermeisters Lottchen hat sich mit dem Sohne des Etatsrats verlobt; gestern abend fand die Verlobung statt!«

»Nein!« sagte Peter und sprang vom Stuhle auf. Aber Mutter sagte ja; sie hätte es von der Frau des Barbiers, und ihr Mann wüßte es direkt aus des Bürgermeisters eigenem Munde.

Und Peter wurde leichenblaß und setzte sich wieder nieder.

»Herr Gott, was ist dir denn?« rief die Mutter.

»Schon gut, schon gut! Laß mich nur gehn!« versetzte er, und die Tränen liefen ihm über die Wangen hinab.

»Mein süßes Kind, mein Goldschatz!« rief die Mutter und weinte; aber die Lärmtrommel sang vor sich hin: Lott' ist tot, Lott' ist tot! Ja nun ist das Liedchen aus!

Das Lied war nicht aus, es blieben noch viele Verse, lange Verse übrig, die allerschönsten, ein Goldschatz für das ganze Leben.

»Sie ist wie närrisch und bläst sich gewaltig auf!« sagte die Nachbarin. »Alle Welt muß die Briefe lesen, die sie von ihrem Goldschatze erhält, hören, was die Zeitungen von ihm und seiner Violine erzählen. Viel Geld sendet er ihr, und das kann sie gebrauchen, seit sie Witwe ist.«

»Er spielt vor Kaisern und Königen!« sagte der Stadtmusikant. »Das Los war mir nicht beschieden; aber er ist mein Schüler und vergißt seinen alten Lehrer nicht.«

»Vater träumte es ja«, meinte Mutter, »daß Peter aus dem Kriege mit einem Kreuze auf der Brust heimkehren würde. Im Kriege erhielt er es freilich nicht, da ist es gewiß schwerer zu bekommen; jetzt trägt er gleichwohl ein Ritterkreuz. Hätte das doch Vater erleben können!«

»Berühmt!« brummte die Lärmtrommel, und die ganze Geburtsstadt sprach es nach! Der Tamboursohn, Peter mit dem roten Haare, Peter, den sie als Kind in Holzschuhen, den sie als Mann hatten die Trommel schlagen und zum Tanze spielen sehen, Peter berühmt!

»Er spielte vor uns, ehe er vor Königen spielte!« sagte die Frau Bürgermeisterin. »Damals war er in Lottchen rein vernarrt. Er schaute immer hoch hinauf! Damals war es naseweis und wahrhaft unerhört. Mein eigener Mann lachte, als er von diesem Unsinn hörte! Nun ist Lottchen Etatsrätin!«

Ein Goldschatz war in Herz und Seele des armen Kindes gelegt, welches als kleiner Tambour das Signal »Vorwärts, marsch, marsch!« schlug und die schon Weichenden zum Siege führte. In seiner Brust lag ein Goldschatz, eine Quelle herrlicher Töne; aus seiner Violine brauste es hervor, als ob eine ganze Orgel darin verborgen läge, als tanzten alle Elfen einer Sommernacht über die Saiten hin. Man hörte der Drossel Schlag und des Menschen helle Stimme; deshalb riß es alle Herzen zum Entzücken fort und trug seinen Namen durch die Lande. Ein großes Feuer loderte, das Feuer der Begeisterung.

»Und dann ist er so schön!« sagten die jungen Damen, und die alten stimmten mit ein; ja die älteste schaffte sich ein Album für berühmte Haarlocken an, nur um sich eine Locke aus dem reichen und schönen Haare des jungen Violinspielers, einen Schatz, einen Goldschatz, ausbitten zu dürfen.

Und in die ärmliche Tambourstube trat der Sohn, fein wie ein Prinz, glücklicher als ein König. Seine Augen waren so hell, sein Antlitz wie Sonnenschein. Und er hielt seine Mutter in seinen Armen, und sie küßte ihn auf seinen warmen Mund und weinte so glückselig, wie man nur in Freude weint. Jedem alten Möbel in der Stube nickte er zu, der Kommode mit den Tassen und der Blumenvase, dem Schlafsofa nickte er einen Gruß zu, worauf er als Kind geschlafen hatte, die alte Lärmtrommel aber zog er mitten in die Stube und sagte zur Mutter und zur Trommel: »Vater würde heute einen Wirbel geschlagen haben! Nun muß ich es tun!« Und er schlug auf der Trommel ein ganzes Donnerwetter, und sie fühlte sich dadurch so geehrt, daß das Trommelfell platzte.

»Er schlägt eine vortreffliche Faust!« sagte die Trommel. »Nun habe ich doch für immer eine Erinnerung an ihn Ich denke, Mutter wird auch aus Freude über ihren Goldschatz platzen.«

Das ist die Geschichte vom Goldschatz.

Fünf in einer Schote

Fünf Erbsen waren in einer Schote, sie waren grün, und die Schote war grün, und deshalb glaubten sie, daß die ganze Welt grün wäre, und das war völlig richtig. Die Schote wuchs, und die Erbsen wuchsen; sie richteten sich nach der Wohnung ein; gerade in einer Reihe saßen sie. – Draußen schien die Sonne und erwärmte die Schote, der Regen machte sie rein und durchsichtig. Es war in ihr warm und schön, hell des Tages und finster des Nachts, wie es sein mußte, und die Erbsen wurden, wie sie so dasaßen, immer größer und nachdenklicher, denn mit etwas mußten sie sich doch beschäftigen.

»Sollen wir hier immer sitzenbleiben?« sagten sie. »Wenn wir von dem langen Sitzen nur nicht hart werden. Es kommt uns fast so vor, als ob es auch da draußen noch etwas gibt; eine Ahnung sagt uns das!«

Und Wochen vergingen; die Erbsen wurden gelb, und die Schote wurde gelb. »Die ganze Welt wird gelb!« sagten sie, und das durften sie wohl behaupten.

Da empfanden sie einen Ruck in der Schote; sie wurde abgerissen, kam in Menschenhände und wurde mit mehreren anderen gefüllten Schoten in eine Rocktasche gesteckt. »Nun werden wir bald geöffnet werden!« sagten sie und warteten sehnsüchtig darauf.

»Nun möchte ich nur wissen, wer von uns es am weitesten bringen wird«, sagte die kleinste Erbse. »Jetzt wird es sich bald zeigen.«

»Geschehe, was da wolle!« sagte die größte.

»Krach!« – da platzte die Schote, und alle fünf Erbsen rollten in den hellen Sonnenschein hinaus. Sie lagen in einer Kinderhand; ein kleiner Knabe hielt sie fest und sagte, die Erbsen wären gerade recht für seine Knallbüchse; und sogleich legte er die eine Erbse in die Büchse, und sie wurde weggeschossen.

»Nun fliege ich in die Welt hinaus! Halt mich, wenn du kannst!« und dann war sie fort.

»Ich«, sagte die zweite, »fliege gerade in die Sonne hinein, das ist eine richtige Erbsenschote und sehr passend für mich!« Weg war sie.

»Wir schlafen, wohin wir kommen«, sagten die beiden anderen, »aber wir werden schon noch vorwärtsrollen!« und damit rollten sie erst auf die Erde, ehe sie in die Knallbüchse kamen, aber hinein kamen sie. »Wir bringen es am weitesten!«

»Geschehe, was da wolle!« sagte die letzte und wurde in die Höhe geschossen. Sie flog gegen das alte Brett unter dem Giebelstubenfenster, gerade in eine Ritze, die mit Moos und lockerer Erde ausgefüllt war, und das Moos schloß sich wärmend um sie. Da lag sie verborgen, aber nicht vergessen von Gott.

»Geschehe, was da wolle!« sagte sie.

Die kleine Giebelstube wurde von einer armen Frau bewohnt, die am Tage ausging, um Öfen zu reinigen, ja, Holz zu sägen und andere schwere Arbeiten zu verrichten, denn Kräfte hatte sie und fleißig war sie, aber gleichwohl blieb sie arm. Zu Hause in der kleinen Stube lag währenddessen ihre halberwachsene einzige Tochter; sie war zart und fein; ein ganzes Jahr hatte sie zu Bett gelegen und schien weder leben noch sterben zu können.

»Sie geht zu ihrer kleinen Schwester!« sagte die Frau. »Ich hatte nur zwei Kinder, und es war schwer genug für mich, für die beiden zu sorgen, aber da teilte der liebe Gott mit mir und nahm das eine zu sich! Nun möchte ich wohl gern das andere behalten, das mir noch übriggeblieben ist, aber er will sie wohl nicht getrennt lassen, und sie geht zu ihrer kleinen Schwester hinauf!«

Aber das kranke Mädchen starb nicht; geduldig und still lag es den langen Tag da, während die Mutter auf Verdienst abwesend war.

Es war Frühling und noch früh am Morgen. Gerade als die Mutter auf ihre Arbeit gehen wollte, schien die Sonne gar freundlich zum kleinen Fenster hinein auf den Fußboden, und das kranke Mädchen richtete seinen Blick auf die unterste Scheibe.

»Was ist das doch für Grünes, das neben der Scheibe hervorguckt? Es bewegt sich im Winde!«

Die Mutter trat an das Fenster und öffnete es halb. »Ih!« sagte sie, »das ist wahrhaftig eine junge Erbse, die mit ihren grünen Blättchen hervorgesproßt ist. Wie ist die hier in die Spalte hinaufgekommen? Da hast du ja einen kleinen Garten, an dessen Anblick du dich weiden kannst!«

Das Bett der Kranken wurde näher an das Fenster gerückt, von wo sie die hervorsprossende Erbse erblicken konnte, und die Mutter ging auf Arbeit aus.

»Mutter, ich glaube, ich erhole mich wieder!« sagte am Abend das kleine Mädchen. »Die Sonne hat heute so warm zu mir hereingeschienen. Die kleine Erbse gedeiht vortrefflich; und ich will auch gedeihen und mich im Sonnenscheine wieder erholen.«

»Oh, daß es so geschehen möchte!« sagte die Mutter, doch glaubte sie nicht an die Möglichkeit. Allein neben das grüne Pflänzlein, das ihrem Kinde so frohe Lebensgedanken eingeflößt hatte, steckte sie einen kleinen Stock, damit es der Wind nicht verletzen könnte. Unten am Brette befestigte sie einen starken Faden und zog ihn bis zum obersten Teil des Fensterrahmens hinauf, damit die Erbsenranke einen Stützpunkt gewönne, wenn sie in die Höhe schösse, und das tat sie. Man konnte Tag für Tag sehen, wie sie zunahm.

»Nein, sie setzt sogar Blüten an!« sagte die Frau eines Morgens, und nun bekam auch sie die Hoffnung und den Glauben, daß das kleine kranke Mädchen sich wieder erholte. Es kam ihr in den Sinn, daß das Kind in der letzten Zeit lebhafter gesprochen hatte, die letzten Morgen sich selbst im Bette aufgerichtet und dagesessen, und mit strahlenden Augen ihren kleinen Erbsengarten, den die eine einzige Erbse bildete, betrachtet hatte. In der nächsten Woche war die Kranke zum erstenmal über eine Stunde auf. Glückselig saß sie in dem warmen Sonnenscheine, das Fenster war geöffnet, und draußen war eine weißrote Erbsenblüte völlig aufgebrochen. Das kleine Mädchen neigte sein Haupt nieder und küßte die feinen Blätter ganz leise. Dieser Tag war ein Festtag für es.

»Der liebe Gott hat sie selbst gepflanzt und gedeihen lassen, um dir, mein teures Kind, und mir damit Hoffnung und Freude zu geben!« sagte die frohe Mutter und lächelte der Blume zu wie einem guten, gottgesandten Engel. –

Aber nun die anderen Erbsen! – ja die, welche in die weite Welt hinausflog: »Halte mich, wenn du kannst!« fiel in die Dachrinne und geriet in einen Taubenkropf, wo sie lag wie Jonas in dem Walfischbauch. Die beiden faulen brachten es gerade ebensoweit, sie wurden ebenfalls von Tauben aufgepickt, und das heißt wenigstens einen soliden Nutzen schaffen; aber die vierte, die sich bis in die Sonne emporschwingen wollte – – die fiel in den Rinnstein und lag Tage und Wochen darin, in dem schmutzigen Wasser, wo sie entsetzlich aufschwoll.

»Ich werde prächtig dick!« sagte die Erbse. »Ich werde noch

platzen, und weiter, glaube ich, kann es keine Erbse bringen oder hat es je gebracht. Ich bin die Ausgezeichnetste von den fünf aus derselben Schote!«

Und der Rinnstein gab dieser Ansicht seinen Beifall.

Aber an dem Dachfenster stand das junge Mädchen mit leuchtenden Augen, mit dem Glanze der Gesundheit auf den Wangen, und sie faltete ihre feinen Hände über der Erbsenblüte und dankte Gott für dieselbe.

»Mir ist meine Erbse lieb!« sagte der Rinnstein.

Das kleine Mädchen mit den Schwefelhölzern

Es war entsetzlich kalt; es schneite, und der Abend dunkelte bereits; es war der letzte Abend im Jahre, Silvesterabend. In dieser Kälte und in dieser Finsternis ging auf der Straße ein kleines armes Mädchen mit bloßem Kopfe und nackten Füßen. Es hatte wohl freilich Pantoffel angehabt, als es von Hause fortging, aber was konnte das helfen! Es waren sehr große Pantoffeln, sie waren früher von seiner Mutter gebraucht worden, so groß waren sie, und diese hatte die Kleine verloren, als sie über die Straße eilte, während zwei Wagen in rasender Eile vorüberjagten; der eine Pantoffel war nicht wieder aufzufinden, und mit dem anderen machte sich ein Knabe aus dem Staube, welcher versprach, ihn als Wiege zu benutzen, wenn er einmal Kinder bekäme.

Da ging nun das kleine Mädchen auf den nackten zierlichen Füßen, die vor Kälte ganz rot und blau waren. In ihrer alten Schürze trug sie eine Menge Schwefelhölzer, und ein Bund hielt sie in der Hand. Während des ganzen Tages hatte ihr niemand etwas abgekauft, niemand ein Almosen gereicht. Hungrig und frostig schleppte sich die arme Kleine weiter und sah schon ganz verzagt und eingeschüchtert aus. Die Schneeflocken fielen auf ihr langes blondes Haar, das schön gelockt über ihren Nacken hinabfloß, aber bei diesem Schmucke weilten ihre Gedanken wahrlich nicht. Aus allen Fenstern strahlte heller Lichterglanz, und über alle Straßen verbreitete sich der Geruch von köstlichem Gänsebraten. Es war ja Silvesterabend, und dieser Gedanke erfüllte alle Sinne des kleinen Mädchens.

In einem Winkel zwischen zwei Häusern, von denen das eine

etwas weiter in die Straße vorsprang als das andere, kauerte es sich nieder. Seine kleinen Beinchen hatte es unter sich gezogen, aber es fror nur noch mehr und wagte es trotzdem nicht, nach Hause zu gehen, da es noch kein Schächtelchen mit Streichhölzern verkauft, noch keinen Heller erhalten hatte. Es hätte gewiß vom Vater Schläge bekommen, und kalt war es zu Hause ja auch; sie hatten das bloße Dach gerade über sich, und der Wind pfiff schneidend hinein, obgleich Stroh und Lumpen in die größten Ritzen gestopft waren. Ach, wie gut mußte ein Schwefelhölzchen tun! Wenn es nur wagen dürfte, eins aus dem Schächtelchen herauszunehmen, es gegen die Wand zu streichen und die Finger daran zu wärmen! Endlich zog das Kind eins heraus. Ritsch! wie sprühte es, wie brannte es. Das Schwefelholz strahlte eine warme helle Flamme aus, wie ein kleines Licht, als es das Händchen um dasselbe hielt. Es war ein merkwürdiges Licht; es kam dem kleinen Mädchen vor, als säße es vor einem großen eisernen Ofen mit Messingbeschlägen und Messingverzierungen; das Feuer brannte so schön und wärmte so wohltuend! Die Kleine streckte schon die Füße aus, um auch diese zu wärmen – da erlosch die Flamme. Der Ofen verschwand – sie saß mit einem Stümpfchen des ausgebrannten Schwefelholzes in der Hand da.

Ein neues wurde angestrichen, es brannte, es leuchtete, und an der Stelle der Mauer, auf welche der Schein fiel, wurde sie durchsichtig wie ein Flor. Die Kleine sah gerade in die Stube hinein, wo der Tisch mit einem blendend weißen Tischtuch und feinem Porzellan gedeckt stand, und köstlich dampfte die mit Pflaumen und Äpfeln gefüllte, gebratene Gans darauf. Und was noch herrlicher war, die Gans sprang aus der Schüssel und watschelte mit Gabel und Messer im Rücken über den Fußboden hin; gerade die Richtung auf das arme Mädchen schlug sie ein. Da erlosch das Schwefelholz, und nur die dicke kalte Mauer war zu sehen.

Sie zündete ein neues an. Da saß die Kleine unter dem herrlichsten Weihnachtsbaum; er war noch größer und weit reicher ausgeputzt als der, den sie am Heiligabend bei dem reichen Kaufmann durch die Glastür gesehen hatte. Tausende von Lichtern brannten auf den grünen Zweigen, und bunte Bilder, wie die, welche in den Ladenfenstern ausgestellt werden, schauten auf sie hernieder, die Kleine streckte beide Hände nach ihnen in die Höhe – da erlosch das Schwefelholz. Die vielen Weihnachtslichter stiegen höher und höher, und sie sah jetzt erst, daß es die hellen Sterne waren. Einer von ihnen fiel herab und zog einen langen Feuerstreifen über den Himmel.

»Jetzt stirbt jemand!« sagte die Kleine, denn die alte Großmutter, die sie allein freundlich behandelt hatte, jetzt aber längst tot war, hatte gesagt: »Wenn ein Stern fällt, steigt eine Seele zu Gott empor!«

Sie strich wieder ein Schwefelholz gegen die Mauer; es warf einen weiten Lichtschein ringsumher, und im Glanze desselben stand die alte Großmutter hell beleuchtet mild und freundlich da.

»Großmutter!« rief die Kleine, »o nimm mich mit dir! Ich weiß, daß du verschwindest, sobald das Schwefelholz ausgeht, verschwindest, wie der warme Kachelofen, der köstliche Gänsebraten und der große flimmernde Weihnachtsbaum!« Schnell strich sie den ganzen Rest der Schwefelhölzer an, die sich noch im Schächtelchen befanden, sie wollte die Großmutter festhalten; und die Schwefelhölzer verbreiteten einen solchen Glanz, daß es heller war als am lichten Tage. So schön, so groß war die Großmutter nie gewesen; sie nahm das kleine Mädchen auf ihren Arm, und schon schwebten sie empor in Glanz und Freude; Kälte, Hunger, und Angst wichen von ihm – sie waren bei Gott.

Aber im Winkel am Hause saß in der kalten Morgenstunde das kleine Mädchen mit roten Wangen, mit Lächeln um den Mund – – tot, erfroren am letzten Tage des alten Jahres. Der Morgen des neuen Jahres ging über der kleinen Leiche auf, die mit den Schwefelhölzern, wovon fast ein Schächtelchen verbrannt war, dasaß. »Sie hat sich wärmen wollen!« sagte man. Niemand wußte, was sie Schönes gesehen hatte, in welchem Glanze sie mit der alten Großmutter zur Neujahrsfreude eingegangen war.

Das alte Haus

Da stand in einem Seitengäßchen ein altes, altes Haus; es war fast dreihundert Jahre alt. Dies konnte man an dem Balkon lesen, wo die Jahreszahl zugleich mit Tulpen und Hopfenranken ausgeschnitten war. Da standen ganze Verse in altertümlicher Schrift, und über jedem Fenster war in den Balken ein fratzenhaftes

Gesicht eingeschnitten. Das eine Stockwerk trat weit über das andere hinaus, und dicht unter dem Dache lief eine Bleirinne, die am Ende einen Drachenkopf als Zierat trug. Das Regenwasser sollte aus dem Rachen seinen Ausgang nehmen, fand aber seinen Weg durch den Bauch, denn es war ein Loch in der Rinne.

Alle anderen Häuser in der Straße waren neu und nett, mit großen Fensterscheiben und glatten Wänden, man konnte es ihnen zur Genüge ansehen, daß sie mit dem alten Hause nichts zu tun haben wollten. Sie dachten wohl: »Wie lange soll das alte Gemäuer hier noch zum allgemeinen Spektakel auf der Straße stehen? Auch ist der Erker so weit vorgebaut, daß allen, die aus unseren Fenstern schauen, nach jener Seite hin die Aussicht genommen ist. Die Treppe gleicht an Breite einer Schloßtreppe und an Höhe einer Kirchturmtreppe. Das eiserne Geländer sieht aus wie die Tür eines Grabgewölbes und hat zum Überfluß noch Messingknöpfe. Das zeigt von schlechtem Geschmack!«

Gerade gegenüber in der Straße standen gleichfalls neue und hübsche Häuser und dachten wie die anderen, aber am Fenster saß ein kleiner Knabe mit frischen, roten Wangen, mit hellen, strahlenden Augen, dem dies alte Haus noch am besten gefiel, sowohl im Sonnenschein wie im Mondschein. Und blickte er zu der Mauer hinüber, von welcher der Kalk abgefallen war, dann konnte er dasitzen und sich mit seiner regen Einbildungskraft die seltsamsten Bilder entwerfen, wie die Straße früher müßte ausgesehen haben mit ihren Treppen, Erkern und spitzen Giebeln. Er vermochte im Geiste Soldaten mit Hellebarden zu sehen und Dachrinnen, die in der Gestalt von Drachen und Lindwürmern umherliefen. – Das Haus war so recht zur Augenweide geeignet! Da drüben wohnte ein alter Mann, er ging noch immer in den altmodischen Kniehosen, trug einen Rock mit großen Messingknöpfen und eine Perücke, der man es ansehen konnte, daß es eine echte Perücke war. Jeden Morgen kam ein alter Mann zu ihm, um aufzuräumen und die Gänge zu besorgen, sonst war der alte Mann in den Kniehosen ganz allein in dem alten Hause. Bisweilen trat er an das Fenster und blickte hinaus, und der kleine Knabe nickte ihm zu, und der alte Mann nickte wieder. Auf diese Weise wurden sie erst miteinander bekannt und dann Freunde, obgleich sie nie miteinander gesprochen hatten, aber das war ja auch gleichgültig.

Der kleine Knabe hörte seine Eltern sagen: »Dem alten Manne da drüben geht es sehr gut, aber er lebt so erschrecklich einsam!«

Am nächsten Sonntage wickelte der kleine Knabe etwas in ein Stück Papier, ging hinunter vor die Tür, und als der alte Mann, welcher die Gänge besorgte, vorbeikam, sagte er zu ihm: »Höre, willst du dies dem alten Manne da drüben von mir bringen? Ich besitze zwei Zinnsoldaten, dies ist der eine; er soll ihn haben, weil ich weiß, daß er so ganz allein ist!«

Das Gesicht des alten Mannes wurde mit einem Male ganz heiter, er nickte und trug den Zinnsoldaten in das alte Haus hinüber. Bald darauf geschah von dort die Anfrage, ob der kleine Knabe nicht Lust hätte, selbst dort drüben einen Besuch abzustatten. Dazu erhielt er auch von seinen Eltern die Erlaubnis, und so kam er in das alte Haus.

Die Messingknöpfe an dem Treppengeländer glänzten weit stärker als sonst; man hätte vermuten können, daß sie zu Ehren des Besuches geputzt wären, und es war, als ob die ausgeschnitzten Trompeter – denn an der Tür waren Trompeter angebracht, die in Tulpen standen – aus allen Kräften bliesen, die Backen sahen wenigstens weit aufgetriebener als zuvor aus. Ja sie bliesen: »Tratteratra! Der kleine Knabe kommt! Tratteratra!« und dann ging die Tür auf. Der ganze Korridor war mit alten Porträts, Rittern in Harnischen und Frauen in Seidengewändern behängt. Die Harnische rasselten, und die Seidengewänder rauschten! – Dann kam eine Treppe, die viele Stufen aufwärts und einige Stufen abwärts führte, und nun stand man auf einem Altan. Er war freilich sehr baufällig, überall zeigten sich große Löcher und klafften lange Ritzen, aus denen Gras und Blätter hervorwuchsen, denn der ganze Altan und die Mauern nach der Hofseite hinaus waren mit so vielem Grün bewachsen, daß es wie ein Garten aussah, aber es war nur ein Altan. Hier standen altmodische Blumentöpfe, die Gesichter mit Eselsohren darstellten; die Blumen waren sich aber völlig selbst überlassen und wuchsen wild auf. In einem Topfe senkten sich Nelken nach allen Seiten hinaus, Schößling neben Schößling, und verkündigten ganz deutlich: »Die Luft hat mich geliebkost, die Sonne hat mich geküßt und mir zum Sonntag eine kleine Blüte versprochen, eine kleine Blüte zum Sonntag!«

Von hier trat man in ein Zimmer, dessen Wände mit Schweinsleder bekleidet waren. Darauf gedruckte goldne Blumen gewährten einen freundlichen Anblick.

»Vergoldung vergeht,
Aber Schweinsleder besteht!«

sagten die Wände.

In demselben standen Lehnstühle mit hohen Rücken in Bildhauerarbeit und mit Armen auf beiden Seiten. »Setzen Sie sich! Setzen Sie sich!« sagten diese. »Oh, wie es in mir knackt! Nun bekomme ich wohl auch die Gicht, wie das alte Spind! Gicht im Rükken, oh!«

Darauf gelangte der kleine Knabe in das Erkerzimmer, in dem der alte Mann saß.

»Besten Dank für den Zinnsoldaten, mein kleiner Freund!« sagte der alte Mann, »und Dank, daß du zu mir herüberkommst!«

»Dank! Dank!« oder »Knack, knack!« schnarrte es in allen Möbeln; sie waren in so großer Menge vorhanden, daß sie, um sich den kleinen Knaben zu betrachten, einander fast im Wege standen.

Mitten an der Wand hing das Porträt einer schönen jungen und lebensfrohen Frau, aber in altväterischer Tracht, mit gepudertem Haar und steifleinenem Rocke. Sie sagte weder »Dank« noch »Knack«, schaute aber mit gar sanften Augen auf den Knaben hernieder, der den alten Mann sogleich fragte: »Wo hast du diese herbekommen?«

»Vom Trödler drüben!« sagte der alte Mann. »Dort hängen noch viele Bilder; niemand kennt sie oder kümmert sich um sie, denn die Personen, die sie vorstellen, sind sämtlich begraben, aber in alten Tagen habe ich diese gekannt, und nun ist sie gestorben und weilt schon seit einem halben Jahrhundert nicht mehr auf Erden.«

Unter dem Gemälde hing hinter Glas und Rahmen ein verwelkter Blumenstrauß; er zählte gewiß auch ein halbes Jahrhundert, so alt sah er aus. Und der Perpendikel an der großen Uhr ging hin und her, und die Zeiger drehten sich, und alles in der Stube alterte mehr und mehr, aber die Zeit floß hin, ohne daß sie es merkten.

»Bei mir zu Hause sagt man«, begann der kleine Knabe von neuem, »daß du so erschrecklich einsam lebst!«

»Oh«, sagte er, »die alten Gedanken und alles, was sie in meiner Seele wachrufen, kommen und besuchen mich, und nun kommst du ja auch! – Mir geht es ganz gut!«

Darauf nahm er vom Bücherbrette ein Bilderbuch. Was war darin alles zu sehen! Lange Prozessionen, die seltsamsten Kutschen, wie sie heutigestags längst von unseren Straßen verschwunden sind; Spielkarten, auf denen die Bilder Soldaten und Bürger mit wehenden Fahnen vorstellten, die der Schneider zeigte eine Schere, die von zwei Löwen gehalten wurde, und die der Schuhmacher nicht etwa einen Stiefel, sondern einen Adler und noch dazu einen Zweiköpfigen, denn die Schuhmacher müssen alles so haben, daß sie sagen können: Das ist ein Paar. Oh, was war das für ein Bilderbuch!

Der alte Mann ging in das Nebenzimmer, um Eingemachtes, Äpfel und Nüsse zu holen; – für einen kleinen Knaben war es da oben in dem alten Hause gar nicht so übel.

»Ich kann es nicht aushalten!« begann plötzlich der Zinnsoldat, der auf der Kommode stand; »hier ist es so einsam und traurig; nein, wenn man an ein Familienleben gewöhnt ist, kann man sich an die unheimliche Stille in diesem Hause hier gar nicht gewöhnen! – Ich kann es nicht aushalten! Der Tag vergeht so langsam und die Nacht noch langsamer. Hier ist es gar nicht wie drüben bei dir, wo dein Vater und deine Mutter so munter plauderten, und wo du mit deinen lieben Geschwistern einen so prächtigen Heidenlärm anstelltest. Nein, wie einsam es bei dem alten Manne zugeht! Glaubst du wohl, daß ihm jemand einen Kuß schenkt? Glaubst du, daß er freundliche Blicke oder einen Weihnachtsbaum erhält? Seiner wartet nur noch ein kühles Grab! – Ich kann es nicht aushalten!«

»Du mußt dir deine Lage auch nicht zu schwarz ausmalen!« sagte der kleine Knabe, »mir kommt es hier sehr hübsch vor, zumal da alle die alten Gedanken und alles, was sie in des alten Mannes Seele wachrufen, zu Besuch kommen!«

»Die sehe und kenne ich aber nicht!« sagte der Zinnsoldat, »ich kann es nicht aushalten!«

»Du mußt es!« erwiderte der kleine Knabe.

Der alte Mann erschien jetzt wieder mit dem heitersten Gesichte, dem herrlichsten Eingemachten, mit Äpfeln und Nüssen, und darum dachte der kleine Knabe nicht länger an den Zinnsoldaten.

Glücklich und vergnügt kam der kleine Knabe nach Hause. Tage und Wochen verstrichen seitdem und nach dem alten Hause und von dem alten Hause nickte man sich gegenseitig freundlich zu; dann kam der kleine Knabe wieder hinüber.

Die ausgeschnitzten Trompeter bliesen: »Tratteratra! der kleine Knabe ist da! Tratteratra!« Die Schwerter und Rüstungen auf den Ahnenbildern rasselten, die seidenen Gewänder rauschten, das Schweinsleder plapperte, und die alten Stühle hatten die Gicht im Rücken: »Au!« Es war genauso wie beim erstenmal, denn da drüben verstrich ein Tag und eine Stunde wie die andere.

»Ich kann es nicht aushalten!« sagte der Zinnsoldat, »ich habe Zinn geweint! Hier ist es zu trübselig! Laß mich lieber in den Krieg ziehen und Arme und Beine verlieren! Das ist doch eine Veränderung. Ich kann es nicht aushalten. – Jetzt weiß ich, was es heißt, Besuch von seinen alten Gedanken zu erhalten und von allem, was sie in der Seele wachrufen können. Ich habe den Besuch der meinigen gehabt, und du kannst mir glauben, daß es auf die Länge kein Vergnügen gewährt. Ich war zuletzt nahe daran, von der Kommode hinabzuspringen. Euch alle da drüben im Hause sah ich so deutlich, als ob ihr wirklich hier wäret. Es war wieder der Sonntagsmorgen, dessen du dich wohl noch entsinnst! Ihr Kinder standet alle vor dem Tische und sanget den Choral, den ihr jeden Morgen zu singen pflegt. Ihr standet mit gefalteten Händen andächtig da, Vater und Mutter waren in gleich feierlicher Stimmung, als plötzlich die Tür aufging und die kleine Schwester Marie, die noch nicht zwei Jahre ist und immer tanzt, sobald sie nur Musik oder Gesang irgendeiner Gattung hört, hereingebracht wurde. Obwohl man ihr zu wehren suchte, begann sie doch zu tanzen, doch konnte sie gar nicht in den Takt kommen, da die Töne des Chorals zu lange ausgehalten wurden. So stand sie denn erst auf dem einen Beinchen und neigte den Kopf ganz vornüber, und dann auf dem anderen Beine und neigte den Kopf wieder ganz vornüber, aber das wollte alles nicht stimmen. Ihr standet sämtlich sehr ernsthaft da, obgleich es euch sauer genug wurde, ich aber mußte innerlich so lachen, daß ich vom Tische fiel und mir eine Beule schlug, mit der ich noch einhergehe, denn es war nicht recht von mir, zu lachen. Aber das Ganze zieht wieder an mir vorüber nebst allem, was ich seitdem erlebt habe. Das werden wohl die alten Gedanken sein und das, was sie in der Seele wachrufen. – Erzähle mir, ob ihr des Sonntags noch singt? Erzähle mir etwas von der kleinen Marie! Und wie befindet sich mein Kamerad, der andere Zinnsoldat? Ja, der ist fürwahr glücklich! – Ich kann es nicht aushalten!«

»Du bist verschenkt!« sagte der kleine Knabe, »du mußt bleiben. Kannst du das nicht begreifen?«

Der alte Mann kam mit einem Kasten, worin viel zu sehen war, Häuschen aus Kreide gearbeitet und Balsambüchsen und alte Karten, so groß und so vergoldet, wie man sie heutigestags nie mehr erblickt. Der Inhalt großer Kästen wurde besichtigt und auch das Klavier geöffnet. Die innere Seite des Deckels war mit einer Landschaft verziert, und nur heiser klangen die Töne, die der alte Mann hervorlockte; dann summte er leise ein Lied vor sich hin.

»Ja, das konnte sie singen!« sagte er, und dabei nickte er ihrem Porträt zu, das er bei dem Trödler gekauft hatte, und hellauf leuchteten dabei die Augen des alten Mannes.

»Ich will in den Krieg! Ich will in den Krieg!« rief der Zinnsoldat, so laut er konnte, und stürzte sich gerade auf den Fußboden hinab.

Ja, wo war er geblieben? Der alte Mann suchte, der kleine Knabe suchte, fort war er und fort blieb er. »Ich werde ihn schon noch finden!« sagte der Alte, aber er fand ihn nie wieder, der Fußboden hatte zu viele Öffnungen und Spalten. – Der Zinnsoldat war durch eine Ritze gefallen und lag nun im offenen Grabe.

Der Tag verging, und der kleine Knabe kam nach Hause, und Wochen auf Wochen verstrichen. Die Fenster waren fest zugefroren. Der kleine Knabe mußte lange dasitzen und auf die Scheiben hauchen, um ein Guckloch nach dem alten Hause hinüber zu erhalten. Dort war der Schnee in alle Schnörkel und Inschriften eingedrungen; die ganze Treppe lag ellenhoch damit bedeckt, als ob niemand dort zu Hause wäre. Es war dort auch niemand zu Hause, der alte Mann war tot.

Am Abend hielt ein Wagen vor der Tür, und auf demselben wurde er in seinem engen Sarge nach dem Lande hinausgefahren, um dort in seinem Erdbegräbnisse zu ruhen. Da fuhr er nun, aber niemand folgte, alle seine Freunde waren ja tot. Nur der kleine Knabe warf dem Sarge beim Vorüberfahren einen Kußfinger nach.

Einige Tage darauf fand in dem alten Hause Auktion statt. Der kleine Knabe sah von seinem Fenster aus, wie man alles forttrug: die alten Ritter und die alten Damen, die Blumentöpfe mit langen Ohren, die alten Stühle und die alten Spinde, alles zerstreute sich, einiges kam in diese, anderes in jene Hände. Ihr Porträt, das er beim Trödler aufgefunden hatte, wanderte wieder zum Trödler, und da blieb es für immer hängen, denn niemand kannte die Frau mehr, und niemand bekümmerte sich um das alte Bild.

Im Frühling riß man das alte Haus selbst nieder, denn es war nur ein altes Gemäuer, sagten die Leute. Man konnte von der Straße aus gerade in das Zimmer mit der schweinsledernen Bekleidung hineinsehen, die fetzenweise abgerissen wurde; verwildert hing das Grüne an dem alten Altan um die stürzenden Balken. – So wurde dort alles gründlich dem Boden gleichgemacht!

»Das half!« sagten die Nachbarhäuser.

Auf dem nämlichen Platze wurde ein schönes Haus mit großen Fenstern und weißen glatten Mauern aufgeführt, aber vorn, wo eigentlich das alte Haus gestanden hatte, wurde ein kleiner Garten angelegt und gegen die Nachbarmauern rankten sich wilde Weinreben empor. Den Garten umschloß ein eisernes Gitter mit einer stattlichen Pforte, vor der die Leute oft stehenblieben und hineinguckten. Haufenweise schaukelten sich die Sperlinge auf den Weinranken und plauderten in ihrer Sprachweise miteinander so gut sie konnten, aber nicht etwa von dem alten Hause, dessen sie sich nicht mehr zu entsinnen vermochten.

Viele Jahre waren verstrichen, aus dem kleinen Knaben war ein Mann, ja ein tüchtiger Mann geworden, der seinen Eltern nur Freude machte. Er lebte mit seiner jungen Frau noch in den Flitterwochen und war mit derselben in das Haus gezogen, vor dem sich der Garten befand. Einst stand er neben ihr, während sie eine einfache Feldblume pflanzte, die ihr wohlgefiel. Sie pflanzte dieselbe mit ihrer eigenen kleinen Hand und klopfte die Erde mit ihren Fingern fest. »Au!« Was war das? Sie hatte sich gestochen. Eine Spitze guckte aus der weichen Erde hervor. Das war – ja denkt euch nur! – das war der Zinnsoldat, derselbe, der dort oben bei dem alten Manne abhanden gekommen und allmählich durch Gebälk und Schutt hindurchgeglitten war und endlich viele Jahre in der Erde gelegen hatte.

Die junge Frau wischte den Soldaten zuerst mit einem grünen Blatte und dann mit ihrem feinen Taschentuche ab, dem ein herrlicher Duft entströmte; es kam dem Zinnsoldaten vor, als erwachte er aus tiefer Ohnmacht.

»Laß mich ihn sehen!« sagte der junge Mann, lachte und schüttelte den Kopf. »Derselbe kann es wohl schwerlich sein, aber er erinnert mich an eine Geschichte, die ich mit einem Zinnsoldaten hatte, als ich noch ein kleiner Knabe war!« Dann erzählte er seiner Frau von dem alten Hause und dem alten Manne und von dem Zinnsoldaten, den er ihm hinübergesandt, weil er so erschrecklich einsam war. Er erzählte dies so anschaulich, als ob es sich erst vor ihren Augen zutrüge, so daß der jungen Frau über das alte Haus und den alten Mann die Tränen in die Augen traten.

»Es ist gleichwohl möglich, daß es der nämliche Zinnsoldat ist!« erwiderte sie. »Ich will ihn aufbewahren und alles im Gedächtnis behalten, was du mir erzählt hast. Aber das Grab des alten Mannes mußt du mir zeigen!«

»Ja, das kenne ich nicht«, sagte er, »und niemand kennt es! Alle seine Freunde waren tot, niemand pflegte ihn, und ich war ja ein kleiner Knabe.«

»Wie entsetzlich einsam muß er doch gewesen sein!» rief sie aus.

»Entsetzlich einsam!« sagte der Zinnsoldat, »aber herrlich ist es, nicht vergessen zu werden!«

»Herrlich!« rief etwas dicht neben ihnen, aber außer dem Zinnsoldaten sah niemand, daß es ein Fetzen der schweinsledernen Wandbekleidung war. Alle Vergoldung hatte er verloren, er sah wie nasse Erde aus, aber seine Ansicht hatte er sich doch bewahrt und er sprach sie aus:

»Vergoldung vergeht,
Aber Schweinsleder besteht!«

Doch das glaubte der Zinnsoldat nicht.

Der Schweinehirt

Es war einmal ein Prinz, er hatte nur ein ganz kleines Königreich, aber es war doch immer groß genug, sich darauf zu verheiraten, und verheiraten wollte er sich.

Nun war das freilich etwas keck von ihm, daß er sich herausnahm, zu des Kaisers Tochter zu sagen: »Willst du mich haben?« Aber er durfte es wohl, denn sein Name war weit und breit berühmt. Hunderte von Prinzessinnen gab es, die seine Bewerbung mit Freuden angenommen hätten. Aber laßt uns sehen, ob sie es tat.

Nun, wir werden ja hören!

Auf dem Grabe des Vaters des Prinzen wuchs ein Rosenstock, ein wahrhaft herrlicher Rosenstock! Nur alle fünf Jahre blühte er und trieb dann auch nur eine einzige Rose, aber diese duftete auch so herrlich, daß man bei ihrem Geruche alle seine Sorgen und Bekümmernisse vergaß. Auch hatte er eine Nachtigall, die zu singen verstand, als ob alle lieblichen Melodien in ihrer kleinen Kehle wohnten. Diese Rose und diese Nachtigall sollte die Prinzessin bekommen. Deshalb wurden sie beide in große silberne Behälter gesetzt und dann der Prinzessin übersandt.

Der Kaiser ließ sie vor sich her in den großen Saal tragen, in den die Prinzessin gegangen war, um mit ihren Hofdamen »Es kommt Besuch« zu spielen. Weiter hatten sie nichts. Als sie nun die großen Behälter mit den Geschenken gewahrte, klatschte sie vor Freude in die Hände.

»Wenn es doch ein Miezekätzchen wäre!« sagte sie – aber da kam die herrliche Rose zum Vorschein.

»Nein, wie niedlich sie gemacht ist!« sagten alle Hofdamen.

»Sie ist mehr als niedlich«, entgegnete der Kaiser, »sie ist wunderschön!«

Aber die Prinzessin befühlte sie und wäre fast in Tränen ausgebrochen.

»Pfui, Papa!« rief sie aus, »es ist keine künstliche Rose, sondern eine natürliche!«

»Pfui!« stimmten alle Hofleute ein, »es ist eine natürliche!«

»Laßt uns erst nachsehen, was sich in dem anderen Behälter befindet, ehe wir uns erzürnen!« meinte der Kaiser, und da zeigte sich die Nachtigall. Sie sang so herrlich, daß man nicht gleich etwas Böses gegen sie vorzubringen wußte.

»Superbe! Charmant!« riefen alle Hofdamen, denn sie plauderten sämtlich französisch, eine immer schlechter als die andere.

»Wie mich dieser Vogel an die Spieldose der hochseligen Kaiserin erinnert!« versetzte ein alter Kavalier. »Ach ja, es ist genau derselbe Ton, derselbe Vortrag!«

»Ja!« erwiderte der Kaiser, und dann weinte er wie ein kleines Kind.

»Das wird doch wohl kein natürlicher sein!« rief die Prinzessin aus.

»Ja, es ist ein natürlicher Vogel!« sagten die Überbringer.

»Nun, dann laßt den Vogel fliegen!« sagte die Prinzessin und wollte unter keiner Bedingung gestatten, daß der Prinz käme.

Dieser ließ sich jedoch nicht einschüchtern. Er rieb sich das Angesicht mit brauner und schwarzer Farbe, zog die Mütze weit hinunter und klopfte an.

»Guten Tag, Kaiser!« sagte er. »Könnte ich nicht hier auf dem Schlosse in Dienst treten?«

»Ach, hier gibt es so viele, die eine Stelle suchen!« entgegnete der Kaiser. »Aber laß einmal sehen! – Ich brauche wirklich im Augenblick jemand, der die Schweine hüten kann, denn wir besitzen davon eine große Herde!«

So wurde denn der Prinz zum kaiserlichen Schweinehirten ernannt. Er erhielt ein elendes Kämmerchen unten neben dem Koben, und hier mußte er bleiben. Aber den ganzen Tag saß er und arbeitete, und als es Abend war, hatte er einen niedlichen kleinen Topf vollendet. Oben auf demselben hatte er ringsherum Schellen angebracht, die, sobald der Topf kochte, gar prächtig klingelten und die alte Melodie spielten:

»Ach, du lieber Augustin,
Alles ist hin, hin, hin!«

Aber das Allerkünstlichste war doch, daß man, sobald man den Finger in den aus dem Topfe emporsteigenden Dampf hielt, sofort riechen konnte, was für Speisen auf jedem Herde in der Stadt zubereitet wurden. Das war freilich etwas anderes als eine Rose!

Nun spazierte die Prinzessin mit allen ihren Hofdamen vorüber, und als sie die Melodie hörte, blieb sie stehen und sah sehr heiter aus, denn sie konnte auch »Ach, du lieber Augustin« spielen. Das war das einzige, was sie konnte, aber sie spielte es mit einem Finger.

»Das kann ich auch!« rief sie aus. »Das muß wirklich ein gebildeter Schweinehirt sein. Höre, gehe hin und frage ihn, wieviel das Instrument kostet!«

So mußte denn eine der Hofdamen hinspringen, doch zog sie zuvor Holzpantoffeln über. –

»Wieviel verlangst du für den Topf?« fragte die Hofdame.

»Ich verlange zehn Küsse von der Prinzessin!« antwortete der Schweinehirt.

»Gott bewahre uns!« rief die Hofdame.

»Ja, weniger kann ich nicht nehmen!« entgegnete der Schweinehirt. –

»Nun, was sagte er?« fragte die Prinzessin.

»Das kann ich wirklich nicht sagen!« erwiderte die Hofdame; »es ist zu entsetzlich!«

»Dann kannst du es mir zuflüstern!« Und sie flüsterte es ihr nun zu.

»Er ist ja unartig!« sagte die Prinzessin und ging schnell weiter. Aber kaum war sie eine kurze Strecke gegangen, da spielten die Schellen so lieblich:

»Ach, du lieber Augustin,
Alles ist hin, hin, hin!«

»Höre!« begann die Prinzessin von neuem, »frage ihn, ob er zehn Küsse von meinen Hofdamen will!«

»O nein!« sagte der Schweinehirt, »zehn Küsse von der Prinzessin, oder ich behalte meinen Topf!«

»Was das für eine ärgerliche Sache ist!« meinte die Prinzessin, »aber dann müßt ihr euch wenigstens vorstellen, damit es niemand zu sehen bekommt!«

Und die Hofdamen stellten sich vor sie hin, breiteten ihre Kleider aus, und dann erhielt der Schweinehirt die zehn Küsse und sie den Topf.

Nun, das war eine Glückseligkeit! Den ganzen Abend und den ganzen Tag mußte der Topf kochen. Nicht ein Herd war in der ganzen Stadt, von dem sie nicht gewußt hätten, was darauf gekocht wurde, sowohl beim Kammerherrn als beim Schuhmacher. Die Hofdamen tanzten und klatschten in die Hände.

»Wir wissen, wer süße Suppe und Pfannkuchen haben wird! Wir wissen, wem Grütze und Karbonade aufgetragen wird! Wie reizend, wie herrlich!«

»Wahrhaft reizend!« stimmte die Oberhofmeisterin ein.

»Haltet aber ja reinen Mund, denn ich bin des Kaisers Tochter!«

»Kein Sterbenswort kommt über unsere Lippen!« beteuerten sie sämtlich.

Der Schweinehirt, das heißt der Prinz, aber sie wußten ja nichts anderes, als daß er ein wirklicher Schweinhirt wäre, ließ den Tag nicht vorübergehen, ohne etwas Neues zu arbeiten, und da verfertigte er eine Knarre. Wenn man diese drehte, so erklangen alle Walzer, Hopser und Polkas, die man seit der Schöpfung der Welt kannte.

»Aber das ist süperb!« sagte die Prinzessin beim Vorübergehen. »Nie habe ich ein schöneres Kunstwerk spielen hören. Geh hin und frage ihn, was das Instrument kostet. Aber Küsse gebe ich nicht!«

»Er will hundert Küsse von der Prinzessin haben!« sagte die Hofdame, die sich erkundigt hatte.

»Ich glaube, er ist närrisch!« sagte die Prinzessin und ging weiter. Aber kaum war sie eine Strecke gegangen, als sie stehenblieb. »Man muß die Kunst aufmuntern«, sagte sie; »dazu bin ich des Kaisers Tochter! Sag ihm, ich will ihm wie gestern zehn Küsse geben, den Rest kann er sich bei meinen Hofdamen holen!«

»Aber wir tun es so ungern!« sagten die Hofdamen.

»Schnickschnack!« versetzte die Prinzessin, »wenn ich ihn küssen kann, dann könnt ihr es ebenfalls. Denkt daran, daß ich euch Kost und Lohn gebe!« Es half nichts, die Hofdame mußte wieder zu ihm hin.

»Hundert Küsse von der Prinzessin!« sagte er, »oder jedes behält das Seinige.«

»Stellt euch vor!« sagte sie; und da stellten sich alle Hofdamen vor, und nun küßte er.

»Was mag nur der Auflauf dort unten beim Schweinekoben zu bedeuten haben!« sagte der Kaiser, der auf den Altan hinausgetreten war. Er rieb sich die Augen und setzte sich die Brille auf. »Da haben ja die Hofdamen ihre Hand mit im Spiele. Ich will einmal zu ihnen hinunter!« Schnell zog er seine Pantoffeln hinten in die Höhe, denn es waren Schuhe, die er niedergetreten hatte.

Potztausend, wie eilig er es hatte!

Als er in den Hof hinunterkam, trat er ganz leise auf, und die Hofdamen hatten soviel damit zu tun, die Küsse zu zählen, damit es hübsch ehrlich dabei zuginge und er nicht zu viele, aber auch nicht zu wenige erhielte, daß sie den Kaiser gar nicht bemerkten. Er stellte sich auf die Fußspitzen.

»Was ist denn das?« sagte er, als er sah, wie sie sich küßten, und dann schlug er mit dem Pantoffel auf sie los, gerade als der Schweinehirt den sechsundachtzigsten Kuß empfing.

»Hinaus!« rief der Kaiser, denn er war sehr zornig, und sowohl der Schweinehirt wie die Prinzessin wurden aus seinem Kaiserreiche vertrieben.

Da stand sie nun und weinte, der Schweinehirt schalt, und der Regen floß stromweise hernieder.

»Ach, ich elendes Menschenkind!« seufzte die Prinzessin, »hätte ich doch den hübschen Prinzen genommen! Ach, wie unglücklich ich bin!«

Und der Schweinehirt ging hinter einen Baum, wischte sich das Schwarze und das Braune aus dem Angesicht, warf die garstigen Kleider von sich und trat nun in der Prinzentracht hervor, so schön, daß sich die Prinzessin unwillkürlich vor ihm verneigen mußte.

»Du hast mich soweit gebracht, dich zu verachten!« begann er. »Du wolltest keinen ehrlichen Prinzen haben! Du verstandest dich nicht auf Rosen und Nachtigallen, aber den Schweinehirten konntest du um eines Spielwerks willen küssen. Was du jetzt erduldest, hast du verdient.«

Und dann ging er in sein Königreich, machte die Tür zu und legte einen Riegel vor, so daß sie draußen stehen und singen konnte:

»Ach, du lieber Augustin,
Alles ist hin, hin, hin!«

Der Sturm versetzt Schilder

In alten Zeiten, als Großvater noch ein ganz kleiner Junge war und mit roten Höschen, roter Jacke, einem Gürtel um den Leib und einer Feder auf der Mütze einherstolzierte – denn so gingen in seiner Jugend die kleinen Jungen gekleidet, wenn sie in vollem Putze waren –, da war gar vieles ganz anders als jetzt, da herrschte oft ein Staat auf den Straßen, ein Staat, wie wir ihn nicht zu sehen bekommen, denn er ist abgeschafft, er wurde zu altväterisch; aber lustig ist es, Großvater davon erzählen zu hören.

Es muß damals wahrlich einen prächtigen Anblick gewährt haben, als die Schuhmacher beim Wechsel ihres Zunfthauses in feierlichem Zuge das Schild nach dem neuen Gebäude hinüberschafften.

Ihre seidene Fahne wehte; als Wappenbild zeigte sie einen großen Stiefel und einen zweiköpfigen Adler; die jüngsten Gesellen trugen den Willkommensbecher und die Lade; rote und weiße Bänder flatterten von ihren Hemdsärmeln weit hernieder; die älteren waren mit gezogenem Degen bewaffnet, auf dessen Spitze eine Zitrone steckte. Ein zahlreiches Musikkorps marschierte mit, und das schönste unter den Instrumenten war der »Vogel«, wie Großvater die hohe Stange mit dem Halbmonde und allem möglichen rauschenden Tingeltangel, einer echten türkischen Musik, nannte. Er wurde in die Höhe gehoben und geschwungen, es klang und klingelte, und es taten einem ordentlich die Augen weh, wenn die Sonne auf all das Gold, Silber und Messing desselben schien.

Vor dem Zuge lief ein Harlekin, seine Kleider waren aus allen möglichen bunten Lappen zusammengenäht, sein Gesicht war geschwärzt und sein Kopf war wie bei einem Schlittenpferde mit Schellen ausgeputzt. Er schlug die Leute mit seiner Pritsche, die ohne wehe zu tun laut klatschte, und das Volk wogte in den Straßen auf und ab; kleine Jungen und Mädchen fielen über ihre eigenen Beine gerade in den Rinnstein; alte Frauen pufften mit den Ellbogen um sich und schauten sauertöpfisch und zänkisch drein. Einer lachte, ein anderer schwatzte; dicht geschart standen die Leute auf den Treppen und in den Fenstern, ja selbst ganz oben auf den Dächern. Die Sonne schien, ohne einen kleinen Regenguß ging es auch nicht ab, aber das war ja gut für den Landmann, und wenn sie so recht durch und durch naß wurden, so war es ja ein wahrer Segen für das Land.

Und wie der Großvater erzählen konnte! Er hatte als kleiner Junge all diesen Pomp in seiner größten Herrlichkeit gesehen. Der Altgeselle hielt von dem Gerüste aus, an dem das Schild ausgehängt wurde, eine Rede, und noch dazu eine Rede in Versen, als ob sie ordentlich gedichtet worden wäre, und das war sie wirklich. Drei Mann hatten das Meisterwerk geliefert, nachdem sie sich erst eine ganze Bowle gebraut hatten, um es auf den höchsten Grad der Vollendung zu bringen. Das Volk belohnte den Redner mit einem gewaltigen Hurra, aber weit mehr Lebehochs galten dem Harlekin, als er auf dem Gerüst erschien und den Sprecher nachäffte. Der Narr spielte den Narren ganz vorzüglich und trank Met aus Schnapsgläsern, die er hernach unter das Volk warf und nach denen tausend Arme in die Luft griffen. Großvater besaß noch eins derselben, das ein Bekannter aufgefangen und ihm geschenkt hatte. Es war in der Tat lustig. Und das Schild hing unter Blumen und Grünem vor dem neuen Zunfthause.

Einen solchen Volksjubel vergißt man nicht, wie alt man auch wird, sagte Großvater, und er vergaß ihn auch nicht, trotzdem er später viel andere Pracht und Herrlichkeit zu sehen bekam und davon erzählte, aber am unterhaltendsten blieb es immer, ihn erzählen zu hören, wie das Schild in der großen Stadt nach dem anderen Hause geschafft wurde.

Großvater unternahm damals als kleiner Junge mit seinen Eltern eine Reise; noch nie vorher hatte er die größte Stadt des Landes gesehen. Auf den Straßen wimmelten daselbst so viele Leute, daß er der Meinung war, ein Schild sollte umgehängt werden; ach, und wie viele Schilder gab es dort umzuhängen. Hundert Stuben hätte man mit Bildern anfüllen können, hätte man sie innerhalb der vier Wände aufhängen wollen, statt an den äußern Mauern. Beim Schneider, der die Leute vom Gröbsten bis auf das Feinste einkleiden konnte, prangte das Aushängeschild mit allen möglichen Rökken und Kleidern; beim Tabaksfabrikanten rauchten auf den Schildern die niedlichsten kleinen Jungen Zigarren, wie sie es in Wirklichkeit nicht besser verstehen. Da gab es Schilder mit Butter und Heringen, Predigerbeffchen und Särgen und außerdem zahlreiche Bekanntmachungen und Anschläge. Man konnte ganz gut einen ganzen Tag Straße auf und Straße ab gehen und sich an den Bildern satt sehen, dafür wußte man aber auch zugleich, was für Menschen darin wohnten; sie hatten selbst ihr Schild ausgehängt, und es ist immer gut und lehrreich, sagte der Großvater, in einer großen Stadt zu wissen, wer hinter den Wänden wohnt.

Aber mit den Schildern sollte sich, gerade wie Großvater in die Stadt kam, etwas Eigentümliches ereignen. Er hat es selbst erzählt, und er hatte keinen Schelm im Nacken, wie Mutter behauptete, wenn er mir etwas weismachen wollte. Er sah ganz ernst und zuverlässig aus.

In der ersten Nacht, die er in der Stadt zubrachte, entstand das fürchterlichste Unwetter, von dem man je in den Zeitungen gelesen hat, ein Unwetter, wie es seit Menschengedenken nicht gewesen war. Die Luft war fortwährend mit Dachziegeln angefüllt; alle Planken stürzten um, ja, ein Schiebkarren lief ganz von selbst die Straße hinab, nur um sich zu retten. Es tutete in der Luft, es heulte und brauste, es war ein entsetzlicher Sturm. Das Wasser in den Kanälen trat aus, es wußte nicht, wohin es sollte. Der Sturm fuhr über die Stadt und nahm die Schornsteine mit; mehr als eine alte stolze Kirchturmspitze mußte sich beugen und hat sich nie wieder von ihrem Falle erhoben.

Bei dem alten ehrlichen Brandmeister, der stets mit der letzten Spritze erschien, stand ein Schilderhaus; der Sturm wollte es ihm nicht gönnen, riß es aus seinen Pfosten, und nun polterte es die Straße entlang und, wunderbar genug, es richtete sich wieder auf und blieb vor dem Hause stehen, in dem der einfältige Zimmergeselle wohnte, der bei der letzten Feuersbrunst drei Menschenleben gerettet hatte; aber das Schilderhaus dachte sich nichts dabei.

Das Schild des Barbiers, der große Messingteller, wurde ebenfalls losgerissen und in eine Fenstervertiefung des Justizrats geweht, und das sah allerdings fast wie Bosheit aus, sagte die ganze Nachbarschaft, weil selbst die allerintimsten Freundinnen die Frau Justizrätin das Schermesser oder Reibeisen nannten. Sie war so sehr klug, sie wußte mehr als die übrigen Menschen, mehr als die Menschen von sich selbst wußten.

Ein Schild mit dem Bilde eines Stockfisches blieb gerade über der Tür eines Mannes liegen, der eine Zeitung schrieb. Das war nun ein schlechter Spaß von dem Sturmwinde, der jedenfalls nicht daran dachte, daß mit einem Zeitungsschreiber durchaus nicht zu spaßen ist; er ist König in seiner Zeitung wie in seiner eigenen Meinung.

Der Wetterhahn flog über das Dach seines Gegenübers und blieb dort, sagten die Nachbarn, wie die allerschwärzeste Bosheit stehen.

Die Tonne des Faßbinders wurde unter »Damenputz« ausgehängt.

Der Speisezettel der Garküche in schwerem Rahmen, der neben der Tür hing, wurde über dem Portale des Theaters, wohin sich sonst niemand verirrte, aufgestellt. Es war ein lächerliches Plakat: »Meerrettichsuppe und gefüllter Kohlkopf.« Aber nun kamen Leute hin.

Der Fuchspelz des Kürschners, ein höchst respektables Schild, wurde an den Glockenzug des jungen Mannes gehängt, der regelmäßig die Frühpredigt besuchte, wie ein zusammengeklappter Regenschirm aussah, nach Wahrheit strebte und, wie seine Tante sagte, ein Muster war.

Die Inschrift: »Höhere Bildungsanstalt« prangte über einer Billardstube, und die Anstalt selbst erhielt das Schild: »Hier werden Kinder mit der Flasche aufgezogen.« Witzig war es gerade nicht, nur unartig, aber der Sturm hatte es getan, und der läßt sich keine Gesetze vorschreiben.

Es war eine fürchterliche Nacht, und am Morgen, denkt nur, da waren fast sämtliche Schilder in der Stadt umgetauscht, und an manchen Stellen war es mit so ausgesuchter Bosheit geschehen, daß Großvater es gar nicht zu erzählen wagte, aber innerlich lachte er, das bemerkte ich recht wohl, und es ist schon möglich, daß er doch den Schalk im Nacken hatte.

Die armen Leute in der großen Stadt, namentlich die Fremden, begingen Mißgriffe über Mißgriffe, doch trugen sie nicht die Schuld daran, da sie sich nach den Schildern richteten. Einige wollten eine sehr ernste Versammlung älterer Personen besuchen, wo die wichtigsten Dinge verhandelt werden sollten, und gerieten in eine lärmende Knabenschule, wo man fast über Tisch und Bänke sprang.

Es gab sogar Leute, die Kirche und Theater miteinander verwechselten, und das ist doch schrecklich.

In unseren Tagen hat gottlob nie ein solcher Sturm geblasen, nur Großvater hat ihn erlebt, und auch nur in seiner frühesten Jugend; ein solcher Sturm erhebt sich vielleicht auch nicht in unserer Zeit, wohl aber können ihn unsere Enkel erleben. Da wollen wir freilich hoffen und darum beten, daß sie sich, wenn der Sturm die Schilder verwechselt, hübsch in ihrem Zimmer halten.

Das häßliche junge Entlein

Draußen auf dem Lande war es herrlich! Es war Sommer! Das Korn stand gelb, der Hafer grün. Das Heu war unten auf den grünen Wiesen in Schobern aufgestellt, und da spazierte der Storch auf seinen langen roten Beinen und klapperte ägyptisch, denn diese Sprache hatte er von seiner Mutter gelernt. Um den Acker und die Wiesen zogen sich große Wälder und mitten in denselben befanden sich tiefe Seen. Oh, es war herrlich da draußen auf dem Lande!

Mitten im warmen Sonnenscheine lag da ein altes Rittergut, von tiefen Kanälen umgeben, und von der Mauer an bis zum Wasser hinunter wuchsen dort große Klettenblätter, die so hoch waren, daß unter den größten kleine Kinder aufrecht stehen konnten. Darin war es geradeso wild wie im tiefsten Walde. Hier lag eine Ente auf ihrem Neste, um ihre Jungen auszubrüten, aber jetzt war sie dessen fast überdrüssig, weil es doch gar zu lange dauerte und sie dabei so selten Besuch bekam. Die anderen Enten zogen es vor, auf den Kanälen herumzuschwimmen, anstatt sie zu besuchen und unter einem Klettenblatte zu sitzen, um mit ihr zu plaudern.

Endlich platzte ein Ei nach dem anderen. »Piep, piep!« sagte es, alle Eidotter waren lebendig geworden und steckten den Kopf heraus.

»Rap, rap! Eilt, eilt!« rief sie, und da rappelten und beeilten sie sich nach Kräften und guckten unter den grünen Blättern nach allen Seiten umher. Die Mutter ließ sie sich auch umschauen, soviel sie wollten, denn das Grüne ist gut für die Augen.

»Wie groß ist doch die Welt!« sagten alle Jungen; denn freilich hatten sie jetzt ganz anders Platz als zu der Zeit, da sie noch drinnen im Ei lagen.

»Haltet ihr das schon für die ganze Welt?« sagte die Mutter. »Die erstreckt sich noch weit über die andere Seite des Gartens hinaus bis in das Feld des Pfarrers; da bin ich indes noch nie gewesen! – – Ihr seid doch alle hübsch beisammen!« setzte sie hinzu und erhob sich. »Nein, ich habe noch nicht alle! Das größte Ei liegt immer noch da! Wie lange soll denn das noch dauern? Nun habe ich es wirklich bald satt!« Und dann legte sie sich wieder.

»Nun, wie geht es?« fragte eine alte Ente, die auf Besuch gekommen war.

»Es dauert mit dem einen Ei so lange!« sagte die Ente, welche brütete. »Es zeigt sich noch kein Loch in demselben. Aber nun sollst du die anderen sehen. Es sind die hübschesten jungen Enten, die ich je gesehen habe. Sie sind sämtlich ihrem Vater wie aus den Augen geschnitten! Der Bösewicht, er besucht mich nicht einmal!«

»Laß mich doch das Ei sehen, das nicht platzen will«, erwiderte die Alte. »Verlaß dich darauf, es ist ein Putenei! So bin ich auch einmal angeführt worden, und ich hatte meine liebe Not mit den Jungen, denn sie fürchten sich vor dem Wasser, kann ich dir sagen.

Erst konnte ich sie gar nicht ausbekommen, soviel ich auch rappte und schnappte, ermahnte und nachhalf! – Laß mich doch das Ei sehen! Ja, das ist ein Putenei! Laß es liegen und lehre lieber deine anderen Kinder schwimmen!«

»Ich will doch noch ein wenig darauf liegenbleiben!« entgegnete die Ente. »Habe ich nun so lange gelegen, kommt es auf etwas länger auch nicht an!«

»Jeder nach seinem Geschmack!« sagte die alte Ente und nahm Abschied.

Endlich platzte das große Ei. »Piep, piep!« sagte das Junge und kroch heraus. Es war sehr groß und auffallend häßlich. Die Ente besah es sich. »Das ist ja ein entsetzlich großes Entlein!« sagte sie. »Keines von den anderen sieht so aus. Sollte es wirklich eine junge Pute sein? Nun, da wollen wir bald dahinterkommen! In das Wasser muß es, und sollte ich es selbst hineinstoßen!«

Am nächsten Tage war prächtiges, herrliches Wetter! Die Sonne schien brennend heiß auf alle die grünen Kletten hernieder. Die Entleinmutter erschien mit ihrer ganzen Familie am Kanale. Platsch! sprang sie in das Wasser. »Rap, rap!« rief sie, und ein Entlein nach dem anderen plumpste hinein. Das Wasser schlug ihnen über dem Kopf zusammen, aber sie tauchten gleich wieder empor und schwammen stolz dahin, die Beine bewegten sich von selbst, und alle waren sie in dem nassen Elemente, selbst das häßliche, graue Junge schwamm mit.

»Nein, das ist keine Pute!« sagte sie. »Sieh nur einer, wie hübsch es die Beine gebraucht, wie gerade es sich hält! Es ist mein eigenes Kind. Im Grunde ist es ganz niedlich, wenn man es nur genauer betrachtet. Rap, rap! Kommt nun mit, jetzt sollt ihr die Welt kennenlernen. Ich werde euch im Entenhofe vorstellen, aber haltet euch immer in meiner Nähe, damit euch niemand trete, und nehmt euch vor der Katze in acht!«

Und so kamen sie in den Entenhof hinein. Ein erschrecklicher Lärm herrschte drinnen, denn zwei Familien bekämpften sich um einen Aalkopf, und trotzdem bekam ihn die Katze.

»Seht, so geht es in der Welt zu!« sagte die Entleinmutter und schnappte mit dem Schnabel, denn sie wollte auch den Aalkopf haben. »Gebraucht nun eure Beine«, sagte sie, »seht zu, daß ihr euch etwas beeilt und neigt den Hals vor der alten Ente dort. Sie ist die vornehmste von allen hier. Spanisches Blut rollt in ihren Adern, deshalb ist sie so schwerfällig. Wie ihr seht, trägt sie einen roten Lappen um das Bein. Das ist etwas unvergleichlich Schönes und die höchste Auszeichnung, die je eine Ente erhalten kann. Es soll andeuten, daß man sie nicht verlieren will und daß sie Tieren und Menschen kenntlich sein soll. Rappelt euch! Sputet euch! Nicht die Beine einwärts! Ein wohlgezogenes Entlein setzt die Beine weit auseinander, gerade wie Vater und Mutter! Seht so! Neigt nun euren Hals und sagt: »Rap!«

Und das taten sie. Aber die anderen Enten ringsumher betrachteten sie und sprachen: »Seht nur einmal! Nun sollen wir die Sippschaft auch noch bekommen, als ob wir nicht schon genug wären! Pfui, wie das eine Entlein aussieht! Das wollen wir nicht unter uns dulden!« Und sogleich flog eine Ente hin und biß es in den Nacken.

»Laß es zufrieden!« sagte die Mutter, »es tut ja niemand etwas!«

»Ja, aber es ist so groß und sonderbar!« sagte die Ente, welche es gebissen hatte, »und deshalb muß es weggejagt werden!«

»Das sind schöne Kinder, die Mütterchen hat!« sagte herablassend die alte Ente mit dem Lappen um den Fuß. »Sämtlich schön mit Ausnahme des einen, das mißglückt ist! Ich wünschte, sie könnte es umbrüten!«

»Das geht nicht, Ihro Gnaden!« sagte die Entleinmutter. »Es ist nicht hübsch, aber es hat ein sehr gutes Gemüt und schwimmt ebenso vortrefflich wie eines der anderen, ja, ich darf sagen, fast noch etwas besser. Ich denke, es wird sich auswachsen oder mit der Zeit kleiner werden. Es hat zu lange im Ei gelegen und deshalb nicht die rechte Gestalt bekommen!« Darauf zupfte sie es im Nacken und fing an, es zu glätten. »Außerdem«, fuhr sie fort, »ist es ein Enterich, und da schadet es nicht soviel. Ich bilde mir ein, er wird tüchtige Kräfte bekommen, da schlägt er sich schon durch!«

»Die anderen Entlein sind ja ganz niedlich!« sagte die Alte. »Tut nun, als ob ihr zu Hause wäret, und findet ihr einen Aalkopf, so könnt ihr mir ihn bringen!«

Und so waren sie wie zu Hause.

Aber das arme Entlein, das zuletzt aus dem Ei gekrochen und so häßlich war, wurde gebissen, gepufft und gehänselt von den Enten wie von den Hühnern. »Es ist zu groß«, sagten sie allesamt, und der Puterhahn, der mit Sporen geboren war, und deshalb in dem Wahne stand, daß er Kaiser wäre, blies sich wie ein Schiff mit vollen Segeln auf, ging gerade auf dasselbe zu, kollerte und wurde ganz rot am Kopfe. Das arme Entlein wußte weder, wie es stehen, noch wie es gehen sollte. Es war betrübt, daß es so häßlich aussah und dem ganzen Entenhofe zum Gespötte diente.

So ging es den ersten Tag, und später wurde es schlimmer und schlimmer. Das arme Entlein wurde von allen gejagt, selbst seine Geschwister waren recht unartig gegen dasselbe und sagten immer: »Wenn dich nur die Katze holen wollte, du garstiges Ding!« und die Mutter seufzte: »Wärest du nur weit fort!« Die Enten bissen es, die Hühner hackten auf dasselbe los, und die Futtermagd stieß es mit dem Fuße.

Da lief und flog es über den Zaun; die Vöglein in den Büschen erhoben sich erschrocken in die Luft. Daran ist meine Häßlichkeit schuld! dachte das Entlein und schloß die Augen, lief aber trotzdem weiter. So gelangte es bis zu dem großen Moore, in dem die wilden Enten wohnten. Hier lag es die ganze Nacht, denn es war sehr müde und traurig.

Am Morgen flogen die wilden Enten auf und erblickten den neuen Kameraden. »Was bist du denn für ein Landsmann?« fragten sie, und das Entlein drehte sich nach allen Seiten und grüßte, so gut es konnte.

»Du bist abschreckend häßlich!« sagten die wilden Enten, »aber das kann uns einerlei sein, wenn du nur nicht in unsere Familie hineinheiratest!« Das Arme, es dachte wahrlich nicht ans Heiraten. Ihm war nur daran gelegen, die Erlaubnis zu erhalten, im Schilfe zu liegen und Moorwasser zu trinken.

Zwei ganze Tage lang hatte es dagelegen, als zwei wilde Gänse oder vielmehr Gänseriche dorthin kamen. Sie waren noch nicht gar lange aus dem Ei gekrochen und deshalb auch etwas vorschnell.

»Höre, Kamerad, du bist so häßlich, daß du förmlich hübsch bist und wir dich gut leiden können. Willst du zu uns halten und Zugvogel sein? Dicht nebenbei in einem anderen Moore wohnen einige süße, liebliche wilde Gänschen, lauter Fräulein, die das Rap, rap! köstlich zu plaudern verstehen, du bist imstande dazu, dein Glück zu machen, so häßlich du auch bist!«

Piff, paff! knallte es da plötzlich, und beide wilde Gänseriche fielen tot in das Schilf hinab, und das Wasser wurde blutrot. Piff, paff! knallte es abermals, und ganze Scharen wilder Gänse flogen aus dem Schilfe auf, und dann knallte es wieder. Es war große Jagd; die Jäger lagen rings um das Moor herum, ja, einige saßen oben in den Baumzweigen, die sich weit über das Röhricht hinstreckten. Der blaue Pulverdampf zog wie Wolken durch die dunklen Bäume hindurch und ruhte weit über dem Wasser. In den Sumpf drangen die Jagdhunde hinein. Platsch, platsch! Schilf und Rohr neigten sich nach allen Seiten. Was war das für ein Schreck für das arme Entlein! Es drehte den Kopf, um ihn unter die Flügel zu stecken, als in demselben Augenblicke ein fürchterlich großer Hund dicht vor ihm stand; die Zunge hing dem Tiere ganz lang aus dem Halse und die Augen funkelten gräßlich. Er berührte das Entlein fast mit der Schnauze, wies die scharfen Zähne und – platsch! zog er sich zurück, ohne es zu packen.

»Gott sei Dank!« seufzte das Entlein, »ich bin so häßlich, daß mich selbst der Hund nicht beißen mag!«

So lag es denn ganz still, während die Schrotkörner in das Schilf sausten und Schuß auf Schuß knallte.

Erst am späten Nachmittage wurde es still, aber das arme Junge wagte noch nicht, sich zu erheben. Es wartete noch mehrere Stunden, ehe es sich umschaute, und dann eilte es, so schnell es konnte, aus dem Moore weiter. Es lief über Feld und Wiesen, und dabei war ein Sturm, daß es nur mit großer Mühe vorwärtskommen konnte.

Gegen Abend erreichte es ein erbärmliches Bauernhäuschen, das in so traurigem Zustande war, daß es selbst nicht wußte, nach welcher Seite es fallen sollte, und so blieb es stehen. Der Sturm brauste dermaßen um das wilde Entlein, daß es sich setzen mußte, um Widerstand zu leisten. Und es wurde immer schlimmer und schlimmer. Da bemerkte es, daß sich die Tür aus der einen Angel gehoben hatte und so schief hing, daß es durch die Spalte in die Stube hineinschlüpfen konnte, und das tat es.

Hier wohnte eine alte Frau mit ihrer Katze und ihrem Huhne; die Katze, welche sie Söhnchen nannte, konnte einen Buckel machen und spinnen. Selbst Funken konnte man ihr entlocken, wenn man sie im Dunkeln gegen die Haare strich. Das Huhn hatte sehr kleine niedrige Beine und wurde deshalb Kurzbeinchen genannt. Es legte goldene Eier, und die Frau liebte es wie ihr eigenes Kind.

Am Morgen bemerkte man sogleich das fremde Entlein, und die Katze begann zu spinnen und das Huhn zu klucken.

»Was ist das?« rief die Frau und schaute sich um, da sie aber nicht gut sah, hielt sie das Entlein für eine fette Ente. »Das ist ja ein sonderbarer Fang!« sagte sie, »nun kann ich Enteneier bekommen. Wenn es nur kein Enterich ist! Das müssen wir erproben.«

So wurde denn das Entlein für drei Wochen auf Probe angenommen, aber Eier kamen nicht.

Nun war die Katze der Herr im Hause und das Huhn war die Frau, und immer sagten sie: »Wir und die Welt!« denn sie glaubten, daß sie die eine Hälfte wären, und zwar der allerbeste Teil. Dem Entlein wollte es bedünken, daß man auch wohl anderer Meinung sein könnte, aber das duldete das Huhn nicht.

»Kannst du Eier legen?« fragte es.

»Nein!«

»Nun gut, dann halte auch deinen Mund!«

Und die Katze sagte: »Kannst du einen Buckel machen, kannst du spinnen, kannst du Funken sprühen?«

»Nein!«

»Dann darfst du auch keine Meinung haben, wenn vernünftige Leute reden!«

Und das Entlein saß im Winkel und war schlechter Laune. Da dachte es unwillkürlich an die frische Luft und den Sonnenschein und bekam eine so eigentümliche Lust, auf dem Wasser zu schwimmen, daß es sich endlich nicht länger enthalten konnte, es dem Huhne anzuvertrauen.

»Was sprichst du da?« fragte dasselbe. »Du hast nichts zu tun, deshalb plagen dich so seltsame Launen. Lege Eier oder spinne, dann gehen sie vorüber!«

»Aber es ist köstlich, auf dem Wasser zu schwimmen!« entgegnete das Entlein, »köstlich, sich den Kopf in den Fluten zu kühlen oder auf den Grund niederzutauchen!«

»Ja, das muß wirklich ein prächtiges Vergnügen sein!« sagte das Huhn spöttisch, »bist du denn närrisch geworden! Frage einmal die Katze, sie ist die Klügste, die ich kenne, ob es ihr so angenehm vorkommt, auf dem Wasser zu schwimmen oder unterzutauchen! Ich will von mir gar nicht reden. – Frage selbst unsere Herrschaft, die alte Frau, klüger als sie ist niemand in der Welt. Meinst du, sie hätte Lust zu schwimmen oder sich das Wasser über dem Kopfe zusammenschlagen zu lassen?«

»Ihr versteht mich nicht!« sagte das Entlein.

»Wenn wir dich nicht verstehen, wer sollte dich dann wohl verstehen? Du wirst doch wohl nicht klüger sein wollen als die Katze und die Frau, um meiner gar nicht zu erwähnen. Zier' dich nicht, Kind, und setze dir keine Grillen in den Kopf! Danke deinem Schöpfer für all das Gute, das man dir erwiesen hat! Hat man dich nicht in eine warme Stube und in einen Umgangskreis aufgenommen, von dem du etwas lernen kannst? Aber du bist ein Faselhans, und es ist keineswegs erfreulich, mit dir umzugehen! Mir kannst du Glauben schenken, denn ich meine es gut mit dir, ich sage dir kränkende Wahrheiten, und daran kann man seine wirklichen Freunde erkennen! Sieh jetzt nur zu, daß du Eier legst und spinnen und Funken sprühen lernst!«

»Ich glaube, ich gehe in die weite Welt hinaus!« sagte das Entlein.

»Ja, tue das!« entgegnete das Huhn.

Da ging denn das Entlein. Es schwamm auf dem Wasser, es tauchte unter, aber von allen Tieren wurde es um seiner Häßlichkeit willen übersehen.

Jetzt erschien der Herbst; die Blätter im Walde wurden gelb und braun, der Sturm entführte sie und wirbelte sie umher, und oben in der Luft machte sich die Kälte bemerkbar. Die Wolken hingen schwer von Hagel und Schneeflocken, und auf dem Zaune stand ein Rabe und schrie: »Au, au!« vor lauter Kälte. Ja, man konnte schon ordentlich frieren, wenn man nur daran dachte. Das arme Entlein hatte es wahrlich nicht gut.

Eines Abends, die Sonne ging gerade wunderbar schön unter, kam ein ganzer Schwarm prächtiger, großer Vögel aus dem Gebüsch hervor, wie sie das Entlein noch nie so schön gesehen hatte. Sie waren blendend weiß und hatten lange, geschmeidige Hälse: Es waren Schwäne. Sie stießen einen merkwürdigen Ton aus, breiteten ihre prächtigen, großen Schwingen aus und flogen aus den kalten Gegenden fort nach wärmeren Ländern, nach offnen Seen. Sie stiegen so hoch, so hoch, daß dem häßlichen jungen Entlein ganz seltsam zumute wurde. Es drehte sich im Wasser wie ein Rad herum, streckte den Hals hoch nach ihnen aus und stieß einen so lauten und sonderbaren Schrei aus, daß es sich ordentlich vor sich selber fürchtete. Es konnte die prächtigen, die glücklichen Vögel nicht vergessen, und sobald es sie nicht mehr wahrnahm, tauchte es bis auf den Grund unter, und geriet, als es wieder emporkam, förmlich außer sich. Es wußte nicht, wie die Vögel hießen, noch wohin sie zogen, aber doch hatte es dieselben lieb wie nie jemand zuvor. Neid kam gleichwohl nicht in sein Herz. Wie hätte ihm auch nur in den Sinn kommen können, sich eine solche Schönheit zu wünschen. Es wäre schon froh gewesen, wenn nur die Enten es hätten unter sich dulden wollen; – das arme, häßliche Tier.

Und der Winter wurde so kalt, so kalt! Das Entlein mußte unermüdlich umherschwimmen, um das Zufrieren zu verhindern. Aber jede Nacht wurde das Loch, in dem es schwamm, schmäler und schmäler. Es war eine Kälte, daß die Eisdecke krachte. Das Entlein mußte fortwährend die Beine gebrauchen, damit sich das Loch nicht völlig schloß. Endlich wurde es matt, lag ganz still und fror so im Eise fest.

In der Frühe des folgenden Morgens kam ein Bauer, der das arme Tier gewahrte. Er ging hin, zerschlug das Eis mit seinem Holzschuh, rettete es und trug es heim zu seiner Frau. Da lebte es wieder auf.

Die Kinder wollten mit demselben spielen. Da aber das Entlein glaubte, sie wollten ihm wehe tun, fuhr es in der Angst gerade in eine Milchschüssel, so daß die Milch in der Stube umherspritzte. Die Frau schlug entsetzt die Hände zusammen. Dann flog das Entlein auf das Gestell, auf dem die Butter aufbewahrt wurde, und von hier in die Mehltonne hinein und dann wieder in die Höhe. Da könnt ihr euch denken, wie es aussah! Die Frau schrie und schlug mit der Feuerzange nach demselben, die Kinder liefen einander über den Haufen und lachten und lärmten. Gut war es, daß die Tür offenstand; so konnte sich das Entlein zwischen die Sträucher in den frischgefallenen Schnee hinausretten, und da lag es nun bis auf den Tod erschöpft.

Allein es würde wahrlich zu traurig sein, all die Not und das Elend zu erzählen, welche das Entlein in dem harten Winter auszustehen hatte. – Es lag zwischen dem Röhricht im Moor, als die Sonne wieder warm zu scheinen begann; die Lerchen sangen, es war ein herrlicher Lenz.

Da entfaltete es mit einem Male seine Schwingen, stärker sausten sie als zuvor und trugen es kräftig vorwärts, und ehe dasselbe es recht wußte, befand es sich in einem großen Garten, wo die Apfelbäume in voller Blüte standen, wo die Fliedersträucher dufteten und ihre langen, grünen Zweige zu den sich sanft dahinschlängelnden Bächen und Kanälen herniedersenkten. Oh, wie war es hier so köstlich, so frühlingsfrisch! Und gerade vor ihm kamen aus dem Dickicht drei schöne, weiße Schwäne angeschwommen mit gekräuseltem Gefieder glitten sie leicht und majestätisch über das Wasser dahin. Das Entlein erkannte die prächtigen Tiere und wurde von einer eigentümlichen Schwermut ergriffen.

»Ich will hinfliegen zu ihnen, den königlichen Vögeln, und sie werden mich totbeißen, weil ich, der ich so häßlich bin, mich ihnen zu nähern wage. Aber meinetwegen! Besser von ihnen getötet, als von den Enten gezwackt, von den Hühnern gepickt, von der Hühnermagd gestoßen zu werden und im Winter alles mögliche Weh über sich ergehen zu lassen!« Und es flog auf das Wasser und schwamm den prächtigen Schwänen entgegen, die mit gesträubten Federn auf dasselbe losschossen. »Tötet mich nur!« sagte das arme Tier und neigte sein Haupt gegen den Wasserspiegel und erwartete den Tod – aber was sah es in dem klaren Wasser? Es sah unter sich sein eigenes Bild, aber es war nicht mehr ein plumper, schwarzgrauer Vogel, häßlich und Abscheu erweckend, es war selbst ein Schwan.

Es tut nichts, in einem Entenhofe geboren zu sein, wenn man nur in einem Schwanenei gelegen hat!

Nun fühlte es sich förmlich glücklich über alle die Not und Widerwärtigkeit, die es ausgestanden hatte. Nun verstand es erst sein Glück, erst die Herrlichkeit recht zu würdigen, die es überall begrüßte. – Und die großen Schwäne umschwammen es und streichelten es mit ihrem Schnabel.

Da traten einige kleine Kinder in den Garten hinein! Sie warfen Brot und Korn in das Wasser, und das kleinste rief: »Da ist ein neuer!« Und die anderen Kinder jubelten mit: »Ja, es ist ein neuer angekommen!« Sie klatschten in die Hände, tanzten umher, holten Vater und Mutter herbei, und es wurde Brot und Kuchen in das Wasser geworfen, und sie sagten alle: »Der neue ist der schönste, so jung und majestätisch!« Und die alten Schwäne verneigten sich vor ihm.

Da überschlich ihn Schüchternheit und Verschämtheit, und er verbarg den Kopf unter den Flügeln; es war ihm so eigen zumute, er wußte fast selbst nicht wie. Er war allzu glücklich, aber durchaus nicht stolz, denn ein gutes Herz wird niemals stolz. Er dachte daran, wie er verfolgt und verhöhnt worden, und hörte nun alle sagen, er wäre der schönste von allen schönen Vögeln. Die Fliedersträuche neigten sich mit den Zweigen zu ihm in das Wasser hinunter, und die Sonne schien warm und erquickend. Da sträubte er sein Gefieder, der schlanke Hals erhob sich, und aus Herzensgrunde jubelte er: »So viel Glück habe ich mir nicht träumen lassen, als ich noch das garstige Entlein war!«

Die Geschichte einer Mutter

Eine Mutter saß bei ihrem kleinen Kinde; sie war von Furcht und Bangen erfüllt, daß es sterben möchte. Bleich lag es da, die kleinen Augen hatten sich geschlossen, leise atmete es, bisweilen nur von einem tiefen Zuge unterbrochen, der einem Seufzer glich; und die Mutter blickte dann noch schmerzerfüllter auf ihren Liebling.

Da klopfte es an die Tür, und herein trat ein armer, alter Mann, der dem Anschein nach in eine große Pferdedecke gehüllt war, denn die wärmt, und Wärme tat ihm not, da draußen kalter Winter herrschte. Alles lag in Eis und Schnee begraben, und ein rauher Wind schnitt einem ins Gesicht.

Da der alte Mann vor Kälte bebte und das Kind gerade einen Augenblick schlief, so stellte die Mutter Bier in einem kleinen Topfe in den Ofen, um es für ihn zu wärmen. Der alte Mann saß und wiegte, und die Mutter setzte sich auf den Stuhl dicht an seiner Seite, beobachtete ihr krankes Kind, das tief Atem holte, und hob die kleine Hand empor.

»Glaubst du nicht auch, daß ich meinen Sohn behalten werde?« fragte sie. »Der liebe Gott wird ihn mir nicht nehmen wollen!«

Und der alte Mann, welcher der Tod selbst war, nickte so eigentümlich, es konnte ebensogut ja wie nein bedeuten. Die Mutter saß mit gesenkten Blicken da, und die Tränen rollten ihr über die Wangen. Das Haupt wurde ihr schwer, drei Nächte und Tage lang hatte sie kein Auge geschlossen, und nun schlief sie ein, aber nur auf einen

Augenblick, dann fuhr sie, bebend vor Kälte, empor. »Was ist das!« rief sie und schaute sich nach allen Seiten um. Aber der alte Mann war fort, und ihr kleines Kind war fort, er hatte es mit sich genommen. Und in der Ecke schnurrte und schnurrte die alte Uhr, das große Bleigewicht lief gerade bis auf den Fußboden und bumm! da stand auch die Uhr still.

Aber die arme Mutter lief zum Hause hinaus und rief nach ihrem Kinde.

Draußen, mitten im Schnee, saß eine Frau in langen, schwarzen Kleidern, welche sagte: »Der Tod ist drinnen in deiner Stube gewesen, ich sah ihn mit deinem kleinen Kinde davoneilen; er bewegt sich schneller als der Wind, und nie bringt er wieder, was er nahm!«

»Sage mir nur, welchen Weg er einschlug!« versetzte die Mutter, »sage mir den Weg, und ich werde ihn finden!«

»Ich kenne ihn!« sagte die Frau in den schwarzen Kleidern, »aber ehe ich ihn dir angebe, mußt du mir alle Lieder singen, die du deinem Kinde vorgesungen hast. Ich liebe sie, ich habe sie schon früher gehört. Ich bin die Nacht. Ich sah deine Tränen, während du sie sangst.«

»Ich will sie alle, alle singen!« erwiderte die Mutter, »aber halte mich nicht auf, damit ich ihn erreichen, damit ich mein Kind finden kann!«

Aber die Nacht saß stumm und still, da rang die Mutter ihre Hände, sang und weinte, und das waren viele Lieder, aber noch weit mehr Tränen; und dann sagte die Nacht: »Halte dich rechter Hand und gehe in den dunklen Tannenwald hinein, dorthin sah ich den Tod mit deinem kleinen Kinde ziehen!«

Tief im Walde kreuzten sich die Wege, und sie wußte nicht weiter, wohin sie sich wenden sollte. Ein Dornenbusch stand dort, er trug weder Blätter noch Blüten, aber es war ja auch kalte Winterzeit, und Reif lag auf seinen Zweigen.

»Hast du nicht den Tod mit meinem lieben Kinde vorübergehen sehen?«

»Ja!« sagte der Dornbusch, »aber ich sage dir nicht, welchen Weg er einschlug, wenn du mich nicht vorher an deinem Herzen erwärmen willst; ich erfriere, ich werde zu lauter Eis.«

Und fest drückte sie den Dornbusch an ihr Herz, damit er recht erwärmt werden könnte, und die Dornen drangen ihr in das Fleisch, daß das Blut in großen Tropfen hervorquoll, aber der Dornbusch trieb frische grüne Blätter, und Blüten entfalteten sich in der kalten Winternacht, so warm war es an dem Herzen der betrübten Mutter, und der Dornbusch beschrieb ihr den Weg, den sie einschlagen sollte.

Darauf kam sie an einen großen See, wo weder ein Schiff noch ein Boot zu sehen war. Das Eis auf demselben war noch nicht fest genug, um sie hinüberzutragen, auch war das Wasser nicht offen und flach genug, als daß sie hätte wagen können, ihn zu durchwaten, und hinüber mußte sie, wollte sie ihr Kind finden. In der Verzweiflung legte sie sich nieder, um den See auszutrinken, und das ist einem Menschen ja doch unmöglich. Aber die betrübte Mutter dachte, es könnte sich vielleicht ein Wunder ereignen.

»Nein, das geht nicht!« sagte der See, »laß uns beide lieber zusehen, ob wir einig werden können. Perlen zu sammeln ist meine Leidenschaft, und deine Augen sind die beiden hellsten, die ich bisher gesehen habe. Willst du sie in mich ausweinen, dann will ich dich nach dem großen Treibhause hinübertragen, in dem der Tod wohnt und Blumen und Bäume zieht; jedes von ihnen ist ein Menschenleben!«

»Oh, was gäbe ich nicht hin, um zu meinem Kinde zu gelangen!« entgegnete die arme Mutter unter Tränen, und noch reichlicher flossen sie hernieder, bis ihre Augen auf den Grund des Sees sanken und zwei kostbare Perlen wurden; der See aber erhob sie, als ob sie in einer Schaukel säße, und in einer einzigen Schwingung flog sie auf das jenseitige Ufer, auf dem ein meilenbreites, wunderbares Haus emporragte. Man wußte nicht, ob es einen Berg mit Wäldern und Höhlen vorstellte, oder ob es ein Werk von Menschenhand war, allein die arme Mutter konnte es nicht sehen, sie hatte sich ja die Augen ausgeweint.

»Wo werde ich den Tod finden, der mit meinem lieben Kinde fortging!« seufzte sie.

»Hier ist er noch nicht angekommen!« sagte die alte Grabfrau, welcher die Aufsicht über das große Treibhaus des Todes anvertraut war. »Wie hast du dich hierher finden können, und wer hat dir geholfen?«

»Der liebe Gott hat mir geholfen!« erwiderte sie, »er ist barmherzig, und das wirst du auch sein! Wo kann ich mein liebes Kind finden?«

»Ja, ich kenne es nicht!« entgegnete die Frau, »und du vermagst nicht zu sehen! – Viele Blumen und Bäume sind in dieser Nacht verwelkt, der Tod wird bald kommen und sie verpflanzen! Du weißt gewiß, daß jeder Mensch, je nach seiner Beschaffenheit, seinen Lebensbaum oder seine Lebensblume hat; sie sehen wie andere Gewächse aus, haben aber Herzschlag. Auch Kinderherzen können schon klopfen! Lausche auf die Schläge der Herzen, vielleicht kannst du das deines Kindes erkennen. Was gibst du mir aber, wenn ich dir sage, was du noch außerdem tun sollst?«

»Ich habe nichts mehr zu geben!« sagte die betrübte Mutter, »aber ich will für dich bis an das Ende der Welt gehen.«

»Da habe ich nichts zu tun«, versetzte die Frau, »aber du kannst mir dein langes schwarzes Haar geben; du wirst wohl selbst wissen, daß es schön ist, und mir gefällt es! Du sollst mein weißes dafür bekommen, und das ist doch immer etwas!«

»Verlangst du weiter nichts«, sagte sie, »das gebe ich dir mit Freuden!« Und sie gab derselben ihr schönes, schwarzes Haar und erhielt das schneeweiße der Alten dafür.

Darauf gingen sie in das große Treibhaus des Todes, wo Blumen und Bäume seltsam durcheinander wuchsen. Da standen unter Glasglocken feine Hyazinthen und große baumstarke Päonien; da wuchsen Wasserpflanzen, einige frisch, andere halbwelk, Wasserschlangen lagerten sich auf denselben, und schwarze Krebse klammerten sich am Stengel fest. Da standen herrliche Palmen, Eichen und Platanen und dann wieder Petersilie und blühender Thymian, jeder Baum und jede Blume führte einen besonderen Namen, jedes war ein Menschenleben, der Mensch lebte noch, einer in China, ein anderer in Grönland, auf der ganzen Erde ringsumher. Da waren große Bäume in kleinen Töpfen, so daß sie verkrüppelt dastanden und fast die Töpfe schon zersprengten; an manchen Stellen sah man auch eine kleine zarte Blume in fettem Boden, auf allen Seiten mit Moos bedeckt und wohlgepflegt. – Die betrübte Mutter beugte sich über die kleinsten Pflanzen und hörte, wie in ihnen das Menschenherz klopfte, und unter Millionen erkannte sie das ihres Kindes.

»Das ist es!« rief sie und streckte die Hand über eine kleine blaue Krokusblüte aus, die sich ganz welk auf eine Seite neigte.

»Rühre die Blume nicht an!« warnte die alte Frau, »stelle dich aber hierher, und sobald der Tod, den ich schon längst erwarte, erscheint, dann laß ihn die Pflanze nicht ausreißen. Drohe ihm damit, daß du es mit den anderen Pflanzen ebenso machen würdest, so wird er besorgt werden. Er trägt dem lieben Gott gegenüber die Verantwortung, daß ohne dessen Erlaubnis keine ausgerissen wird!«

Plötzlich ging ein eiskaltes Sausen durch den Saal, und die blinde Mutter konnte merken, daß der Tod nahte.

»Wie hast du den Weg hierher finden können?« fragte er, »wie konntest du geschwinder als ich hier ankommen?«

»Ich bin eine Mutter!« antwortete sie.

Und der Tod streckte seine lange Hand nach der kleinen feinen Blume aus, sie aber hielt schützend ihre Hände fest über dieselbe, dicht darüber und doch voller Furcht, eines der Blätter zu berühren. Da blies der Tod ihr auf die Hände, und sie fühlte, daß sein Hauch kälter war als der kalte Wind, und ihre Hände sanken matt hernieder.

»Du vermagst doch nichts gegen mich!« sagte der Tod.

»Aber Gott vermag es!« entgegnete sie.

»Ich tue nur, was er will!« sagte der Tod. »Ich bin sein Gärtner! Ich nehme alle seine Blumen und Bäume und verpflanze sie in den großen Garten des Paradieses, in das unbekannte Land; wie sie aber dort wachsen und wie es dort ist, darf ich dir nicht sagen!«

»Gib mir mein Kind zurück!« sagte die Mutter und weinte und bat. Doch plötzlich ergriff sie mit jeder Hand zwei schöne Blumen an ihrer Seite und rief dem Tode zu: »Ich reiße alle deine Blumen aus, denn ich bin in Verzweiflung!«

»Rühre sie nicht an!« rief der Tod. »Du sagst, daß du unglücklich bist, und nun willst du eine andere Mutter ebenso unglücklich machen –!«

»Eine andere Mutter!« sagte die arme Frau und ließ die Blumen sogleich los.

»Da hast du deine Augen!« sagte der Tod, »ich habe sie aus dem See aufgefischt, sie leuchteten so glänzend. Ich wußte es nicht, daß es die deinigen waren. Nimm sie wieder, sie sind jetzt klarer als zuvor; sieh damit in den tiefen Brunnen nicht weit von dir hinab. Ich werde dir die Namen der beiden Blumen nennen, die du ausreißen wolltest, und du wirst ihre ganze Zukunft, ihr ganzes Menschenleben sehen, wirst sehen, was du zerstören und vernichten wolltest!«

Und sie sah in den Brunnen hinab. Selige Freude durchzuckte sie, als sie sah, wie der eine ein Segen für die Welt ward, als sie sah, wieviel Glück und Freude von ihm ausging. Sie sah das Leben des anderen, und es war eine Kette von Sorge und Not, Jammer und Elend.

»Beides ist Gottes Wille!« sagte der Tod.

»Welche von ihnen ist die Blume des Unglücks und welche die des Segens?« fragte sie.

»Das sage ich dir nicht!« sagte der Tod, »aber das wenigstens sollst du erfahren, daß die eine Blume die deines eigenen Kindes war, es war das Schicksal deines Kindes, das du sahst, die Zukunft deines eigenen Kindes.«

Da schrie die Mutter voll Entsetzen: »Welches von ihnen war mein Kind? Sage mir, erlöse das unschuldige! Erlöse mein Kind von all dem Elend! Trage es lieber fort! Trage es in Gottes Reich! Vergiß meine Tränen, vergiß meine Bitten und alles, was ich gesagt und getan habe!«

»Ich verstehe dich nicht!« sagte der Tod. »Willst du dein Kind zurückhaben, oder soll ich mit demselben dorthin gehen, von wo es keine Wiederkehr gibt?«

Da rang die Mutter ihre Hände, fiel auf ihre Knie und betete zu Gott: »Nicht mein, sondern dein Wille geschehe, der allein der beste ist! Erhöre mich nicht! Erhöre mich nicht!«

Und sie neigte ihr Haupt auf ihre Brust.

Der Tod aber ging mit ihrem Kinde in das unbekannte Land.

Die Schneekönigin

Ein Märchen in sieben Geschichten

Erste Geschichte

die von dem Spiegel und den Scherben handelt

Nun seht, jetzt geht es los. Wenn wir am Ende der Geschichte sind, wissen wir mehr als beim Beginn, denn es war ein böser Zauberer, es war einer der allerschlimmsten, es war der leibhaftige Teufel. Eines Tages war er in der köstlichsten Laune, denn er hatte einen Spiegel vollendet, der die Eigenschaft besaß, alles Gute und Schöne, das sich darin spiegelte, fast zu nichts zusammenschrumpfen zu lassen, während das, was nichts taugte und sich schlecht ausnahm, recht deutlich hervortrat und noch schlimmer wurde. Die herrlichsten Landschaften sahen darin wie gekochter Spinat aus, und die besten Menschen wurden häßlich oder standen ohne Körper auf dem Kopfe. Die Gesichtszüge wurden so verdreht, daß sie unkenntlich waren, und hatte man Sommersprossen, so konnte man mit Sicherheit darauf rechnen, daß sie einem über Nase und Mund gingen. Das wäre außerordentlich lustig, meinte der Teufel. Zog nun ein guter, frommer Gedanke durch eines Menschen Seele, dann nahm man ein Grinsen im Spiegel wahr, das dem Zauberteufel selbst ein Lächeln über seine kunstreiche Erfindung entlockte. Alle, welche die Zauberschule besuchten – denn er hielt eine Zauberschule –, erzählten weit und breit, es wäre ein Wunder geschehen. Nun erst meinten sie, könnte man erkennen, wie die Welt und die Menschen wirklich aussähen. Sie liefen mit dem Spiegel umher und zuletzt war weder ein Land noch ein Mensch, die nicht ihr verdrehtes Bild gesehen hätten. Nun wollten sie zuletzt sogar auch noch zum Himmel emporfliegen, um mit den Engeln und dem lieben Gott ihren Spott zu treiben. Je höher sie mit dem Spiegel flogen, desto stärker grinste er, daß sie ihn kaum festhalten konnten. Höher und höher flogen sie, Gott und den Engeln immer näher. Da erbebte der Spiegel in seinem Grinsen so furchtbar, daß er ihren Händen entglitt und auf die Erde hinunterstürzte, wo er in hundert Millionen, Billionen und noch mehr Stücke zerbrach. Aber gerade hienieden richtete er weit größeres Unglück an als zuvor, denn einige Stücke waren kaum so groß wie ein Sandkorn, und diese verbreiteten sich über die ganze weite Welt. Wo sie den Leuten in die Augen kamen, da blieben sie sitzen, und dann sahen die Menschen alles verkehrt oder hatten nur Augen für das Verkehrte bei einer Sache, denn jedes Spiegelsplitterchen hatte dieselben Kräfte behalten, die dem ganzen Spiegel eigen waren. Einigen Menschen drang ein solcher Spiegelsplitter sogar in das Herz, und dann war es entsetzlich, das Herz wurde förmlich ein Eisklumpen. Einige Scherben waren so groß, daß sie zu Fensterscheiben benutzt wurden, aber durch solche Scheiben verlohnte es nicht, seine Freunde zu betrachten. Andere Stücke dienten als Brillengläser, und dann ging es erst recht erbärmlich zu, wenn Leute solche Brillen aufsetzten, um richtig zu sehen und gerecht zu urteilen. Der Böse lachte, daß ihm schier der Bauch hätte platzen mögen, und das kitzelte ihn so behaglich. Aber noch jetzt flogen kleine Glasscherben draußen in der Luft umher. Nun werden wir es hören!

Zweite Geschichte

Ein kleiner Knabe und ein kleines Mädchen

In der großen Stadt, wo es so viele Häuser und Menschen gibt, daß nicht alle Leute hinreichenden Platz für ein Gärtchen haben, und wo sich deshalb die meisten mit Blumen in Blumentöpfen begnügen müssen, da waren doch zwei arme Kinder, die einen etwas größeren Garten als einen Blumentopf besaßen. Sie waren nicht Bruder und Schwester, hatten einander aber ebenso lieb, als ob sie es wären. Ihre Eltern wohnten in unmittelbarster Nachbarschaft. Sie bewohnten zwei Dachkammern, da, wo das Dach des einen Nachbarhauses das des anderen berührte und die Wasserrinne zwischen den Dächern entlanglief. Dort hinaus blickte aus jedem Hause ein Fenster. Man brauchte nur über die Rinne zu schreiten, um von dem einen Fenster nach dem andern zu gelangen.

Jedes Elternpaar hatte draußen einen hölzernen Kasten angebracht, in dem die nötigsten Küchenkräuter gezogen wurden. Auch befand sich in jedem Kästchen ein kleiner Rosenstock, und beide wuchsen und gediehen herrlich. Nun gerieten die Eltern auf den Gedanken, die Kästen quer über die Rinne so aufzustellen, daß sie fast von dem einen Fenster bis zu dem anderen reichten und sich völlig wie zwei Blumenwälle ausnahmen. Erbsenranken hingen über die Kästen hinunter, und die Rosenstöcke trieben lange Zweige, rankten sich um die Fenster, neigten sich einander zu; es glich fast einer Ehrenpforte von Blumen und grünem Laube. Da die Kästen sehr hoch waren und die Kinder wußten, daß sie nicht hinaufklettern durften, so erhielten sie oftmals die Erlaubnis, zueinander hinauszusteigen, auf ihren kleinen Hutschen unter den Rosen zu sitzen, und dort spielten sie dann prächtig.

Im Winter war ja dies Vergnügen vorüber. Die Fenster waren dann oft ganz zugefroren. Doch dann wärmten sie Kupferdreier auf dem Ofen, hielten sie gegen die gefrorene Scheibe, und dann bildete sich dort ein prächtiges Guckloch, so rund, o so rund, dahinter strahlte ein glückliches sanftes Auge, eines hinter jedem Fenster. Das war der kleine Knabe und das kleine Mädchen. Er hieß Kay und sie hieß Gerda. Im Sommer konnten sie mit einem Sprunge beieinander sein, im Winter mußten sie dagegen die vielen Treppen hinunter und die vielen Treppen hinauf. Draußen wirbelte der Schnee.

»Jetzt schwärmen die weißen Bienen!« sagte die alte Großmutter.

»Haben sie auch eine Bienenkönigin?« fragte der kleine Knabe, denn er wußte, daß sich unter den wirklichen Bienen eine solche befindet.

»Die haben sie!« sagte die Großmutter, »sie fliegt immer dort, wo sie am dichtesten schwärmen. Sie ist die größte von allen Schneeflocken, und nie ist sie ruhig auf Erden, sie fliegt gleich wieder zu der schwarzen Wolke empor. Manche Winternacht fliegt sie durch die Straßen der Stadt und guckt zu den Fenstern hinein, und dann gefrieren diese so wunderbar, als wären sie mit Blumen besät.«

»Ja, das habe ich gesehen!« riefen beide Kinder, und nun wußten sie, daß es die Wahrheit wäre.

»Kann die Schneekönigin hereinkommen?« fragte das kleine Mädchen.

»Laß sie nur kommen«, sagte der Knabe, »dann setze ich sie auf den warmen Kachelofen, und sie muß zerschmelzen!«

Aber die Großmutter strich ihm das Haar glatt und erzählte andere Geschichten.

Des Abends, als der kleine Kay zu Hause und halb ausgezogen war, kletterte er auf die Stühle am Fenster und guckte zu dem kleinen Loche hinaus. Ein paar Schneeflocken fielen draußen, und eine derselben, die allergrößte, blieb auf dem Rande des einen Blumenkastens hängen. Die Schneeflocke wuchs und wuchs, bis sie sich zuletzt in eine vollständige Frau verwandelte, in den feinsten weißen Flor gehüllt, der wie von Millionen sternartiger Flocken zusammengesetzt war. Sie war schön und fein, aber von Eis, dem blendenden, blinkenden Eis, doch war sie lebendig. Die Augen funkelten wie zwei helle Sterne, aber unstet rollten sie umher ohne Ruh und Rast. Sie nickte nach dem Fenster zu und winkte mit der Hand. Der kleine Knabe erschrak und sprang vom Stuhl hinunter. Da war es, als flöge ein großer Vogel draußen an dem Fenster vorüber.

Am folgenden Tage wurde klares Frostwetter – und dann begann es zu tauen, der Lenz hielt seinen Einzug, die Sonne schien, die Spitzen der Grashälmchen sproßten hervor, die Schwalben bauten Nester, die Fenster wurden geöffnet, und die kleinen Kinder saßen wieder in ihrem Gärtchen hoch oben in der Dachrinne über allen Stockwerken.

Die Rosen blühten in diesem Sommer unvergleichlich schön. Das kleine Mädchen hatte ein Lied gelernt, in dem auch der Rosen gedacht wurde, und bei den Rosen kamen ihr ihre eigenen in den Sinn; und es sang es dem kleinen Knaben vor, und er sang mit:

»Ich liebe die Rosen in all ihrer Pracht,
Doch mehr noch den Heiland, der selig uns macht!«

Und die Kleinen hielten einander bei den Händen, küßten die Rosen und schauten in Gottes klaren Sonnenschein hinein und redeten ihn an, als ob das Jesuskind da wäre. Wie herrliche Sommertage das waren, wie erquickend das war, draußen zu sein bei den frischen Rosenstöcken, die mit dem Blühen schienen nie aufhören zu wollen.

Kay und Gerda saßen und sahen sich das Bilderbuch mit den vielen Tieren und Vögeln an, da war es – die Uhr auf dem großen Kirchturme schlug gerade fünf – daß Kay sagte: »Au! es ging mir wie ein Stich durch das Herz! Und jetzt ist mir etwas ins Auge geflogen!«

Das kleine Mädchen faßte ihn um den Hals; er blinzelte mit den Augen: nein, es war durchaus nichts zu sehen.

»Ich denke, es ist fort!« sagte er, aber fort war es nicht. Es war gerade einer von diesen Glassplittern, die von dem Spiegel abgesprungen waren, dem Zauberspiegel, wir entsinnen uns desselben wohl noch, der bewirkte, daß alles Große und Gute, das sich darin abspiegelte, klein und häßlich wurde, und jeder Fehler an einer Sache sich sofort bemerkbar machte. Der arme Kay, ihm war ein solches Splitterchen auch gerade in das Herz eingedrungen. Das sollte nun bald wie ein Eisklumpen werden. Nun tat es zwar nicht mehr weh, aber da war es.

»Weshalb weinst du?« fragte er. »So siehst du häßlich aus. Mir fehlt ja durchaus nichts! Pfui!« rief er plötzlich aus, »die Rose da ist ja vom Wurme angefressen! Und sieh, jene ist gar nicht gerade gewachsen. Das sind eigentlich recht häßliche Rosen. Sie sind ebenso garstig wie die Kasten, in denen sie stehen!« Und dann stieß er heftig mit dem Fuße gegen den Kasten und riß die beiden Rosen ab.

»Kay, was tust du?« rief das kleine Mädchen; und als er ihr heftiges Erschrecken bemerkte, riß er noch eine Rose ab und sprang dann in sein Fenster hinein und verließ die kleine freundliche Gerda.

Wenn sie später mit dem Bilderbuche kam, meinte er, das wäre nur für Säuglinge; und erzählte die Großmutter Geschichten, so kam er regelmäßig mit einem Aber dazwischen: ja konnte er es heimlich bewerkstelligen, dann schlich er sich hinter ihr her, setzte eine Brille auf und ahmte ihre Stimme nach. Das machte er so täuschend, daß die Leute über ihn lachten. Er konnte bald allen Leuten in der ganzen Straße ihre Redeweise und Gangart nachahmen. Alles Sonderbare und Unschöne wußte Kay treffend zu kopieren, und die Leute sagten dann: »Der Junge hat sicher vorzügliche Anlagen!« Aber daran war das Glas schuld, das ihm in die Augen geflogen war, das Glas, das ihm in dem Herzen saß. Daher kam es, daß er sogar die kleine Gerda neckte, die ihn von ganzer Seele liebhatte.

Seine Spiele nahmen jetzt einen ganz anderen Charakter an, sie wurden mehr verständig. An einem Wintertage, als Schneegestöber eingetreten war, kam er mit einem Vergrößerungsglase, hielt seinen blauen Rockzipfel hinaus und ließ die Schneeflocken darauf fallen.

»Sieh nun einmal in das Glas, Gerda!« sagte er, und jede Schneeflocke wurde ungleich größer und nahm sich wie eine prächtige Blume oder ein zehnzackiger Stern aus. Es gewährte einen herrlichen Anblick.

»Siehst du, wie kunstreich!« rief Kay aus; »das bietet weit mehr Vergnügen und Stoff zum Nachdenken dar als die wirklichen Blumen! Auch ist kein einziger Fehler an ihnen, sie sind ganz regelmäßig; wenn sie nur nicht schmelzen würden!«

Nicht lange darauf kam Kay mit großen Fausthandschuhen und seinem Schlitten auf dem Rücken. Er flüsterte Gerda in die Ohren: »Ich habe Erlaubnis bekommen, auf den großen Platz zu fahren, wo die anderen spielen!« und fort war er.

Dort auf dem Platze banden mitunter die kecksten Knaben ihre Schlitten an die Bauernwagen und fuhren dann eine tüchtige Strecke mit. Das ging gerade recht lustig. Als das Spiel im vollen Gange war, kam ein großer, weiß angestrichener Schlitten. Eine Person saß in demselben, die in einen weißen rauhen Pelz eingehüllt und mit einer weißen Pelzmütze bedeckt war. Der Schlitten fuhr zweimal um den Platz, und Kay gelang es, seinen kleinen Schlitten an demselben festzubinden, und nun fuhr er mit. Rascher und immer rascher ging es gerade in die nächste Straße hinein. Der Führer des Schlittens wandte den Kopf und nickte ihm so freundlich zu, als ob sie miteinander bekannt wären. Sooft Kay seinen kleinen Schlitten abbinden wollte, nickte die Person abermals, und dann blieb Kay sitzen; sie fuhren gerade zum Stadttore hinaus. Da wurde das Schneegestöber so heftig, daß der kleine Knabe nicht die Hand vor den Augen mehr erkennen konnte, während er gleichwohl weiterfuhr. Da ließ er endlich den Strick fallen, um sich von dem großen Schlitten loszumachen, aber es half nichts, sein kleines Fuhrwerk hing fest, und es ging mit Windeseile. Da rief er ganz laut, aber niemand hörte ihn, und der Schnee wirbelte, und der Schlitten flog vorwärts. Mitunter gab es einen Stoß, als ob man über Gräben und Hecken führe. Er war ganz entsetzt, wollte sein Vaterunser beten, konnte sich aber nur auf das große Einmaleins besinnen.

Die Schneeflocken wurden größer und größer, zuletzt sahen sie wie große weiße Hühner aus. Plötzlich sprangen die Pferde zur Seite, der Schlitten hielt, und die Person, die ihn fuhr, erhob sich; Pelz und Mütze waren von lauter Schnee. Es war eine Dame, hoch und schlank, blendend weiß, es war die Schneekönigin.

»Wir sind wacker vorwärts gekommen«, sagte sie. »Aber ist das etwa ein Wetter zum Frieren? Komm, krieche mit in meinen Bärenpelz hinein!« und sie setzte ihn in den Schlitten an ihre Seite und schlug den Pelz um ihn, daß es ihm vorkam, als versänke er in einen Schneehaufen.

»Frierst du noch?« fragte sie und küßte ihn dann auf die Stirn. Hu, das war noch kälter als Eis, das ging ihm gleich bis ans Herz, das ja so schon halb und halb ein Eisklumpen war. Ihm war zumute, als sollte er sterben; – aber nur einen Augenblick, dann tat es ihm gerade gut. Er empfand nichts mehr von der Kälte um sich.

»Meinen Schlitten! Vergiß meinen Schlitten nicht!« Dessen erinnerte er sich zuerst. Er wurde auch auf eins der weißen Hühner gebunden, das mit dem Schlitten auf dem Rücken hinterher flog. Die Schneekönigin küßte Kay noch einmal, und dann hatte er die kleine Gerda und die Großmutter und alle daheim vergessen.

»Nun bekommst du keine Küsse mehr!« sagte sie, »denn sonst küßte ich dich tot!«

Kay betrachtete sie, sie war schön, ein klügeres, anmutigeres Antlitz konnte er sich nicht vorstellen. Jetzt kam sie ihm nicht wie ein Gebilde von Eis vor wie damals, als sie draußen vor dem Fenster saß und ihm winkte. In seinen Augen war sie ein vollkommenes Wesen. Er fühlte durchaus keine Furcht vor ihr, erzählte ihr, daß er im Kopfe rechnen könnte und sogar mit Brüchen, er wüßte die Quadratmeilen und die Einwohnerzahl des Landes, und sie lächelte zu allem. Da schien es ihm, als wäre, was er wüßte, doch noch nicht hinlänglich, und er schaute empor zu dem großen, großen Luftraum, und sie flog mit ihm, flog hoch hinauf zu der schwarzen Wolke, und der Sturm sauste und brauste, als sänge er alte Lieder. Sie flogen über Wälder und Seen, über Meere und Länder. Unten in der Tiefe sauste der kalte Wind, heulten die Wölfe, flimmerte der Schnee, und über denselben flogen die schwarzen schreienden Krähen hinweg, aber über ihnen glänzte der Mond groß und klar, und zu ihm schaute Kay auf, die lange, lange Winternacht hindurch. Am Tage schlief er zu den Füßen der Schneekönigin.

Dritte Geschichte

Der Blumengarten der Frau, die zaubern konnte

Aber was wurde aus der kleinen Gerda, als Kay nicht wiederkam? Wo in aller Welt befand er sich doch? – Niemand wußte es, niemand konnte Auskunft erteilen. Die Knaben erzählten nur, daß sie gesehen, wie er seinen kleinen Schlitten an einen großen und prächtigen angebunden hätte, der in die Straßen hinein und dann zum Stadttore hinausgefahren wäre. Niemand wußte, wo er war; viele Tränen flossen, die kleine Gerda weinte bitterlich und lange. Dann hieß es, er wäre tot, er wäre in dem Flusse ertrunken, der nahe bei der Stadt vorbeifloß. Oh, es waren recht lange dunkle Wintertage.

Jetzt erschien der Lenz mit wärmerem Sonnenscheine.

»Kay ist tot und fort!« sagte die kleine Gerda.

»Das glaube ich nicht!« sagte der Sonnenschein.

»Er ist tot und fort!« sagte sie zu den Schwalben.

»Das glauben wir nicht!« entgegneten dieselben, und endlich glaubte die kleine Gerda es auch nicht mehr.

»Ich will meine neuen roten Schuhe anziehen!« sagte sie eines Morgens, »diejenigen, die Kay noch nie gesehen hat, und dann will ich zum Flusse hinuntergehen und mich bei diesem erkundigen!«

Noch war es ganz früh, als sie sich erhob, die alte Großmutter, die noch schlummerte, küßte, die roten Schuhe anzog und dann ganz allein zum Tore hinaus nach dem Flusse ging.

»Ist es wahr, daß du mir meinen kleinen Spielkameraden genommen hast? Ich will dir meine roten Schuhe schenken, wenn du mir ihn wiedergeben willst!«

Es kam ihr vor, als ob die Wellen ihr so eigentümlich zunickten. Dann nahm sie ihre roten Schuhe, das Liebste, was sie besaß, und warf sie beide in den Fluß, aber sie fielen dicht an das Ufer, und die kleinen Wellen trugen sie wieder zu ihr an das Land, als wollte der Fluß sie ihres liebsten Eigentums nicht berauben, zumal er ja den kleinen Kay nicht hatte. Nun aber glaubte sie, daß sie die Schuhe nicht weit genug hinausgeworfen hätte, und kletterte deshalb in ein Boot, das im Schilfe lag. Sie ging bis an das äußerste Ende und warf die Schuhe von neuem in die Wellen. Das Boot war jedoch nicht befestigt, und bei der Bewegung, die sie machte, glitt es vom Lande ab. Sie bemerkte es zwar und beeilte sich zurückzukommen, aber ehe es ihr gelang, war das Boot schon über eine Elle vom Ufer, und nun glitt es rascher den Fluß abwärts.

Da erschrak die kleine Gerda gewaltig und begann zu weinen, allein nur die Sperlinge hörten sie, und diese konnten sie nicht an das Land tragen, aber sie flogen das Ufer entlang und zwitscherten, als wollten sie sie trösten: »Hier sind wir! Hier sind wir!« Das Boot trieb mit dem Strome; die kleine Gerda saß ganz still in bloßen Strümpfen. Ihre kleinen roten Schuhe schwammen hinterher, konnten das Boot jedoch nicht erreichen, da dasselbe schneller vom Strome fortgerissen wurde. Lieblich war es an beiden Ufern; prächtige Blumen, alte Bäume und die Abhänge mit Schafen und Kühen belebt, aber nicht ein Mensch war zu sehen.

Vielleicht trägt mich der Fluß zum kleinen Kay hin! dachte Gerda, und da wurde sie besserer Laune, sie erhob sich und betrachtete viele Stunden lang die schönen grünen Ufer. Dann fuhr sie an einem großen Kirschgarten vorüber, in dem ein Häuschen mit merkwürdig roten und blauen Fenstern stand; übrigens war es mit Stroh gedeckt, und draußen standen zwei hölzerne Soldaten, die vor den Vorübersegelnden das Gewehr schulterten.

Gerda rief sie an; sie hielt sie für lebendig, aber sie antworteten natürlich nicht; sie kam ihnen ganz nahe, die Strömung trieb das Boot gerade auf das Land zu.

Gerda rief noch lauter, und da trat aus dem Hause eine alte, alte Frau, die sich auf einen Krückstock stützte. Um sich gegen die Sonne zu schützen, hatte sie einen großen Hut auf, der mit den schönsten Blumen bemalt war.

»Du liebes armes Kind!« sagte die alte Frau, »wie bist du auf den großen starken Strom gekommen und so fern in die weite Welt hinausgetrieben!« Darauf ging die alte Frau bis an den Rand des Wassers, zog das Boot mit ihrem Krückstock an das Land und hob die kleine Gerda heraus.

Obgleich Gerda froh war, auf das Trockene zu kommen, fürchtete sie sich doch ein wenig vor der fremden alten Frau.

»Komm doch und erzähle mir, wer du bist und wie du hierher kommst?« sagte sie.

Gerda erzählte ihr alles, und die Alte schüttelte den Kopf und sagte: »Hm, hm!« Und als ihr Gerda alles gesagt und sie gefragt hatte, ob sie nicht den kleinen Kay gesehen hätte, erwiderte die Frau, er wäre nicht vorübergekommen, doch käme er wohl noch, sie möchte nur nicht betrübt sein, sondern ihre Kirschen kosten, sich ihre Blumen ansehen, die schöner als irgendein Bilderbuch wären, da jede eine ganze Geschichte erzählen könnte. Dann nahm sie

Gerda bei der Hand, ging mit ihr in das kleine Häuschen und schloß die Tür zu.

Die Fenster waren sehr hoch angebracht, und die Scheiben waren rot, blau und gelb. Das Tageslicht fiel ganz eigentümlich herein, aber auf dem Tische standen die köstlichsten Kirschen, und Gerda aß nach Herzenslust davon, weil sie die Erlaubnis dazu erhalten hatte. Während sie aß, kämmte ihr die alte Frau das Haar mit einem goldenen Kamme, und das Haar ringelte sich und schimmerte goldig um ihr liebes freundliches Gesichtchen, das rund war und wie eine Rose blühte.

»Nach einem so holden kleinen Mädchen habe ich mich schon lange gesehnt!« sagte die Alte. »Du wirst nun sehen, wie gut wir uns gegenseitig gefallen werden!« Und je länger sie das Haar der kleinen Gerda kämmte, desto mehr vergaß dieselbe ihren Pflegebruder Kay, denn die alte Frau konnte zaubern, aber eine böse Zauberin war sie nicht. Sie zauberte nur ein wenig zu ihrem Vergnügen und wollte die kleine Gerda gern behalten. Deshalb ging sie in den Garten hinaus, streckte ihren Krückstock über alle Rosenstöcke aus, und wie herrlich sie auch noch soeben blühten, versanken sie doch alle in die schwarze Erde, ohne daß man wahrnehmen konnte, wo sie gestanden hatten. Die Alte befürchtete, daß Gerda beim Anblick der Rosen ihrer eigenen gedenken, sich dadurch des kleinen Kay erinnern und dann davonlaufen würde.

Jetzt führte sie Gerda in den Blumengarten hinaus. Welch ein Duft, welch eine Pracht herrschte hier! Alle erdenklichen Blumen, und zwar für jede Jahreszeit, standen hier in üppigstem Flor. Kein Bilderbuch konnte farbenreicher und schöner sein. Gerda hüpfte vor Freude und spielte, bis die Sonne hinter den hohen Kirschbäumen unterging. Dann bekam sie ein hübsches Bett mit rotseidenen Kissen, die mit blauen Veilchen gestopft waren, und schlief und träumte so herrlich, wie eine Königin an ihrem Hochzeitstage.

Am nächsten Tage durfte sie wieder mit den Blumen in dem warmen Sonnenscheine spielen – und so ging es viele Tage. Gerda kannte jede Blume, aber wie viele auch vorhanden waren, so kam es ihr doch vor, als ob eine darunter fehlte, nur wußte sie nicht welche. Da sitzt sie eines Tages und betrachtet den Sonnenhut der alten Frau mit den gemalten Blumen, und gerade die schönste darunter war eine Rose. Die Alte hatte vergessen, diese von dem Hute zu entfernen, als sie die anderen in die Erde versinken ließ. So geht es aber, wenn man seine Gedanken nicht immer beisammen hat! – »Was!« sagte Gerda, »gibt es hier keine Rosen?« und sprang zwischen die Beete, suchte und suchte, aber da waren keine zu finden. Da setzte sie sich hin und weinte; aber ihre heißen Tränen fielen gerade auf eine Stelle, wo ein Rosenstock versunken war, und als die warmen Tränen die Erde benetzten, da schoß plötzlich der Stock ebenso blühend, wie er versunken war, empor, und Gerda umarmte ihn, küßte die Rosen und gedachte der hübschen Rosen daheim, und dabei kam ihr auch der kleine Kay wieder in den Sinn.

»Oh, wieviel Zeit habe ich durch diese Verzögerung verloren!« sagte das kleine Mädchen. »Ich wollte ja Kay suchen! – Wißt ihr nicht, wo er ist?« fragte sie die Rosen. »Glaubt ihr, daß er tot und fort ist?«

»Tot ist er nicht!« sagten die Rosen. »Wir sind ja in der Erde gewesen, wo alle Toten sind, aber dort war Kay nicht!«

»Dank, tausend Dank!« erwiderte die kleine Gerda und ging zu den anderen Blumen, schaute in ihren Kelch und fragte: »Wißt ihr nicht, wo der kleine Kay ist?«

Aber jede Blume stand in der Sonne und träumte ihr eigenes Märchen oder Geschichtchen. Von diesen vernahm die kleine Gerda viele, viele, aber keine wußte etwas von Kay.

Und was sagte denn die Feuerlilie?

»Hörst du die Trommel: Bum! bum! Es sind nur zwei Töne, immer bum, bum! Höre der Weiber Trauergesang! Höre den Ruf der Priester! – In seinem langen, roten Gewande steht das Hinduweib auf dem Scheiterhaufen, gierig züngeln die Flammen um die Frau und ihren toten Mann in die Höhe. Aber die Hindufrau denkt an den Lebenden hier im Kreise, an ihn, dessen Augen heißer als die Flammen brannten, an ihn, dessen Augenfeuer näher an ihr Herz dringt als die Flammen, die bald ihren Körper in Asche verwandeln werden. Kann die Flamme des Herzens in den Flammen des Scheiterhaufens ersterben?«

»Das ist mir ganz unverständlich!« sagte die kleine Gerda.

»So lautet mein Märchen!« sagte die Feuerlilie.

Was sagt die Winde?

»Hinaus über den schmalen Feldweg hängt eine alte Ritterburg. Dichtes Immergrün rankt sich um die alten roten Mauern in die

Höhe, Blatt an Blatt, über den Altan hin, und auf demselben steht ein schönes Mädchen. Sie beugt sich über das Geländer hinüber und schaut auf den Weg hinunter. Keine Rose hängt frischer an den Zweigen als sie; keine Apfelblüte, die der Wind dem Baume entführt, schwebt leichter dahin als sie. Wie rauscht ihr kostbares Seidengewand! Kommt er noch nicht?«

»Meinst du Kay?« fragte die kleine Gerda.

»Ich rede nur von meinem Märchen, von meinem Traume«, entgegnete die Winde.

Was sagt das Schneeglöckchen?

»Zwischen den Bäumen hängt an Seilen ein langes Brett, es ist eine Schaukel; zwei niedliche kleine Mädchen – ihre Kleider sind weiß wie Schnee, lange grüne seidene Bänder flattern von den Hüten – sitzen darauf und schaukeln sich. Der Bruder, der größer ist als sie, steht auf der Schaukel, er hat den Arm um das eine Seil geschlungen, um sich zu halten, denn in der einen Hand trägt er eine kleine Schale, in der anderen eine Tonpfeife, er macht Seifenblasen. Die Schaukel geht und die Blasen fliegen mit hübschen wechselnden Farben. Die letzte hängt noch am Pfeifenstiele und wiegt sich im Winde; die Schaukel geht. Das schwarze Hündchen, leicht wie die Blasen, richtet sich auf den Hinterfüßen in die Höhe und will mit auf die Schaukel. Sie fliegt zurück, der Hund fällt, bellt und ist ärgerlich. Er wird geneckt, die Blasen platzen – ein schaukelndes Brett, ein zerspringendes Schaumbild ist mein Gesang!«

»Das mag wohl hübsch sein, was du erzählst, aber du sagst es so traurig und erwähnst auch des kleinen Kay gar nicht!«

Was berichten die Hyazinthen?

»Es waren drei schöne Schwestern, durchsichtig und fein; das Gewand der einen war rot, das der anderen blau und das der dritten ganz weiß. Hand in Hand tanzten sie an dem stillen See im klaren Mondscheine. Es waren nicht Elfen, es waren Menschenkinder. Dort duftete es so süß, und die Mädchen verschwanden im Walde. Der Duft wurde stärker – drei Särge, in denen die schönen Mädchen lagen, glitten aus dem Dickicht des Waldes hin über den See. Glühwürmchen flogen leuchtend ringsumher, wie kleine schwebende Lichter. Schlafen die tanzenden Mädchen oder sind sie tot? – Der Blumenduft sagt, es seien Leichen. Die Abendglocke läutet über Tote!«

»Du machst mich ganz traurig!« sagte die kleine Gerda. »Du duftest so stark; ich muß an die toten Mädchen denken! Ach, ist denn wirklich der kleine Kay tot? Die Rosen sind unten in der Erde gewesen, und sie sagen: nein!«

»Klingklang!« läuteten die Hyazinthenglocken. »Wir läuten nicht über den kleinen Kay, den wir gar nicht kennen! Wir singen nur unser Lied, das einzige, das wir wissen!«

Und Gerda ging zur Butterblume, die zwischen ihren grünen Blättern hervorleuchtete.

»Du bist eine kleine strahlende Sonne!« redete Gerda dieselbe an. »Sage mir, ob du weißt, wo ich meinen Schulkameraden finden kann?«

Und die Butterblume leuchtete so schön und sah Gerda wieder an. Welches Lied konnte die Butterblume wohl singen? Auch ihr Gesang ertönte nicht für Kay.

»In einen kleinen Hof schien am ersten Frühlingstage die liebe Sonne gar warm hinein; die Strahlen glitten an des Nachbarhauses weißen Wänden hinunter, dicht dabei entfaltete sich die erste gelbe Blume und leuchtete goldig in den warmen Sonnenstrahlen. Die alte Großmutter saß draußen in ihrem Stuhle; die Enkelin, eine arme schöne Dienstmagd, kam von einem kurzen Besuche nach Hause zurück. Sie küßte die Großmutter. Da war Gold, Herzensgold in diesem glücklichen, seligen Kusse, Gold im Munde, Gold im Grunde, Gold hier in der Morgenstunde. Sieh, das ist meine kleine Geschichte!« sagte die Butterblume.

»Meine alte arme Großmutter!« seufzte Gerda. »Ja, sie sehnt sich gewiß nach mir, ist betrübt um meinetwillen, wie sie es über den kleinen Kay war. Aber ich komme wieder heim, und dann bringe ich Kay mit. Es ist vergebens, daß ich die Blumen frage, sie wissen nur ihr eigenes Lied, sie erteilen mir keine Auskunft!« Und dann schürzte sie ihr Röckchen auf, um schneller laufen zu können. Aber die Narzisse schlug ihr über das Bein, während sie über dieselbe hinwegsprang. Da blieb sie stehen, betrachtete die leere Blume und fragte: »Weißt du vielleicht etwas?« und sie neigte sich ganz zu derselben hinab. Und was sagte sie?

»Ich kann mich selbst sehen, ich kann mich selbst sehen!« plauderte die Narzisse. »Oh, oh, wie ich dufte! Oben in dem Dachkämmerlein steht halb angekleidet eine kleine Tänzerin; bald steht sie auf einem Bein, bald auf beiden, die ganze Welt stößt sie mit Füßen fort, aber es ist nichts als Blendwerk. Sie gießt Wasser aus der Teekanne auf ein Stückchen Zeug, das sie hält: Es ist ihr Schnürleibchen! Ja, ja, Reinlichkeit ist das halbe Leben! Das weiße Kleid, das dort am Haken hängt, ist auch in der Teekanne gewaschen und auf dem Dache getrocknet. Wenn sie es anzieht, bindet sie das safrangelbe Tuch um den Hals, dann scheint das Kleid weißer. Hoch das Bein! Sieh, wie sie sich auf einem Stiele bläht! Ich kann mich selbst sehen! Ich kann mich selbst sehen!«

»Das ist mir ganz gleichgültig!« sagte Gerda, »das ist wohl keine passende Erzählung für mich!« Und dann lief sie bis an den Rand des Gartens.

Die Tür war zwar verschlossen, doch drückte sie auf die verrostete Klinke, bis sie nachgab und die Tür aufsprang, und nun lief die kleine Gerda barfuß in die weite Welt hinaus. Dreimal schaute sie zurück, aber niemand verfolgte sie. Endlich konnte sie nicht mehr gehen und setzte sich auf einen großen Stein. Als sie nun um sich schaute, war der Sommer vorbei; es war Spätherbst, was man in dem schönen Garten, wo fortwährend Sonnenschein herrschte und Blumen aller Jahreszeiten standen, gar nicht hatte wahrnehmen können.

»Gott, wieviel Zeit habe ich versäumt!« sagte die kleine Gerda. »Es ist ja Herbst geworden, da darf ich nicht rasten!« und sie erhob sich, um weiterzugehen.

Oh, wie wund und müde ihre kleinen Füße waren, und wie kalt und rauh es ringsumher aussah! Die langen Weidenblätter waren gelb, und in großen Tropfen träufelte der Tau herab. Ein Blatt nach dem anderen fiel ab, nur der Schlehendorn trug noch Früchte, die freilich herb genug waren und den Mund zusammenzogen. Oh, wie grau und schwer es in der weiten Welt doch war!

Vierte Geschichte

Prinz und Prinzessin

Gerda mußte sich wieder ausruhen. Da hüpfte dort auf dem Schnee, ihrem Ruheplätzchen unmittelbar gegenüber, eine große Krähe, die schon dagesessen, sie aufmerksam angeschaut und mit dem Kopfe gewackelt hatte. Nun sagte sie: »Kra, kra! – Gut' Tag, gut' Tag!« Besser konnte sie es nicht aussprechen, aber trotzdem meinte sie es mit dem kleinen Mädchen sehr gut und fragte, wohin es so allein in die weite Welt hinausginge. Das Wort »allein« verstand Gerda nur zu wohl und fühlte den ganzen Inhalt desselben gar tief, und dann erzählte sie der Krähe ihr ganzes Leben und Schicksal und fragte, ob sie Kay nicht gesehen hätte.

Und die Krähe nickte ganz bedächtig und sagte: »Es könnte sein, es könnte sein!«

»Wie? Glaubst du?« rief das kleine Mädchen und küßte die Krähe so ungestüm, daß es dieselbe fast totgedrückt hätte.

»Vernünftig, vernünftig!« entgegnete die Krähe. »Ich denke, es wird der kleine Kay sein! Aber jetzt hat er dich gewiß über die Prinzessin vergessen!«

»Wohnt er bei einer Prinzessin?« fragte Gerda.

»Ja, höre!« versetzte die Krähe, »aber es macht mir Mühe, deine Sprache zu reden. Allein wenn du die Krähensprache verstehst, dann kann ich besser erzählen!«

»Nein, die habe ich nicht gelernt!« sagte Gerda, »doch die Großmutter konnte sie ebenso geläufig wie die Räubersprache der Kinder reden! Hätte ich sie nur gelernt!«

»Tut nichts!« sagte die Krähe, »ich werde erzählen, so gut ich kann, aber schlimm wird es freilich werden«, und dann erzählte sie, was sie wußte.

»In dem Königreiche, in dem wir hier sitzen, wohnt eine ungeheuer kluge Prinzessin; sie hat dafür aber auch alle Zeitungen, die es in der Welt gibt, gelesen und wieder vergessen, so klug ist sie. Jüngst sitzt sie auf dem Throne, was bekanntermaßen gar nicht so unterhaltend ist, als sie unwillkürlich das Lied vor sich hersummt: ›Warum sollt' ich mich denn nicht vermählen?‹ – Höre, da liegt viel Wahrheit darin! denkt sie, und sofort ist sie entschlossen, sich zu verheiraten. Sie wollte jedoch einen Mann haben, der zu antworten verstand, wenn man ihn anredete, einen, der nicht nur dastand und vornehm aussah, denn das ist höchst langweilig. Nun ließ sie alle Hofdamen zusammentrommeln, und als diese ihre Willensmeinung vernahmen, wurden sie sehr froh. So hab' ich's gern! rief eine jede, daran hab' ich neulich auch schon gedacht! – Du kannst glauben, daß jedes Wort, was ich sage, die lautere Wahrheit ist!« unterbrach die Krähe ihre Erzählung. »Ich habe eine zahme Geliebte, die frei im Schlosse umhergeht, und sie hat mir alles erzählt!«

Selbstverständlich war seine Geliebte auch eine Krähe, denn jede Krähe sucht ihresgleichen, und das ist immer eine Krähe.

»Die Zeitungen erschienen sofort mit einem Rande von Herzen und den Namenszügen der Prinzessin. Männiglich konnte darin schwarz auf weiß lesen, daß es einem jeden jungen Manne von hübschem Äußeren freistände, auf das Schloß zu kommen und mit der Prinzessin zu sprechen, und den, der so zu reden verstände, daß er sich trotz des ihn umgebenden Glanzes unbefangen äußerte und zugleich am besten spräche, den wollte die Prinzessin zum Manne nehmen! – Ja, ja!« sagte die Krähe, »du kannst es mir glauben, es ist so wahr, wie ich hier sitze. Die Leute strömten herzu, da war ein Gedränge und Gelaufe, aber dennoch glückte es niemand, weder den ersten noch den zweiten Tag. Wenn sie draußen auf der Straße waren, konnten alle vortrefflich plaudern, sobald sie aber zum Schloßportale hereintraten und die silberstrotzenden Leibwächter und die Treppen hinauf die Diener in Gold und die großen erleuchteten Säle erblickten, dann wurden sie verwirrt. Standen sie nun vor dem Throne, auf dem die Prinzessin saß, so vermochten sie nur ihr letztes Wort nachzusprechen, und diese bloße Wiederholung flößte ihr keine Teilnahme ein. Die Leute waren so befangen, daß sie fast eine Ohnmacht anwandelte, bis sie wieder auf die Straße hinauskamen; dann begann das Geplapper von neuem. In ganzen Reihen standen sie vom Stadttore bis zum Schlosse. Ich war selbst drinnen, um es mit anzusehen!« versicherte die Krähe. »Sie wurden hungrig und durstig, doch wurde ihnen im Schlosse nicht einmal ein Trunk abgestandenen Wassers gereicht. Zwar hatten sich einige der Klügsten mit Butterbrot versehen, aber sie teilten es mit ihrem Nachbar nicht. Sie dachten: Laßt ihn nur hungrig aussehen, da nimmt ihn die Prinzessin nicht!«

»Aber Kay, der kleine Kay!« fragte Gerda. »Wann kam er? Befand er sich unter der Menge?«

»Eile mit Weile! nun sind wir gerade bei ihm! Am dritten Tage kam eine kleine Person, ohne Pferd oder Wagen, ganz lustig und guter Dinge gerade auf das Schloß hinaufspaziert. Seine Augen blitzten wie deine, er hatte prächtiges langes Haar, aber sonst ärmliche Kleider.«

»Das war Kay!« jubelte Gerda. »Oh, dann habe ich ihn gefunden!« und dabei klatschte sie in die Hände.

»Er hatte eine kleinen Ranzen auf seinem Rücken!« sagte die Krähe.

»Nein, das war sicherlich sein Schlitten!« sagte Gerda, »denn mit seinem Schlitten ging er fort!«

»Das ist wohl möglich!« entgegnete die Krähe; »ich sah nicht so genau hin! Aber so viel weiß ich von meiner zahmen Geliebten, daß er, als er in das Schloßtor hineintrat und die silberstrotzenden Leibwachen und die Treppen hinauf die Diener in Gold erblickte, nicht im geringsten in Verlegenheit geriet. Er nickte ihnen flüchtig zu und sagte: Das muß langweilig sein, auf der Treppe zu stehen. Ich gehe lieber hinein! Drinnen erglänzten die Säle in hellem Kerzenscheine. Geheimräte und Exzellenzen gingen auf bloßen Füßen und trugen goldene Gefäße; man konnte wohl beklommen werden. Seine Stiefel knarrten entsetzlich laut, doch schien er sich darüber gar nicht zu beunruhigen.«

»Das ist ganz gewiß Kay!« rief Gerda, »ich weiß, er hatte neue Stiefel; ich habe sie in der Stube der Großmutter knarren hören!«

»Ja, geknarrt haben sie!« versetzte die Krähe, »und munter und guter Dinge ging er gerade zur Prinzessin hinein; dieselbe saß auf einer Perle, die so groß wie ein Spinnrad war. Alle Hofdamen mit ihren Zofen und den Zofen ihrer Zofen und alle Kavaliere mit ihren Dienern und den Dienern ihrer Diener, die sich auch einen Burschen hielten, standen ringsherum aufgestellt. Je näher sie der Türe standen, desto stolzer sahen sie aus. Vor dem Burschen des Dieners seines Dieners, der immer in Pantoffeln geht, mußte man fast vor Ehrfurcht die Blicke zu Boden schlagen, so stolz stand er in der Tür!«

»Das muß fürchterlich sein!« sagte die kleine Gerda. »Und Kay hat die Prinzessin doch bekommen?«

»Wäre ich nicht eine Krähe gewesen, so hätte ich sie bekommen, trotzdem ich schon verlobt bin. Er soll ebensogut gesprochen haben, wie ich spreche, wenn ich mich der Krähensprache bediene, das habe ich von meiner zahmen Geliebten vernommen. Er war heiter und allerliebst. Er hatte übrigens gar keine Heiratsabsichten, er war lediglich gekommen, um die Klugheit der Prinzessin zu hören und die fand er gut, und sie fand ihn wieder gut!«

»Ja, sicher! das war Kay!« sagte Gerda, »er war so klug, er konnte mit Brüchen im Kopfe rechnen! – Oh, willst du mich nicht auf dem Schlosse einführen!«

»Ja, das ist leicht gesagt!« meinte die Krähe. »Aber wie machen wir das? Ich will darüber mit meiner zahmen Geliebten Rücksprache nehmen; sie kann uns wohl Rat geben. Denn das will ich dir nur sagen, so ein kleines Mädchen, wie du bist, erhält nie Erlaubnis zum Eintritt!«

»Ja, die bekomme ich!« rief Gerda aus. »Wenn Kay von meiner Ankunft hört, kommt er gleich heraus und holt mich!«

»Erwarte mich dort am Zaune!« erwiderte die Krähe, wackelte mit dem Kopfe und flog davon.

Es war schon dunkel, als die Krähe zurückkehrte. »Rar, rar!« sagte sie. »Ich soll dich vielmal von ihr grüßen! Hier ist ein kleines Brot für dich, das sie aus der Küche nahm, wo Brot genug ist, und du bist gewiß hungrig! – Es ist für dich unmöglich, in das Schloß zu gelangen, weil du barfuß bist. Die silberstrotzenden Leibwachen und Diener in Gold würden es nicht gestatten. Weine jedoch nicht, du sollst doch schon hinaufkommen. Meine Geliebte kennt eine kleine Hintertreppe, die zum Schlafzimmer hinaufführt, und sie weiß, wo sie den Schlüssel holen kann!«

Sie gingen in den Garten hinein, in den großen Baumgang, wo schon ein Blatt nach dem anderen abfiel, und als auf dem Schlosse nach und nach die Lichter ausgelöscht wurden, führte die Krähe die kleine Gerda zu einer Hintertür, die nur angelehnt war. Oh, wie Gerdas Herz vor Angst und Sehnsucht klopfte! Ihr war zumute, als ob sie etwas Böses tun wollte, und sie wollte doch nur erfahren, ob der kleine Kay da wäre. Ja, er mußte es sein! Sie stellte sich ganz lebendig seine klugen Augen, sein langes Haar vor; sie sah ihn ordentlich lächeln, wie damals, als sie daheim unter den Rosen saßen. Er würde sich gewiß freuen, sie zu sehen, zu hören, einen wie weiten Weg sie um seinetwegen zurückgelegt hätte, und zu vernehmen, wie betrübt sie alle zu Hause gewesen wären, als er nicht wieder heimkehrte. Oh, das war eine Furcht und eine Freude!

Nun waren sie auf der Treppe. Dort brannte eine kleine Lampe auf einem Schranke. Mitten auf dem Fußboden stand die zahme Krähe und drehte das Köpfchen nach allen Seiten und betrachtete Gerda, die sich verneigte, wie die Großmutter sie gelehrt hatte.

»Mein Verlobter hat mir von Ihnen, mein kleines Fräulein, recht viel Freundliches erzählt!« begann die zahme Krähe. »Ihr Schicksal ist auch in der Tat sehr rührend! Wollen Sie gefälligst die Lampe nehmen, ich werde Ihnen dann vorangehen. Wir gehen hier den geraden Weg, denn da begegnen wir niemand!«

»Mir ist, als ob jemand hinter uns kommt!« sagte Gerda, und es sauste wirklich etwas an ihr vorüber. Es war, als ob Schatten über die Wand hinglitten, Pferde mit flatternden Mähnen und schlanken Beinen, Jägerburschen, Herren und Damen zu Pferde.

»Das sind nur Träume!« sagte die Krähe, »sie kommen und holen die Gedanken der hohen Herrschaften zur Jagd ab. Das ist für unseren Zweck gut, Sie können sie dann im Bette besser betrachten. Aber darauf rechne ich, daß Sie, wenn Sie zu Ehren und Würden gelangen, dann ein dankbares Herz zeigen werden!«

»Wozu darüber erst Worte verlieren!« versetzte die Waldkrähe.

Nun traten sie in den ersten Saal hinein; er war mit rosenrotem Atlas behängt und künstliche Blumen zogen sich an allen Wänden hinauf. Hier sausten die Träume schon an ihnen vorüber, flogen aber so schnell, daß Gerda die hohe Herrschaft nicht zu sehen bekam. Ein Saal war immer prächtiger als der andere; der Anblick der vielen Kostbarkeiten konnte einen förmlich betäuben. Jetzt waren sie in dem Schlafzimmer. Die Decke desselben glich einer großen Palme mit Blättern von Glas, herrlichem Glase, und mitten auf dem Fußboden hingen an einem dicken Stengel von Gold zwei Betten, deren jedes die Gestalt einer Lilie hatte. Das eine, in dem die Prinzessin lag, war weiß; das andere war rot, und in diesem sollte Gerda den kleinen Kay suchen. Sie bog eines der roten Blätter zur Seite, und da erblickte sie einen braunen Nacken. Ja, das war Kay! Sie rief ganz laut seinen Namen, hielt die Lampe, daß das Licht auf ihn fiel – die Träume sausten zu Pferde wieder in die Stube hinein –, er erwachte, wandte das Haupt und – – – es war nicht der kleine Kay.

Der Prinz ähnelte ihm nur im Nacken, war aber jung und schön. Und aus dem weißen Lilienbette guckte die Prinzessin hervor und fragte, was das wäre. Da weinte die kleine Gerda und erzählte ihre ganze Geschichte und alles, was die Krähen für sie getan hätten.

»Du arme Kleine!« sagten der Prinz und die Prinzessin und lobten die Krähen und sagten, sie wären gar nicht böse auf sie, sie sollten es aber doch nicht öfter tun. Indes sollten sie eine Belohnung erhalten.

»Wollt ihr frei fliegen?« sagte die Prinzessin, »oder wollt ihr eine feste Anstellung als Hofkrähen haben mit allem, was aus der Küche abfällt?«

Und beide Krähen verneigten sich und baten um feste Anstellung, denn sie dachten an ihr Alter und sagten, es wäre so schön, im Alter sorgenfrei leben zu können.

Der Prinz erhob sich aus seinem Bette und ließ Gerda in demselben schlafen, und mehr konnte er doch nicht tun. Sie faltete ihre kleinen Händchen und dachte: Wie gut Menschen und Tiere doch sind! und dann schloß sie ihre Augen und entschlummerte sanft. Alle Träume kamen wieder hereingeschwebt, und da sahen sie wie Gottes Engel aus. Sie zogen einen kleinen Schlitten, auf dem Kay saß und nickte. Aber das Ganze war nur ein Gebilde des Traumreichs, und deshalb war es bei ihrem Erwachen auch wieder fort.

Am nächsten Tage wurde sie von Kopf bis zu Fuß in Samt und Seide gekleidet. Sie wurde freundlich aufgefordert, auf dem Schlosse zu bleiben und herrlich und in Freuden zu leben, aber sie bat lediglich um einen kleinen Wagen mit einem Pferde und ein Paar Stiefelchen, dann wollte sie wieder in die weite Welt hinausfahren und Kay suchen.

Sie erhielt sowohl Stiefelchen als auch einen Muff und wurde niedlich gekleidet. Als sie fort wollte, hielt vor der Tür ein neues Wägelchen aus reinem Golde, das Wappen des Prinzen und der Prinzessin leuchtete wie ein Stern auf demselben. Kutscher, Diener und Vorreiter – ja, ja, Vorreiter waren auch da – saßen da mit goldenen Kronen auf dem Kopfe. Der Prinz und die Prinzessin halfen ihr selbst in den Wagen und wünschten ihr alles Glück. Die Waldkrähe, die sich inzwischen schon verheiratet hatte, begleitete sie die ersten drei Meilen; sie saß ihr zur Seite, weil sie das Fahren auf dem Rücksitze nicht vertragen konnte. Die andere Krähe stand in der Nähe und schlug mit den Flügeln; sie begleitete sie nicht, weil sie seit der festen Anstellung und dem reichlichen Essen an häufigem Kopfweh litt. Inwendig war der Wagen mit Zuckerbrezeln gefüttert, und die Sitzkasten waren mit Früchten und Pfeffernüssen angefüllt.

»Lebe wohl, lebe wohl!« riefen der Prinz und die Prinzessin, und die kleine Gerda weinte und die Krähe weinte auch. – So ging es die ersten Meilen, dann sagte auch die Krähe Lebewohl, und das war der schwerste Abschied. Sie flog auf einen Baum und schlug mit ihren schwarzen Flügeln, solange sie noch den Wagen, der wie der warme Sonnenschein glänzte, sehen konnte.

Fünfte Geschichte

Das kleine Räubermädchen

Sie fuhren durch den dunklen Wald, aber der Wagen leuchtete weithin. Das beleidigte die Augen der Räuber, das durften sie unmöglich dulden.

»Das ist Gold, das ist Gold!« riefen sie, stürzten hervor, fielen den Pferden in die Zügel, erschlugen die kleinen Vorreiter, den Kutscher und die Diener und zogen nun die kleine Gerda aus dem Wagen.

»Sie ist fett, sie ist reizend, sie ist mit Nußkern gemästet!« sagte das alte Räuberweib, das einen langen struppigen Bart und Augenbrauen hatte, die ihr bis über die Augen herabhingen. »Das ist ebensogut wie ein kleines fettes Lamm! Nun, wie soll sie schmekken!« Bei diesen Worten zog sie ihr blankes Messer heraus, und das blitzte, daß es Angst einjagen konnte!

»Au!« schrie das Weib zu gleicher Zeit. Kein Wunder! Der Frau wilde und ungebärdige Tochter, die auf ihrem Rücken hing, hatte ihr in das Ohr gebissen. »Du abscheuliche Range!« sagte die Mutter und konnte nicht dazu kommen, Gerda zu schlachten.

»Sie soll mit mir spielen!« sagte das kleine Räubermädchen. »Sie soll mir ihren Muff, ihr schönes Kleid geben, sie soll neben mir in meinem Bette schlafen!« und dabei biß es abermals zu, daß das Räuberweib in die Höhe sprang und sich rings herumdrehte, daß alle Räuber lachten und sagten: »Seht, wie sie mit ihrem Balge tanzt!«

»Ich will in den Wagen hinein!« sagte das kleine Räubermädchen, und es mußte und wollte seinen Willen haben, denn es war gar verhätschelt und gar halsstarrig. Es setzte sich mit Gerda hinein, und dann fuhren sie über Stock und Stein immer tiefer in den Wald. Das kleine Räubermädchen war ebenso groß wie Gerda, aber kräftiger, breitschultriger und gebräunter. Seine Augen waren ganz schwarz, sie sahen fast traurig aus. Es faßte die kleine Gerda um den Leib und sagte: »Sie sollen dich nicht schlachten, solange ich nicht böse auf dich werde! Du bist gewiß eine Prinzessin?«

»Nein«, erwiderte die kleine Gerda, und erzählte ihr alles, was sie erlebt hatte und wie lieb sie den kleinen Kay hätte.

Das Räubermädchen schaute sie ganz ernsthaft an, nickte ein wenig mit dem Kopfe und sagte: »Sie sollen dich nicht schlachten, selbst wenn ich böse auf dich werde, dann werde ich es schon selbst tun!« und dann trocknete es Gerdas Augen und steckte seine beiden Hände in den hübschen Muff, der so warm und so weich war.

Jetzt hielt der Wagen still; sie befanden sich mitten auf dem Hofe eines Räuberschlosses. Von oben bis unten war es geborsten, Raben und Krähen flogen aus den offnen Löchern, und die großen Bullenbeißer, die aussahen, als könnte jeder einen Menschen verschlingen, sprangen hoch empor, aber ohne zu bellen, denn das war verboten.

Mitten auf dem steinernen Fußboden des großen alten verräucherten Saales brannte ein großes Feuer. Der Rauch zog unter der Decke hin und drang durch die zahlreichen Risse und Sprünge ins Freie. In einem großen Braukessel wurde Suppe gekocht und Hasen wie Kaninchen wurden am Spieße gedreht.

»Du sollst diese Nacht mit mir bei allen meinen lieben Tierchen schlafen!« sagte das Räubermädchen. Sie erhielten zu essen und zu trinken und gingen dann nach einer Ecke, wo Stroh und Decken lagen. Oben drüber saßen auf Latten und Stangen wohl an hundert Tauben, die alle zu schlafen schienen, sich aber doch ein wenig bewegten, als die kleinen Mädchen kamen.

»Die gehören samt und sonders mir!« sagte das kleine Räubermädchen und ergriff schnell eine der nächsten, hielt sie an den Beinen und schüttelte sie, bis sie mit den Flügeln schlug. »Küsse sie!« rief es und hielt sie Gerda vor das Gesicht.

»Dort sitzt das Waldgesindel!« fuhr sie fort und deutete auf eine Menge Stäbe, die hoch oben vor einem Loche in die Mauer eingeschlagen waren. »Das ist mein Waldgesindel, die beiden dort! Sie fliegen augenblicklich fort, wenn man sie nicht fest einschließt, und hier steht mein altes liebstes Bä!« Dabei zog sie ein Rentier am Geweihe hervor, das einen blanken Kupferring um den Hals hatte und angebunden war. »Das müssen wir ebenfalls in ewiger Furcht erhalten, sonst entspringt es uns auch. Jeden Abend kitzle ich es mit meinem scharfen Messer am Halse, wovor es sich sehr fürchtet!« Das kleine Mädchen zog ein langes Messer aus einer Spalte in der Mauer und ließ es über den Hals des Rentieres hingleiten. Das arme Tier schlug mit den Beinen aus, und das Räubermädchen lachte und zog dann Gerda mit auf die Lagerstelle.

»Willst du das Messer während des Schlafes bei dir behalten?« fragte Gerda und sah sie etwas ängstlich an.

»Ich schlafe immer mit dem Messer!« sagte das kleine Räubermädchen. »Man weiß nicht, was sich ereignen kann. Aber nun erzähle mir noch einmal, was du mir vorhin von dem kleinen Kay erzähltest, und weshalb du in die weite Welt hinausgegangen bist.« Und Gerda begann ihre Geschichte wieder von vorn, und die Waldtauben girrten oben in ihrem Käfig, die anderen Tauben aber schliefen. Das kleine Räubermädchen legte seinen Arm um Gerdas Hals, hielt das Messer in der andern Hand und schnarchte, daß man es hören konnte. Gerda jedoch war nicht imstande, ein Auge zu schließen, wußte sie doch nicht, ob sie leben bleiben oder sterben sollte. Die Räuber saßen rund um das Feuer, sangen und tranken, und das Räuberweib schlug Purzelbäume. Oh, es war dem kleinen Mädchen wahrhaft entsetzlich, dies mit ansehen zu müssen.

Da sagten die Waldtauben: »Kurre, kurre! Wir haben den kleinen Kay gesehen. Ein weißes Huhn trug seinen Schlitten, er saß auf dem Wagen der Schneekönigin, die unmittelbar über den Wald hinfuhr, als wir im Neste lagen. Sie blies uns junge Tauben an, und mit Ausnahme von uns beiden starben alle; kurre, kurre!«

»Was sagt ihr dort oben?« rief Gerda. »Wohin reiste die Schneekönigin? Ist euch etwas davon bekannt?«

»Sie reiste vermutlich nach Lappland, denn dort ist immer Schnee und Eis! Frage nur das Rentier, das dort angebunden steht!«

»Dort ist Eis und Schnee, dort ist ein gesegnetes und herrliches Land!« versetzte das Rentier. »Dort springt man in den großen glitzernden Tälern frei umher. Dort hat die Schneekönigin ihr Sommerzelt, aber ihr festes Schloß hat sie oben nach dem Nordpol zu, auf der Insel, die Spitzbergen genannt wird!«

»O Kay, lieber Kay!« seufzte Gerda.

»Nun mußt du stilliegen!« sagte das Räubermädchen, »sonst stoße ich dir das Messer in den Leib!«

Am Morgen erzählte Gerda ihr alles, was die Waldtauben gesagt hatten, und das kleine Räubermädchen sah ganz ernsthaft aus, nickte jedoch mit dem Kopfe und sagte: »Das ist ganz gleich! – Weißt du, wo Lappland liegt?« fragte es das Rentier.

»Wer sollte es wohl besser wissen als ich«, sagte das Tier, und die Augen leuchteten ihm im Kopfe. »Dort bin ich geboren und aufgewachsen, dort habe ich mich auf den Schneefeldern umhergetummelt.«

»Höre!« sagte das Räubermädchen zu Gerda. »Wie du siehst, sind unsere Mannsleute sämtlich fort, aber Mutter ist noch hier und bleibt auch zu Hause. Zum Frühstück trinkt sie jedoch aus der großen Flasche und entschlummert bald darauf; – dann will ich etwas für dich tun.« Nun sprang sie stürmisch von ihrer Lagerstätte auf, fiel ihrer Mutter um den Hals, zauste ihr den Schnauzbart und sagte: »Mein liebes süßes Ziegenböckchen, guten Morgen!« Und Mütterchen versetzte ihr einen Nasenstüber, daß die Nase rot und blau auflief, aber das geschah alles nur aus Zärtlichkeit.

Als nun die Mutter aus ihrer Flasche getrunken hatte und einen kleinen Nickkopf machte, ging das Räubermädchen zum Rentier und sagte: »Ich hätte zwar ganz besondere Lust, dich noch manchmal mit dem scharfen Messer zu kitzeln, denn das ist außerordentlich belustigend, aber gleichviel, ich will trotzdem deinen Strick lösen und dir hinaushelfen, daß du nach Lappland laufen kannst, aber du mußt laufen wie noch nie und mir dieses kleine Mädchen nach dem Schlosse der Schneekönigin bringen, wo sich sein Spielkamerad aufhält. Du hast wohl gehört, was es erzählte, denn es schwatzte laut genug, und du pflegst zu lauschen!«

Das Rentier sprang vor Freude hoch auf. Das Räubermädchen hob die kleine Gerda hinauf und war vorsichtig genug, sie festzubinden und ihr sogar ein kleines Sitzkissen zu geben. »Das ist einerlei!« sagte es, »da hast du deine Pelzstiefelchen wieder, denn es wird kalt werden, den Muff behalte ich aber, er ist doch gar zu niedlich! Gleichwohl sollst du nicht frieren. Hier hast du meiner Mutter große Fausthandschuhe, sie reichen dir gerade bis an die

Ellbogen! Zieh sie an! – Nun siehst du an den Händen gerade wie meine häßliche Mutter aus.«

Gerda weinte vor Freude.

»Solch Gejammer kann ich nicht ausstehen!« sagte das kleine Räubermädchen. »Nun mußt du gerade vergnügt aussehen! Hier hast du noch zwei Brote und einen Schinken, damit du nicht zu hungern brauchst!« Beides wurde hinten auf das Rentier gebunden; das kleine Räubermädchen öffnete die Tür, lockte alle die großen Hunde herein, zerschnitt dann den Strick mit seinem Messer und sagte zum Rentiere: »Lauf nun, aber gib wohl auf das kleine Mädchen acht!«

Und Gerda streckte die Hände mit den großen Fausthandschuhen gegen das Räubermädchen aus, sagte Lebewohl, und dann flog das Rentier vorwärts über Gebüsch und Gestrüpp, durch den großen Wald, über Sümpfe und Steppen, so schnell es vermochte. Die Wölfe heulten, und die Raben schrien. Schwaches Knistern ließ sich aus weiter Ferne vernehmen, und starkes Wetterleuchten zeigte sich auf allen Seiten.

»Das sind meine alten Nordlichter!« sagte das Rentier, »sieh wie sie leuchten!« und dann lief es noch hurtiger vorwärts, Tag und Nacht. Die Brote wurden verzehrt, der Schinken dazu, und dann waren sie in Lappland.

Sechste Geschichte

Die Lappin und die Finnin

Vor einem kleinen, unansehnlichen Häuschen machten sie halt. Das Dach ging bis zur Erde hinunter, und die Tür war so niedrig, daß die Bewohner nur auf dem Bauche kriechend sich durch den Eingang zwängen konnten. Mit Ausnahme einer Lappin, die neben einer Tranlampe stand und Fische briet, war niemand daheim. Das Rentier erzählte ihr Gerdas ganze Geschichte, zuerst jedoch seine eigene, die ihm ungleich wichtiger erschien, und Gerda war vor Kälte so erstarrt, daß sie nicht zu reden vermochte.

»Ach, ihr Armen!« sagte die Lappin, »da habt ihr noch weit zu laufen! Ihr müßt über hundert Meilen weit in das Innere der Finnmark hinein, denn dort hat die Schneekönigin ihre Sommerwohnung und läßt jeden Abend blaue Flammen auflodern. Ich werde in Ermangelung des Papiers ein paar Worte auf einen trocknen Stockfisch schreiben, den werde ich euch an die Finnin dort oben mitgeben, die euch bessere Auskunft erteilen kann als ich!«

Als sich Gerda nun wieder erwärmt und zu essen und zu trinken bekommen hatte, schrieb die Lappin ein paar Worte auf einen trokkenen Klippfisch, bat Gerda, denselben wohl zu verwahren, band sie wieder auf das Rentier, und dieses sprang davon. Oben in der Luft knisterte es, und die ganze Nacht brannten die schönsten blauen Nordlichter; und dann kamen sie nach Finnmark und klopften an den Schornstein der Finnin, denn sie hatte nicht einmal eine Tür.

Es herrschte eine Hitze darin, daß sogar die Finnin fast ganz nackend ging. Sie war klein und starrte von Schmutz. Sie löste sofort die Kleider der kleinen Gerda auf, zog ihr die Fausthandschuhe und Stiefel aus, weil sie die Hitze sonst nicht hätte ertragen können, legte dem Rentier ein Stück Eis auf den Kopf und las dann, was auf dem Klippfische geschrieben stand. Sie las es dreimal, und als sie es nun auswendig wußte, steckte sie den Fisch in den Fleischtopf, denn er konnte ja recht wohl gegessen werden, und Hang zur Verschwendung konnte ihr niemand nachsagen.

Nun erzählte das Rentier erst seine Geschichte, dann die der kleinen Gerda, und die Finnin blinzelte mit den klugen Augen, sagte aber kein Wort.

»Du bist sehr klug«, sagte das Rentier; »ich weiß, du kannst alle Winde der Welt mit einem Zwirnfaden zusammenbinden. Wenn der Schiffer den einen Knoten löst, erhält er guten Wind, löst er den anderen, dann bläst ein scharfer Wind, und löst er den dritten und vierten, dann stürmt es, daß die Wälder niederstürzen. Willst du dem kleinen Mädchen nicht einen Trank geben, daß es die Kraft von zwölf Männern erhält und die Schneekönigin überwindet?«

»Die Kraft von zwölf Männern!« sagte die Finnin, »die würde sicher nicht ausreichen!« Dann ging sie nach einem Gestell, holte ein großes zusammengerolltes Fell hervor und entrollte es. Seltsame Buchstaben waren daraufgeschrieben, und die Finnin las, daß ihr dicke Schweißtropfen von der Stirn rieselten.

Aber das Rentier bat so beweglich für die kleine Gerda, und diese schaute die Finnin mit so bittenden, tränenfeuchten Augen an, daß dieselbe wieder zu blinzeln begann und das Rentier in eine Ecke zog, wo sie demselben zuflüsterte, während sie ihm frisches

Eis auf den Kopf legte: »Der kleine Kay ist wirklich bei der Schneekönigin, findet dort alles nach seinem Wunsche und Behagen und meint, ihm sei das beste Los in der Welt zugefallen. Das rührt aber davon her, daß ihm ein Glassplitter in das Herz und ein Glaskörnchen in das Auge gedrungen ist. Sie müssen erst heraus, sonst wird er nie wieder ein tüchtiger Mensch, und die Schneekönigin behält Gewalt über ihn.«

»Aber kannst du der kleinen Gerda nichts eingeben, daß sie Macht über das Ganze erhält?«

»Ich kann ihr keine größere Macht geben, als sie schon besitzt! Siehst du nicht, wie groß diese ist? Siehst du nicht, wie Menschen und Tiere ihr dienen müssen, wie sie auf bloßen Füßen so wohl in der Welt vorwärtsgekommen ist? Von uns darf sie ihre Macht nicht erfahren, die sitzt in ihrem Herzen und besteht darin, daß sie ein süßes, unschuldiges Kind ist. Kann sie nicht selbst in das Schloß der Schneekönigin eindringen und den kleinen Kay von dem Glase befreien, dann können wir nicht helfen! Zwei Meilen von hier beginnt der Garten der Schneekönigin; dorthin kannst du das kleine Mädchen bringen; setze es neben dem großen Busche ab, der mit roten Beeren bedeckt im Schnee steht. Halte dich nicht mit langem Geschwätz auf und beeile dich, hierher zurückzukommen!« Dann hob die Finnin die kleine Gerda aufs Rentier, das aus Leibeskräften davoneilte.

»Oh, ich bekam meine Stiefelchen nicht! Ich bekam meine Fausthandschuhe nicht!« rief die kleine Gerda, der sich die schneidende Kälte fühlbar machte. Aber das Rentier wagte nicht anzuhalten, es lief, bis es den großen Busch mit den roten Beeren erreichte. Dort setzte es Gerda ab, küßte sie auf den Mund, wobei dem Tiere große heiße Tränen über die Wangen hinabrollten, und dann lief es, so schnell es konnte, wieder zurück. Da stand nun die arme Gerda ohne Stiefelchen, ohne Handschuhe, mitten in der unwirtbaren, kalten Finnmark.

Sie lief vorwärts, so schnell sie vermochte. Da zeigte sich plötzlich ein ganzes Regiment Schneeflocken. Sie fielen aber nicht etwa vom Himmel herab, der war ganz klar und strahlte von Nordlichtern, die Schneeflocken flogen vielmehr gerade über die Oberfläche der Erde hin und nahmen, je näher sie kamen, an Größe zu. Gerda erinnerte sich noch, wie groß und kunstvoll sie unter dem Brennglase ausgesehen hatten. Aber hier zeigten sie sich wahrlich noch in ganz anderer Größe und Schreckensgestalt; es waren lebendige Wesen, es waren die Vorposten der Schneekönigin. Sie hatten die seltsamsten Gestalten; einige sahen aus wie häßliche, große Stachelschweine, andere wie ganze Schlangenknäuel, aus denen die Köpfe hervorragten, und andere wie kleine dicke Bären, auf denen sich die Haare sträubten; alle aber schimmerten weiß, alle aber waren lebendige Schneeflocken.

Da betete die kleine Gerda ihr Vaterunser. Die Kälte war so stark, daß sie ihren eigenen Atem sehen konnte, der ihr wie Rauch vor dem Munde stand. Der Atem wurde dichter und dichter und bildete sich zu kleinen klaren Engeln, die, sobald sie die Erde berührten, mehr und mehr wuchsen, und alle Helme auf dem Kopfe und Spieß und Schild in den Händen hatten. Ihre Anzahl vermehrte sich, und als Gerda ihr Vaterunser beendet hatte, war eine ganze Legion um sie versammelt. Sie stachen mit ihren Spießen nach den schrecklichen Schneeflocken, daß dieselben in hundert Stücke zersprangen und die kleine Gerda sicher und fröhlich vorwärts schreiten konnte. Die Engel streichelten ihre Füße und Hände, und da fühlte sie die Kälte weniger und ging rasch auf das Schloß der Schneekönigin zu.

Aber nun müssen wir erst sehen, wie es Kay geht. Er dachte wahrlich nicht an die kleine Gerda und am allerwenigsten, daß sie draußen vor dem Schlosse stände.

Siebente Geschichte

Was sich im Schlosse der Schneekönigin und was sich später ereignete

Die Mauern des Schlosses waren von dem wirbelnden Schnee aufgetürmt, und schneidende Winde hatten die Türen und Fenster gebildet. Über hundert Säle reihten sich aneinander, wie sie gerade ein Schneetreiben zusammengeweht hatte; der größte erstreckte sich viele Meilen weit. Alle aber waren von starken Nordlichtern erleuchtet und waren groß, leer, eisig kalt und schimmernd. Nie herrschte hier eine Lustbarkeit, nicht einmal ein kleiner Bärenball, wobei der Sturm hätte die Blasinstrumente spielen und die Eisbären hätten auf den Hinterfüßen gehen und ihre feinen Sitten hätten zeigen können; nie fand eine Spielgesellschaft statt mit Schlägen auf Maul und Tatzen, nie ein kleiner Kaffeeklatsch von den weißen

Fuchsfräulein; leer, weit und kalt war es in den Sälen der Schneekönigin. Die Nordlichter flammten so regelmäßig, daß man berechnen konnte, wann sie am höchsten und wann sie am niedrigsten standen. Mitten in dem leeren und unendlichen Schneesaale war ein gefrorener See. Er war in tausend Stücke geborsten, aber jedes Stück glich dem anderen auf das genaueste, so daß es ein wahres Kunstwerk war. Mitten auf demselben saß die Schneekönigin, sooft sie zu Hause war, und dann sagte sie, sie säße im Spiegel des Verstandes, und dieser wäre der beste in dieser Welt.

Der kleine Kay war ganz blau vor Kälte, ja fast schwarz, aber er merkte es doch nicht, denn sie hatte ihm den Frostschauer weggeküßt, und sein Herz war so gut wie ein Eisklumpen. Er ging und schleppte einige scharfe, flache Eisstücke herbei, die er auf alle mögliche Weise zusammenlegte, um ein gegebenes Muster nachzubilden, geradeso wie wenn wir kleine Holzstückchen zu bestimmten Figuren zusammenpassen, was das chinesische Spiel genannt wird. Kay ging auch und legte Figuren, es waren die allerkunstreichsten, es war das Eisspiel des Verstandes. In seinen Augen waren diese Figuren ganz ausgezeichnet und von der allerhöchsten Wichtigkeit; das bewirkte das Glaskörnchen, das ihm im Auge saß; er legte ganze Figuren, die ein geschriebenes Wort bildeten, aber immer scheiterte er an der Zusammensetzung des Wortes, das er gerade wünschte, des Wortes: »Ewigkeit«, und die Schneekönigin hatte gesagt: »Kannst du mir diese Figur zustande bringen, dann sollst du dein eigener Herr sein, und ich schenke dir die ganze Welt und noch ein Paar neue Schlittschuhe!« Aber er konnte es nicht.

»Nun sause ich fort nach den warmen Ländern!« sagte die Schneekönigin. »Ich will in meine schwarzen Töpfe hineingucken!« Das waren die feuerspeienden Berge Ätna und Vesuv, wie man sie nennt. »Ich werde sie ein wenig mit Weiß überziehen; das gehört dazu und tut den Zitronen und Weintrauben gut!« Darauf flog die Schneekönigin fort, und Kay saß ganz allein in dem viele Meilen weiten, leeren Eissaale und betrachtete die Eisstücke und dachte und dachte, daß es in ihm ordentlich knackte. Ganz steif und still saß er da, man hätte glauben können, er wäre erfroren.

In diesem Augenblick trat die kleine Gerda durch die große Eingangspforte in das Schloß. Schneidende Winde wehten ihr entgegen; aber sie betete ihr Abendgebet, und da legten sich die Winde, als ob sie schlafen wollten. Sie trat in die großen, leeren, kalten Säle – da gewahrte sie Kay, sie erkannte ihn, sie flog ihm um den Hals, hielt ihn fest umschlungen und rief: »Kay! süßer, lieber Kay! so habe ich dich endlich gefunden!«

Er aber saß ganz still, steif und kalt; – da weinte die kleine Gerda heiße Tränen, sie fielen auf seine Brust, sie drangen in sein Herz, sie tauten den Eisklumpen auf und verzehrten das kleine Spiegelsplitterchen in demselben. Er blickte sie an, und sie sang:

»Ich liebe die Rosen in all ihrer Pracht,
Doch mehr noch den Heiland, der selig uns macht!«

Da brach Kay in Tränen aus; er weinte so, daß ihm das Spiegelkörnchen aus den Augen geschwemmt wurde, er erkannte sie und jubelte: »Gerda! süße, liebe Gerda! – Wo bist du doch so lange gewesen, und wo bin ich gewesen?« Und er schaute rings um sich her. »Wie kalt es hier ist! Wie leer und weit es hier ist!« Und er umfaßte Gerda und sie lachte und weinte vor Freude. Das war ein so lieblicher Anblick, daß sogar die Eisstücke vor Freude ringsumher tanzten. Als sie nun müde waren, legten sie sich gerade auf die Buchstaben, von denen die Schneekönigin gesagt hatte, wenn er sie ausfindig machen könnte, sollte er sein eigener Herr sein, und sie wollte ihm die ganze Welt und noch ein Paar neue Schlittschuhe schenken.

Gerda küßte ihm die Wangen, und sie wurden blühend; sie küßte ihn auf die Augen, und sie glänzten wie die ihrigen, sie küßte ihn auf Hände und Füße, und er war gesund und munter. Nun mochte die Schneekönigin dreist nach Hause kommen, sein Freibrief stand mit flimmernden Eisstücken geschrieben da.

Sie reichten einander die Hände und wanderten aus dem großen Schlosse hinaus. Sie sprachen von der Großmutter und von den Rosen oben auf dem Dache, und wo sie gingen, legten sich die Winde, und die Sonne brach hervor. Als sie den Busch mit den roten Beeren erreichten, stand das Rentier da und wartete. Es hatte ein anderes junges Rentier bei sich, dessen Euter voll war und den Kleinen seine warme Milch gab und sie auf den Mund küßte. Dann trugen sie Gerda und Kay erst zu der Finnin, in deren heißer Stube sie sich erwärmten und über die Heimreise Bescheid erhielten, und dann zur Lappin, die ihnen neue Kleider genäht und ihren Schlitten instand gesetzt hatte.

Das Rentier und das Junge sprangen nebenher und begleiteten sie bis zur Landesgrenze; dort, wo das erste Grün hervorlugte, nahmen sie von dem Rentier und der Lappin Abschied.

»Lebt wohl!« sagten sie sämtlich. Die ersten kleinen Vögel begannen zu zwitschern, der Wald trieb grüne Knospen und aus demselben heraus kam auf einem prächtigen Pferde, das Gerda kannte (es war vor den goldenen Wagen gespannt gewesen), ein junges Mädchen angeritten mit einer weithin leuchtenden roten Mütze auf dem Kopfe und Pistolen im Gürtel. Es war das kleine Räubermädchen, das es überdrüssig hatte, zu Hause zu sitzen und nun erst nach Norden und später, je wie die Laune es trieb, nach einer anderen Richtung wollte. Es erkannte Gerda sofort und Gerda erkannte dasselbe, das war eine Freude.

»Höre, Bursche, du hast ein besonderes Talent zum Umherschweifen!« sagte sie zum kleinen Kay. »Ich möchte wohl wissen, ob du verdienst, daß man deinetwegen bis an der Welt Ende läuft!«

Aber Gerda streichelte ihr die Wangen und fragte nach dem Prinzen und der Prinzessin.

»Die sind nach fremden Ländern gereist!« sagte das Räubermädchen.

»Aber die Krähe?« fragte die kleine Gerda.

»Ach die Krähe ist tot!« antwortete sie. »Seine zahme Geliebte ist Witwe geworden und geht mit einem schwarzwollenen Lappen um das Bein. Sie klagt erbärmlich, aber das Ganze kommt doch nur auf bloßes Geschwätz hinaus! – Doch nun erzähle mir, wie es dir ergangen ist und wie du seiner habhaft geworden bist!«

Und Gerda und Kay erzählten alle beide.

»Und Schnippschnappschnurrbaselurr!« sagte das Räubermädchen, reichte beiden die Hand und versprach, daß, sofern es je durch ihre Stadt käme, es zu ihnen auf Besuch kommen wollte, und dann ritt es in die weite Welt hinaus. Aber Kay und Gerda gingen Hand in Hand, und während sie dahinschritten, war es ein herrliches Frühlingswetter mit Blumen und Grünem. Die Kirchenglocken läuteten, und sie erkannten die hohen Türme, die große Stadt, es war ihre Geburtsstätte, und sie gingen in dieselbe hinein und hin zu der Tür der Großmutter, die Treppe hinauf, in die Stube hinein, wo noch alles auf derselben Stelle wie früher stand. Die Uhr sagte: »Tick, Tack!« und die Zeiger drehten sich. Während sie aber durch die Tür schritten, bemerkten sie, daß sie erwachsene Menschen geworden waren. Die Rosen blühten von der Dachrinne her zu den offenen Fenstern herein, und da standen die kleinen Kinderstühlchen, und Kay und Gerda setzten sich, ein jedes auf den seinigen, und hielten einander bei den Händen. Wie einen schweren Traum hatten sie die kalte leere Herrlichkeit bei der Schneekönigin vergessen. Großmutter saß in Gottes klarem Sonnenscheine und las laut aus der Bibel: »Es sei denn, daß ihr umkehrt und werdet wie die Kinder, so könnt ihr nicht in das Reich Gottes kommen!«

Und Kay und Gerda schauten einander in die Augen und verstanden auf einmal das alte Lied:

»Ich liebe die Rosen in all ihrer Pracht,
Doch mehr noch den Heiland, der selig uns macht!«

Da saßen die beiden, Erwachsene und doch Kinder, Kinder im Herzen; und es war Sommer, warmer, erquickender Sommer.

Der Mistkäfer

Das Pferd des Kaisers bekam goldene Hufeisen, ein goldenes Hufeisen an jedem Fuße.

Weshalb bekam es goldene Hufeisen?

Es war das schönste Tier, hatte feine Beine, kluge Augen und eine Mähne, die ihm wie ein seidner Flor um den Hals hing. Es hatte seinen Herrn in Pulverdampf und Kugelregen getragen, hatte Kugeln singen und pfeifen hören. Es hatte um sich gebissen, um sich geschlagen, mit gekämpft, als die Feinde vorwärtsdrangen. In einem Sprunge war es über das Pferd des gestürzten Feindes hinweggesetzt, hatte seinem Kaiser die Krone von rotem Golde gerettet, seinem Kaiser das Leben gerettet, was mehr als das rote Gold war, und deshalb erhielt des Kaisers Pferd goldene Hufeisen, ein goldenes Hufeisen auf jedem Fuße.

Und der Mistkäfer kroch hervor.

»Erst die Großen, dann die Kleinen«, sagte er, »doch es ist nicht die Größe, die es tut.« Und darauf streckte er seine dünnen Beine hin.

»Was willst du?« fragte der Schmied.

»Goldene Hufeisen!« antwortete der Mistkäfer.

»Du bist wohl nicht recht bei Troste!« erwiderte der Schmied. »Du willst ebenfalls goldene Hufeisen haben?«

»Goldene Hufeisen!« entgegnete hartnäckig der Mistkäfer. »Bin ich etwa nicht ebensogut wie die große Bestie, die immer bedient, gestriegelt, abgewartet werden muß und ihr gutes Futter und Saufen erhält? Gehöre ich nicht auch zum Stalle des Kaisers?«

»Weshalb bekommt aber das Pferd goldene Hufeisen?« fragte der Schmied. »Begreifst du denn das gar nicht?«

»Begreifen? Ich begreife wenigstens so viel, daß es eine Geringschätzung gegen mich ist«, bemerkte der Mistkäfer, »es ist eine Kränkung – und nun gehe ich deshalb in die weite Welt hinaus.«

»Mache, daß du wegkommst!« rief der Schmied lachend.

»Grober Kerl!« sagte der Mistkäfer und ging dann zur Stalltür hinaus, flog eine kurze Strecke und befand sich nun in einem niedlichen kleinen Blumengärtchen, wo es nach Rosen und Lavendel duftete.

»Ist es hier nicht herrlich?« sagte ein kleines buntgeflecktes Hühnchen. »Wie süß es duftet, und wie schön es ist!«

»Ich bin an Besseres gewöhnt«, erwiderte der Mistkäfer. »Nennen Sie dieses hier schön? Hier ist ja nicht einmal ein Düngerhaufen.«

Darauf schritt er weiter und gelangte in den Schatten einer Levkoje; eine Raupe kroch auf derselben.

»Wie schön die Welt doch ist!« sagte die Raupe, »die Sonne ist so warm! Alles ist so froh und zufrieden, und wenn ich einmal einschlafe und sterbe, wie sie es nennen, dann wache ich wieder auf und bin ein Schmetterling.«

»Bilde dir nur nichts ein!« sagte der Mistkäfer, »jetzt fliegen wir wie Schmetterlinge umher! Ich komme aus des Kaisers Stall, aber niemand in demselben, nicht einmal das Leibroß des Kaisers, das doch mit meinen abgelegten goldenen Hufeisen einherstolziert, hat dergleichen Einbildungen. Flügel bekommen! Fliegen! Ja, jetzt fliegen wir!« Und bei diesen Worten flog er auf. »Ich will mich nicht ärgern, aber ich ärgere mich doch.«

Er fiel auf einen großen Rasenfleck. Hier lag er ein wenig und versank dann in Schlaf.

O weh! Was für ein Regenguß stürzte hernieder! Der Mistkäfer erwachte bei dem Geplätscher und wollte sich sofort in die Erde verkriechen, war es jedoch nicht imstande. Er wälzte sich, er schwamm auf dem Bauche und dem Rücken, an Fliegen war gar nicht zu denken, er kam gewiß nie lebendig von diesem Flecke. Er lag, wo er lag, und blieb liegen.

Als der Regen ein wenig nachließ und der Mistkäfer sich das Wasser aus den Augen geblinzelt hatte, schimmerte etwas Weißes vor ihm, es war Leinwand auf der Bleiche. Er eilte hin und kroch in eine Falte des nassen leinenen Zeuges. Freilich lag man darin nicht wie in dem warmen Dünger im Stalle; es gab nun aber einmal nichts Besseres, und deshalb blieb er hier einen ganzen Tag und eine ganze Nacht, und auch das Regenwetter blieb gleich heftig. In früher Morgenstunde kroch der Mistkäfer wieder hervor; er war sehr ärgerlich über die Witterung.

Zwei Frösche saßen auf der Leinwand; ihre hellen Augen leuchteten vor lauter Entzücken. »Es ist ein köstliches Wetter!« sagte der eine. »Wie es erfrischt! Und die Leinwand hält das Wasser so schön zusammen. Es kribbelt und krabbelt mir in den Hinterbeinen, als ob ich schwimmen sollte.«

»Ich möchte nur wissen!« sagte der andere, »ob die Schwalbe, die so weit umherschweift, ob sie auf ihren vielen Reisen in das Ausland ein besseres Klima als das unsrige gefunden hat. Ein solcher Regen, eine solche Nässe; es ist gerade, als ob man in einem nassen Graben läge. Wenn man sich darüber nicht freut, dann hat man sein Vaterland wahrhaftig nicht lieb.«

»Ihr seid wohl nie im Stalle des Kaisers gewesen?« fragte der Mistkäfer. »Da ist die Feuchtigkeit sowohl warm wie gewürzreich. Daran bin ich gewöhnt; das ist das mir zusagende Klima, aber man kann es leider nicht mit auf die Reise nehmen. Gibt es hier im Garten kein Mistbeet, wo sich Standespersonen wie ich aufhalten und sich heimisch fühlen können?«

Aber die Frösche verstanden ihn nicht oder wollten ihn nicht verstehen.

»Ich frage nie zum zweitenmal«, sagte der Mistkäfer, nachdem er dreimal gefragt hatte, ohne eine Antwort zu erhalten.

Als er eine Strecke weitergegangen war, traf er auf einen Topfscherben; er sollte wohl eigentlich nicht daliegen, da er nun aber einmal dalag, gewährte er Schutz. Hier wohnten mehrere Ohrwürmerfamilien. Sie verlangen nicht große Räumlichkeiten, sondern ein geselliges Beisammenleben. Die Frauen zeichnen sich namentlich durch große Mutterliebe aus, weshalb auch jede ihre Jungen für die schönsten und klügsten hielt.

»Unser Sohn hat sich verlobt«, sagte eine Mutter. »Die süße Unschuld! Sein höchstes Ziel ist, einmal in das Ohr eines Pfarrers kriechen zu können. Er ist so liebenswürdig und kindlich, und seine Verlobung hält ihn von allen Ausschweifungen fern. Es gibt nichts Erfreulicheres für eine Mutter.«

»Unser Sohn«, erzählte eine andere Mutter, »war kaum aus dem Ei gekrochen, als er schon lustig zu spielen begann. Es sprühte in ihm, er muß sich die Hörner ablaufen. Das ist wirklich eine große Freude für eine Mutter! Nicht wahr, Herr Mistkäfer?« Sie erkannten den Fremden an seiner Gestalt.

»Sie haben alle beide recht!« sagte der Mistkäfer, und wurde darauf eingeladen näherzutreten, soweit es ihm gelang, unter den Topfscherben zu kriechen.

»Nun sollen Sie auch unsere kleinen Ohrwürmchen sehen«, sagte eine dritte und vierte der Mütter. »Es sind die lieblichsten Kinder und so drollig! Sie sind nie unartig, außer wenn sie Leibweh haben, aber das bekommt man so leicht in ihrem Alter.«

Und dann erzählte jede Mutter von ihren Jungen, und die Jungen redeten dazwischen und bedienten sich der Gabel, die sie hinten am Schwanze hatten, um den Mistkäfer an den Bartfasern zu zwicken.

»Sie fallen aber auch auf alles, die kleinen Schelme!« sagten die Mütter und dampften ordentlich vor Mutterliebe. Den Mistkäfer verdroß es jedoch, und deshalb fragte er, ob sich das Mistbeet nicht in der Nähe befände.

»O das liegt weit, weit in die Welt hinaus, jenseits des Grabens«, sagte ein Ohrwurm; »so weit, daß, wie ich hoffe, keines meiner Kinder je so weit kommt, denn das wäre mein Tod.«

»Ich will doch den Versuch machen, so weit zu kommen«, entgegnete der Mistkäfer und ging ohne Abschied. Das ist am galantesten.

Am Graben traf er mehrere seines Geschlechts, lauter Mistkäfer.

»Hier wohnen wir!« sagten sie. »Wir haben es sehr warm! Dürfen wir es wagen, Sie zu uns einzuladen? Die Reise hat Sie gewiß ermüdet.«

»Das hat sie«, sagte der Mistkäfer. »Ich habe im Regenwetter auf

Leinwand gelegen, und Reinlichkeit berührt mich ganz besonders empfindlich. Ich habe auch in dem einen Flügelgelenke die Gicht bekommen, weil ich unter einem Topfscherben im Zuge stehen mußte. Es ist eine wahre Erquickung, wieder einmal zu seinen eigenen Leuten zu kommen.«

»Sie kommen vielleicht von dem Mistbeete?« fragte der Älteste.

»Höher hinauf!« erwiderte der Mistkäfer. »Ich komme aus dem Stalle des Kaisers, in dem ich mit goldenen Hufeisen geboren wurde. Ich reise in einem geheimen Auftrage, weshalb Sie mich nicht ausfragen dürfen, denn ich sage es doch nicht.«

Darauf stieg der Mistkäfer in den fetten Schlamm hinab. Hier saßen drei junge Mistkäferfräulein, die verschämt kicherten, weil sie nicht wußten, was sie sagen sollten.

»Sie sind noch unverlobt«, sagte die Mutter, und wieder begannen dieselben zu kichern, aber diesmal aus Verlegenheit.

»Selbst im Stalle des Kaisers habe ich keine schöneren gesehen!« entgegnete der reisende Mistkäfer galant.

»Verderben Sie mir meine Mädchen nicht, und reden Sie nicht mit ihnen, wenn Sie keine reellen Absichten haben –; aber die haben Sie, und ich gebe Ihnen meinen Segen.«

»Hurra!« riefen alle die anderen, und so sah sich der Mistkäfer plötzlich verlobt. Erst Verlobung, dann Hochzeit; es gab ja nichts, worauf man hätte zu warten brauchen.

Der folgende Tag verging sehr gut, der nächste verstrich schon langsamer, aber am dritten Tage mußte man doch an Nahrung für Weib und möglicherweise auch Kinder denken.

Ich habe mich überrumpeln lassen, sprach er bei sich selbst, deshalb darf ich sie auch wohl meinerseits überrumpeln – –

Und er tat es. Weg war er; weg den ganzen Tag, weg die ganze Nacht – und die Frau saß als Strohwitwe da. Die anderen Mistkäfer behaupteten, sie hätten leider einen ausgemachten Landstreicher in die Familie aufgenommen. Die Frau war ihnen jetzt eine Last.

»Dann kann sie wieder als Jungfrau bei mir bleiben«, sagte die Mutter, »als mein Kind bei mir bleiben. Pfui, über die abscheuliche Kotseele, die sie im Stiche ließ!«

Er befand sich inzwischen wieder auf der Landstraße; auf einem Kohlblatte war er über den Graben gesegelt. Gegen Morgen kamen plötzlich zwei Menschen, sie bemerkten den Mistkäfer, nahmen ihn auf, drehten ihn nach allen Seiten um, und waren beide erstaunlich gelehrt, besonders der Knabe. »Allah sieht den schwarzen Mistkäfer im schwarzen Gestein des schwarzen Felsens! Steht nicht so im Koran?« fragte er und übersetzte den Namen des Mistkäfers ins Lateinische und beschrieb das Geschlecht und die Natur desselben. Der ältere Gelehrte war nicht dafür, ihn mit nach Hause zu nehmen; man hätte daselbst ebenso gute Exemplare, meinte er, und das war nun freilich nicht höflich geredet, wie es dem Mistkäfer vorkam. Deshalb flog er ihm aus der Hand, flog, da seine Flügel trocken geworden waren, eine tüchtige Strecke und gelangte nach dem Treibhause, wo er, da das eine Fenster in die Höhe geschoben war, in größter Bequemlichkeit hineinschlüpfen und sich in den frischen Dünger eingraben konnte.

»Hier ist es herrlich und lecker!« rief er aus.

Bald fiel er in Schlaf und träumte, daß das Pferd des Kaisers gestürzt wäre und der Herr Mistkäfer dessen goldene Hufeisen und das Versprechen erhalten hätte, noch zwei obendrein zu bekommen. Wie angenehm, wie behaglich ist ein solcher Traum! Als der Mistkäfer erwachte, kroch er hervor und schaute sich um. Was für eine Pracht war hier im Treibhause! Große Fächerpalmen ragten schlank in die Höhe, die Sonne machte sie gleichsam durchsichtig, und unter ihnen schoß eine Fülle von Grün empor und leuchteten Blumen, rot wie Feuer, gelb wie Bernstein und weiß wie frischgefallener Schnee.

»Es ist eine unvergleichliche Pracht! Wie delikat es schmecken muß, wenn alle diese Pflanzen erst in Fäulnis übergehen!« sagte der Mistkäfer. »Es ist eine vorzügliche Speisekammer. Hier wohnen gewiß Mitglieder meiner Familie. Ich will doch ein wenig nachspüren und zusehen, ob ich jemand entdecken kann, mit dem sich umgehen läßt. Anständig bin ich, das ist mein Stolz!« Darauf suchte er überall umher und gedachte seines Traumes vom toten Pferde und den gewonnenen goldenen Hufeisen.

Da legte sich plötzlich eine Hand um den Mistkäfer; er wurde zusammengepreßt und hin und her gewendet.

Der kleine Sohn des Gärtners und einer seiner Kameraden befanden sich in dem Treibhause, hatten den Mistkäfer gesehen und wollten ihren Scherz mit ihm treiben. In ein Weinblatt gehüllt, wanderte er in eine warme Hosentasche. Er kribbelte und krabbelte, erhielt aber zur Belohnung einen kräftigen Handdruck des Knaben, der schnell mit ihm nach einem großen Teiche am Ende des Gartens eilte. Hier wurde der Mistkäfer in einen alten zerbrochenen Holzschuh, von dem sich der obere Teil gelöst hatte, hineingesetzt. Ein Holzpflock wurde als Mastbaum in demselben angebracht, und an ihn wurde der Mistkäfer mit einem wollenen Faden angebunden. Er sollte den Schiffer vorstellen und aussegeln.

Es war ein sehr großer Teich, der Mistkäfer hielt ihn für ein Weltmeer und geriet in solches Erstaunen, daß er auf den Rücken fiel und mit den Beinen zappelte.

Der Holzschuh segelte ab, es war eine ziemlich bedeutende Strömung im Wasser; entfernte sich jedoch das Schifflein zu weit vom Ufer, so streifte der eine Knabe sofort seine Beinkleider in die Höhe und holte es wieder zurück. Als es aber wieder in vollem Laufe war, wurden die Knaben abgerufen, ernstlich abgerufen. Sie eilten schnell weiter und ließen Holzschuh Holzschuh sein. Er trieb immer weiter vom Lande ab, immer weiter hinaus; es war dem Mistkäfer entsetzlich zumute. Fliegen konnte er nicht, denn er war ja an den Mast festgebunden.

Er erhielt Besuch von einer Fliege.

»Wir haben heute sehr schönes Wetter«, fing die Fliege das Gespräch an. »Hier kann ich mich ausruhen, hier kann ich mich sonnen. Sie haben es wirklich sehr angenehm und behaglich!«

»Sie schwatzen, wie Sie es verstehen! Sehen Sie denn nicht, daß ich hier festgebunden bin?«

»Ich bin aber nicht festgebunden«, versetzte die Fliege und flog fort.

»Nun kenne ich die Welt«, sagte der Mistkäfer. »Es ist eine niedrige Welt, ich bin das einzige anständige Wesen in derselben! Erst verweigert man mir goldene Hufeisen, dann muß ich auf nasser Leinwand liegen, im Zuge stehen, und schließlich drängt man mir noch eine Frau auf. Tue ich nun einen raschen Schritt in die weite Welt hinaus und sehe, wie man es haben kann und wie ich es haben müßte, dann kommt so eine Menschenrange und gibt mich angebunden dem wilden Meere preis. Und mittlerweile geht des Kaisers Pferd mit goldenen Hufeisen einher! Das ärgert mich am meisten. Aber auf Dank und Teilnahme kann man in dieser Welt nicht rechnen! Mein Lebenslauf ist sehr belehrend und unterhaltend, aber was kann das helfen, wenn ihn niemand erfährt! Die Welt verdient auch gar nicht, ihn kennenzulernen, sonst hätte sie mir im Stalle des Kaisers zugleich mit dem Leibrosse, als es seine Beine hinhielt, goldene Hufeisen gegeben. Hätte ich goldene Hufeisen bekommen, so wäre ich eine Ehre für den Stall geworden. Nun hat er mich verloren, und die Welt hat mich verloren, alles ist aus!«

Aber es war noch nicht alles aus, es kam ein Boot mit einigen jungen Mädchen.

Sie befanden sich zur Seite des Holzschuhs, fischten ihn auf, und das eine der Mädchen zog eine kleine Schere hervor, zerschnitt den wollenen Faden, ohne den Mistkäfer zu beschädigen, und als sie landeten, setzte es ihn in das Gras.

»Krieche, krieche! Fliege, fliege, wenn du kannst!« sagte sie; »Freiheit ist ein schönes Ding.«

Und der Mistkäfer flog gerade zum offenen Fenster eines großen Gebäudes hinein; müde sank er in die feine, weiche, lange Mähne des kaiserlichen Leibrosses hinab, das in dem Stalle stand, wo dieses und der Mistkäfer zu Hause waren. Er klammerte sich an der Mähne fest, saß ein Weilchen und erholte sich nach und nach. »Hier sitze ich auf dem Leibrosse des Kaisers, sitze als Reiter auf ihm! Was sage ich! Ja, nun wird es mir klar! Es ist eine gute Idee und eine völlig wahre. Weshalb erhielt das Pferd goldene Hufeisen? Danach fragte auch er mich, der Schmied. Nun sehe ich es ein; um meinetwegen erhielt das Pferd goldene Hufeisen!«

Und über diesen Gedanken geriet der Mistkäfer in gute Laune.

»Man wird scharfsinnig auf Reisen!« sagte er.

Die Sonnenstrahlen fielen gerade auf ihn, die Sonne schien so prächtig. »Die Welt ist doch nicht so böse«, sagte der Mistkäfer, »man muß sie nur zu nehmen wissen.« Die Welt war wieder schön, denn das Leibroß des Kaisers hatte goldene Hufeisen erhalten, weil der Mistkäfer sein Reiter sein sollte.

»Nun will ich aber doch absteigen und den anderen Familienmitgliedern erzählen, wieviel man für mich getan hat. Ich will von all den Annehmlichkeiten erzählen, die ich auf meiner ausländischen Reise genossen habe, und ich will ihnen sagen, daß ich nun so lange zu Hause bleibe, bis das Pferd seine goldenen Hufeisen verbraucht hat.«

Das Gänseblümchen

Nun merke auf!

Draußen auf dem Lande, hart am Wege, lag ein Landhaus; du hast es sicher selbst schon einmal gesehen! Vor demselben befindet sich ein Blumengärtchen mit schön angestrichenem Gitter. Dicht daneben wuchs auf einem Grabenrande, inmitten des üppigsten grünen Grases ein Gänseblümchen. Die Sonne schien auf dasselbe ebenso warm und schön wie auf die großen, reichen Prachtblumen drinnen im Garten, und deshalb wuchs es zusehends. Eines Morgens stand es mit seinen glänzendweißen Blättchen, die wie Strahlen rings um die inwendige gelbe Sonne sitzen, völlig entfaltet da. Es fiel ihm gar nicht ein, daß kein Mensch es im Grase dort bemerkte und daß es ein armes, verachtetes Blümchen wäre; o nein, es war ganz froh, wandte sich der warmen Sonne gerade entgegen, schaute zu ihr empor und lauschte auf die Lerche, die in den Lüften sang.

Das Gänseblümchen fühlte sich so glücklich, als ob es ein hoher Festtag wäre, und doch war es ein Montag; alle Kinder waren in der Schule. Während diese auf ihren Bänken saßen und lernten, saß jenes auf seinem kleinen, grünen Stengel und lernte gleichfalls von der warmen Sonne und von allem ringsumher, wie gütig Gott wäre, und es kam ihm ganz in der Ordnung vor, daß die kleine Lerche alles, was sie im stillen fühlte, so klar und schön sang. Das Gänseblümchen sah mit einer Art Ehrfurcht zu dem glücklichen Vogel empor, der singen und fliegen konnte, und war selbst gar nicht betrübt, daß es selbst dies nicht vermochte. Ich sehe und höre ja! dachte es, die Sonne bescheint mich, und der Wind küsset mich! O wie reich bin ich doch begabt worden!

Innerhalb des Staketenzaunes standen viele steife, vornehme Blumen; je weniger Duft sie hatten, desto stolzer erhoben sie ihr Haupt. Die Sonnenrosen blähten sich, um größer als die Rosen zu erscheinen, aber auf die äußere Größe kommt es wenig an. Die Tulpen hatten die allerschönsten Farben, und das wußten sie auch und richteten sich kerzengerade auf, um sich bemerkbar zu machen. Das eben erst aufgeblühte Gänseblümchen übersahen sie ganz, desto mehr aber beobachtete diese sie und dachte: Wie reich und schön sie sind! Ja, zu ihnen fliegt gewiß der prächtige Vogel hernieder und besucht sie. Gottlob, daß ich so nahe dabeistehe, so kann ich doch die Herrlichkeit zu sehen bekommen. Und gerade während sie das überlegte, »Quirrevit!« da kam die Lerche geflogen, aber nicht zu den Sonnenrosen und Tulpen hernieder, nein, hernieder in das Gras zu dem armen Gänseblümchen, das aus lauter Freude so erschrak, daß es gar nicht wußte, was es denken sollte.

Der kleine Vogel tanzte rings um dasselbe her und sang: »Wie weich doch das Gras ist! Sieh, welch allerliebste Blümchen mit Gold im Herzen und Silber auf dem Kleide!« Das gelbe Pünktchen in der Gänseblume leuchtete auch wie Gold, und die kleinen Blätter ringsumher blinkten silberhell.

Wie glücklich das Gänseblümchen war, nein, das übersteigt jede Vorstellung. Der Vogel küßte es mit seinem Schnabel, sang vor ihm und erhob sich dann wieder in die blaue Luft. Es währte ganz gut eine Viertelstunde, ehe sich das Blümchen wieder erholen konnte. Halb verschämt und doch innig froh, sah es sich nach den Blumen drinnen im Garten um. Sie hatten ja die Ehre und Glückseligkeit, die ihm widerfahren war, mit angesehen, sie mußten ja begreifen, welche Freude das war. Aber die Tulpen richteten sich noch einmal so steif empor wie vorher und waren im Gesicht ganz spitz und rot, denn sie hatten sich geärgert. Die Sonnenrosen waren ganz dickköpfig. Hu! es war gut, daß sie nicht reden konnten, sonst würden sie dem Gänseblümchen ordentlich die Wahrheit gesagt haben. Das arme Blümchen konnte wohl sehen, daß ihnen die gute Laune vergangen war, und das tat ihm aufrichtig leid. Zu gleicher Zeit trat ein Mädchen in den Garten mit einem scharfen, weithin blitzenden Messer. Es schritt durch die Tulpen hindurch und schnitt eine nach der anderen ab. »Ach!« seufzte das Gänseblümchen, »das war ja erschrecklich, nun ist es mit ihnen vorbei!« Dann ging das Mädchen mit den Tulpen fort; das Gänseblümchen war froh darüber, daß es draußen im Grase stand und nur ein armes Blümchen war. Es fühlte sich so recht dankbar, und als die Sonne unterging, faltete es seine Blätter, entschlief und träumte die ganze Nacht von der Sonne und dem kleinen Vogel.

Als am Morgen die Blume wieder alle ihre weißen Blätter wie kleine Ärmchen der Luft entgegenstreckte, erkannte sie des Vogels Stimme, aber was er sang, war gar traurig. Ja, die arme Lerche hatte guten Grund dazu, denn sie war gefangen worden und saß jetzt in einem Käfige dicht neben dem offenen Fenster. Sie sang von der Herrlichkeit, frei und glücklich umherfliegen zu können, sang von der jungen, grünen Saat auf dem Felde und von der schönen Reise, die sie auf ihren Schwingen hoch hinauf in die Luft machen konnte. Der arme Vogel war nicht guter Laune, gefangen saß er da im Bauer.

Das Gänseblümchen wünschte so gern zu helfen, allein wie sollte dasselbe es anfangen? Ja, es war schwer, das Richtige zu finden. Es vergaß ganz und gar, wie schön alles ringsumher stand, wie warm die Sonne schien und wie herrlich seine eigenen Blättchen erglänzten. Ach, es vermochte nur an den gefangenen Vogel zu denken, für den es gar nichts tun konnte.

In diesem Augenblicke kamen zwei kleine Knaben aus dem Garten, der eine von ihnen hatte ein Messer in der Hand, groß und scharf wie dasjenige, mit dem das Mädchen die Tulpen abgeschnitten hatte. Sie gingen gerade auf das Gänseblümchen los, das gar nicht begreifen konnte, was sie vorhatten.

»Hier können wir für die Lerche ein herrliches Rasenstück ausschneiden!« sagte der eine Knabe und begann in einem Viereck um das Gänseblümchen tief hineinzuschneiden, so daß dasselbe mitten in dem Rasenstück zu stehen kam.

»Reiße die Blume ab!« sagte der andere Knabe, und das Gänseblümchen schauderte ordentlich vor Angst, denn abgerissen zu werden, hieße ja das Leben verlieren, und gerade jetzt wünschte es erst recht zu leben, da es mit dem Rasenstücke zu der gefangenen Lerche in den Käfig kommen sollte.

»Nein, laß sie sitzen!« sagte der andere Knabe, »sie putzt so niedlich!« Und so blieb das Gänseblümchen sitzen und kam mit zu der Lerche in den Käfig hinein.

Aber der arme Vogel klagte laut über seine verlorene Freiheit und schlug mit den Flügeln gegen das Drahtgeflecht des Vogelbauers. Das Gänseblümchen konnte nicht reden, konnte nicht ein einziges tröstendes Wort sagen, so gern es auch wollte. Auf diese Weise verging der ganze Vormittag.

»Hier ist kein Wasser!« sagte die gefangene Lerche. »Sie sind alle ausgegangen und haben vergessen, mir einen Tropfen Wasser hinzusetzen. Meine Kehle ist trocken und brennend heiß. Bald glühe ich vor Hitze, bald zittere ich vor Frost, und die Luft ist so schwer!

Ach, ich muß sterben, muß mich trennen von dem warmen Sonnenscheine, von dem frischen Grün, von all der Herrlichkeit, die Gott geschaffen hat!« Und dann bohrte sie ihren kleinen Schnabel in das kühle Rasenstück, um sich daran ein wenig zu erfrischen. Da fielen ihre Augen auf das Gänseblümchen, und der Vogel nickte ihm zu, küßte es mit seinem Schnabel und sagte: »Auch du mußt hier drinnen verwelken, du armes Blümchen! Dich und das grüne Grasfleckchen hat man mir für die ganze Welt, die ich draußen hatte, gegeben! Jeder kleine Grashalm soll mir ein grüner Baum, jedes deiner weißen Blätter eine duftende Blume sein! Ach, ihr erzählt mir nur, wieviel ich verloren habe!«

Wer ihn doch trösten könnte! dachte das Gänseblümchen, konnte aber kein Blatt bewegen; allein der Duft, den die feinen Blätter aushauchten, war weit stärker, als er sich sonst bei dieser Blume vorfindet. Das entging auch dem Vogel nicht, und obwohl er vor Durst verschmachtete und in seiner Angst die grünen Grashalme abriß, rührte er die Blume gar nicht an.

Es wurde Abend und noch erschien niemand und brachte dem armen Vogel einen Tropfen Wasser. Da breitete er seine schönen Flügel aus, zuckte noch einmal krampfhaft zusammen, sein Gesang war ein wehmütiges Piep, Piep, das Köpfchen neigte sich gegen die Blume, und sein Herz brach vor Mangel und Sehnsucht. Da konnte auch die Blume nicht wie am Abend vorher ihre Blätter zusammenfalten und einschlafen. Krank und traurig hing sie auf die Erde nieder.

Erst am nächsten Morgen kamen die Knaben und weinten, als sie den Vogel tot sahen, weinten viele Tränen und gruben ihm ein niedliches Grab, das mit Blumenblättern ausgeschmückt wurde. Des Vogels Leiche wurde in eine rote, schöne Schachtel gelegt, königlich sollte er begraben werden, der arme Vogel! Als er lebte und sang, vergaßen sie ihn, ließen ihn im Bauer sitzen und Not leiden, jetzt wurde für ihn großer Aufwand getrieben, und reichliche Tränen wurden ihm nachgeweint.

Aber das Rasenstück mit dem Gänseblümchen wurde hinaus in den Staub der Landstraße geworfen. Niemand gedachte der Blume, die doch am meisten für den Vogel gefühlt hatte und ihn so gern trösten wollte.

Die Störche

Draußen auf dem letzten Hause eines kleinen Dörfchens befand sich ein Storchnest. Die Storchmutter saß im Neste bei ihren vier Jungen, die den Kopf mit dem kleinen schwarzen Schnabel, denn der war noch nicht rot geworden, hervorstreckten. Ein Stückchen davon stand auf dem Dachfirst starr und steif der Storchvater. Er hatte das eine Bein unter sich emporgezogen, um doch auch ein wenig Beschwerde zu haben, während er Schildwache stand. Man hätte meinen können, er wäre aus Holz gedrechselt, so stille stand er. Gewiß sieht es recht vornehm aus, daß meine Frau eine Schildwache bei dem Neste hat! dachte er. Man kann ja nicht wissen, daß ich ihr Mann bin, man glaubt sicherlich, daß ich hierher kommandiert bin. Es sieht wahrlich nach etwas Großem aus! Und er stand unermüdlich auf einem Beine.

Unten auf der Straße spielte eine Schar Kinder, und als sie die Störche erblickten, sang einer der dreistesten Knaben und allmählich alle zusammen einen Vers aus einem alten Storchliede, so gut sie sich dessen erinnern konnten:

Störchlein, Störchlein, fliege,
Damit ich dich nicht kriege,
Deine Frau, die liegt im Neste dein
Bei deinen lieben Kindelein:

Das eine wird gepfählt,
Das andere wird abgekehlt,
Das dritte wird verbrannt,
Das vierte dir entwandt!

»Höre nur, was die Jungen singen!« sagten die kleinen Storchkinder. »Sie sagen, wir sollen gebraten und verbrannt werden!«

»Daraus braucht ihr euch nichts zu machen!« sagte die Storchmutter. »Hört gar nicht danach hin, es geschieht euch nichts!«

Aber die Knaben wiederholten es immer von neuem und wiesen mit Fingern nach dem Storche. Nur ein Knabe, Peter mit Namen, sagte, es wäre eine Sünde und Schande, sich über die Tiere lustig zu machen, und nahm an ihrem Unfug nicht teil. Die Storchmutter tröstete ihre Kinder: »Kümmert euch doch nicht darum!« sagte sie;

»seht nur, wie ruhig und unbekümmert euer Vater dasteht, und zwar auf einem Beine!«

»Uns ist so bange!« sagten die Jungen und zogen ihre Köpfe in das Nest zurück.

Als am nächsten Tage die Kinder wieder zum Spielen zusammenkamen und die Störche erblickten, begannen sie wieder ihr altes Lied:

»Das eine wird gepfählt,
Das andere wird abgekehlt –«

»Werden wir wohl gepfählt und verbrannt?« fragten die Storchkinder.

»Nein, sicher nicht!« erwiderte die Mutter. »Ihr sollt fliegen lernen; ich werde euch schon einüben! Dann geht es hinaus auf die Wiese und auf Besuch zu den Fröschen. Die verneigen sich vor uns im Wasser, singen: »Koax, koax!« und dann essen wir sie auf. Das soll eine wahre Lust werden!«

»Und was dann?« fragten die Storchkinder.

»Dann versammeln sich alle Störche, die hier im Lande wohnen, und darauf beginnt die große Herbstübung. Da muß man gut fliegen, das ist von großer Wichtigkeit, denn wer nicht fliegen kann, wird von dem General mit seinem Schnabel totgestochen. Lernt deshalb ja fliegen, wenn der Unterricht beginnt!«

»Dann werden wir ja aber doch gepfählt, wie die Knaben behaupteten, und höre nur, jetzt sagen sie es schon wieder!«

»Hört auf mich und nicht auf sie!« sagte die Storchmutter. »Nach der großen Übung fliegen wir nach den warmen Ländern, weit fort von hier, über Berge und Wälder. Nach Ägypten fliegen wir, wo es dreieckige Steinhäuser gibt, die in einer Spitze zusammenlaufen und bis über die Wolken ragen. Sie heißen Pyramiden und sind älter, als ein Storch sich vorstellen kann. Da ist auch ein Fluß, der aus seinen Ufern tritt und das ganze Land mit Schlamm überzieht. Man geht im Schlamm und ißt Frösche.«

»Oh!« riefen alle Jungen.

»Ja, da ist es wunderbar schön! Man tut den ganzen Tag nichts anderes als essen. Und während wir es so gut haben, ist hierzulande nicht ein grünes Blatt auf den Bäumen. Hier ist es so kalt, daß die Wolken in Stücke gefrieren, und in kleinen weißen Läppchen herniederfallen!« Es war der Schnee, den sie meinte, aber nicht deutlicher zu erklären vermochte.

»Zerfrieren denn auch die unartigen Knaben in lauter Stücke?« fragten die Storchkinder.

»Nein, in Stücke zerfrieren sie nicht, aber es fehlt nicht viel daran, und sie müssen in der dunklen Stube und hinter dem Ofen sitzen. Ihr dagegen könnt in fremden Ländern umherfliegen, wo es Blumen gibt und warmer Sonnenschein herrscht!«

Inzwischen war schon einige Zeit verstrichen, und die Jungen waren so groß, daß sie im Neste aufrecht stehen und sich weit umschauen konnten. Der Storchvater kam jeden Tag mit wohlschmekkenden Fröschen, kleinen Schlangen und allen auffindbaren Storchleckereien geflogen. Und wie lustige Kunststücke machte er ihnen vor! Den Kopf verstand er gerade auf den Schwanz zu legen, mit dem Schnabel klapperte er, als wäre derselbe eine Knarre, und dann erzählte er ihnen Geschichten, allesamt vom Sumpfe.

»Hört, nun müßt ihr fliegen lernen!« sagte eines Tages die Storchmutter, und dann mußten alle vier Junge auf den Dachfirst hinaus. Oh, wie sie schwankten! Wie sie suchten, sich mit den Flügeln im Gleichgewicht zu erhalten, und doch nahe daran waren, hinunterzufallen.

»Seht nun auf mich!« sagte die Mutter. »So müßt ihr den Kopf halten! So müßt ihr die Beine setzen! Eins, zwei, eins, zwei! Das wird euch in der Welt vorwärtsbringen!« Darauf flog sie eine kurze Strecke, und die Jungen machten einen kleinen, plumpen Satz. Bums! da lagen sie, denn sie waren noch zu schwerfällig.

»Ich will nicht fliegen!« sagte das eine Junge und kroch wieder in das Nest hinein. »Ich mache mir nichts daraus, nach den warmen Ländern zu kommen.«

»So willst du also hier im Winter erfrieren? Sollen etwa die Knaben kommen und dich pfählen, abkehlen und verbrennen? Dann will ich sie rufen!«

»O nein!« sagte das Storchkind und hüpfte dann wieder auf das Dach zu den anderen. Den dritten Tag konnten sie schon ordentlich ein wenig fliegen, und nun meinten sie auch, in der Luft schweben zu können. Das wollten sie, aber bums! da plumpsten sie nieder und mußten schnell wieder ihre Flügel in Bewegung setzen. Nun liefen die Knaben auf der Straße zusammen und sangen ihr Lied:

»Störchlein, Störchlein, fliege!«

»Sollen wir hinfliegen und ihnen die Augen aushacken?« fragten die Jungen.

»Nein, laßt das hübsch bleiben!« sagte die Mutter. »Hört nur auf mich, das ist weit wichtiger. Eins, zwei, drei! Nun fliegen wir rechts herum! Eins, zwei, drei! nun links um den Schornstein! Seht, das war sehr gut! Der letzte Flügelschlag war so hübsch und richtig, daß ihr Erlaubnis bekommen sollt, morgen mit mir in den Sumpf zu kommen. Dort kommen mehrere nette Storchfamilien mit ihren Kindern zusammen. Beweist mir nun, daß meine die wohlgezogensten sind, und haltet euch recht gerade, das sieht gut aus und gibt ein gewisses Ansehen!«

»Aber sollen wir denn an den unartigen Knaben keine Rache nehmen?« fragten die Storchjungen.

»Laßt sie schreien, was sie wollen! Ihr erhebt euch doch zu den Wolken und kommt nach dem Lande der Pyramiden, während sie frieren müssen und kein grünes Blatt noch einen süßen Apfel haben!«

»Ja, wir wollen uns rächen!« flüsterten sie einander zu, und dann wurde wieder fleißig geübt.

Von allen Knaben auf der Gasse war keiner ärger, das Spottlied zu singen, als gerade der, welcher es zuerst angestimmt hatte, und das war ein ganz kleiner Bursche, denn er zählte sicher nicht mehr als sechs Jahre. Die Storchkinder meinten freilich, er wäre hundert Jahre, weil er so viel größer als ihre Mutter und ihr Vater war. Was wußten sie davon, wie alt kleine und große Kinder sein können. Ihre ganze Rache sollte sich über diesen Knaben ergießen; er hatte ja mit dem Liede den Anfang gemacht und war dessen noch nicht müde geworden. Die jungen Störche waren sehr aufgebracht, und je größer sie wurden, desto weniger wollten sie es leiden. Die Mutter mußte ihnen zuletzt versprechen, daß sie ihnen Rache verschaffen wollte, aber erst am letzten Tage ihres Aufenthalts im hiesigen Lande sollte sie vollzogen werden.

»Wir müssen doch erst sehen, wie ihr euch bei der großen Übung bewähren werdet! Macht ihr eure Sache schlecht, so daß der General euch den Schnabel in die Brust bohren muß, dann haben die Knaben ja recht, wenigstens in einer Hinsicht! Laßt uns also erst sehen!«

»Ja, das sollst du!« sagten die Jungen und gaben sich deshalb gerade recht viel Mühe. Sie übten sich jeden Tag und flogen so niedlich und leicht, daß es eine wahre Lust war.

Nun kam der Herbst. Alle Störche versammelten sich allmählich, um gegen Winter nach den warmen Ländern zu fliegen. Was für eine Übung ging voraus! Über Wälder und Städte mußten sie, nur um zu sehen, wie gut sie fliegen könnten, denn es war ja eine große Reise, die bevorstand. Unsere jungen Störche machten ihre Sache so hübsch, daß sie die Zensur »Ausgezeichnet gut mit Frosch und Schlange« erhielten. Das war das allerbeste Zeugnis, und den Frosch und die Schlange durften sie essen und taten es auch.

»Nun müssen wir uns rächen!« sagten sie.

»Jawohl!« sagte die Storchmutter. »Was ich mir ausgedacht habe, das ist gerade das Richtige. Ich weiß, wo der Teich ist, in dem alle die kleinen Menschenkinder liegen, bis der Storch kommt und sie ihren Eltern bringt. Die niedlichen kleinen Kinder schlafen und träumen so süß, wie sie nachher nie mehr träumen. Alle Eltern wollen gern so ein kleines Kind haben, und alle Kinder wollen eine Schwester oder einen Bruder haben. Nun wollen wir nach dem Teiche hinfliegen und für jedes der Kinder eins holen, welche das arge Lied nicht gesungen und sich über die Störche nicht lustig gemacht haben.«

»Aber jener schlimme, häßliche Junge, der es zu singen angefangen hat, was machen wir mit ihm?«

»Im Teiche dort liegt ein kleines totes Kind, das sich tot geträumt hat. Das wollen wir zu ihm hintragen, dann muß er weinen, weil wir ihm ein totes Brüderchen gebracht haben. Allein dem guten Knaben, den ihr gewiß noch nicht vergessen habt, dem, der meinte: Es ist eine Sünde und Schande, sich über die Tiere lustig zu machen, dem wollen wir sowohl ein Brüderlein als auch ein Schwesterlein bringen, und da der Knabe Peter heißt, so sollt ihr sämtlich Peter gerufen werden!«

Und wie sie es gesagt hatte, geschah es. Seitdem hießen alle Störche Peter und werden noch heute so genannt.

Die wilden Schwäne

In weiter Ferne von hier, da, wohin die Schwalben, ehe unser Winter eintritt, fliegen, wohnte ein König, der elf Söhne und eine Tochter, Elise, hatte. Die elf Brüder, Prinzen waren sie natürlich, gingen mit dem Stern auf der Brust und dem Säbel an der Seite in die Schule. Sie schrieben auf goldene Tafeln mit Diamantgriffeln und lasen und lernten gleich gut auswendig; man konnte es ihnen sogleich anhören, daß sie Prinzen waren. Ihre Schwester Elise saß auf einem Stühlchen von Spiegelglas und hatte ein Bilderbuch, welches das halbe Königreich gekostet hatte.

Oh, die Kinder hatten es gar gut, aber so sollte es leider nicht immer bleiben!

Ihr Vater, der König über das ganze Land war, verheiratete sich mit einer bösen Königin, welche die armen Kinder gar nicht liebhatte. Schon den ersten Tag konnten sie es ganz deutlich merken. Im Schlosse war ein großes Fest, und da spielten die Kinder: »Es kommt Besuch«; aber während sie sonst alle Kuchen und Bratäpfel, die nur irgend aufzutreiben waren, erhielten, gab sie ihnen nur Sand in einer Tasse und sagte, sie könnten ja so tun, als ob es etwas wäre.

In der folgenden Woche übergab sie die kleine Elise einer Bauernfamilie auf dem Lande, und es dauerte nicht lange, bis sie dem Könige so viel über die armen Prinzen in den Kopf gesetzt hatte, daß er sich nun gar nicht mehr um sie kümmerte.

»Fliegt hinaus in die Welt und sorgt für euch selber!« sagte die böse Königin; »fliegt als große Vögel, ohne Stimme.« Aber so schlimm, wie sie beabsichtigte, konnte sie es doch nicht ausführen: Sie verwandelten sich in elf herrliche, wilde Schwäne. Mit einem seltsamen Schrei flogen sie zu den Schloßfenstern hinaus über den Park und den Wald hinweg.

Es war noch ganz früh, als sie an jenem Bauernhause, in dem ihre Schwester gerade im Bette lag und schlief, vorbeikamen. Hier schwebten sie über dem Dache, drehten ihre langen Hälse hin und her und schlugen mit den Flügeln, aber niemand sah oder hörte es. Sie mußten wieder weiter, hoch zu den Wolken empor, fort in die weite Welt, wo sie bis zu einem großen finstern Wald flogen, der sich bis an den Meeresstrand erstreckte.

Die arme kleine Elise stand in der Bauernstube und spielte mit einem grünen Blatte, denn anderes Spielzeug hatte sie nicht. Sie stach ein Loch in das Blatt, schaute durch dasselbe zur Sonne hinauf und dann war es ihr gerade, als wenn sie die hellen Augen ihrer Brüder erblickte, und sooft die warmen Sonnenstrahlen auf ihre Wangen schienen, gedachte sie aller ihrer Küsse.

Ein Tag verlief wie der andere. Wehte der Wind durch die großen Rosenhecken draußen vor dem Hause, dann flüsterte er den Rosen zu: »Wer kann schöner sein als ihr?« aber die Rosen schüttelten den Kopf und sagten: »Elise ist es!« Und saß am Sonntage die alte Hausmutter vor der Tür und las in ihrem Gesangbuch, dann schlug der Wind die Blätter um und sagte zu dem Buche: »Wer ist frömmer als du?« – »Elise ist es!« sagte das Gesangbuch, und es war die reine Wahrheit, was die Rosen und das Gesangbuch sagten.

Als sie fünfzehn Jahre alt war, sollte sie nach Hause zurückkehren. Kaum hatte aber die Königin ihre überraschende Schönheit gesehen, als das Herz derselben von Zorn und Haß gegen sie erfüllt wurde. Gern hätte sie auch ihre Stieftochter, wie die Brüder derselben, in einen wilden Schwan verwandelt, doch durfte sie es nicht sogleich wagen, da ja der König seine Tochter sehen wollte.

Früh des Morgens ging die Königin in das Bad, das von Marmor erbaut und mit weichen Kissen und den schönsten Decken ausgestattet war, nahm drei Kröten, küßte sie und sagte zu der einen: »Setze dich, wenn Elise in das Bad kommt, auf ihren Kopf, damit sie träge wird wie du!« – »Setze dich auf ihre Stirn!« sagte sie zu der anderen, »damit sie häßlich wird wie du, damit sie ihr Vater nicht erkennt!« – »Ruhe an ihrem Herzen!« flüsterte sie der dritten zu, »laß sie einen bösen Sinn bekommen, damit sie dadurch Pein erleidet!« Darauf setzte sie die Kröten in das klare Wasser, das sofort eine grünliche Farbe annahm, rief Elise, entkleidete sie und ließ sie in das Wasser hinuntersteigen. Während dieselbe nun untertauchte, setzte sich ihr die eine Kröte in das Haar, die andere auf die Stirn und die dritte auf den Busen, Elise schien es aber gar nicht zu bemerken. Als sie sich wieder emporrichtete, schwammen drei rote Mohnblumen auf dem Wasser. Wären die Tiere nicht giftig gewesen und hätten sie nicht von der Hexe einen Kuß erhalten, so wären sie in rote Rosen verwandelt worden, Blumen aber wurden sie trotzdem, weil sie auf ihrem Haupte und an ihrem Herzen geruht hatten. Sie war zu fromm und unschuldig, als daß die Zauberkunst Gewalt über sie zu gewinnen vermochte.

Als das die böse Königin sah, rieb sie Elise mit Walnußsaft ein, so daß sie ganz dunkelbraun wurde, bestrich ihr schönes Gesicht mit einer stinkenden Salbe und ließ das schöne Haar sich verwirren. Es war unmöglich, die hübsche Elise wiederzuerkennen.

Als ihr Vater sie in diesem Zustande erblickte, erschrak er deshalb sehr und erklärte, das wäre seine Tochter nicht. Niemand wollte sie, außer dem Kettenhunde und den Schwalben, wiedererkennen, das waren aber arme Tiere und hatten nichts mitzusprechen.

Da weinte die arme Elise und gedachte ihrer elf Brüder, die alle verschwunden waren. Betrübt schlich sie sich aus dem Schlosse hinaus und ging den ganzen Tag über Feld und Sumpf bis in den großen Wald hinein. Sie wußte zwar nicht, wohin sie wollte, aber in ihrer Betrübnis sehnte sie sich nach ihren Brüdern, die gewiß, ebenso wie sie, in die Welt hinausgejagt waren. Diese wollte sie suchen und hoffte sie auch zu finden.

Nur kurze Zeit war sie im Walde gewesen, als die Nacht hereinbrach. Sie war vollständig vom Wege abgekommen. Da legte sie sich denn auf das weiche Moos, betete ihr Abendgebet und lehnte ihr Köpfchen gegen einen Baumstumpf. Dort war es so still, die Luft war so mild, und ringsumher im Grase und auf dem Moose funkelten wie in grünlichem Feuer mehr als hundert Leuchtkäferchen. Als sie einen Zweig leise mit der Hand berührte, fielen die leuchtenden Insekten wie Sternschnuppen zu ihr nieder.

Die ganze Nacht träumte sie von ihren Brüdern; sie spielten wieder als Kinder, schrieben mit Diamantgriffeln auf goldenen Tafeln und besahen sich das schöne Bilderbuch, welches das halbe Reich gekostet hatte. Aber auf die Tafeln schrieben sie nicht, wie sonst, nur Nullen und Striche, sondern die kühnen Taten, die sie ausgeführt, alles, was sie erlebt und gesehen hatten. Im Bilderbuche war alles lebendig, die Vögel sangen, und die Menschen traten förmlich aus dem Buche hervor und sprachen mit Elisen und ihren Brüdern, wenn sie aber umblätterte, sprangen sie sogleich wieder hinein, damit keine Verwirrung unter die Bilder käme.

Als sie erwachte, stand die Sonne schon hoch. Allerdings konnte sie dieselbe nicht sehen, denn die hohen Bäume breiteten ihre Zweige dicht und fest aus, aber die Strahlen spielten dort oben wie ein wehender Goldflor. Ein köstlicher Duft entströmte dem Grünen, und die Vögel waren so zutraulich, daß sie sich Elisen fast auf die Schultern setzten. Sie hörte das Wasser plätschern, das kam aus vielen, reichen Quellen, die alle in einen Teich mündeten, in dem der herrlichste Sandboden war. Zwar wuchs hier dichtes Gebüsch ringsumher, doch hatten an einer Stelle die Hirsche eine große Öffnung gebildet, und nach dieser Richtung hin ging Elise zum Wasser. Es war so klar, daß sie, wenn der Wind nicht die Zweige und Büsche bewegt hätte, fast hätte glauben können, sie wären auf den Boden gemalt, so deutlich spiegelte sich jedes Blatt darin ab.

Als sie ihr eigenes Angesicht erblickte, erschrak sie auf das heftigste, so braun und häßlich war es. Kaum aber hatte sie ihr kleines Händchen naß gemacht und sich Augen und Stirn damit gerieben, so schien auch die weiße Haut wieder hervor. Da legte sie alle ihre Kleider ab und stieg in das frische Wasser. Ein schöneres Königskind als sie fand sich nirgends in dieser Welt.

Als sie sich wieder angekleidet und ihr langes Haar geflochten hatte, ging sie zu der sprudelnden Quelle, trank aus ihrer hohlen Hand und wanderte tiefer in den Wald hinein, ohne selbst zu wissen wohin. Sie dachte an ihre Brüder, dachte an den lieben Gott, der sie gewiß nicht verlassen würde. Und er, der die wilden Waldfrüchte wachsen ließ, zeigte auch ihr einen Baum, dessen Zweige sich unter ihren Früchten beugten. Dort hielt sie ihr Mittagsmahl, stützte die beladenen Zweige und ging dann in den dunkelsten Teil des Waldes hinein. Dort war es so still, daß sie ihre eigenen Fußtritte hörte und jedes welke Blatt, das sich unter ihren Füßen bog. Nicht ein Vogel war dort zu sehen, nicht ein Sonnenstrahl konnte durch die großen, dichten Baumzweige hindurchdringen. Die hohen Stämme standen so dicht nebeneinander, daß es ihr, wenn sie geradeaus sah, vorkam, als umschlösse sie ein einziges dichtes Balkengitter. Oh, hier war Einsamkeit, wie sie sie nie zuvor gekannt hatte.

Die Nacht wurde gar finster. Nicht ein einziges Leuchtkäferchen funkelte aus dem Moose hervor; betrübt legte sie sich zum Schlafe nieder. Da schien es ihr, als beugten sich die Baumzweige über ihr zur Seite, und der liebe Gott sähe mit milden Augen auf sie hernieder, und kleine Engel guckten über seinem Haupte und unter seinen Armen hervor.

Als sie am andern Morgen erwachte, wußte sie nicht, ob sie es nur geträumt hätte, oder ob es Wirklichkeit gewesen wäre.

Sie war erst wenige Schritte gegangen, als sie einer alten Frau, die Beeren in ihrem Korbe trug, begegnete. Die Alte schenkte ihr einige derselben. Elise fragte, ob sie nicht elf Prinzen hätte durch den Wald reiten sehen.

»Nein«, sagte die Alte, »aber gestern sah ich elf Schwäne mit goldenen Kronen auf dem Kopfe den Bach hinabschwimmen.«

Sie führte Elisen eine Strecke weiter bis zu einem Abhange, an dessen Fuße ein Bach vorüberrauschte. Die Bäume an seinen Ufern hatten ihre blätterreichen Wipfel miteinander verschlungen, und wo sie infolge ihres natürlichen Wuchses nicht zusammenreichen konnten, da hatten sie ihre Wurzeln aus dem Erdboden losgerissen und hingen, in den Zweigen miteinander verflochten, über das Wasser hinaus.

Elise sagte der Alten Lebewohl und ging dann den Bach bis zu seiner Mündung entlang.

Das ganze herrliche Meer lag nun vor dem jungen Mädchen ausgebreitet da. Aber nicht ein Segel zeigte sich darauf, nicht ein Boot war zu sehen, auf dem sie hätte weitergelangen können. Sie betrachtete die unzähligen kleinen Steine am Strande; das Wasser hatte sie alle rundgeschliffen. Glas, Eisen, Steine, alles, was hier herangespült war, hatte die Gestalt des Wassers angenommen, das doch weit weicher war als ihre feine Hand. »Unermüdlich rollt es und rollt es, und so ebnet sich das Harte; ich will ebenso unermüdlich sein! Dank für eure Lehre, ihr klaren, rollenden Wogen! Einmal, das sagt mir mein Herz, werdet ihr mich zu meinen Brüdern tragen!«

Auf dem angespülten Seegrase lagen elf weiße Schwanenfedern; sie sammelte sie zu einem Strauß. Wassertropfen lagen auf ihnen, ob es Tau war oder Tränen, konnte niemand sehen. Einsam war es dort am Strande, aber sie fühlte es nicht, denn das Meer bot eine ewige Abwechslung dar, ja binnen wenigen Stunden mehr, als die süßen Binnenseen in einem ganzen Jahre aufzuweisen vermögen. Kam da eine große, schwarze Wolke, so war es, als wollte die See sagen: »Ich kann auch finster aussehen!« und erhob sich dann der Wind, so kräuselten sich die Wellen und zeigten sich in einem Kleide von Schaum. Erglühten aber die Wolken rot und legte sich der Wind, dann erschien das Meer wie ein Rosenblatt: bald war es grün, bald weiß, wie still es aber ruhen mochte, zeigte sich doch am Strande eine leise Bewegung; das Wasser hob sich schwach, wie die Brust eines schlafenden Kindes.

Als die Sonne eben untergehen wollte, gewahrte Elise elf wilde Schwäne mit goldenen Kronen auf dem Kopfe, die dem Lande zuflogen; einer schwebte hinter dem anderen, es sah wie ein langes weißes Band aus. Da stieg Elise den Abhang hinauf und versteckte sich hinter einem Busch. Die Schwäne ließen sich unmittelbar in ihrer Nähe nieder und schlugen mit ihren großen weißen Flügeln.

Als die Sonne unter das Wasser tauchte, sanken plötzlich die Schwanenhüllen, und elf herrliche Prinzen, Elisens Brüder, standen da. Sie stieß einen lauten Schrei aus, denn hatten sie sich auch sehr verändert, so wußte sie doch, daß sie es waren, fühlte, daß sie es sein mußten; und sie sprang in ihre Arme, rief sie bei Namen, und sie wurden unendlich glücklich, als sie ihr Schwesterchen, das jetzt so groß und schön war, sahen und erkannten. Sie lachten und weinten und hatten sich bald darüber verständigt, wie böse ihre Stiefmutter gegen sie alle gehandelt hätte.

»Wir Brüder«, sagte der älteste, »fliegen als wilde Schwäne, solange die Sonne am Himmel steht; ist sie untergegangen, erhalten wir unsere menschliche Gestalt wieder. Unsere Hauptsorge muß es deshalb sein, beim Sonnenuntergang festen Grund und Boden unter unseren Füßen zu haben, denn fliegen wir dann noch zwischen den Wolken, müssen wir, als Menschen, in die Tiefe hinabstürzen. Hier wohnen wir nicht; es liegt ein ebenso schönes Land als dieses am jenseitigen Meeresufer; der Weg dahin ist weit, wir müssen über das große Meer, und keine Insel liegt auf unserem Wege, auf der wir übernachten könnten; nur eine einsame kleine Klippe ragt inmitten desselben hervor. Sie ist gerade groß genug, daß wir Seite an Seite dicht nebeneinander ruhen können. Ist die See bewegt, so spritzt das Wasser hoch über uns; aber trotzdem danken wir Gott für dieselbe. Dort übernachten wir in unserer Menschengestalt; ohne sie könnten wir unser teures Vaterland nie wiedersehen, denn zwei der längsten Tage des Jahres gebrauchen wir zu unserem Fluge. Nur einmal jährlich ist es uns vergönnt, unsere väterliche Heimat zu besuchen. Elf Tage dürfen wir hier weilen, über diesen großen Wald hinfliegen, von wo wir das Schloß erblicken können, wo wir geboren sind und wo unser Vater wohnt, dürfen sehen den hohen Turm der Kirche, in der unsere Mutter begraben liegt. Hier scheinen uns Bäume und Büsche mit uns verwandt zu sein, hier jagen die wilden Pferde über die weiten Steppen hin, wie wir es in unserer Kindheit sahen; hier singt der Kohlenbrenner die alten Weisen, nach denen wir als Kinder so oft getanzt, hier ist unser Vaterland, hierher zieht uns unser Herz, und hier haben wir dich, du liebes Schwesterchen, gefunden. Noch zwei Tage dürfen wir hierbleiben, dann müssen wir über das Meer nach einem herrlichen Lande aufbrechen, das aber doch nicht unser Vaterland ist. Allein, wie werden wir es machen, um dich mitzunehmen? Wir haben weder Schiff noch Boot.«

»Was kann ich tun, um euch zu erlösen?« fragte die Schwester.

Sie unterhielten sich fast die ganze Nacht, nur wenige Stunden senkte sich der Schlummer auf ihre Augen.

Elise erwachte durch das Rauschen der Schwanenflügel, die über sie hinsausten. Die Brüder waren wieder versammelt und flogen in großen Kreisen und zuletzt weit fort, doch blieb wenigstens einer von ihnen, der jüngste, zurück. Der Schwan legte seinen Kopf in ihren Schoß, und sie streichelte seine Schwingen; den ganzen Tag waren sie beisammen. Gegen Abend kamen die anderen zurück, und als die Sonne untergegangen war, standen sie in ihrer natürlichen Gestalt da.

»Morgen fliegen wir von hier fort und dürfen vor einem ganzen Jahr nicht zurückkommen; aber dich können wir unmöglich so verlassen! Hast du Mut, uns zu begleiten? Mein Arm ist stark genug, dich durch den Wald hindurchzutragen, sollten da unser aller Flügel nicht Kraft genug haben, mit dir über das Meer zu fliegen?«

»Ja, nehmt mich mit!« sagte Elise.

Die ganze Nacht brachten sie damit zu, aus der geschmeidigen Weidenrinde und dem zähen Schilf ein starkes Netz zu flechten; auf dieses legte sich Elise, und als nun die Sonne sich erhob und die Brüder in wilde Schwäne verwandelt wurden, ergriffen sie das Netz mit ihren Schnäbeln und flogen mit ihrer teuren Schwester, die noch im süßen Schlummer lag, hoch zu den Wolken empor. Die Sonnenstrahlen schienen ihr gerade ins Antlitz, weshalb einer der Schwäne über ihrem Haupte einherschwebte, um sie mit seinen breiten Flügeln zu beschatten.

Sie waren schon weit vom Lande, als Elise erwachte. Sie glaubte noch zu träumen, so wunderbar kam es ihr vor, über das Meer hoch durch die Luft getragen zu werden. Ihr zur Seite lag ein Zweig mit herrlichen reifen Beeren und ein Bund wohlschmeckender Wurzeln. Diese hatte der jüngste der Brüder gesammelt und für sie hingelegt, und dankbar lächelte sie ihn an, denn sie erkannte, daß er es war, der über ihrem Haupte einherflog und sie mit den Flügeln beschattete.

Sie schwebten so hoch, daß das erste Schiff, das sie unter sich erblickten, ihnen wie eine Möwe vorkam, die auf dem Wasser lag. Eine große Wolke stand hinter ihnen, bergehoch übereinander getürmt, und auf dieser gewahrte Elise ihren eigenen Schatten und den der elf Schwäne, der in Riesengröße ihren eilenden Flug begleitete. Es war ein Gemälde desgleichen sie nie zuvor gesehen hatte. Aber allmählich, wie die Sonne höher stieg und die Wolke weit hinter ihnen zurückblieb, verschwand das schwebende Schattenbild.

Den ganzen Tag flogen sie ohne Unterbrechung fort, wie ein sausender Pfeil durch die Luft fährt, aber doch ging es jetzt, wo sie die Schwester zu tragen hatten, bedeutend langsamer als sonst. Da zog sich ein Unwetter zusammen, und der Abend näherte sich. Ängstlich sah Elise die Sonne mehr und mehr sinken, und noch immer war die einsame Klippe im Meere nicht zu erblicken. Es kam ihr vor, als ob die Schwäne stärkere Flügelschläge machten. Ach, und sie trug die Schuld, daß sie nicht schnell genug vorwärtskamen! Sobald die Sonne untergegangen war, mußten sie Menschen werden, ins Meer stürzen und ertrinken. Da betete sie aus Herzensgrunde zum lieben Gott, aber noch entdeckte sie keine Klippe. Die schwarze Wolke kam näher und näher, die starken Windstöße verkündeten einen Sturm. Die Wolken hatten sich zu einer einzigen großen, unheildrohenden Masse zusammengeballt, die sich bleiförmig vorwärtsschob. Blitz leuchtete auf Blitz.

Jetzt hatte die Sonne den Meeresspiegel erreicht. Elisen klopfte das Herz. Da schossen die Schwäne hinab, so schnell, daß sie zu fallen vermeinte. Aber jetzt schwebten sie wieder. Die Sonne war schon zur Hälfte unter das Wasser getaucht, da bemerkte sie erst die kleine Klippe unter sich. Sie sah nicht größer als ein Seehund aus, der den Kopf aus dem Wasser erhebt. Die Sonne sank schnell; nur ein schmaler Streifen blitzte noch über dem Wasser hervor, da berührte ihr Fuß festen Boden. Das Sonnenlicht erlosch wie der letzte Funken eines brennenden Papiers. Arm in Arm sah sie die Brüder um sich stehen, aber mehr Platz, als unabweislich für diese und sie erforderlich war, fand sich auch nicht. Die See schlug gegen die Klippe und ergoß sich wie ein Regenguß über sie; der Himmel leuchtete, als wenn er in Flammen stände, und der Donner rollte

Schlag auf Schlag. Aber Schwester und Brüder hielten einander an den Händen und sangen Choräle, woraus sie Trost und Mut schöpften.

Als der Tag graute, war die Luft rein und still. Sobald die Sonne sich erhob, flogen die Schwäne mit Elisen von der Insel fort. Das Meer ging noch hoch, so daß es, als sie hoch in der Luft schwebten, ihnen vorkam, als ob der weiße Schaum auf der dunkelgrünen See Millionen Schwäne wären, die sich auf dem Wasser schaukelten.

Als die Sonne höher stieg, erblickte Elise, halb schwimmend in der Luft, ein Bergland vor sich, mit schimmernden Eismassen auf den Felsen, und mitten auf denselben dehnte sich ein wohl meilenlanges Schloß aus, mit einem kühnen Säulengang über dem anderen. In der Tiefe wogten Palmenwälder und prächtige Blumen wie Mühlräder groß. Sie erkundigte sich, ob dies Land das Ziel ihrer Reise wäre, aber die Schwäne schüttelten den Kopf, denn was sie sah, war das herrliche, beständig wechselnde Wolkenschloß der Fee Fata Morgana. Dort hinein durfte man keinen Menschen bringen. Elise blickte es unverwandt an. Da stürzten plötzlich Berge, Wälder und das Schloß selbst zusammen, und nun standen zwanzig stolze Kirchen da, alle einander gleich, mit hohen Türmen und Spitzbogenfenstern. Sie glaubte den Orgelklang zu vernehmen, aber was sie hörte, war nur das Meer. Schon war sie den Kirchen ganz nahe, als sie sich in eine Flotte verwandelten, die unter ihr dahinsegelte. Sie schaute aufmerksamer hin, und es war nur der Meeresnebel, der sich über das Wasser hinwälzte. Ja, eine ewige Abwechslung bot sich ihren Blicken dar, und nun gewahrte sie auch das wirkliche Land, dem sie zueilten. Dort erhoben sich herrliche blaue Berge mit Zedernwäldern, Städten und Schlössern. Lange vor Sonnenuntergang saß sie auf dem Felsen vor einer großen Höhle, die mit feinen grünen Schlingpflanzen bewachsen war; sie nahmen sich wie gestickte Teppiche aus.

»Nun wollen wir sehen, was du heute nacht hier träumen wirst!« sagte der jüngste Bruder und zeigte ihr das Schlafzimmer.

»O möchte ich doch träumen, wie ich euch erlösen kann!« erwiderte sie. Dieser Gedanke beschäftigte sie so lebhaft, sie bat Gott so innig um seine Hilfe, ja selbst im Schlafe betete ihr Geist weiter, daß es ihr endlich vorkam, als flöge sie hoch in die Luft zu Fata Morganas Wolkenschlosse, und die Fee käme ihr entgegen, schön und glänzend. Und doch glich sie auch wieder der alten Frau, die ihr im Walde Beeren gegeben und von den Schwänen mit den goldenen Kronen erzählt hatte.

»Deine Brüder können erlöst werden!« sprach sie, »hast du aber auch Mut und Ausdauer? Wohl ist das Meer weicher als deine feinen Hände und formt doch die harten Steine um, aber es fühlt nicht den Schmerz, den deine Finger fühlen werden; es hat kein Herz, leidet nicht die Angst und Qual, die du aushalten mußt. Siehst du diese Brennessel, die ich in meiner Hand halte? Von derselben Gattung wachsen viele um die Höhle, in welcher du schläfst. Nur diese und solche, die aus den Gräbern des Friedhofs hervorsprossen, sind anwendbar. Merke das; diese mußt du pflücken, wenn sie deine Hand auch voll Blasen brennen werden. Brichst du nun die Nesseln mit deinen Füßen, so erhältst du Flachs, aus dem du elf Panzerhemden mit langen Ärmeln flechten und binden mußt; wirf diese über die elf Schwäne, so ist der Zauber gelöst. Aber sei dessen wohl eingedenk, daß du von Beginn bis Beendigung dieser Arbeit, und sollten Jahre dazwischenliegen, nicht sprechen darfst; das erste Wort, das über deine Lippen geht, fährt wie ein tötender Dolch in das Herz deiner Brüder; an deiner Zunge hängt ihr Leben. Merke dir dies alles!«

Zugleich berührte sie Elisens Hand mit der Nessel; diese brannte wie glühendes Feuer, so daß die Prinzessin vor Schmerz erwachte. Es war heller, lichter Tag, und dicht neben der Stelle, wo sie geschlafen hatte, lag eine Nessel gleich der, die sie im Traume gesehen hatte. Da fiel sie auf ihre Knie, dankte dem lieben Gott und trat aus der Höhle, um sofort ihre Arbeit zu beginnen.

Mit ihren feinen Händen griff sie hinunter in die häßlichen Nesseln, die sich wie Feuer anfühlten. Große Blasen brannten sie an ihren Händen und Armen, aber gerne wollte sie dies erleiden, konnte sie ihre lieben Brüder dadurch erlösen. Sie brach jede Nessel mit ihren nackten Füßen und flocht den grünen Flachs.

Als die Sonne untergegangen war, kamen die Brüder und erschraken, als sie sie stumm fanden. Zunächst hielten sie es für eine neue Bezauberung ihrer bösen Stiefmutter, als sie aber ihre Hände sahen, begriffen sie, was sie um ihretwillen täte. Der jüngste Bruder weinte, und wohin seine Tränen fielen, da fühlte sie keinen Schmerz, da verschwanden die brennenden Blasen.

Die Nacht brachte sie bei ihrer Arbeit zu, denn es ließ ihr keine Ruhe, ehe sie die lieben Brüder erlöst hatte. Den ganzen folgenden Tag saß sie, während die Schwäne fort waren, in ihrer Einsamkeit, aber nie war ihr die Zeit so schnell verflogen. Ein Panzerhemde war schon fertig, und nun begann sie das zweite.

Da ließ sich zwischen den Bergen der Klang eines Jagdhorns vernehmen. Sie wurde ängstlich, der Ton kam immer näher; sie hörte Hundegebell. Erschreckt zog sie sich in die Höhle zurück, band die Nesseln, die sie gesammelt und gehechelt hatte, in ein Bund und setzte sich darauf.

Plötzlich kam ein großer Hund aus dem Gesträuch hervorgesprungen und unmittelbar darauf wieder einer und noch einer. Es verstrichen nur wenige Minuten, bis alle Jäger vor der Tür standen. Der schönste von ihnen war unstreitig der König des Landes, der nun auf Elise zutrat. Nie hatte er ein schöneres Mädchen gesehen. »Wo bist du hergekommen, du herrliches Kind?« redete er sie an. Elise schüttelte den Kopf, sie durfte ja nicht reden, denn es galt ihrer Brüder Leben und Erlösung. Ihre Hände verbarg sie unter der Schürze, damit der König nicht sähe, was sie zu leiden hätte.

»Begleite mich!« begann er von neuem; »hier darfst du nicht bleiben. Bist du ebenso gut, wie du schön bist, so will ich dich in Seide und Samt kleiden, dir die goldene Krone auf das Haupt setzen, und du sollst in meinem reichsten Schlosse wohnen!« Und damit hob er sie auf sein Pferd. Sie weinte und rang ihre Hände, aber der König sagte: »Ich will nur dein Glück, einst wirst du mir dafür danken!« Dann stürmte er vorwärts zwischen den Bergen hindurch, hielt sie vor sich auf dem Pferde, und die Jäger jagten hinterher.

Als die Sonne niedersank, lag die prächtige Königsstadt mit ihren Kirchen und Kuppeln vor ihnen, und der König führte sie in das Schloß hinein, wo in den hohen Marmorsälen große Wasserkünste plätscherten, wo Wände und Decken mit Gemälden verziert waren, aber sie hatte keine Augen dafür, sie weinte und trauerte. Willenlos duldete sie, daß die Frauen ihr königliche Kleider anlegten, ihr Perlen in das Haar flochten und feine Handschuhe über die verbrannten Finger zogen.

Als sie in aller ihrer Pracht dastand, war sie so blendend schön, daß sich der Hof noch tiefer vor ihr verneigte, und der König erwählte sie zu seiner Braut, obwohl der Erzbischof den Kopf schüttelte und flüsterte, das schöne Waldmädchen wäre sicher eine Hexe; es verblendete ihre Augen und betörte das Herz des Königs.

Doch der König hörte nicht darauf, ließ die Musik erklingen, die köstlichen Speisen auftragen, die anmutigsten Mädchen um sich tanzen, und sie wurde durch duftende Gärten in die prächtigsten Säle hineingeführt. Aber nicht ein Lächeln glitt über ihren Mund oder strahlte aus ihren Augen; in ihnen las man nur Trauer, als ihr ewiges Erbe und Eigentum. Nun öffnete der König ein kleines Zimmer dicht daneben, wo sie schlafen sollte. Es war mit köstlichen grünen Teppichen geschmückt und ähnelte vollkommen der Höhle, in welcher der König sie gefunden hatte. Auf dem Fußboden lag das Bund Flachs, den sie aus den Nesseln gesponnen hatte, und unter der Decke hing das Panzerhemd, das schon fertig gestrickt war. Alles dies hatte einer der Jäger als Merkwürdigkeit aufgenommen.

»Hier kannst du dich in deine frühere Heimat zurückträumen!« sprach der König. »Hier ist die Arbeit, die dich dort beschäftigte. Jetzt, mitten in deiner Pracht, wird es dich unterhalten, an die vergangene Zeit zurückzudenken.«

Als Elise das erblickte, was ihrem Herzen so nahe lag, spielte ein Lächeln um ihren Mund, und das Blut kehrte in ihre Wangen zurück; sie dachte an die Erlösung ihrer Brüder, küßte dem Könige die Hand, und er drückte sie an sein Herz und ließ durch alle Kirchenglocken das Hochzeitsfest verkündigen. Das schöne stumme Mädchen aus dem Walde war die Königin des Landes.

Obwohl der Erzbischof dem Könige böse Worte ins Ohr flüsterte, drangen sie doch nicht in sein Herz ein; es blieb bei der Hochzeit, der Erzbischof selbst mußte ihr die Krone auf das Haupt setzen und in seinem Unwillen drückte er ihr den engen Reifen so fest auf die Stirn, daß es ihr Schmerzen verursachte. Doch ein schwererer Reifen legte sich um ihr Herz: die Trauer um ihre Brüder; dagegen mußte die körperliche Pein verschwinden.

Ihr Mund war stumm, hätte doch ein einziges Wort ihren Brüdern das Leben gekostet, allein ihre Augen spiegelten ihre innige Zärtlichkeit gegen den guten, schönen König wider, der alles tat, um sie zu erfreuen. Sie liebte ihn von Tag zu Tag heißer und aufrichtiger. Hätte sie sich ihm nur anvertrauen, ihm ihr Leiden gestehen dürfen! Nun aber mußte sie stumm sein, mußte stumm ihr

Werk vollenden. Deshalb schlich sie sich nachts von seiner Seite, ging in ihr verstecktes Kämmerlein, das wie die Höhle ausgeschmückt war, und strickte ein Panzerhemd nach dem anderen fertig; als sie jedoch das siebente begann, hatte sie keinen Flachs mehr.

Wie sie wußte, wuchsen die Nesseln, die sie allein verwenden durfte, auf dem Friedhofe, aber sie mußte sie selbst pflücken; wie sollte sie das anfangen?

Oh, was hat der Schmerz an meinen Fingern gegen die Qual zu bedeuten, die mein Herz erleidet! dachte sie. Ich muß es wagen, der liebe Gott wird seine Hand nicht von mir abziehen! Mit einer Herzensangst, als hätte sie eine böse Tat vor, schlich sie sich in einer mondhellen Nacht in den Garten hinunter und ging durch die langen Baumwege und einsamen Straßen nach dem Friedhofe hinaus. Dort erblickte sie auf einem der breitesten Leichensteine einen Kreis häßlicher Hexen. Sie zogen ihre Lumpen aus, als ob sie baden wollten, und gruben dann mit ihren langen, mageren Fingern in die frischen Gräber hinein und holten das Fleisch der Leichen heraus. Elise mußte dicht bei ihnen vorüber, und sie hefteten ihre bösen Blicke auf sie, aber sie betete, sammelte die brennenden Nesseln und nahm sie mit sich nach dem Schlosse.

Ein einziger Mensch hatte sie allein gesehen, der Erzbischof; er war noch wach, wenn die anderen schliefen. Nun hatte sich seine Meinung doch bewährt, daß es mit ihr nicht stände, wie es mit einer Königin stehen sollte. Sie war eine Hexe, und darum hatte sie den König und das ganze Volk betört.

Bei der Beichte erzählte er dem Könige, was er gesehen hatte und was er befürchtete, und als seine Zunge diese harten Worte sprach, da schüttelten die geschnitzten Heiligenbilder ihre Köpfe, als ob sie sagen wollten: »Es ist nicht so, Elise ist unschuldig!« Der Erzbischof legte es jedoch anders aus, behauptete, daß sie gegen sie Zeugnis ablegten, daß sie über ihre Sünde die Köpfe schüttelten. Da rollten dem Könige zwei schwere Tränen über die Wangen herab, er ging mit Zweifel in seinem Herzen nach Hause. Er tat des Nachts, als ob er schliefe, aber es kam kein ruhiger Schlaf in seine Augen; er merkte, wie Elise aufstand, wie sie dieses jede Nacht wiederholte, und jedesmal ging er ihr leise nach und sah, daß sie in ihrer Kammer verschwand.

Tag für Tag wurde seine Miene finsterer. Elise sah es wohl, begriff aber nicht weshalb. Doch ängstigte sie dieses Benehmen, und was litt sie nicht erst in ihrem Herzen um ihrer Brüder willen? Auf den königlichen Samt und Purpur rannen ihre bitteren Tränen nieder; wie blitzende Diamanten lagen sie darauf und alle, welche diese reiche Pracht sahen, wünschten Königin zu sein. Inzwischen war ihre Arbeit nun bald vollendet, nur ein Panzerhemd fehlte noch, aber sie hatte nun keinen Flachs mehr und nicht eine einzige Nessel. Einmal, nur dieses letzte Mal noch, mußte sie deshalb zum Friedhofe hinauswandern und einige Hände voll pflücken. Mit Angst dachte sie an diese einsame Wanderung, mit Angst an die schrecklichen Hexen, aber ihr Wille war ebenso unerschütterlich wie ihr Vertrauen auf den Herrn.

Elise ging, aber der König und der Erzbischof folgten ihr und sahen sie in die Kirchhofspforte hineintreten und verschwinden. Als sie sich derselben näherten, erblickten sie auf den Grabsteinen die Hexen, wie sie Elise erblickt hatte, und der König wandte sich ab, denn unter diesen vermutete er die, deren Haupt noch an diesem Abend an seiner Brust geruht hatte.

»Das Volk möge sie verurteilen!« sagte er, und das Volk verurteilte sie zum Scheiterhaufen.

Aus den prächtigen Königssälen wurde sie in ein finsteres, feuchtes Loch geschleppt, in welches der Wind durch das Gitterfenster hineinpfiff; anstatt des Samts und der Seide gab man ihr das Bund Nesseln, das sie gesammelt hatte, darauf konnte sie ihr Haupt legen. Die harten, brennenden Panzerhemden, die sie gestrickt hatte, sollten ihr statt Kissen und Decke dienen, doch konnte man ihr nichts Lieberes schenken. Sie nahm ihre Arbeit wieder auf und betete inbrünstig zu Gott. Draußen vor ihren Fenstern sangen die Gassenbuben Spottlieder auf sie, und keine Seele tröstete sie mit einem herzlichen Worte.

Da sauste gegen Abend dicht am Gitter ein Schwanenflügel: es war der jüngste der Brüder, der endlich die Schwester aufgefunden hatte. Laut schluchzte sie auf vor Freude, obgleich sie wußte, daß die kommende Nacht vielleicht die letzte war, die sie zu leben hatte. Aber jetzt war ihre Arbeit ja auch beinahe vollendet, und ihre Brüder waren hier.

Der Erzbischof erschien, um die letzte Stunde mit ihr zuzubringen, das hatte er dem Könige versprochen, sie aber schüttelte den

Kopf und bat ihn mit Blick und Mienen, wieder zu gehen. In dieser Nacht mußte sie ja ihre Arbeit vollenden, oder alles war vergeblich, vergeblich ihr Schmerz, ihre Tränen, ihre schlaflosen Nächte. Der Erzbischof schied mit bösen Worten von ihr, aber die arme Elise war sich ihrer Unschuld bewußt und arbeitete weiter.

Die kleinen Mäuse liefen über den Fußboden hin, schleppten die Nesseln bis zu ihren Füßen hin, um doch auch ein wenig zu helfen, und die Drossel setzte sich an das Gitter des Fensters und sang so lustig sie konnte, damit sie den Mut nicht verlieren sollte.

Es begann gerade zu dämmern – erst in einer Stunde sollte die Sonne aufgehen –, da standen die elf Brüder vor dem Portale des Schlosses und verlangten vor den König geführt zu werden. Das könnte nicht geschehen, erhielten sie aber zur Antwort, es wäre ja noch Nacht, der König schliefe und dürfte nicht geweckt werden. Sie baten, sie drohten, die Wache kam, ja selbst der König trat aus seinem Schlafzimmer und fragte, was das zu bedeuten hätte, aber in dem Augenblicke stieg strahlend die Sonne empor, und nun war kein Bruder mehr zu sehen, aber über das Schloß hinweg flogen elf wilde Schwäne.

Aus dem Stadttor strömte das ganze Volk, um die Hexe verbrennen zu sehen. Ein elender Gaul zog den Karren, auf dem sie saß. Man hatte sie mit einem Kittel von grober Sackleinwand bekleidet; ihr herrliches, langes Haar wallte aufgelöst um das schöne Haupt, ihre Wangen waren leichenblaß, ihre Lippen bewegten sich leise, während ihre Finger den grünen Flachs flochten. Selbst auf ihrem Todeswege unterbrach sie die begonnene Arbeit nicht, die zehn Panzerhemden lagen zu ihren Füßen, an dem elften strickte sie; der Pöbel verhöhnte sie.

»Seht nur die Hexe an, wie sie vor sich hermurmelt; sie hat kein Gesangbuch in der Hand, nein, mit ihrem häßlichen Zauberwerk sitzt sie da. Reißt es ihr in tausend Stücke!«

Alle drängten auf sie ein und wollten es ihr zerreißen. Da kamen elf weiße Schwäne geflogen, die setzten sich rings um sie auf den Karren und schlugen mit ihren großen Schwingen. Da wich der Haufen erschrocken zur Seite.

»Das ist ein Zeichen vom Himmel! Sie ist sicherlich unschuldig!« flüsterten viele, wagten es aber nicht laut auszusprechen.

Nun ergriff der Büttel sie bei der Hand; da warf sie eiligst den

Schwänen die elf Hemden über und plötzlich standen elf stattliche Prinzen da, aber der jüngste hatte anstatt des einen Armes einen Schwanenflügel, denn seinem Panzerhemde fehlte ein Ärmel, den sie noch nicht fertigbekommen hatte.

»Nun darf ich sprechen!« rief sie aus, »ich bin unschuldig!«

Und das Volk, das sah, was geschehen war, verneigte sich vor ihr wie vor einer Heiligen, sie selbst aber sank leblos in die Arme ihrer Brüder, so hatten Spannung, Angst und Schmerz auf sie eingewirkt.

»Ja, unschuldig ist sie!« sagte der älteste Bruder und erzählte dann alles, was geschehen war, und während er sprach, verbreitete sich ein Duft wie von Millionen Rosen, denn jedes Stück Brennholz des Scheiterhaufens hatte Wurzel geschlagen und Zweige getrieben. Da stand eine duftende Hecke, hoch und groß mit roten Rosen; zu alleroberst aber wiegte sich eine Blume, weiß und leuchtend, die wie ein Stern erglänzte. Diese brach der König, steckte sie Elisen vor die Brust und nun erwachte sie mit Frieden und Glückseligkeit in ihrem Herzen.

Alle Kirchenglocken läuteten von selbst, und die Vögel kamen in großen Schwärmen; es wurde ein Hochzeitszug zurück zum Schlosse, wie ihn noch kein König gesehen hatte.

Das Schneeglöckchen

Es war Winterszeit, die Luft kalt, der Wind scharf, aber zu Hause war es warm und gut, in ihrem eigenen Häuschen lag die Blume, sie schlummerte in ihrer Zwiebel unter Erde und Schnee. Eines Tages fiel Regen; die Tropfen drangen durch die Schneedecke in die Erde hinein, rührten die Blumenzwiebel an, meldeten von der Lichtwelt auf der Oberfläche. Bald drang der Sonnenstrahl fein und bohrend durch den Schnee bis zur Zwiebel hinab und stach sie.

»Komm herein!« sagte die Blume.

»Ich kann nicht«, erwiderte der Sonnenstrahl; »ich habe noch nicht Kraft genug, selbst zu öffnen; erst im Sommer werde ich stark.«

»Wann ist es Sommer?« fragte die Blume und wiederholte es, sooft ein neuer Sonnenstrahl hinabdrang. Aber es währte lange bis zur Sommerszeit; noch lag der Schnee, und jede Nacht fror die Oberfläche des Wassers zu.

»Wie lange es währt! Wie lange es währt!« sagte die Blume. »Ich fühle Kribbeln und Krabbeln, ich muß mich recken, ich muß mich strecken, ich muß aufschließen, ich muß hinaus, dem Sommer einen guten Morgen zunicken; es wird eine holdselige Zeit!«

Und die Blume reckte sich und streckte sich inwendig gegen die dünne Schale, welche das Wasser von außen erwärmt, und in welche der Sonnenstrahl hineingestochen hatte. Sie sproß unter dem Schnee hervor, mit weißlichgrüner Knospe auf dem Stengel, mit schmalen dicken Blättern, die gleichsam einen Schirm um sie bilden wollten. Der Schnee war kalt, aber vom Lichte durchstrahlt, dazu so leicht zu durchbrechen, und hierher drang der Sonnenschein mit größerer Macht als zuvor.

»Willkommen, willkommen!« sprach und klang jeder Strahl; und die Blume erhob sich über den Schnee in die Lichtwelt hinaus. Die Sonnenstrahlen streichelten und küßten sie, so daß sie sich ganz öffnete, weiß wie der Schnee und mit grünen Streifen verziert. Sie neigte ihr Haupt in Freude und Demut.

»Schöne Blume!« sangen die Sonnenstrahlen. »Wie frisch und leuchtend du bist! Du bist die erste, du bist die einzige, du bist unsere Liebe! Du läutest den Sommer ein, einen herrlichen Sommer über Land und Stadt! Aller Schnee muß schmelzen, die kalten Winde werden verjagt! Wir werden herrschen, alles wird grünen! Und dann erhältst du Gesellschaft, Syrenen und Goldregen und zuletzt die Rosen, aber du bist die erste, so fein und leuchtend!«

Es war eine große Lust. Es war, als ob die Luft sänge und klänge, als ob die Lichtstrahlen in ihre Blätter und ihren Stengel drängen. Sie stand so fein und leicht zerbrechlich und doch so kräftig da, in jugendlicher Schönheit. Sie stand in weißem Gewande mit grünen Bändern und pries den Sommer. Aber es war noch lange bis zur Sommerszeit, Wolken verhüllten die Sonne, scharfe Winde brausten über sie fort.

»Du bist ein wenig zu früh gekommen«, sagten Wind und Wetter. »Wir besitzen noch die Macht, die mußt du fühlen und dich hineinfinden! Du hättest in deinem Hause bleiben, hättest nicht hinausgehen sollen, um Staat zu machen, es ist noch nicht die Zeit!«

Es war schneidend kalt! Die Tage, welche kamen, brachten keinen einzigen Sonnenstrahl. Für eine so kleine zerbrechliche Blume war es ein Wetter, um vor Kälte zu vergehen. Aber sie entfaltete mehr

Stärke in sich, als sie selbst wußte; sie war stark in Freude und Glauben an den Sommer, er mußte kommen, er war ihr in ihrer tiefen Sehnsucht verkündigt und von dem warmen Sonnenlichte bekräftigt worden. Und deshalb stand sie voller Trost in ihrer weißen Tracht, in dem tiefen Schnee, ihr Haupt neigend, wenn die Schneeflocken dicht und schwer auf sie herabfielen, während eisige Winde über sie hinfuhren.

»Du zerbrichst!« sagten sie. »Verwelke, erfriere! Was wolltest du draußen? Weshalb ließest du dich hervorlocken? Der Sonnenstrahl hat dich nun gefoppt! Nun sollst du es gut haben, du Sommernarr!«*

»Sommernarr!« hallte es an dem kalten Morgen wider.

»Sommernarr!« jubelten einige Kinder, die in den Garten hinabkamen, »da steht einer, so reizend, so schön, der erste, der einzige!«

Und diese Worte taten der Blume so wohl, es waren Worte wie warme Sonnenstrahlen. Die Blume empfand in ihrer Freude nicht einmal, daß sie gepflückt wurde. Sie lag in Kinderhand, wurde von Kindermund geküßt, wurde in das warme Zimmer gebracht, von sanften Augen angesehen und in Wasser gesetzt, so stärkend, so belebend. Die Blume glaubte, daß sie in einem Augenblicke mitten in den Sommer hinein versetzt wäre.

Die Tochter des Hauses, ein anmutiges kleines Mädchen, war konfirmiert. Sie hatte einen lieben jungen Freund, der auch konfirmiert war und sich auf die Beamtenlaufbahn vorbereitete. »Er soll mein Sommernarr sein«, sagte sie, nahm darauf die feine Blume, legte sie in ein duftendes Stück Papier, auf welchem Verse geschrieben standen, Verse über die Blume, die mit Sommernarr anfingen und mit Sommernarr schlossen, »Sommernarr, mein lieber Freund, sei auch einmal Winternarr!« Sie hatte ihn mit dem Sommer aufgezogen. Ja, das stand alles in den Versen, und sie wurden wie ein Brief zusammengelegt, die Blume lag darin, und dunkel war es um sie her, dunkel, wie damals, als sie noch in der Zwiebel lag. Die Blume ging auf Reisen, lag im Briefbeutel, wurde gepreßt und gestoßen, es war gar nicht behaglich. Aber es nahm auch ein Ende.

Die Reise war vorbei, der Brief wurde geöffnet und von dem lieben Freunde gelesen. Er war so glücklich und fröhlich, daß er die

* Das Schneeglöckchen führt im Dänischen den bezeichnenden Namen »Sommernarr«.

Blume küßte. Darauf wurde sie mit ihren Versen um sich in ein Schubfach gelegt, in dem schon mehrere schöne Briefe lagen, aber alle ohne Blume; sie war die erste, die einzige, wie die Sonnenstrahlen sie auch als die einzige hervorgerufen hatten, und darüber nachzudenken machte ihr viel Vergnügen.

Lange durfte sie denn auch darüber nachdenken; sie dachte nach, während der Sommer verstrich und der lange Winter verstrich, und als es abermals Sommer ward, da kam sie wieder zum Vorschein. Doch jetzt war der junge Mann gar nicht freudig; er griff die Papiere so hart an und warf die Verse hin, daß die Blume auf den Boden fiel. Gepreßt und getrocknet war sie, aber deshalb hätte sie doch nicht auf den Boden geworfen werden sollen. Freilich lag es sich dort noch immer besser als im Feuer, das die Verse und Briefe hoch auflodernd verzehrte. Was war denn geschehen? Was leider so oft geschieht. Die Blume hatte ihren Scherz mit ihm getrieben, das war Spaß; die Jungfrau hatte ihren Scherz mit ihm getrieben, und das war kein Spaß. Im lichten Monat Juni hatte sie sich einen anderen Freund erwählt. Am Morgen beschien die Sonne den kleinen flachgepreßten Sommernarren, der aussah, als wäre er auf den Boden gemalt. Die Magd, welche auskehrte, hob ihn auf und legte ihn in eins der Bücher auf dem Tische, indem sie glaubte, daß er herausgefallen wäre, als sie aufräumte und dieselben in Ordnung legte. Und die Blume lag zwischen den Versen, gedruckten Versen, und diese sind weit vornehmer als die geschriebenen, wenigstens haben sie mehr gekostet. Jahre vergingen, das Buch stand auf dem Regal. Jetzt kam es wieder zum Vorschein, wurde geöffnet und gelesen. Es war ein gutes Buch, Verse und Lieder eines berühmten Dichters. Der Mann, welcher im Buche las, wandte das Blatt um. »Da liegt ja eine Blume!« sagte er, »ein Sommernarr! Die ist gewiß nicht ohne Absicht hierher gelegt. Bleibe als Zeichen im Buche liegen; an dich knüpfen sich sicher schöne Erinnerungen!« Und darauf wurde der Sommernarr wieder in das Buch gelegt und fühlte sich geehrt und erfreut zu wissen, daß er als Zeichen in dem schönen Liederbuche liegen sollte. – Das ist das Märchen von dem Schneeglöckchen, dem Sommernarren.

Die Schnelläufer

Ein Preis war ausgesetzt, ja zwei waren ausgesetzt, der kleine und der große, für die größte Schnelligkeit, nicht etwa bei einem einmaligen Laufe, sondern für eine gleichmäßige Geschwindigkeit während eines ganzen Jahres.

»Ich erhielt den ersten Preis!« sagte der Hase. »Gerechtigkeit muß doch sein, wenn Mitglieder der eigenen Familie und gute Freunde im Rate sitzen; daß aber die Schnecke den zweiten Preis erhielt, finde ich fast beleidigend für mich!«

»Nein!« versicherte der Zaunpfahl, der bei der Preisverteilung Zeuge gewesen war. »Fleiß und guter Wille müssen ebenfalls berücksichtigt werden, das wurde von mehreren achtbaren Personen gesagt, und das habe ich auch sehr wohl eingesehen. Die Schnecke hat freilich ein halbes Jahr gebraucht, um über die Torschwelle zu gelangen, aber bei dieser überstürzten Arbeit, die es doch immer für sie war, hat sie den Schenkel gebrochen. Sie hat einzig und allein für ihren Lauf gelebt, und sie lief noch dazu mit ihrem Hause! Alles dies ist achtungswert – und deshalb erhielt sie den zweiten Preis!«

»Ich hätte doch ebenfalls können in Betracht gezogen werden!« sagte die Schwalbe; »schneller als ich hat sich, sollte ich meinen, keiner im Fluge und Schwunge gezeigt, und wo bin ich nicht überall gewesen: weit, weit, weit!«

»Das ist eben Ihr Unglück«, versetzte der Zaunpfahl. »Sie streiften zuviel umher! Sie wollen, wenn es zu frieren beginnt, immer vorwärts, weiter, zum Lande hinaus. Sie haben keine Vaterlandsliebe! Sie können nicht in Betracht kommen!«

»Aber wenn ich nun den ganzen Winter über im Moore lag«, sagte die Schwalbe, »die ganze Zeit verschlief, komme ich dann in Betracht?«

»Verschaffen Sie sich ein Attest vom Fuchse, daß Sie die halbe Zeit im Vaterlande verschlafen haben, dann wird man auch auf Sie Rücksicht nehmen!«

»Ich hätte eigentlich den ersten Preis verdient und nicht den zweiten!« sagte die Schnecke. »Ich weiß genau, daß der Hase nur aus Feigheit gelaufen ist, sobald er glaubte, daß Gefahr im Verzuge wäre; ich dagegen habe mein Laufen mir zur Lebensaufgabe gemacht und bin im Dienste Krüppel geworden. Sollte jemand den ersten Preis erhalten, dann war sicher ich es allein. Aber ich will deswegen keinen Streit erregen, dergleichen verachte ich!«

Und dabei spuckte sie aus.

»Ich kann mit Wort und Rede dafür einstehen, daß jeder Preis, wenigstens meine Stimme dabei, nur nach vollkommen gerechten Rücksichten erteilt ist!« sagte die alte Feldmesserstange im Walde, die Mitglied des entscheidenden Richterkollegiums war. »Ich gehe stets mit Ordnung, Überlegung und Berechnung zu Werke. Siebenmal habe ich schon vorher die Ehre genossen, zur Preisverteilung hinzugezogen zu werden. Aber erst heute habe ich meinen Willen durchsetzen können. Ich bin bei jeder Verteilung von etwas Bestimmtem ausgegangen. Beim ersten Preise bin ich hinsichtlich der Buchstaben stets von vorn ausgegangen, und beim zweiten Preise von hinten. Wollen Sie nun gefälligst bemerken, daß, wenn man von vorn rechnet, der achte Buchstabe nach dem A das H ist, da haben wir den Hasen, und deshalb stimmte ich beim ersten Preise für den Hasen; der achte Buchstabe von hinten ist dagegen das S; deshalb stimmte ich bei dem zweiten Preise für die Schnecke. Das nächstemal verleiht das I den ersten und das R den zweiten Preis. Stets muß in jedem Dinge Ordnung sein! Man muß etwas haben, woran man sich halten kann.«

»Wäre ich nicht einer der Richter gewesen, so hätte ich mir selbst die Stimme gegeben«, sagte der Maulesel, der ebenfalls zu den Beisitzern gehörte. »Man muß nicht nur berücksichtigen, wie schnell man vorwärts kommt, sondern man muß sein Augenmerk auch auf andere Dinge richten, zum Beispiel auf den Umstand, wieviel man zu ziehen vermag. Doch würde ich es diesmal nicht hervorgehoben haben, auch nicht die Klugheit des Hasen, auf seiner Flucht plötzlich einen Seitensprung zu machen und dadurch die Leute auf eine falsche Fährte zu leiten. Nein, es gibt noch etwas, worauf viele ein wesentliches Gewicht legen, und was man keineswegs unbeachtet lassen darf, das ist das, was man das Schöne nennt. Darauf habe ich gesehen; ich betrachte die schönen, wohlgewachsenen Ohren des Hasen; es ist ein Vergnügen, ihre Länge zu bewundern! Ich glaubte mich selbst zu sehen, als ich noch klein war, und deshalb gab ich ihm meine Stimme.«

»Still, still!« sagte die Fliege. »Ich will keine lange Rede halten, ich will nur eine kurze Bemerkung machen. Das weiß ich, daß ich mehr als einen Hasen eingeholt habe. Vor kurzem zerbrach ich einem der jüngsten die Hinterbeine. Ich saß auf der Lokomotive vor einem Eisenbahnzuge: Das tue ich oft, denn man kann dort seine eigene Geschwindigkeit am besten beobachten. Ein junger Hase lief weit voraus; er ahnte nicht, daß ich da war. Endlich mußte er von der Bahn ablenken, aber dabei wurden ihm von der Lokomotive die Hinterfüße abgefahren, denn ich saß darauf. Der Hase blieb liegen, ich fuhr weiter. Das ist doch wohl hinreichend, um den Sieg über ihn davonzutragen? Aber ich mache keinen Anspruch auf den Preis!«

Ich halte dafür, dachte die wilde Rose, sagte es aber nicht, es liegt nicht in ihrer Natur, sich auszusprechen, obschon es hätte ganz gut sein können, wenn sie es getan hätte; ich halte dafür, daß der Sonnenstrahl den ersten Ehrenpreis bekommen müßte und den zweiten noch dazu. Er fliegt in einem Augenblicke den unermeßlichen Weg von der Sonne bis zu uns hernieder und kommt mit einer Stärke, daß die ganze Natur dadurch erwacht. Er ist von einer Schönheit, daß wir Rosen alle erröten und zu duften beginnen. Die hohe Behörde, die den Urteilsspruch fällte, scheint ihn gar nicht beobachtet zu haben. Wäre ich der Sonnenstrahl, dann versetzte ich jedem einen Sonnenstich – aber das machte sie erst recht närrisch, und das werden sie sowieso werden. Ich sage nichts! dachte die wilde Rose. Friede im Walde! Schön ist es zu blühen, zu duften und zu erquicken, zu leben in Sage und Gesang! Der Sonnenstrahl überlebt uns doch sämtlich!

»Worin besteht der erste Preis?« fragte der Regenwurm, der sich verschlafen hatte und jetzt erst ankam.

»Im freien Zutritt zu einem Kohlgarten!« sagte der Maulesel. »Ich schlug den Preis vor! Der Hase mußte und sollte ihn erhalten, und deshalb nahm ich als denkendes und tätiges Mitglied des Kollegiums vernünftigerweise Rücksicht auf den Nutzen desjenigen, der ihn bekommen sollte; nun ist der Hase versorgt. Die Schnecke hat Erlaubnis, auf der den Kohlgarten umgebenden Mauer zu sitzen und sich zu sonnen, und ist außerdem zu einem der ersten Preisrichter für den Schnellauf ernannt. Es ist gut, einen Fachmann mit in dem Kollegium zu haben! Ich muß gestehen, ich erwarte viel von der Zukunft, da wir schon einen so guten Anfang gemacht haben.«

Kindergeplauder

Bei Großhändlers war große Kindergesellschaft, reicher Leute Kinder und vornehmer Leute Kinder. Der Großhändler stand sich gut und war ein kenntnisreicher Mann. Er hatte selbst die Universität besucht, wozu ihn sein braver Vater angehalten hatte, der anfänglich nur Viehhändler gewesen war, aber ehrlich und tätig. Das hatte Geld gegeben, und diesem verdankte der Großhändler seinen Aufschwung. Verstand hatte er und sogar Herz, doch wurde davon weniger gesprochen als von seinem vielen Gelde.

Aus und ein gingen bei ihm vornehme Leute, vornehme durch Geburtstadel und vornehme durch Geistesadel, solche, denen beide Adelstitel zukamen und die sich keines derselben zu rühmen hatten. Dort war nun Kindergesellschaft, Kinderunterhaltung, und Kinder reden frisch von der Leber weg. Unter dem kleinen Volke befand sich ein allerliebstes Mädchen, aber entsetzlich stolz. Das hatten die Dienstleute mit ihren Küssen und Zärtlichkeiten zuwege gebracht, nicht etwa ihre Eltern, dazu waren sie viel zu vernünftig. Ihr Vater war Kammerjunker, und das war, wie sie wußte, erschrecklich viel.

»Ich bin ein Kammerkind!« sagte sie. Sie hätte ebensogut ein Kellerkind sein können, denn weder zu dem einen noch zu dem anderen kann man selber etwas tun. Darauf erzählte sie den anderen Kindern, sie wäre eine »Geborene« und fügte hinzu, daß, wenn man nicht geboren wäre, man nichts werden könnte. Lernen und noch so fleißig sein hülfe alles nichts, wäre man nicht geboren, dann könnte man nichts werden.

»Und aus denen, deren Namen auf ›e‹ oder ›er‹ oder ›en‹ endet, wie Schulze, Müller und Petersen«, sagte sie, »aus denen kann nie in der Welt etwas werden! Man muß die Arme in die Seite stemmen und sie weit von sich entfernt halten, diese ›e‹ und ›er‹ und ›en‹!« Und dabei stemmte sie ihre kleinen niedlichen Ärmchen mit spitzenEllbogen in die Seite, um zu zeigen, wie man sich dabei benehmen müßte; und die kleinen Ärmchen waren so niedlich. Süß war sie.

Aber des Großhändlers kleine Tochter wurde gar böse. Ihres Vaters Name endete mit ›e‹, und deshalb sagte sie so stolz sie konnte: »Aber mein Vater kann mir mir nichts dir nichts für hundert Taler Bonbons kaufen! Kann dein Vater das?«

»Ja, aber mein Vater«, unterbrach sie die kleine Tochter eines Schriftstellers, »kann sowohl deinen Vater als auch deinen Vater und alle ›Vaters‹ in die Zeitung setzen. Alle Menschen sind vor ihm bange, sagt Mama, denn mein Vater ist es, der in der Zeitung regiert.«

Und die Kleine warf dabei den Kopf in die Höhe, als wäre sie eine wirkliche Prinzessin, die sich in die Brust werfen muß.

Aber draußen vor der halbgeöffneten Tür stand ein armer Knabe und guckte durch die Ritze hinein. Der Kleine durfte nicht einmal in die Stube hineinkommen, so gering war er. Den Spieß hatte er für die Köchin gedreht und nun die Erlaubnis erhalten, hinter der Tür zu stehen und zu den geputzten Kindern hineinzusehen, die dort lustig spielten, und das war für ihn überaus viel.

Wer doch auch eins von ihnen wäre! dachte er, und darauf hörte er, was dort geplaudert wurde, und das gab wohl Ursache genug, darüber betrübt zu werden. Nicht einen Dreier hatten seine Eltern daheim auf dem Boden ihres Koffers liegen, hatten keine Mittel, eine Zeitung zu halten, geschweige denn zu schreiben, und als das Allerübelste kam noch hinzu, daß seines Vaters Name, und folglich auch sein eigener, auf ›en‹ endete, und also nie in der Welt etwas aus ihm werden konnte. Das war gar betrübend; doch geboren war er, wie ihn dünkte, richtig geboren!

Anders war es nicht möglich!

Seht, das war an jenem Abend.

Jahre verstrichen seitdem, und im Laufe derselben wurden aus den Kindern Leute.

Ein prächtiges Haus stand in der Stadt, es war voller Herrlichkeiten, alle Leute wollten es sehen, selbst Leute von außerhalb der Stadt kamen, um es zu bewundern. Wer, meinst du wohl, könnte von den Kindern, von denen wir erzählt haben, dies Haus sein Eigentum nennen? Nun, das ist doch wohl leicht zu erraten. Nein, das ist doch nicht so leicht. Das Haus gehörte dem kleinen armen Knaben; es wurde doch etwas aus ihm, obgleich sein Name auf ›en‹ endete – Thorwaldsen.

Und die drei anderen Kinder? – Die Kinder des Geburts-, Geld-

und Geistesadels, von ihnen hat weder das eine noch das andere so Hervorragendes geleistet, daß es der Erwähnung verdiente, keines übertraf die anderen. Aber Gutes und Tüchtiges wurde doch aus ihnen; es lag ein guter Grund in ihnen. Was sie damals gedacht und gesprochen hatten, war nur – Kindergeschwätz.

Der letzte Traum der alten Eiche

Ein Weihnachtsmärchen

Auf hohem Abhange, unmittelbar neben dem offenen Meeresufer, stand ein wirklich alter Eichbaum, der gerade dreihundertfünfundsechzig Jahre zählte. Aber diese lange Zeit hatte für den Baum nicht mehr zu bedeuten, als ebenso viele Tage für uns Menschen. Wir wachen am Tage, schlafen des Nachts und haben dann unsere Träume, aber mit dem Baume ist es anders, der Baum wacht drei Jahreszeiten hindurch, erst gegen den Winter versinkt er in Schlaf, der Winter ist seine Schlafzeit, er ist seine Nacht nach dem langen Tage, der Frühling, Sommer und Herbst heißt.

Manchen warmen Sommertag hatte die Eintagsfliege um seine Krone getanzt, gelebt, geschwebt und sich glücklich gefühlt, und ruhte dann das kleine Geschöpf einen Augenblick in stiller Glückseligkeit auf einem der großen frischen Eichenblätter, dann sagte der Baum immer: »Du armes kleines Wesen! Nur einen Augenblick währt dein ganzes Leben! Wie kurz doch! Es ist traurig!«

»Traurig?« antwortete dann immer die Eintagsfliege, »was meinst du damit? Alles ist ja so unvergleichlich licht und klar, so warm und herrlich, und ich bin so froh«

»Aber nur einen Tag, und dann ist alles vorbei!«

»Vorbei?« sagte die Eintagsfliege. »Was ist vorbei? Bist du auch vorbei?«

»Nein, ich lebe viele Tausende von deinen Tagen, und mein Tag umfaßt ganze Jahreszeiten. Das ist etwas so Langes, daß du es gar nicht auszurechnen vermagst!«

»Nein, denn ich verstehe dich nicht! Du hast Tausende von meinen Tagen, aber ich habe Tausende von Augenblicken, um darin froh und glücklich zu sein! Hört alle Herrlichkeit dieser Welt auf, wenn du stirbst?«

»Nein«, sagte der Baum, »sie besteht sicher länger, unendlich länger, als ich es denken kann!«

»Aber dann haben wir ja gleichviel Lebenszeiten, nur daß wir verschieden rechnen.«

Und die Eintagsfliege tanzte und schwang sich in die Luft empor, freute sich ihrer feinen künstlichen Flügel, freute sich des Flors und Samts derselben, freute sich in der warmen Luft, die mit dem Dufte aus den Kleefeldern und von den wilden Rosen, Flieder und Kaprifolien, um gar nicht von dem süßen Geruche des Waldmeisters und der wilden Krauseminze zu reden, durchwürzt war. Der Duft war so stark, daß die Eintagsfliege glaubte, davon einen kleinen Rausch bekommen zu haben. Der Tag war lang und herrlich, voller Freude und süßen Gefühls, und sobald die Sonne sank, fühlte sich die kleine Fliege plötzlich so behaglich müde von all der Lust und Glückseligkeit. Die Flügel wollten sie nicht länger tragen, und ganz leise glitt sie auf den weichen schaukelnden Grashalm hinab, nickte mit dem Kopfe, wie nur sie nicken kann, und schlief dann fröhlich ein. Das war ihr Tod.

»Arme kleine Eintagsfliege!« sagte der Eichbaum, »es war doch ein allzu kurzes Leben!«

Und jeden Tag wiederholte sich derselbe Tanz, dasselbe Gespräch, dieselbe Antwort und das gleiche Hinüberschlummern; es wiederholte sich in allen Geschlechtern der Eintagsfliegen, und alle waren sie gleich glücklich, gleich froh. Der Eichbaum durchwachte seinen Frühlingsmorgen, Sommermittag und Herbstabend, jetzt aber nahte seine Schlafzeit, seine Nacht. Der Winter rückte heran.

Schon sangen die Stürme: »Gute Nacht, gute Nacht! Hier fiel ein Blatt, da fiel ein Blatt! Wir pflücken, wir pflücken! Sieh zu, daß du schlafen kannst! Wir singen dich in Schlaf, wir schütteln dich in Schlaf; aber nicht wahr, das tut den alten Zweigen gut? Sie krachen dabei aus lauter Vergnügen! Schlafe süß, schlafe süß! Es ist deine dreihundertfünfundsechzigste Nacht; eigentlich bist du nur ein Jahreskind! Schlafe süß!! Die Schneewolke wird dich weich betten, sie breitet ein ganzes Laken, eine weiche Bettdecke um deine Füße! Schlaf in süßer Ruh, und habe angenehme Träume!«

Alles Laubes entkleidet stand der Eichbaum da, um den ganzen Winter der Ruhe zu pflegen und sich während desselben von manch schönem Traume umgaukeln zu lassen. Aber wie die Träume der

Menschen führten ihm auch die seinigen immer nur etwas Erlebtes vor.

Er war auch einmal klein gewesen, ja, eine Eichel war seine Wiege gewesen; nach menschlicher Rechnung stand er jetzt schon in seinem vierten Jahrhundert. Er war der größte und schönste Baum im Walde, mit seiner Krone ragte er hoch über allen andern Bäumen hervor und wurde von der See aus schon in weiter Ferne erblickt, er diente den Schiffen als Wahrzeichen. Er dachte gar nicht daran, wie viele Augen ihn suchten. Hoch oben in seiner grünen Krone bauten die wilden Tauben, und rief der Kuckuck seinen Namen, und im Herbste, wenn die Blätter wie gehämmerte Kupferplatten aussahen, erschienen die Zugvögel und rasteten in ihr, ehe sie über das Meer flogen. Aber jetzt war Winter, blätterlos stand der Baum da, und man konnte recht deutlich sehen, in welchen Bogen und Krümmungen sich seine Zweige ausdehnten. Krähen und Dohlen kamen und ließen sich scharenweise auf ihm nieder und plauderten von den strengen Zeiten, die jetzt begannen, und wie schwer es wäre, im Winter sein Futter zu finden.

Es war gerade die heilige Weihnachtszeit, als der Baum seinen schönsten Traum träumte; den wollen wir hören.

Der Baum empfand ganz deutlich, daß es eine festliche Zeit war; er glaubte ringsumher alle Kirchenglocken läuten zu hören, und dabei war es ihm wie an einem herrlichen Sonntage zumute, mild und warm. Frisch und grün breitete er seine mächtige Krone aus, die Sonnenstrahlen spielten zwischen seinen Blättern und Zweigen, die Luft war mit dem Duft von Kräutern und Büschen erfüllt; bunte Schmetterlinge spielten Haschen miteinander, und die Eintagsfliegen tanzten, als ob alles nur dazu da wäre, daß sie tanzen und sich freuen sollten. Alles, was der Baum Jahre hindurch erlebt und um sich gesehen hatte, zog wie in einem Festzuge an ihm vorüber. Er sah aus alter Zeit, wie Ritter und Frauen zu Pferde, mit Federn auf dem Hute und mit Falken auf der Hand, durch den Wald ritten. Das Jagdhorn tönte, und die Hunde schlugen an. Er sah feindliche Soldaten mit blanken Waffen und in bunten Uniformen, mit Spießen und Hellebarden, ihre Zelte aufschlagen und wieder abbrechen; Wachtfeuer loderten, und unter des Baumes weitausgebreiteten Zweigen wurde gesungen und geschlafen. Er sah, wie sich Liebespärchen hier im Mondscheine trafen und ihre Namen, den ersten Buchstaben, in die graugrüne Rinde einschnitten. Zither und Äolsharfe waren einmal, ja da lagen Jahre dazwischen, von muntern reisenden jungen Männern in die Zweige der Eiche gehängt worden; nun hingen sie wieder da, nun klangen sie wieder so lieblich. Die wilden Tauben gurrten, als ob sie erzählen wollten, was der Baum dabei fühlte, und der Kuckuck rief seinen Namen, wieviel Sommertage derselbe noch leben sollte.

Da war es, als ob ihn ein neuer Lebensstrom von den kleinsten Wurzelfasern bis hinauf zu den höchsten Zweigen, ja bis in die Blätter hinaus, durchrieselte. Der Baum fühlte, daß ihm derselbe Kraft verlieh, sich auszudehnen, er empfand mit den Wurzeln, daß auch unten in der Erde Leben und Wärme war; er fühlte seine Stärke zunehmen, er wuchs höher und höher. Der Stamm schoß empor, da war kein Stillstand, er wuchs mehr und immer mehr, die Krone wurde voller, breitete sich aus, richtete sich in die Höhe – und je mit dem Wachstum des Baumes wuchs auch sein Wohlbefinden, seine ihn mit unaussprechlichem Glücke erfüllende Sehnsucht, immer höhere Ziele zu erreichen, aufzuschießen bis zu der glänzenden warmen Sonne.

Schon war er bis hoch über die Wolken gewachsen, wo dunkle Scharen von Zugvögeln oder große weiße Züge von Schwänen unter ihm hinzogen.

Und jedes von den Blättern des Baumes konnte sehen, als ob es ein besonderes Auge hätte, alles mit anzuschauen. Die Sterne wurden am Tage sichtbar, so groß und blitzend waren sie; jeder von ihnen leuchtete wie ein paar Augen, so mild und so klar. Sie erinnerten an bekannte liebe Augen, an Kinderaugen, an die Augen der Liebespaare, wenn sie unter dem Baume zusammentrafen.

Es war ein unendlich beglückender Augenblick, so freudevoll, und doch, in all der Wonne empfand er eine Sehnsucht danach, daß alle anderen Bäume des Waldes dort unten, alle Büsche, Kräuter und Blumen sich mit ihm erheben könnten, um auch diesen Glanz und diese Freude zu empfinden. Der mächtige Eichbaum war in dem Traume von all dieser Herrlichkeit doch nicht vollkommen glücklich, wenn er sein Glück nicht mit allen, groß und klein, teilen konnte, und dies Gefühl durchbebte die Zweige und Blätter ebenso innig und stark, wie es in einer Menschenbrust zittern kann.

Die Krone des Baumes bewegte sich, als ob er etwas suchte und vermißte, er schaute zurück, und da drang der Duft des Waldmeisters und bald noch stärker der der Kaprifolien und der Veilchen zu ihm empor. Er glaubte vernehmen zu können, daß der Kuckuck ihm antwortete.

Ja, durch die Wolken guckten die grünen Waldesgipfel hervor, er sah die anderen Bäume unter sich wachsen und sich gleich ihm erheben. Büsche und Kräuter wuchsen hoch in die Luft, einzelne rissen sich mit den Wurzeln los und flogen schneller. Die Birke langte am ehesten an; wie ein weißer Blitzstrahl schlängelte sich ihr schlanker Stamm aufwärts, ihre Zweige wallten wie grüner Flor und Fahnen. Die ganze Waldnatur, selbst das braunbefiederte Rohr wuchs mit, und die Vögel folgten nach und sangen, und auf dem Halme, der wie ein langes grünes Seidenband lose flatterte und flog, saß die Heuschrecke und spielte mit dem Flügel auf ihrem Schienbeine. Die Maikäfer brummten, und die Bienen summten, jeder Vogel sang, wie ihm der Schnabel gewachsen war, alles war Gesang und Freude gerade wie im Himmel.

»Aber die kleine rote Blume am Wasser, die sollte auch mit!« sagte die Eiche, »und die blaue Glockenblume und das kleine Gänseblümchen!« – Ja, die Eiche wollte, daß sie sämtlich teilnehmen sollten.

»Wir sind auch dabei, wir sind auch dabei!« sang und klang es.

»Aber der schöne Waldmeister vom vorigen Sommer – und das Jahr vorher war ein wahrer Flor von Maiblümchen – und der wilde Apfelbaum, wie stand er doch so herrlich! – und all die Waldespracht seit Jahren, seit vielen Jahren –! wäre sie doch bis jetzt am Leben geblieben, dann hätte sie auch können mit dabei sein!«

»Wir sind mit dabei! Wir sind mit dabei!« sang und klang es noch höher oben, es schien, als ob sie vorausgeflogen wären.

»Nein, das ist zu unglaublich schön!« jubelte die alte Eiche. »Ich habe sie alle, klein und groß, nicht eines ist vergessen! Wie ist doch all diese Glückseligkeit nur möglich und denkbar!«

»In Gottes Himmel ist es möglich und denkbar!« klang es.

Und der Baum, der immer wuchs, fühlte, daß sich seine Wurzeln aus der Erde lösten.

»Das ist nun das allerbeste!« sagte der Baum, »nun hält mich kein Band mehr! Ich kann mich zu dem Allerhöchsten in seinem

Licht und Glanze emporschwingen! Und alle Lieben habe ich bei mir, klein und groß, alle bei mir!«

»Alle!«

Das war der Traum des Eichbaums, und während er träumte, blies ein heftiger Sturm über Meer und Land in der heiligen Weihnacht. Die See wälzte schwere Wogen gegen den Strand, der Baum krachte, brach und wurde mit der Wurzel ausgerissen, gerade während er träumte, daß sich seine Wurzeln lösten. Er fiel. Seine dreihundertfünfundsechzig Jahre waren nun auch nichts anderes als der Tag einer Eintagsfliege.

Am Weihnachtsmorgen, als die Sonne wieder zum Vorschein kam, hatte sich der Sturm gelegt. Alle Kirchenglocken läuteten festlich, und aus jedem Schornstein, selbst aus dem kleinsten auf dem Dache des Büdners, erhob sich in bläulicher Wolke der Rauch wie vom Altare beim Feste der Druiden, ein Opferrauch des Dankes. Die See wurde ruhiger und ruhiger, und auf einem großen Schiffe draußen auf dem Meere, das während der Nacht das harte Wetter wohl überstanden hatte, wurden jetzt alle Flaggen zur festlichen Weihnachtsfeier aufgehißt.

»Der Baum ist fort! Der alte Eichbaum, unser Wahrzeichen auf dem Lande!« sagten die Seeleute. »Er ist gefallen in dieser Sturmnacht! Wer wird ihn uns ersetzen können! Das kann niemand!«

Eine solche Leichenrede, kurz aber wohlgemeint, erhielt der Baum, der auf der Schneedecke am Ufer ausgestreckt lag. Und hin über ihn erklang ein feierlicher Choral vom Schiffe, ein Lied von der Weihnachtsfreude und der Erlösung der Menschenseele in Christo und vom ewigen Leben:

»Jauchzet, ihr Himmel, frohlocket, ihr Enden der Erden!
Gott und der Sünder, die sollen zu Freunden nun werden!
Friede und Freud'
Wird uns verkündiget heut,
Freuet euch, Hirten und Herden!«

So lautete das alte Lied, und jeder draußen auf dem Schiffe fühlte sich durch dasselbe und durch das Gebet in seiner Weise so erhoben, wie sich der alte Baum in seinem letzten, seinem schönsten Traume erhoben fühlte.

Die Geschichte des Jahres

Es war in den letzten Tagen des Januars; ein fürchterlicher Schneesturm hatte sich erhoben; Schneewirbel auf Schneewirbel jagten durch alle Straßen und Gassen; die Außenseite der Scheiben war vom Schnee völlig bedeckt, und lawinengleich stürzte er von den Dächern. Die Leute waren in förmlicher Flucht, sie liefen, sie flogen, sie stürzten einander in die Arme, hielten sich einen Augenblick aneinander fest und konnten sich wenigstens so lange im Gleichgewicht erhalten. Kutschen und Pferde waren wie überpudert, die Diener standen, um sich einigermaßen gegen den Wind zu schützen, mit dem Rücken gegen die Kutsche, und die Fußgänger suchten sich beständig hinter den Wagen zu decken, die in dem tiefen Schnee nur langsam von der Stelle kamen. Als sich endlich der Sturm legte und die Häuser entlang ein schmaler Fußpfad geschaufelt wurde, blieben doch die Leute stehen, so oft sie sich begegneten. Keiner vor ihnen hatte Lust, den ersten Schritt in den tiefen Schnee zu wagen, um den anderen an sich vorüber zu lassen. Schweigend standen sie da, bis endlich, wie nach einem stillen Übereinkommen, jeder von ihnen ein Bein preisgab und es in dem Schneehaufen versinken ließ.

Gegen Abend trat völlige Ruhe ein, der Himmel sah aus, als wäre er gefegt und höher und durchsichtiger gemacht, die Sterne nahmen sich funkelnagelneu aus, und einige schimmerten blau und klar. Dabei fror es, daß der Schnee knirschte; leicht konnte die oberste Schneeschicht so fest werden, daß sie am nächsten Morgen die Sperlinge zu tragen vermochte; diese hüpften auf den Stellen, wo geschaufelt war, auf und nieder, doch viel Futter war dort freilich nicht zu finden, und es war bitterkalt.

»Piep!« sagte der eine zum anderen, »das nennt man nun das neue Jahr! – Es ist ja ärger, als das alte war! Da hätten wir es ebensogut behalten können. Ich bin verdrießlich und habe alle Ursache dazu.«

Ja, da liefen nun die Menschen umher und machten sich Neujahrsgeschenke«, sagte ein kleiner halberstarrter Sperling, »sie zerschlugen Töpfe an den Türen und waren ganz außer sich vor Freude, daß nun das alte Jahr verstrichen war. Auch ich war sehr froh darüber, denn ich erwartete, daß wir nun warme Tage bekommen würden, aber es ist nichts daraus geworden. Es friert weit strenger als zuvor! Die Menschen haben sich in der Zeitrechnung geirrt.«

»Das haben sie!« sagte ein dritter, der alt und auf dem Kopfe schon weiß war, »sie haben da etwas, was sie Kalender nennen, ein Ding ihrer eigenen Erfindung, und danach soll alles gehen, aber das tut es nicht. Wenn der Frühling kommt, dann beginnt das Jahr, das ist der Gang der Natur, und nach ihm rechne ich!«

»Aber wann kommt der Frühling?« fragten die anderen.

»Der kommt, wenn der Storch kommt, aber mit ihm ist es sehr unbestimmt; hier in der Stadt befindet sich niemand, der sich darauf versteht, draußen auf dem Lande wissen sie es besser. Wollen wir hinausfliegen und warten? Dort ist man dem Frühling näher.«

»Ja, das könnte gut sein!« sagte einer von ihnen, der lange umhergehüpft war und gepiept hatte, ohne eigentlich etwas zu sagen. »Ich habe jedoch hier in der Stadt einige Annehmlichkeiten, die ich, wie ich befürchte, dort draußen entbehren müßte. Auf dieser Seite der Straße wohnt in einem Hause eine Menschenfamilie, die auf den vernünftigen Einfall gekommen ist, an der Wand drei bis vier Blumentöpfe mit der großen Öffnung nach innen und dem Boden nach außen zu befestigen. In den letzteren ist ein so großes Loch gemacht, daß ich bequem aus- und einfliegen kann. Darin habe ich mit meinem Manne unser Nest aufgeschlagen, und von dort sind alle unsere Jungen ausgeflogen. Die Menschenfamilie hat das Ganze natürlich nur eingerichtet, um das Vergnügen zu haben, uns beobachten zu können, sonst hätten sie es schwerlich getan. Sie streuen Brotkrumen hin, auch nur zu ihrem eigenen Vergnügen, und wir haben dadurch Futter; es ist als wenn für einen gesorgt wäre; und deshalb glaube ich, daß ich bleibe, und mein Mann bleibt, obwohl wir sehr unzufrieden sind – aber wir bleiben gleichwohl.«

»Und wir fliegen auf das Land hinaus, um zu sehen, ob der Frühling noch nicht kommt!« und dann flogen sie.

Draußen auf dem Lande herrschte die heftigste Winterkälte; es fror dort noch ein paar Grade stärker als in der Stadt. Ein scharfer Wind blies über die schneebedeckten Felder dahin. Der Bauer saß mit großen Fausthandschuhen an den Händen in seinem Schlitten und schlug mit den Armen um den Leib, um die Kälte von ihnen abzuhalten. Die Peitsche lag auf seinem Schoße, die mageren Pferde liefen, daß sie dampften, der Schnee knirschte, und die Sperlinge hüpften in den Gleisen und froren. »Piep! Wann kommt der Frühling? Es währt so lange.«

»So lange!« klang es von der höchsten, mit Schnee bedeckten Anhöhe über die Felder dahin. Es konnte das Echo sein, welches man vernahm, konnte aber auch die Rede des sonderbaren alten Mannes sein, der in Wind und Wetter auf der Spitze eines Schneehügels saß. Er war völlig weiß, wie ein Bauer in weißem Friesrocke, mit langem weißem Haare, weißem Barte, ganz blaß und mit großen, hellen Augen.

»Wer ist der Alte dort?« fragten die Sperlinge.

»Das weiß ich!« sagte ein alter Rabe, der auf einem Zaunpfahle saß und herablassend genug war, anzuerkennen, daß wir vor Gott alle, selbst er nicht ausgenommen, nicht mehr als jene kleinen Vögel gelten, und sich deshalb auch mit den Sperlingen einließ und Erklärung erteilte. »Ich weiß, wer der Alte ist! Es ist der Winter, der alte Mann von dem vorigen Jahre; er ist nicht tot, wie der Kalender sagt, nein, er ist der Vormund des kleinen Prinzen Frühling, der bald kommt. Ja, der Winter führt das Regiment. Hu! Ihr Kleinen, man hört ordentlich, wie ihr vor Frost bebt.«

»Ja, ist das nicht dasselbe, was ich immer behauptete!« sagte der Kleinste, »der Kalender ist nur eine Menschenerfindung, die mit der Natur nicht im Einklang steht. Sie sollten es uns überlassen, uns, die wir feinere Wesen sind.«

Und es verging eine Woche, es vergingen fast zwei. Der Wald war schwarz; schwer lag der gefrorene See da und sah wie eine erstarrte Bleimasse aus. Die Wolken, ja, das waren gar keine Wolken, das war nasser, eiskalter Nebel, der über dem Lande hing. In Scharen flogen die großen schwarzen Krähen, ohne Krächzen, es war, als schliefe alles. – Da glitt ein Sonnenstrahl über den See, und er flimmerte wie geschmolzenes Zinn. Die Schneedecke über dem Felde und auf dem Hügel schimmerte nicht mehr wie früher; aber die weiße Gestalt, der Winter selbst, saß noch immer da, den Blick fest nach Süden gerichtet. Er merkte gar nicht, daß die Schneedecke gleichsam in die Erde versank und hier und da ein grünes Fleckchen zum Vorschein kam, wo es dann von Sperlingen wimmelte.

»Quivit! Quivit! Kommt nun der Frühling?«

»Der Frühling!« klang es über Felder und Wiesen und durch die schwarzbraunen Wälder, wo frischgrün das Moos an den Baumstämmen schimmerte. Und von Süden her kamen durch die Luft die zwei ersten Störche geflogen. Auf eines jeden Rücken saß ein kleines schönes Kind, ein Knabe und ein Mädchen. Sie küßten die Erde zum Gruße, und wohin sie ihre Füße setzten, sproßten weiße Blumen unter dem Schnee hervor. Hand in Hand gingen sie zu dem alten Eismanne, dem Winter, hinauf, legten sich zu neuem Gruße an seine Brust, und in demselben Augenblicke waren sie alle drei verschwunden und die ganze Landschaft verschwunden; ein dicker, nasser Nebel, dicht und schwer, verhüllte alles. Allmählich erhob sich ein Luftzug, der Wind fuhr daher, er kam stoßweiße und jagte den Nebel fort, die Sonne schien warm; – der Winter selbst war verschwunden, des Frühlings schöne Kinder saßen auf dem Throne des Jahres.

»Das nenne ich Neujahr!« sagten die Sperlinge. »Jetzt werden wir unsere Gerechtsame wohl wiederbekommen und außerdem Ersatz für den strengen Winter.«

Wohin die beiden Kinder sich wandten, da schossen an Büschen und Bäumen grüne Knospen hervor, da wurde das Gras höher, die Saaten grüner und üppiger. Und rings um sich her streute das kleine Mädchen Blumen; es hatte Überfluß von ihnen in seinem Röckchen, sie schienen darin förmlich hervorzuwimmeln, immer war es gefüllt, so eifrig es dieselben auch umherstreute – in seiner Eilfertigkeit schüttelte es einen wahren Blütenschnee über die Äpfel- und Pfirsichbäume, so daß sie in voller Pracht dastanden, ehe sie noch grüne Blätter hatten.

Und sie klatschte in die Hände, und der Knabe klatschte, und da kamen Vögel herbei, man wußte nicht woher, und alle zwitscherten und sangen: Der Frühling ist gekommen.

Es war herrlich mit anzusehen. Manch altes Mütterchen trat vor die Tür in den Sonnenschein hinaus, atmete die balsamische Luft ein und betrachtete die gelben Blumen, die alle Wiesen bedeckten, geradeso wie in seinen jungen Tagen. Die Welt ward wieder jung. »Es ist heute herrlich draußen!« sagten alle.

Der Wald war noch dunkelgrün, Knospe an Knospe, aber der Waldmeister war schon da, frisch und duftend, die Veilchen standen in voller Blüte, Anemonen und Kuhblumen entfalteten sich, ja in jedem Grashalm war Saft und Kraft, es war wirklich ein Prachtteppich, der zum Sitzen einlud; und auf demselben saß des Frühlings junges Paar, und sie hielten einander an den Händen und sangen und lächelten und wuchsen mehr und mehr.

Ein sanfter Regen fiel vom Himmel auf sie hernieder; sie merkten es nicht, der Regentropfen und die Freudenträne verschmolzen zu einem und demselben Tropfen. Braut und Bräutigam küßten einander, und in einem Augenblicke schlugen die Bäume im Walde aus. – Als die Sonne aufging, waren alle Wälder grün.

Und Hand in Hand schritt das Brautpaar unter dem frischen überhängenden Laubdache einher, wo nur des Sonnenlichtes Strahlen und Schlagschatten einen Farbenwechsel in dem Grün darboten. Eine jungfräuliche Reinheit und ein erquickender Duft war in den feinen Blättern; klar und behend rieselten Fluß und Bach zwischen den samtgrünen Binsen und über die bunten Steine dahin. »Immer und ewig ist und bleibt alles voller Leben!« sagte die ganze Natur. Und der Kuckuck rief, und die Lerche trillerte, der herrliche Frühling war da. Doch die Weiden trugen noch alle Fausthandschuhe über ihren Blüten, sie waren erschrecklich vorsichtig, und das ist langweilig.

Nun verstrichen Tage und Wochen, drückend ruhte die Wärme auf der ganzen Natur; heiße Luftwellen strichen durch das Korn, das gelber und gelber wurde. Des Nordens weiße Lotusblume breitete auf den Waldseen ihre großen grünen Blätter über den Wasserspiegel aus, und die Fische suchten Schatten unter ihnen. Auf der gegen den Wind geschützten Seite des Waldes, wo die Sonne auf die Wände des Wohnhauses brannte und die aufgeblühten Rosen ordentlich durchwärmte, wo die Kirschbäume voll saftiger schwarzer, fast sonnenheißer Kirschen hingen, saß des Sommers herrliches Weib, dasselbe, das wir schon als Kind und Braut sahen. Es schaute zu den aufsteigenden dunklen Wolken empor, die wellenförmig, Gebirgen gleich, schwarzblau und schwer, sich höher und höher erhoben. Wie ein versteinertes, umgekehrtes Meer senkten sie sich mehr und mehr gegen den Wald hinab, wo, wie auf einen Zauberschlag, alles verstummte. Jedes Lüftchen hatte sich gelegt, jeder Vogel schwieg, Ernst und Erwartung herrschte in der ganzen Natur. Aber auf Wegen und Stegen beeilten sich Fahrende wie Reiter und Fußgänger, um unter Dach und Fach zu kommen. – Da leuchtete es auf einmal auf, als ob die Sonne hervorbräche, blitzend, blendend, alles verbrennend, und unter einem rollenden Krachen verhüllte sich wieder alles in Dunkel. Stromweise stürzte das Wasser hernieder; es wurde Nacht, und es wurde Licht, es wechselte Schweigen und Donner. Die jungen braunbefiederten Rohrstengel im Moor wogten hin und her, die Zweige des Waldes versteckten sich unter Wassertropfen, die Finsternis kam und das Licht, Schweigen und Donner. – Gras und Korn lag wie niedergeschlagen, wie von den Wasserfluten mit fortgeschwemmt, als könnte es sich nie wieder emporrichten. – Plötzlich ging der Regen in einzelne Tropfen über, die Sonne schien, und von Halmen und von Blättern blitzten die Wassertropfen wie Perlen, die Vögel sangen, die Fische schnellten aus dem Bache empor, die Mücken tanzten, und draußen auf dem Felsen in dem salzigen, gepeitschten Meerwasser saß der Sommer selbst, der kräftige Mann mit den vollen Gliedern, mit dem triefenden Haar – verjüngt durch das frische Bad saß er da im warmen Sonnenschein. Die ganze Natur ringsum war verjüngt, alles stand üppig, kräftig und schön; es war Sommer, der warme herrliche Sommer.

Lieblich und süß war der Duft, der von dem üppigen Kleefelde herüberwehte, wo die Bienen um den uralten Gerichtsplatz summten; die Brombeerranken wanden sich über den Opferaltar, der, vom Regen gewaschen, im Sonnenscheine glänzte; und dorthin flog die Bienenkönigin mit ihrem Schwarm und setzte Wachs und Honig an. Niemand sah es außer dem Sommer und seinem kräftigen Weibe; für sie stand der Altar, gedeckt mit den Opfergaben der Natur.

Der Abendhimmel strahlte wie Gold, keine Kirchenkuppel zierte es so reich, und der Mond schien zwischen der Abend- und Morgenröte. Es war Sommerzeit.

Und Tage verstrichen, und Wochen verstrichen. – Der Schnitter blanke Sicheln blitzten in den Kornfeldern, des Apfelbaumes Zweige beugten sich unter den rotbäckigen Früchten; der Hopfen duftete köstlich, und unter den Haselsträuchern, wo die Nüsse in schweren Büscheln hingen, weilte Mann und Frau, der Sommer mit seinem ernsten Weibe.

»Was für ein Reichtum!« sagte sie, »ringsum nichts als Segen, Herrliches und Gutes, und doch, ich weiß selbst nicht, doch sehne ich mich nach – Ruhe! – Ruhe! Ich weiß kein anderes Wort dafür! – Jetzt pflügen sie schon wieder auf dem Felde! Mehr und immer mehr wollen die Menschen gewinnen! – Sieh, die Störche versammeln sich in Scharen und gehen in einiger Entfernung hinter dem Pfluge her, Ägyptens Vogel, der uns durch die Luft trug. Entsinnst du dich noch, wie wir beide als Kinder nach diesen nordischen Ländern kamen? – Blumen brachten wir, herrlichen Sonnenschein und grüne Wälder; ihnen hat nun der Wind schon übel mitgespielt, sie werden braun und dunkel, wie die Bäume des Südens, tragen aber nicht wie diese goldene Früchte!«

»Willst du diese sehen?« sagte der Sommer, »so werde dann wieder froh!« und dabei erhob er seinen Arm, und die Blätter des Waldes färbten sich rot und goldig; eine reiche Farbenpracht kam über alle Wälder. In den Rosensträuchern glänzten feuerrote Hagebutten, an den Holunderzweigen hingen große, schwere, schwarzbraune Beeren, die wilden Kastanien fielen reif aus den dunkelgrünen Schalen, und im Walde blühten die Veilchen zum zweitenmal.

Aber die Königin des Jahres wurde immer stiller und bleicher. »Ein kalter Luftzug weht!« sagte sie, »die Nacht bringt nassen Nebel! Ich sehne mich nach – dem Lande meiner Kindheit.«

Sie sah die Störche fortziehen, jeden einzeln, und sie streckte die Hände hinter ihnen her. – Sie blickte zu den Nestern empor, die nun leer standen, und dort wuchs in dem einen die langstenglige Kornblume und in dem anderen der gelbe Löwenzahn, als ob das Nest nur zum Schutz und Zaun um sie wäre; und auch die Sperlinge drängten sich neugierig hinein.

»Piep! Was ist denn aus den Herrschaften geworden? Sie können es wohl nicht ertragen, daß es sie kühl anweht und haben sich deshalb aus dem Staube gemacht? Glück auf die Reise!«

Und gelber und gelber färbten sich die Blätter des Waldes, Laub fiel auf Laub, die Herbststürme brausten einher, das Jahr neigte sich seinem Ende zu. Auf der weichen Laubdecke lag die Königin des Jahres und blickte mit sanften Augen zu den funkelnden Sternen auf, und ihr Mann stand neben ihr. Ein Windstoß wirbelte das Laub empor – als es wieder niederfiel, war sie verschwunden, aber ein Sommervogel, der letzte des Jahres, flog durch die kalte Luft.

Und nun kamen die feuchten Nebel, die eisigen Winde und die langen finstren Nächte. Des Jahres Herrscher stand da mit schneeweißem Haar, aber er wußte es selbst nicht, er glaubte, daß es die Schneeflocken wären, die aus den Wolken auf ihn gefallen. Eine schwere Schneedecke lagerte sich über die grünen Felder.

Und die Kirchenglocken läuteten das schöne Weihnachtsfest ein.

»Die Geburtsglocken läuten!« sagte des Jahres König. »Bald wird das neue Herrscherpaar geboren; und ich gelange zur Ruhe wie sie, zur Ruhe auf den glänzenden Sternen.«

In dem frischen grünen Tannenwalde, wo der Schnee lag, stand der Weihnachtsengel und weihte die jungen Bäumchen, die zum Feste dienen sollten.

»Freude in den Zimmern und unter den grünen Zweigen!« sagte des Jahres alter Beherrscher, der in den letzten Wochen zum schneeweißen Greis gealtert war; »es naht die Zeit meiner Ruhe, das junge Paar des Jahres empfängt jetzt Krone und Zepter!«

»Und doch gehört die Macht noch dir!« sagte der Weihnachtsengel, »die Macht und nicht die Ruhe! Laß den Schnee wärmend auf der jungen Saat sich lagern! Lerne es tragen, daß einem anderen gehuldigt wird, während du noch Herrscher bist, lerne vergessen zu sein und doch zu leben! Die Stunde deiner Freiheit kommt, wenn der Frühling kommt!«

»Wann kommt der Frühling?« fragte der Winter.

»Er kommt, wenn der Storch kommt!«

Mit weißen Locken und schneeweißem Bart saß der Winter eiskalt, alt und gebeugt, aber stark wie der Wintersturm und des Eises Macht auf dem Schneehaufen des Hügels und schaute gegen Süden, wie der vorige Winter dagesessen und geschaut hatte. – Das Eis knackte, der Schnee knirschte, die Schlittschuhläufer schwenkten sich auf den blanken Seen, und Raben und Krähen nahmen sich auf dem weißen Grunde gut aus, kein Windhauch rührte sich. In der stillen Luft faltete der Winter die Hände, und das Eis wurde eine feste Brücke zwischen den Ländern.

Da kamen die Sperlinge wieder aus der Stadt und fragten: »Wer ist der alte Mann dort?« Und der Rabe saß wieder da oder ein Sohn desselben, was einerlei ist, und dieser sagte zu ihnen: »Das ist der Winter! Der alte Mann vom vorigen Jahre. Er ist nicht tot, wie der Kalender sagt, sondern der Vormund des Frühlings, welcher bald kommt!«

»Wann kommt der Frühling?« fragten die Sperlinge; »dann bekommen wir gute Zeit und besseres Regiment. Das alte taugt nichts.«

In stillen Gedanken nickte der Winter dem blätterlosen dunklen Walde zu, wo jeder Baum die schönen Formen und Biegungen seiner Zweige zeigte; und während des Winterschlafes senkten sich die eiskalten Nebel der Wolken – der Herrscher träumte von der Zeit seiner Jugend und seines Mannesalters, und beim Grauen des Tages stand der ganze Wald schön bereift da; das war des Winters Sommertraum; der Sonnenschein erst machte dem schönen Traum ein Ende.

»Wann kommt der Frühling?« fragten die Sperlinge.

»Der Frühling!« tönte es wie Echo von den schneebedeckten Hügeln. Und die Sonne schien wärmer und wärmer, der Schnee schmolz, die Vögel zwitscherten: »Der Frühling kommt!«

Und hoch durch die Luft kam der erste Storch, der zweite folgte; ein schönes Kind saß auf dem Rücken eines jeden, und sie senkten sich auf das offene Feld hernieder, küßten die Erde und küßten den alten stillen Mann, und wie Moses auf dem Berge verschwand er, von einer Nebelwolke getragen.

Die Geschichte des Jahres war zu Ende.

»Das ist wohl sehr richtig«, sagten die Sperlinge, »und es ist auch sehr schön, aber es stimmt nicht mit dem Kalender, und deshalb ist es falsch.«

INHALT

Honoré de BALZAC
Ausgewählte Werke
Honoré de BALZAC Ausgewählte Werke
Größe und Niedergang des César Birotteau
ROMAN
8591
Honoré de BALZAC Ausgewählte Werke
Das Chagrinleder
ROMAN
6891
Honoré de BALZAC Ausgewählte Werke
Der Landarzt
ROMAN
8513
Honoré de BALZAC Ausgewählte Werke
Die Frau von dreißig Jahren
ROMAN
8361
Honoré de BALZAC Ausgewählte Werke
Die Lilie im Tal
ROMAN
8529
Honoré de BALZAC Ausgewählte Werke
Eugénie Grandet
ROMAN
6900
Honoré de BALZAC Ausgewählte Werke
Glanz und Elend der Kurtisanen
ROMAN IN VIER TEILEN
8374
Honoré de BALZAC Ausgewählte Werke
Oberst Chabert und andere Erzählungen
8459
Honoré de BALZAC Ausgewählte Werke
Tante Bette
ROMAN
8476
Honoré de BALZAC Ausgewählte Werke
Vater Goriot
ROMAN
8396
Honoré de BALZAC Ausgewählte Werke
Verlorene Illusionen
ROMAN IN DREI TEILEN
8385
Honoré de BALZAC Ausgewählte Werke
Vetter Pons
ROMAN
8494
GOLDMANN

Bibliothek arabischer Erzähler

Löwe und Schakal –
Altarabische Fabeln
8778

Ibn Challikân
Die Söhne der Zeit
8779

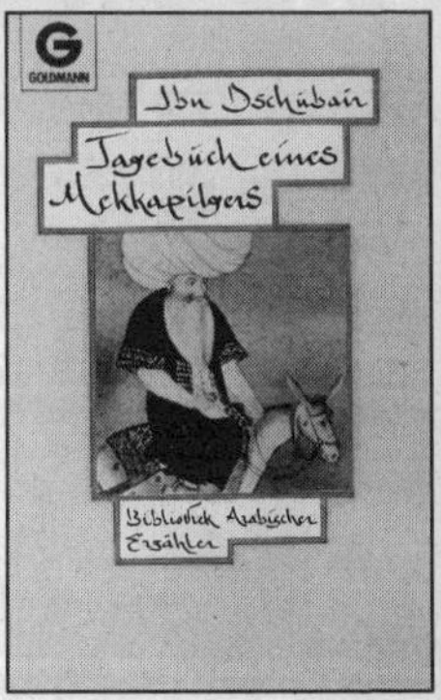

Ibn Dschubair
Tagebuch eines
Mekkapilgers
8780

Al-Qazwînî
Die Wunder des Himmels
und der Erde
8781

Ibn Iyâs
Alltagsnotizen eines
ägyptischen
Bürgers 8782

GOLDMANN